Im Jahre 1960 entführte der israelische Geheimdienst den ehemaligen SS-Ober-sturmbannführer Adolf Eichmann aus dessen Exil in Argentinien. Dieser galt als der Hauptverantwortliche für die Deportationen Hunderttausender Menschen in die Vernichtungslager.

Während ihm in Jerusalem der Prozess gemacht wurde, verfasste Eichmann 1200-seitige Aufzeichnungen, bekannt als »Eichmann-Memoiren«. In Wirklichkeit handelt es sich um unter dem Galgen verfasste Rechtfertigungsschriften. Über-liefert ist außerdem ein vergessenes, 67 Tonbänder umfassendes Interview, das Eichmann 1956 bis 1959 in Argentinien dem niederländischen Journalisten und ehemaligen SS-Offizier Willem Sassen gegeben hat.

Irmtrud Wojak wertet diese Bänder erstmals aus und entwirft in einem Psycho-gramm Eichmanns Rechtfertigungsstrategie, mit der er sich als »subalternen Büro-kraten«, als kleines Rädchen im Getriebe darzustellen und damit seine unermess-liche Schuld von sich zu weisen trachtete. Gleichzeitig macht sie den Prozess der Verdrängung sichtbar, der Eichmann schließlich selbst an seine untergeordnete Rolle glauben ließ.

Die Autorin verbindet die Stationen in Eichmanns NS-Karriere mit dem diffusen und widersprüchlichen Weg zur systematischen Vernichtung der europäischen Ju-den und beschreibt so die mit Servilität und vorauseilendem Gehorsam verbun-dene subalterne Mentalität der NS-Täter, deren bedingungsloser Judenhass und moralische Indifferenz die Durchführung der »Endlösung« möglich machten.

Pressestimmen: »Irmtrud Wojak hat eine auf breiter Quellenbasis ruhende Dar-stellung vorgelegt, die ein differenziertes Bild nicht nur der Persönlichkeit von Eichmann, sondern auch des zum Holocaust führenden Entscheidungsfindungs-prozesses zeichnet.« (Christoph Jahr, in: Neue Zürcher Zeitung) – »… eine hilf-reiche und notwendige Ergänzung der bereits veröffentlichten Literatur über Eich-mann und den Eichmann-Prozess.« (Peter Krause in: Frankfurter Rundschau)

Irmtrud Wojak, geboren 1963, studierte Geschichte, Sozial- und Wirtschafts-geschichte sowie Politikwissenschaft in Bochum und Bielefeld; Dr. phil. Sie ist Stellvertretende Leiterin des Fritz Bauer Instituts an der Universität Frankfurt am Main. Sie arbeitet zur Zeit an einer großen Biographie des 1968 verstorbenen Generalstaatsanwalts Fritz Bauer.

Unsere Adresse im Internet: www.fischerverlage.de
www.hochschule.fischerverlage.de

Irmtrud Wojak

Eichmanns Memoiren

Ein kritischer Essay

Fischer Taschenbuch Verlag

Die Zeit des Nationalsozialismus
Eine Buchreihe
Herausgegeben von Walter H. Pehle

Lizenzausgabe
Veröffentlicht im Fischer Taschenbuch Verlag,
einem Unternehmen der S. Fischer Verlag GmbH,
Frankfurt am Main, März 2004

Der Abdruck erfolgt mit freundlicher Genehmigung
der Campus Verlag GmbH, Frankfurt am Main
© 2001 Campus Verlag GmbH, Frankfurt am Main
Druck und Bindung: Druckerei C. H. Beck, Nördlingen
Printed in Germany
ISBN 3-596-15726-9

Inhalt

»Ich war kein normaler Befehlsempfänger, dann wäre ich ein Trottel gewesen, sondern ich habe mitgedacht, ich war ein Idealist gewesen.«

Vorwort

Die Idee zu diesem Buch entstand bei einem Forschungsaufenthalt in Israel, den mir ein Stipendium an der Holocaust-Gedenkstätte Yad Vashem ermöglichte. Während meines Aufenthalts in Jerusalem habe ich 1999 die von Adolf Eichmann im Gefängnis unter dem Titel »Götzen« niedergeschriebenen Aufzeichnungen zum ersten Mal gelesen. Damals beabsichtigte Professor Dr. Evyatar Friesel, der Leiter des Israelischen Staatsarchivs (Jerusalem), diese letzte Rechtfertigungsschrift des ehemaligen Deportationsspezialisten im Reichssicherheitshauptamt der Öffentlichkeit zugänglich zu machen. Seine Bemühungen überschnitten sich mit dem Londoner Prozeß von David Irving *versus* Deborah Lipstadt, in dem es um die Leugnung des Holocaust ging. Der Prozeß veranlaßte den damaligen israelischen Ministerpräsidenten Ehud Barak auf Rat einer Historiker- und Juristenkommission zur Freigabe des Manuskripts.

Im Staatsarchiv in Jerusalem wurden mir alle wichtigen Dokumente in kürzester Zeit zur Verfügung gestellt. Bald stellte sich heraus, daß die »Götzen«, da sie am Ende einer ganzen Reihe umfangreicher Rechtfertigungsversuche Eichmanns standen, nicht ohne ihre »Vorläufer« behandelt werden konnten. Professor Friesel hat zusammen mit Professor Dr. Yehuda Bauer alles getan, um mir dabei zu helfen, der komplizierten Entwicklungsgeschichte dieser Quelle auf die Spur zu kommen. Ich danke beiden für ihre großzügige Unterstützung.

Von den umfangreichen Aufzeichnungen Eichmanns abgesehen, die aufschlußreiche Dokumente für die Typologie eines NS-Täters sind, ist das Interview, das Eichmann in seinem argentinischen Asyl dem holländischen Journalisten und ehemaligen SS-Offizier Willem Sassen gab, zweifellos das wichtigste Selbstzeugnis. Das Bundesarchiv in Koblenz nahm im Jahr 2000 einen Teil der Tonbänder in seine Bestände auf, und diese wurden mir sehr rasch für eine erste wissenschaftliche Auswertung zugänglich gemacht. Herrn Wolf Buchmann (Leitender Archivdirektor) danke ich herzlich für seine besondere Hilfe bei der Auswertung des Bestandes, zu dem auch eine Kopie des Interview-Transkripts von Sassen aus den Unterlagen von Eichmanns Anwalt Servatius gehört.

Der vorliegende Band befaßt sich im ersten Teil mit der Entstehungs- und Wirkungsgeschichte des Sassen-Interviews und der beiden im Gefängnis niedergeschriebenen Manuskripte, die bis heute als *Eichmanns Memoiren* bezeichnet werden. Vielleicht wären sie ohne die Entführung Eichmanns nicht an die Öffentlichkeit gelangt. Jedenfalls wären die Mythen, die sich darum ranken, ohne diese Vorgeschichte nicht entstanden, zumindest nicht in diesem Ausmaß. Ebenso wie die Entführung und der Jerusalemer Prozeß hat auch Hannah Arendts *Bericht von der Banalität des Bösen* mit dazu beigetragen, daß bis heute Eichmanns Verbrechen unvergessen geblieben sind. Auch Heinar Kipphardts Theaterstück *Bruder Eichmann* trägt dazu bei.

Die nunmehr zugänglichen Aussagen und Aufzeichnungen liefern neue Aufschlüsse über den Menschen Eichmann, über seine Persönlichkeit und die Rolle, die er im nationalsozialistischen Terrorsystem und bei der geplanten Vernichtung der europäischen Juden spielte. Die Stationen seiner Karriere waren aufs engste verknüpft mit der Radikalisierung der »Judenpolitik« in den Jahren 1938 bis 1941. Vom Auswanderungsexperten des Sicherheitsdienstes avancierte er zum »Räumungsbeauftragten« und schließlich Deportationsspezialisten des Reichssicherheitshauptamtes. In der Zentrale der Macht koordinierte er die Deportationen. Den Höhepunkt seiner Karriere erreichte Eichmann, als die Entscheidung fiel, die Juden Europas zu ermorden. Dieser Zeitabschnitt steht im Mittelpunkt des zweiten Teils des vorliegenden Buches, das erstmals eine Auswertung der Rechtfertigungen versucht.

Nicht unerwähnt lassen möchte ich an dieser Stelle die bewährte wissenschaftliche Beratung und die immerwährende freundschaftliche Ermutigung von Professor Dr. Hans Mommsen. Er hat die Entstehung dieser Publikation stets unterstützt. Unsere Diskussionen über die Rezeption des Prozeßberichts von Hannah Arendt und die »Realisierung des Utopischen«, wie Hans Mommsen die nationalsozialistische Vernichtungspolitik in einem grundlegenden Aufsatz bezeichnet hat, waren für mich stete Rückversicherung und Herausforderung.

Desgleichen hat mir Christian Kolbe bei den Recherchen und der Auswertung der Quellen viel geholfen. Für seine freundschaftliche und wissenschaftliche Hilfe danke ich ihm herzlich. Meine Schwester Irmhild Wojak hat durch kritische Kommentare und die unentbehrliche Korrektur an der Entstehung des Manuskripts teilgenommen. Das war sicher der Beanspruchung genug, aber ihre Unterstützung ging weit darüber hinaus.

Besonders möchte ich Professor Dr. Albert Wucher für viele Gespräche danken. Sein im Jahr 1961 publizierter Dokumentarbericht über die »Endlösung der Judenfrage« hat meinen Blick auf den Täter Eichmann verändert. Wie genau er dessen Persönlichkeit getroffen hat, stellte sich noch einmal im Archiv in Jerusalem heraus. Dort fand ich einen Brief Eichmanns, der den Autor nach der Lektüre des Buches verklagen wollte. Vor vierzig Jahren, noch bevor er als Prozeßbeobachter für die *Süddeutsche Zeitung* nach Jerusalem ging, hat Albert Wucher die treffendste Charakteristik Eichmanns geliefert: »Kleiner Mann und Bürokrat. Aber das genügte noch nicht ganz, damit Eichmann Eichmann wurde. Es kam eines hinzu: Eichmann war zugleich ein fanatischer Nationalsozialist.«

Bis heute hat die Sichtweise von Hannah Arendt die Forschung geprägt. Sie meinte, daß sich zu wenige der Prozeßbeobachter mit der Persönlichkeit Eichmanns auseinandergesetzt hätten. Die Kombination aus einem perfekten Bürokraten und rabiaten Nazi blieb ihr jedoch verborgen, obwohl darin das entscheidende Merkmal der Karriere Eichmanns lag. Sie erst ergab den bedingungslosen Funktionär, wie Albert Wucher damals schrieb, ohne den die Totalität des Unrechts nicht möglich gewesen wäre: »Es gab – wenn sie auch nicht alle so nah an den Hebeln der Macht saßen – viele Eichmanns: gewissenhafte Werkzeuge der Gewissenlosigkeit.«

Frankfurt am Main, Juli 2001   *Irmtrud Wojak*

Zur Einführung

Hans Mommsen

Eichmanns Memoiren – unter diesem Titel verbirgt sich auf Grund einer umfassenden Erschließung der von Adolf Eichmann nach seiner Flucht nach Argentinien hinterlassenen autobiographischen Dokumente eine Neuinterpretation der Persönlichkeit Adolf Eichmanns und seiner Rolle in der nationalsozialistischen »Endlösung der Judenfrage«. Trotz der kaum noch übersehbaren Spezialpublikationen zu diesem Thema gelingt es Irmtrud Wojak, durch die Auswertung des von dem ehemaligen SS-Offizier Willem Sassen geführten Interviews und der im Gefängnis abgefaßten Manuskripte Eichmanns die Vorstellungen und die Mentalität des ehemaligen SS-Obersturmbannführers neu zu beleuchten und authentisch zu interpretieren.

Das vorliegende Buch ist eigentlich eine Nebenfrucht der von Irmtrud Wojak seit längerer Zeit vorbereiteten Biographie von Fritz Bauer, der, wie sie im Detail überraschend zeigt, maßgeblich daran beteiligt war, daß der israelische Geheimdienst Mossad Eichmann in Argentinien entführen und ihn vor Gericht stellen konnte, während die halbherzigen Versuche der deutschen Justiz, Eichmanns Aufenthaltsort ausfindig zu machen, im Sande verliefen. Ihre Schilderung der Bemühungen, Eichmanns Pseudonym aufzudecken, und der Irrwege, die damit verknüpft waren, ist für sich faszinierend, ebenso die abenteuerlichen Wege, die die von dem früheren SS-Offizier und vorübergehenden Südamerika-Korrespondenten des *Stern* im Einverständnis mit Eichmann erstellten Tonbandprotokolle genommen haben.

Die Autorin unterzog sich der Mühe, die teilweise erhaltenen Niederschriften an den Tonbändern zu korrigieren und die verschiedenen Texte, die Eichmann abgefaßt hat, darunter die im Gefängnis geschriebenen Manuskripte »*Meine Memoiren*« und »*Götzen*«, an den erhaltenen Quellen zur Geschichte der geplanten Vernichtung der Juden Europas zu überprüfen. Auf dieser Grundlage zeichnet sie ein detailliertes und lebendiges Bild der Persönlichkeit und Mentalität Eichmanns, dem gegenüber die Schilderungen in der bisherigen Literatur wie rohe Holzschnittzeichnungen wirken. Es geht ihr jedoch nicht nur um die individuelle Biographie, sondern diese soll dazu dienen, die Mechanismen der Kollektivverbrechen aufzudecken, die den Holocaust ermöglicht haben.

Anders als aus der Sicht Hannah Arendts erscheint Eichmann nicht als Prototyp des Bürokraten, der starr gegebenen Anweisungen folgt, so sehr er karrierebeflissen war. Eichmann verfolgte vielmehr eigene Motive im Rahmen der gegebenen Befehlsstruktur, und führte die ihm übertragenen Anweisungen mit einer Mischung von Servilität und Ehrgeiz und einem Hang zur Überperfektion aus. Die Autorin beschreibt anhand der Aufzeichnungen und Aussagen Eichmanns, daß seine Überstellung vom Sicherheitsdienst zum Referenten im Reichssicherheitshauptamt zwar einen bemerkenswerten Karrierefortschritt darstellte, daß aber Eichmann dadurch mehr oder weniger zum Deportationsfachmann zurückgestuft wurde. Nachdem er zuvor mit dem Nisko-Projekt die Vision, die Gesamtheit der mitteleuropäischen Juden in ein »Reservat« zu deportieren, in die Tat umzusetzen versucht hatte, scheiterte er danach an den Interventionen Heinrich Himmlers, der Wehrmacht, des Generalgouverneurs Hans Frank und vieler anderer.

Die Funktionsveränderung bewirkte indessen nicht eine Verringerung der bei Eichmann angestauten Vernichtungsenergie, wenngleich er als Räumungsbeauftragter nun auch für die Absiedlung der polnischen Bevölkerung aus dem Warthegau und dem Gau Danzig-Westpreußen zuständig war. Seine Aufzeichnungen und Aussagen spiegeln die wachsende Frustration, die durch immer wieder abgebrochene Deportationsvorhaben hervorgerufen wurde. Das Madagaskar-Projekt, das vorübergehend an die Stelle der festgefahrenen Deportationspläne in den Osten trat, wurde von ihm ausdrücklich begrüßt, und er stellte sich fälschlicherweise als dessen Erfinder dar. Die Vorbereitungen dazu inspirierten ihn, nunmehr umfassende Pläne für die Deportation aller europäischen Juden zu entwickeln. Sie fanden in Himmlers Rede vor den Reichs- und Gauleitern in Berlin am 10. Dezember 1940 Eingang und führten zu der Beauftragung Reinhard Heydrichs mit der Vorbereitung der »Endlösung der Judenfrage« durch Hermann Göring am 31. Juli 1941 – deren Text Eichmann entworfen hatte.

Irmtrud Wojak schildert eindringlich den Radikalisierungsprozeß, der von der Projektierung der »Endlösung der Judenfrage« für die Zeit nach dem gewonnenen Krieg bis zum Beginn der systematischen Vernichtung der Juden in der entscheidenden Phase vom Spätherbst 1941 bis zum Januar 1942 reichte und in dem Eichmann immer wieder im Mittelpunkt stand. Sie verzeichnet eine dreifache Schubwirkung, die von dem Druck, die im besetzten Frankreich vom Militärbefehlshaber festgesetzten Juden in den Osten zu deportieren, von der von Odilo Globocnik im Generalgouvernement verfolgten Strategie der »Vernichtung durch Arbeit«, die von der systematischen Liquidierung der »nicht Arbeitsfähigen« begleitet war, und schließlich von der von Hitler gefällten Entscheidung, 60 000 deutsche und tschechische Juden »nach Osten« abzuschieben, ausing. Am Ende stand das Zusammenfallen der Vision einer Verbringung in die jenseits des Ural liegenden Gebiete und der »Endlösung« in den nun geschaffenen Vernichtungszentren und Vernichtungslagern im Generalgouvernement und in Auschwitz.

Die Verfasserin zeigt eindringlich, daß Eichmann, entgegen seinen Schutzbehauptungen, von Anfang an in die Wendung zur systematischen Vernichtung eingeschaltet war, daß seine Besuche in den Vernichtungszentren sowohl der Vorbereitung der Transporte aus dem Reich und dem »Protektorat« Böhmen und Mähren als auch der näheren Unterrichtung der Zentrale über die Tötungskapazitäten dienten, wenngleich die Datierungen nicht immer eindeutig sind. Sie zerpflückt Stück für Stück die Selbststilisierung Eichmanns, der sich in Jerusalem als »Lebensretter« aufzuspielen versuchte. Daran war jedoch nur so viel richtig, als er ursprünglich ein »Reservat« als säkulare »Lösung der Judenfrage« ins Auge gefaßt hatte, wobei diese ebenfalls auf Massenmord hinausgelaufen wäre.

Die Auswertung der sogenannten Eichmann-Memoiren zeigt, daß der Weg zur »Endlösung« in sich hochgradig diffus und widersprüchlich war, so daß auch Eichmann sich nicht in der Lage sah, nachträglich eindeutige Angaben zur Befehlsgebung an der Spitze des Regimes zu machen. Die Darstellung macht deutlich, daß sich die Eskalation der Verfolgung in Form einer »projektiven Konfliktüberwindung« (Götz Aly) vollzog und daher eine innere Folgerichtigkeit besaß, ohne damit auf kalkulierte und stufenförmige Planungen und eindeutige Entscheidungen im Zentrum zurückgeführt werden zu können, was denn auch die ständige Verunsicherung Eichmanns erklärt.

Die Studie Irmtrud Wojaks, die sich durch Anschaulichkeit und den Rekurs auf die Handlungsmotive Eichmanns auszeichnet, präsentiert ein von der klassischen Interpretation Hannah Arendts deutlich abweichendes Bild des Massenmörders Eichmann, ohne ihm dämonische Züge zu verleihen. Vielmehr treten die mediokren Züge und die subalterne Mentalität, die sich mit Servilität und vorauseilendem Gehorsam verbinden, eindrücklich hervor und damit auch der Gesichtspunkt der »Banalität des Bösen«. Anders als Arendt weist sie aber auf die zugrundeliegende antisemitische Einstellung als handlungsleitenden Faktor hin, dessen Internalisierung erklären hilft, warum Eichmann zu keiner Zeit moralische Bedenken über sein Handeln gekommen sind, so sehr er die Umstände der Massenvernichtung persönlich verabscheute.

Das Sassen-Interview wie die Gefängnis-Niederschrift »Götzen« lassen einen Blick in die tieferen, widerspruchsvollen Motivationen Adolf Eichmanns tun. So bekannte er sich einerseits als »vorsichtiger Bürokrat«, andererseits als »fanatischer Kämpfer« für die Nation und deren Zwecke. Wehleidig fügte er hinzu, daß er versagt hätte, weil es ihm an der »nötigen Härte« gefehlt habe und die Auslöschung des Judentums daher ein Torso geblieben sei. Von Reue oder von moralischen Bedenken findet man in seinen Aufzeichnungen keine Spur. Sie fließen sonst von Selbstmitleid über, und das Schicksal der Opfer, mit denen er zusammengearbeitet hatte, schob er mit einem Achselzucken beiseite. In der vollständigen Verdrängung von Schuldgefühlen hinter eine angebliche Pflichterfüllung unterschied er sich nicht von der Mehrheit der Täter.

Die Studie von Irmtrud Wojak über die psychische Befindlichkeit Eichmanns wie dessen Funktionieren auf den verschiedenen Stufen des Vernichtungsprozesses wirft neues Licht auf die in den letzten Jahren vorangetriebene Erforschung der Täterbiographien. Sie verweist auf die im Sicherheitsdienst und in der Geheimen Staatspolizei entstehende Binnenmentalität, zu der ein bedingungsloser Judenhaß gehörte. Sie beleuchtet die Physiognomie der NS-Täter und deren vollständige moralische Indifferenz bei der Betätigung ihres Mordhandwerks. Ihr Buch wird auf ein breites Interesse der internationalen Öffentlichkeit stoßen und viele der Rätsel, die mit der Person Eichmann noch immer verknüpft waren, endgültig lösen.

In der grundsätzlichen Frage der »Banalität des Bösen«, die Hannah Arendt am Fall Eichmanns entwickelt hatte, nimmt Irmtrud Wojak eine differenzierte Haltung ein. Sie leugnet die Elemente der Trivialität nicht, die mit Eichmanns mörderischem Perfektionismus verbunden waren, betont aber zugleich die weltanschauliche Zielgerichtetheit seines Handelns, die in blindem Aktionismus noch die letzten Juden in deutscher Hand zu Tode brachte, als das Reich längst in Scherben zerfiel und selbst Heinrich Himmler sich vom Vernichtungsprozeß abwandte.

Vorgeschichte – Eichmanns Entführung

Im September 1957 löste der hessische Generalstaatsanwalt Fritz Bauer durch einen Hinweis an den Leiter der »Delegation betreffend Reparationen in Westdeutschland«, Felix Shinnar, später erster Botschafter Israels in der Bundesrepublik Deutschland, die Operation des israelischen Geheimdienstes Mossad zur Festnahme von Adolf Eichmann aus.[1] Die geplante Entführung galt dem Mann, der die Deportationen Hunderttausender Menschen in die nationalsozialistischen Vernichtungslager organisiert und ständig vorangetrieben hatte und der seit den Nürnberger Prozessen als der Hauptverantwortliche für die Durchführung der »Endlösung« angesehen wurde.

Die Meinungen darüber, ob gegen Eichmann nach dem Ende der Nürnberger Prozesse von israelischer oder deutscher Seite noch ermittelt wurde, gehen auseinander.[2] Isser Harel sagte später, daß es zwischen 1948 und 1952, als er Chef des Mossad wurde, keine offizielle staatliche Stelle in Israel gegeben habe, die mit der Suche nach NS-Verbrechern beauftragt war. Er habe diese Aufgabe dann im Geheimdienst übernommen, vor allem die Suche nach Mengele und Eichmann.[3] Tatsächlich gaben vor allem zwei Überlebende der nationalsozialistischen Vernichtungspolitik die Fahndung nach dem ehemaligen Leiter des Referats IV B 4 des Reichssicherheitshauptamtes bis in die Mitte der fünfziger Jahre nicht auf: Tuviah Friedmann[4], Gründer und Leiter einer dokumentarischen Sammlung über NS-Verbrecher in Haifa, und der als »Nazi-Jäger« bekannte Simon Wiesenthal[5], der nach dem Krieg in Wien ein Dokumentationszentrum zur Geschichte des Holocaust aufbaute. Beide haben über ihre jahrelang vergeblichen Versuche berichtet, einem der größten NS-Verbrecher auf die Spur zu kommen. Mit dem israelischen Geheimdienst standen sie dabei offenbar nicht in Verbindung. Isser Harel hat Simon Wiesenthal damals nach eigener Aussage nicht gekannt. Demgegenüber hat Wiesenthal allerdings später behauptet, seine Kenntnisse über Eichmanns Aufenthaltsort hätten den israelischen Geheimdienstchef zu gleicher Zeit erreicht wie eine entsprechende Nachricht aus der BRD.[6] Wiesenthal erklärte, die Entführung Eichmanns sei aufgrund seiner Wiener Ermittlungen vom Mossad in Gang gesetzt worden, nachdem er herausgefunden hatte, daß die Söhne Eichmanns unter ihrem richtigen Namen in Buenos Aires registriert waren.[7]

Was vor Mitte der fünfziger Jahre geschehen war, darauf hat Fritz Bauer hingewiesen, trug im Hinblick auf die Maßnahmen der Verfolgungsbehörden in der Bundesrepublik »den Charakter des Zufälligen und Improvisierten«. Nicht eine deutsche Staatsanwaltschaft, sondern die Staatsanwaltschaft Wien habe nach 1945 ein Strafverfahren gegen Adolf Eichmann eingeleitet: »Nach zehn Jahren ergebnisloser Bemühungen sandte die österreichische Regierung ›zuständigkeitshalber‹ den Aktenbestand an das Bundesjustizministerium in Bonn. Dort leitete man den Aktenvorgang dem Bundesgerichtshof zu, der seinerseits die Staatsanwaltschaft in Frankfurt am Main für zuständig erklärte, den Komplex aufzuklären. Mit dieser Odyssee eines Aktenbandes durch die Zimmerfluchten von Ministerien, Staatsanwaltschaften und Gerichten, bei der sich Unberechenbares an Unberechenbares reihte, begann das Verfahren, das schließlich in Jerusalem mit der Verurteilung Eichmanns endete.«[8] Wiesenthals Bemühungen hat Bauer an keiner Stelle erwähnt, ebensowenig umgekehrt. Daß auch Wiesenthals Biograph nichts davon weiß, ist zumindest ungewöhnlich, denn dieser hätte den Bemühungen seines Protagonisten, Eichmann habhaft zu werden, sicherlich gebührendere Reverenz erwiesen, wenn er vor allem Wiesenthals frühe intensive Recherchen stärker herausgestellt hätte. So aber erscheint Wiesenthals Leistung in schiefem Licht, da sie fälschlicherweise als allein ausschlaggebend für die Entführung Eichmanns durch den Mossad ausgegeben wurde.[9]

Tatsache ist, daß die Person Adolf Eichmann zur damaligen Zeit in der Öffentlichkeit weitgehend unbekannt war und die während der Nürnberger Prozesse gegen ihn erhobenen schweren Beschuldigungen längst wieder in Vergessenheit geraten waren. Auch der Kollaborateur und ehemalige holländische SS-Offizier Willem Sassen, der im Leben Eichmanns eine entscheidende Rolle spielen sollte, indem er ihn in Argentinien dazu überredete, seine Erinnerungen auf Tonband zu sprechen, wußte nach dem Krieg angeblich nichts mit dem Namen seines künftigen Protagonisten anzufangen. Selber auf der Flucht vor seinen Richtern, will Sassen 1947 in Dublin in der *Irish Times* einen Artikel über Eichmann gelesen und sich gefragt haben, wann und wo er den Namen je gehört hatte.[10]

Als der israelische Ministerpräsident David Ben Gurion am 23. Mai 1960 vor dem Parlament verkündete, daß Eichmann sich im Gewahrsam der israelischen Polizei befinde und in Jerusalem vor Gericht gestellt werde, war dies in erster Linie eine Genugtuung für die Überlebenden des Holocaust. Für sie verband sich mit dem Namen Eichmann unermeßliches Leid, auch wenn die wenigsten seiner Opfer ihn je zu Gesicht bekommen hatten. Ganz anders verhielt es sich mit den Kenntnissen der deutschen Bevölkerung: »Als das Stichwort fiel«, schrieb Albert Wucher, »wußten wir nicht Bescheid. Eichmann? Eichmann? fragten sich die Leute…«.[11] Zwei Jahre später, nach dem Ende des Prozesses, war nicht nur die verbrecherische Karriere des Adolf Eichmann, sondern auch die Ermordung der europäischen Juden, die »Endlösung«, zu einem Begriff geworden.[12]

Die Ironie der Geschichte will es, daß der Angeklagte im Jerusalemer Prozeß dazu in nicht geringem Maße selbst beigetragen hat. Das übermächtige Bedürfnis, seine Sicht der Geschehnisse der Weltöffentlichkeit zu präsentieren, und sein Drang zur Selbstrechtfertigung wurden Eichmann zum Verhängnis. Die Operation des israelischen Geheimdienstes, dem er in seinem Zufluchtsland in die Hände fiel, wäre ohne diesen Umstand vermutlich nicht erfolgreich gewesen. Zwar bleiben einige Details der Entführung auch künftig im Dunkeln, da die Akte Eichmann weiterhin vom Mossad unter Verschluß gehalten wird, doch lassen sich die entscheidenden Faktoren ans Licht bringen, die schließlich zum Erfolg führten.

Dazu gehört, daß eine der wenigen Abschriften, die Willem Sassen von dem Transkript seines Tonbandinterviews mit Eichmann anfertigen ließ, kurz vor der Entführung in die Hände des Mossad gelangte.[13] Für den Prozeß war dies ein ungemein wichtiges Dokument. Dem israelischen Polizeihauptmann Avner Less diente das Transkript, was bisher völlig unbeachtet geblieben ist, als Grundlage zum Verhör von Eichmann im Gefängnis.[14] Der ehemalige SS-Obersturmbannführer hatte sich also längst vor seinem Prozeß selbst entlarvt. Doch das erfuhr er erst viel später, während der Gerichtsverhandlung, denn Hauptmann Less gab im Laufe des Verhörs (und im übrigen auch in seinen späteren Publikationen) nicht preis, daß die Quelle seiner Fragen das in Argentinien aufgenommene Interview war.[15]

Als Adolf Eichmanns Welt 1945 zusammenbrach, befand er sich in Oberösterreich, im Raum Alt-Aussee, der Heimat seiner Jugendzeit. Von seinem letzten obersten Dienstvorgesetzten Ernst Kaltenbrunner, dem Nachfolger Reinhard Heydrichs als Chef der Sicherheitspolizei und des SD, hatte er angeblich den sinnlosen Befehl bekommen, im Toten Gebirge, das er bestens kannte, eine Widerstandslinie aufzubauen. Ob mit der sogenannten »Alpenfestung« je konkrete Pläne verbunden waren, läßt sich mangels Quellen nicht beweisen. Jedenfalls befand sich Eichmann dort im Mai 1945 in vertrauter Gesellschaft, denn die »Alpenfestung« im Ausseer Land war, wie die »Festung Nord« in Schleswig Holstein, eine der beiden wichtigsten Fluchtrouten der Waffen-SS am Ende des Zweiten Weltkrieges.[16] Auf eine dieser beiden Fluchtlinien begaben sich nahezu alle im März 1945 noch amtierenden Kommandanten der Konzentrationslager und ihre Kommandanturstäbe einschließlich ihrer Familien.[17]

Nur wenig überzeugt von seinem Auftrag, löste Eichmann nach eigenen Angaben sein »Partisanenkommando« angesichts der anrückenden amerikanischen Truppen bald auf, und damit begann seine Flucht.[18] Immer wieder gelang es ihm, selbst im Internierungslager, sich hinter falschen Namen und Dienstgraden zu verstecken. Im Januar 1946 glückte ihm nach einigen Fehlschlägen schließlich unter dem Pseudonym Otto Heninger die Flucht.[19] In seinen während der Haft in Israel entstandenen Aufzeichnungen schrieb er: »Ich fiel in amerikanische Gefangenschaft, aus der ich mich dann erst Anfang Januar 1946 selbst entließ; das heißt, mit Genehmigung meiner gefangenen Offizierskameraden, türmte ich.«[20] Die Wahrheit war, daß einige der Offiziere Eichmanns Identität kannten und seine Flucht ihnen nur recht sein konnte; sie hatten es mit der Angst zu tun bekommen und wollten nicht mit dem Deportationsexperten des Reichssicherheitshauptamtes in Verbindung gebracht werden.

Heninger alias Eichmann tauchte unter, zunächst in Prien am Chiemsee, dann in der Lüneburger Heide unweit der Stadt Celle. Mehrere Jahre fällte er Bäume und züchtete Hühner.[21] All das ist bekannt und wenig spektakulär, Geschichten wie diese haben sich nach dem Zweiten Weltkrieg zu Tausenden abgespielt. Gewiß spektakulärer, aber auch nicht einmalig, war Eichmanns Flucht nach Argentinien. Im Frühjahr des Jahres 1950, heißt es bei Robert Pendorf, ließ er »Hühner, Hütte und Holzfällerei hinter sich« und begab sich auf die sogenannte »Klostertour« nach Italien.[22] Eichmann soll von einem Franziskanermönch geleitet und in verschiedenen Klöstern untergebracht worden sein, bis die erforderlichen Ausweispapiere über das italienische Rote Kreuz beschafft und von der argentinischen Einwanderungskommission in Genua abgestempelt waren.

Sicher ist, daß Eichmann über den Vatikan und durch die Unterstützung des Bischofs Alois Hudal, Rektor von Santa Maria dell'Anima und Beichtvater der deutschen katholischen Gemeinde in Rom, der zahlreichen Nazis falsche Papiere beschaffte, zur Flucht verholfen wurde. Bischof Hudal, der 1952 in den Ruhestand trat (er starb 1963), war eine schillernde Persönlichkeit, unter anderem ein Verfechter des Anschlusses Österreichs an Deutschland. Er scheint nach dem Krieg vor allem Österreichern Fluchthilfe geleistet zu haben, jedenfalls behauptete dies Pater Anton Weber, ein Priester der Pallottiner bei der St.-Raphael-Gemeinschaft in Rom, der mit Hudal in Verbindung stand. In einem Gespräch mit der Publizistin Gitta Sereny erzählte Weber,[23] Eichmann sei damals unter dem Namen Richard Klement zu Hudal gekommen und habe behauptet, er stamme aus dem Osten Deutschlands, wohin er nicht zurückkehren wolle, da er nicht unter den Bolschewiken leben wolle; also habe Hudal ihm geholfen.[24] Ausgestattet mit einem Paß auf den Namen Ricardo Klement, geboren 1913 in Bozen, schiffte sich der ehemalige SS-Obersturmbannführer am 14. Juni 1950 auf der »Giovanni C« ein und landete am 14. Juli 1950 in der argentinischen Hauptstadt Buenos Aires.[25]

Zwei Jahre später gelang es Klement alias Eichmann, seine Familie, die Ehefrau Veronika geborene Liebl und seine drei Söhne Klaus, Horst und Dieter, aus Österreich nachzuholen.[26] Den Kindern hatte Veronika Eichmann erklärt, sie würden ihren »Onkel Ricardo« in Argentinien besuchen. Das Geheimnis wurde erst nach der Ankunft in Buenos Aires enthüllt.[27] Nachdem sie einige Monate im Norden in den Bergen von Tucumán zugebracht hatte, Eichmann aber arbeitslos geworden war, lebte die Familie seit dem Sommer 1953 in Olivos, einem Vorort der argentinischen Hauptstadt.[28] Sieben Jahre später und ziemlich genau drei Monate, nachdem sie weit außerhalb der Stadt bei Bancalari in der Garibaldistraße ihr eigenes, nach Plänen Eichmanns gebautes Haus bezogen hatten, kam der Tag, den Eichmann zu diesem Zeitpunkt vielleicht nicht mehr erwartet, aber doch immer gefürchtet hat.[29]

Dabei spielte zunächst eine wichtige Rolle, daß das schützende Netzwerk für geflüchtete NS-Verbrecher, welches aus geheimdienstlich geführten Organisationen der Diktatur unter Juan Domingo Perón und seiner legendären Ehefrau Eva-Maria (Evita) bestand, mit dem wirtschaftlichen Bankrott des Landes und Sturz des Generals 1955 sich aufzulösen begann. Als erster großer Einbruch erwies sich – kurz vor Ankunft der Familie Eichmann – der Tod von Evita Perón im Juli 1952. Mit dem Niedergang der Diktatur fiel auch die stützende und treibende Kraft hinter der deutsch-argentinischen Tarnfirma CAPRI (*Compañía Argentina para Proyectos y Realisaciones Industriales, Fuldner y Cia*) weg, hinter der sich u. a. eine Anwerbeorganisation für die Fertigungsbetriebe der argentinischen Luftwaffe verbarg.[30] Die CAPRI war eine Firma des Perón-Freundes und Bankiers Horst Carlos Fuldner unter dem Dach des 1947 gegründeten und bald sehr großen staatlichen Wasser- und Energiekonzerns *Agua y Energía Electrica*.[31] Dort brachte Fuldner mit Hilfe seines Partners August Siebrecht – ebenfalls eines Perón-Freundes, der nach dem Krieg zum »Koordinator der verdeckten Einwanderung« avancierte –[32] im Laufe der Jahre die geflohenen kleineren und größeren Nazis unter, so eben auch Eichmann, der sich gleich nach seiner Ankunft Fuldner anvertraut hatte.[33]

Eichmann verdankte seine unauffällige Eingliederung in die argentinische Gesellschaft diesem Netzwerk und dem lange Zeit aus Vorsicht der Familie auferlegten Schweigegebot. Seine Kontakte beschränkten sich auf die »alten Kameraden« aus der SS, zu denen auch Willem Sassen zählte.

Sassen lernte Eichmann auf einer der Exkursionen der CAPRI in der Gegend von Tucumán kennen, und angeblich soll der arrogante Ton dieses Kollegen, der Photographien mit seiner Unterschrift und dem Zusatz »Obersturmbannführer« an seine Nazifreunde verteilte, Sassen davon überzeugt haben, daß er es hier mit einem nicht unbedeutenden ehemaligen NS-Funktionär zu tun hatte.[34] Sassen ging es in dieser Zeit vermutlich nicht anders als Eichmann: Er brauchte Geld, um sich und seine Familie zu ernähren, und das war wohl letztlich das entscheidende Motiv dafür, daß er zwischen 1953 und 1955 auf die Idee kam, Eichmann zu einem ausführlichen Interview zu überreden. Abgesehen von den »alten Kameraden« in Argentinien, war Eichmanns *Ghost Writer* nur wenigen bekannt, als dieser kurz nach der Entführung durch den Verkauf des Interview-Transkripts an das amerikanische Magazin *Time/Life* und das deutsche Magazin *Stern* eine Sensation auslöste.[35]

Sassen wurde 1918 in Geertruidenberg in den Niederlanden geboren.[36] Nach dem deutschen Einmarsch in Rußland meldete er sich bei der Niederländischen Legion, deren Soldaten unter dem Befehl von niederländischen Offizieren, als nationale Gefechtseinheiten in die Waffen-SS eingegliedert, an die Ostfront gingen. Sassen wurde als SS-Kriegsberichterstatter angeheuert und bereiste in der schwarzen Uniform der deutschen Panzertruppen das von den Nationalsozialisten besetzte Europa.[37] Nach einer Verwundung kehrte er zurück nach Amsterdam, wo er als Radioreporter zur »Stimme der SS« in Belgien und den Niederlanden aufstieg. Im Oktober 1944 folgte eine kurze Episode als Chefredakteur von *De Telegraaf/De Courant Nieuws van de Dag*, doch scheint die Gestapo mit seinen Artikeln nicht zufrieden gewesen zu sein; sie steckten ihn sogar für einige Zeit ins Gefängnis.[38]

Am Ende des Krieges, Sassen war bis zum SS-Untersturmführer aufgestiegen, wurde er von den Alliierten festgenommen und in der Nähe von Utrecht interniert. Nach einer abenteuerlichen Flucht gelangte er nach Antwerpen, wo er sich als Albert Desmedt, Jude aus

Antwerpen, ausgab, dessen Familie im Vernichtungslager Auschwitz umgekommen sei.[39] Ein Militärtribunal in Belgien fand schließlich heraus, daß Sassen SS-Offizier und an der Ostfront gewesen war. Er wurde in die Niederlande abgeschoben, doch noch auf dem Weg dorthin gelang ihm erneut die Flucht.[40] Der ehemalige SS-Offizier mußte untertauchen und einen Weg finden, um außer Landes zu kommen. Dabei half ihm sein alter Schul- und Studienfreund Anthony Mertens[41], mittlerweile Redakteur des Wochenblatts *De Linie*, in dessen Haus Sassen auf der Flucht einen illustren Kreis von Katholiken und Anhängern des Dritten Reiches antraf.[42] Diese »Katholiken-Runde« besorgte die gefälschten Papiere, mit denen Sassen im Mai 1947 nach Dublin abhaute und sich im September 1948 nach Argentinien einschiffen konnte.[43]

Sassens Einstieg in die argentinische Gesellschaft und die dort inzwischen ansässige Kolonie geflüchteter Nationalsozialisten unterschied sich nicht von Eichmanns. Nach einem kurzen Aufenthalt in einer Pension in Buenos Aires ging er mit einer Gruppe deutscher Landeigentümer und Mineningenieure nach Tucumán und arbeitete dort für die CAPRI, verkehrte also rasch in den entsprechenden Kreisen.[44] Vorteilhaft für ihn waren seine journalistischen Ambitionen. Als Henri Nannen – der Kriegsberichterstatter an der Ostfront gewesen war – 1948 den *Stern* gründete, wurde Sassen, der mit ihm befreundet war, Südamerikakorrespondent des Magazins.[45]

Der ehemalige SS-Offizier machte in Argentinien rasch Karriere. Schon bald lernte er den Verleger kennen, der sich künftig um das gemeinsam mit Eichmann geplante Buchprojekt kümmern sollte. Wilfried von Oven, vormals Pressereferent im Reichspropagandaministerium, machte Sassen mit dem früheren Deutschlehrer der Fridericusschule in Buenos Aires, Eberhard Fritsch, bekannt.[46] Der ehemalige Jugendführer war Eigentümer des Dürer-Verlags und Herausgeber der Zeitschrift *Der Weg*, die er 1947 gemeinsam mit dem Buchhändler Theodor Schmidt mit einiger Mühe ins Leben gerufen hatte.[47] Sie stellten Sassen als Redakteur der Zeitschrift ein, die sich zusammen mit dem Dürer-Verlag zu einem Bezugspunkt und Publikationsorgan der nationalistischen und nationalsozialistischen deutschen Kreise in Buenos Aires entwickelt hatte. Um die

Zeitschrift und den Verlag versammelten sich die von den Alliierten als Kriegsverbrecher gesuchten, untergetauchten Nazis.[48] Frühzeitig wußte man in dieser Gemeinde, schreibt der Historiker Holger Meding, »von der Ankunft des ehemaligen Lagerarztes des Konzentrationslagers Auschwitz, Dr. Josef Mengele [...]; auch hielt man engeren Kontakt mit dem ehemaligen Leiter des Judenreferats im Reichssicherheitshauptamt, Adolf Eichmann, mit welchem ausführliche Gespräche geführt wurden.«[49] Sassen war eine der Hauptfiguren in diesem Kreis. Er organisierte »Kameradschaftsabende« und veröffentlichte in der unverhohlen antisemitischen und antidemokratischen Zeitschrift zahlreiche Artikel, bis sie 1958, nachdem ihre besten Tage bereits mit der Entmachtung Peróns vorbei waren, eingestellt wurde.[50]

Damit endeten auch Sassens goldene Zeiten in Argentinien. Nachdem die *Casa Rosada*, das Präsidentenpalais, sein zweites Zuhause geworden war und er es bis zum Berater für Öffentlichkeitsarbeit bei Evita Perón mit einem Büro im gleichen Gebäude gebracht hatte, mußte er sich nach dem Sturz General Peróns Mitte der fünfziger Jahre ernsthaft um neue Arbeit bemühen.[51] In diese Zeit fiel das Übereinkommen mit Eichmann, auf der Basis eines Interviews ein Buch zu schreiben, das im Dürer-Verlag anonym publiziert werden sollte. Das erste Interview wurde vermutlich in der zweiten Hälfte des Jahres 1956 aufgezeichnet. Die Gespräche fanden bei Sassen, der inzwischen in den besseren Stadtteil La Florida umgezogen war, zu Hause statt.[52] Vier Jahre lang stand Eichmann, meist zweimal im Monat, Sassen Rede und Antwort, sie müssen demnach zwischen 40 und 50 Gespräche geführt haben, die bis zu vier Stunden dauerten.[53] Am Ende bewahrte Sassen die Tonbänder und ein von Eichmann korrigiertes Transkript in zwei Leitzordnern mit 17 Aktenheftern, denen Eichmann einige maschinenschriftliche »Extrablätter« hinzufügte, angeblich in Satteltaschen in seinem Haus in La Florida auf – bis kurz vor Eichmanns Entführung.[54]

Ob Eichmann sich darüber im klaren war, daß er sich mit dem Interview ganz und gar Sassens Wohlwollen auslieferte, mag dahingestellt bleiben. Jedenfalls gab er jetzt sein Inkognito »Ricardo Klement« auf, auch gegenüber dem Verleger Fritsch, der zusammen mit dem ehemaligen Befehlshaber der Sicherheitspolizei und des SD in Kopenhagen, Rudolf Mildner, zeitweise an den Gesprächen teilnahm.[55] Auch seine drei heranwachsenden Söhne, die unter dem Namen Eichmann und nicht »Klement« in Buenos Aires lebten, wußten inzwischen von der NS-Karriere ihres Vaters. Das hätte Eichmann zumindest beunruhigen müssen, denn schließlich konnte er ihre Bekanntschaften und Freundschaften genauso wenig kontrollieren, wie er sicher sein konnte, daß Sassen das Interview nicht zu eigenen Zwecken verwenden würde.

Übrigens hatte sich die Familie noch vergrößert. 1955 war der vierte Sohn geboren worden, der nach Eichmanns Decknamen Ricardo genannt wurde. Die Familie lebte, wie gesagt, im Stadtteil Olivos, in der Chacabuco-Straße 4261 am nördlichen Rand der Hauptstadt. Eichmann war ständig auf Arbeitsuche, er eröffnete gemeinsam mit zwei »alten Kameraden« eine Wäscherei, die in Konkurs ging, dann züchtete er wieder Hühner und Hasen. Trotz aller Sorgen um den Lebensunterhalt und nicht zuletzt der Angst, entdeckt zu werden, scheint sein Leben in dieser Zeit einigermaßen ruhig verlaufen zu sein.

Sassen traf also gerade den richtigen Moment, als er Eichmann von der gemeinsamen Buchpublikation zu überzeugen versuchte. Der ehemalige SS-Obersturmbannführer hatte Zeit, und deshalb kamen so unangenehme Erinnerungen hoch wie die an die seit den Nürnberger Prozessen gegen ihn erhobenen schweren Beschuldigungen. Er fühlte sich zu Unrecht verurteilt und von seinen ehemaligen SS-Kameraden verraten. Aus dieser Überzeugung speiste sich, wie sich bald zeigen sollte, sein großer Rechtfertigungsdrang. Im Gefängnis in Israel formulierte er den Zweck all seiner nach dem Krieg getanen Äußerungen ein letztes Mal so: »Und ich habe gelegentlich des Kreuzverhörs meine Befriedigung zum Ausdruck gebracht, daß es einmal so lange und gründlich war, und daß mir Gelegenheit zur freien und offenen Rede gegeben wurde, da dies meine bisher einzige Möglichkeit gewesen sei, vor aller Öffentlichkeit, den in langen 1½ Jahrzehnten auf meine Person abgeladenen Unwahrheiten – durch die Praktiken der Zeugen in den Nachkriegsjahren vor den alliierten

Militärgerichten und durch eine gewisse Publizistik – entgegentreten zu können.«[56]

Sassen gab Eichmann mit dem Interview die erste, unerwartete Gelegenheit zu einer umfassenden Rechtfertigung seiner Taten, wenngleich zunächst nur im Verborgenen und auch wenn sich am Ende herausstellte, daß Eichmann sich nicht auf seinen »Kamerad Sassen« verlassen konnte. Genauso wenig konnte er dem Schicksal in den Arm fallen, das, kurz nachdem das Interview begonnen hatte, einen blinden jüdischen Emigranten in Buenos Aires auf seine Spur führte, der die Suche nach Eichmann neu in Gang brachte.[57]

Im nachhinein wurde viel über die folgenden Ereignisse geschrieben, nicht zuletzt von den Mossad-Agenten, die an der »Operation Eichmann« beteiligt waren. Viel wurde in der Presse spekuliert, während einige Hauptbeteiligte an den Geschehnissen sich nie öffentlich geäußert haben. Zu ihnen zählte der ehemalige hessische Generalstaatsanwalt Fritz Bauer. Der 1903 als Sohn einer jüdischen Kaufmannsfamilie in Stuttgart geborene Jurist hatte sich früh der Sozialdemokratischen Partei angeschlossen, 1933 wurde er verhaftet und aufgrund des nationalsozialistischen *Gesetzes zur Wiederherstellung des Berufsbeamtentums* aus dem Staatsdienst entlassen. Nach einigen Monaten KZ-Haft flüchtete Bauer 1936 nach Dänemark und 1943 nach Schweden. Nach dem Krieg verhalf ihm Kurt Schumacher zur Rückkehr nach Deutschland. Bauer wurde Generalstaatsanwalt in Braunschweig, und von dort rief ihn der hessische Ministerpräsident Georg August Zinn 1956 nach Frankfurt am Main.

Bis zu seinem frühen Tod im Jahr 1968 setzte Bauer sich unermüdlich für die Aufklärung der nationalsozialistischen Verbrechen ein, und in diesem Kontext wurde sein Name bald über die Grenzen Deutschlands hinaus bekannt. So hatte auch der jüdische Emigranten Lothar Hermann in Buenos Aires von ihm gehört. Hermann war vom 14. September 1935 bis 7. Mai 1936 im Konzentrationslager Dachau inhaftiert gewesen und in den dreißiger Jahren nach Argentinien geflüchtet. Im Jahr 1947 war er, im Alter von 45 Jahren, vollständig erblindet.[58] Die Familie lebte, wie man sich denken kann, in bescheidenen Verhältnissen. Weitere zehn Jahre später, 1957, mußte Hermann zu seinem Schrecken feststellen, daß seine Tochter Sylvia sich ausgerechnet mit Klaus Eichmann, dem Sohn des ehemaligen SS-Obersturmbannführers, angefreundet hatte.[59] Daraufhin brachte er durch einen Brief an den hessischen Generalstaatsanwalt die Suche nach Eichmann wieder ins Rollen.

Aufgrund eines Ermittlungsfehlers wurde Hermann für den von Bauer eingeschalteten israelischen Geheimdienst zwar in den folgenden Monaten schnell wieder zu einer Randfigur, doch hatte er immerhin den entscheidenden Hinweis auf den Wohnort Eichmanns geliefert. Ohne je über den weiteren Ablauf der Operation informiert worden zu sein, schrieb er am 25. Juni 1960 – seit der Entführung, über die er wiederum aus der Zeitung erfahren hatte, waren inzwischen anderthalb Monate vergangen – einen Brief an den hessischen Generalstaatsanwalt. Der Schreiber konnte nur spekulieren, aber er kam der Wahrheit recht nahe:[60]

Coronel Suarez, Av. Lib. Graf San Martin 241, Argentina

Sehr geehrter Herr Dr. Bauer!

Wenn ich mir heute gestatte, diesen Brief Ihnen vorzulegen, so beziehe ich mich auf den in den Jahren 1957/58 mit Ihnen wegen der Aufklärung des Falles Adolf Eichmann gepflogenen Briefwechsel. Dabei schicke ich voraus, daß, nachdem Sie mir Anfang 1958 einen Beauftragten sandten, ich seit dieser Zeit mit diesem, wie auch mit Ihnen, jeglichen Kontakt verloren habe. Sie erhielten von mir vor der Unterredung mit Karl Hubert alle genauen Daten und Details sowie den damaligen Aufenthaltsort des Gesuchten, der unter falschem Namen mit seiner Ehefrau Veronika Liebl und seinen vier Kindern in der Straße Calle Chacabuco Nr. 4261 in der Stadt Olivos, Distrikt Vicente Lopes, Provinz Buenos Aires, Argentinien, wohnhaft gewesen war, direkt mit Luftpost nach Frankfurt a./M. zugesandt. Bestätigung dieses Briefeinganges durch Sie liegt mir vor. Mit Herrn Karl Hubert, der mir von Ihnen ein handschriftlich verfaßtes Empfehlungsschreiben in meiner Wohnung hier überreichte, verhandelte ich im Fall Adolf Eichmann und übergab diesem, mir völlig unbekannten Beauftragten alle noch in meinem Besitze befindlichen Unterlagen. Weiter erklärte mir Hubert, daß ich fortan jeglichen Briefwechsel mit Ihnen unterlassen sollte und daß ich zukünftig alle Korrespondenz nur mit ihm selbst unter der mir gegebenen Adresse: Karl Hubert c/o A. S. Richter 3965 Sedgwick Avenue Bronx 63 New York U.S.A. abwickeln möge. Bei dieser Gelegenheit legte der Erschienene ein selbst aufgenommenes Foto der Wohnung des Adolf Eichmann vor, welches hier wiedererkannt wurde und sagte mir, daß von Ihnen alles Aufklärungsmaterial in seinem Besitze sei. Nach vielen weiteren Aufklärungen meinerseits fiel mir auch durch Zufall ein Foto von Klaus Eichmann, dem ältesten Sohn des Gesuchten, in die Hände, welches ich sofort per Luftpost an die New Yorker Adresse sandte. Trotz meiner vielen Bitten, Hubert wolle mir doch meine enormen Auslagen und Kosten ersetzen, erhielt ich nur unter großen Schwierigkeiten und Mühewaltungen in zwei Raten den Betrag von 15.000 argent. Pesos, versuchte weiter bei Hubert die Festnahme von Eichmann zu erwirken, damit die Auslieferung dieses Kriegsverbrechers erfolgen konnte. Scheinbar war wenig Interesse für diesen Fall vorhanden, trotzdem lückenlos und einwandfrei der Aufenthalt von A. Eichmann nachgewiesen war.

Sie und Herr Hubert ließen unbegreiflicherweise in der Angelegenheit nichts mehr verlauten und so kam es, daß ich die versprochene Mitarbeit und die Weiterarbeit der Sache aufgab und an Sie die mir zur Verfügung gestellten Unterlagen zurückschickte. Wäre diesem Abschnitt nicht ein Zufall begegnet, so wäre vielleicht dieser Massenmörder nie in Argentinien aufgespürt worden. Als im Argentinischen Tageblatt im Jahre 1959 erneut die Suche nach A. Eichmann publiziert wurde und der Leiter des Israelischen Instituts zur Erforschung der Naziverbrechen in Haifa, Israel, Herr Tuviah Friedmann, unter Aussetzung einer Belohnung von $ 10.000 U.S.A. sich mit mir in Verbindung setzte, ließ ich diesen wissen, daß ich bereit sei, den Aufenthalt des Adolf Eichmann mit allen erforderlichen Daten bekannt zu geben, vorbehaltlich des Rechts, mir die ausgesetzte Belohnung sicherzustellen und auszuzahlen. Man hat dann von Israel aus in diesem Jahre Eichmann in Argentinien verhaftet, ihn abtransportiert und der Justiz in Israel überstellt. Wenn auch dieser geglückte Schachzug begrüßenswert ist, so ist weniger angenehm die Taktik und das unerfüllte Versprechen des Herrn Friedmann mir gegenüber, der nur auf meine Initiative hin diesen großen Erfolg buchen konnte.

Ich lasse Sie noch wissen, daß Adolf Eichmann alias Francisco Schmidt unter dem zweiten falschen Namen: Richard (Ricardo) Clement [sic] ging und ich diesen Clement schon im Jahre 1958 Herrn Hubert in New York als diejenige Person anzeigte, auf deren Namen der Lichtzähler in seiner Wohnung eingetragen war, mithin hat man auch Ihrerseits schon damals diesen Namen gekannt.

Die jüngsten Ereignisse, die den Fall Eichmann aufklärten, haben gezeigt, daß niemand außer mir den wahren Aufenthalt des Gesuchten gekannt hat, und wenn nun derselbe zur Strecke gebracht wurde, so verzichte ich wohl auf Ruhm in der Geschichte, möchte aber trotzdem nicht mit meiner enormen Arbeit heute bezüglich meiner Forderung mit Undank belohnt werden und ins Hintertreffen geraten. Dieses ist der Grund, warum ich an Sie schreibe und versuche, zu erfahren, ob Sie, sehr geehrter Herr Bauer, das Ihnen und Herrn Hubert zur Verfügung gestellte Beweismaterial an irgendeine Stelle in Israel übergeben haben und inwieweit Sie, Herr Generalstaatsanwalt, mit Herrn Friedmann hinsichtlich dieses Falles in Verbindung gestanden haben. Die von Ihnen und Herrn Hubert an mich gesandten Briefe liegen mir vor und sind stets der Beweis dafür, daß der Fall Eichmann von mir bearbeitet wurde, bevor noch Herr Friedmann die Verhaftung veranlassen konnte.

Was mich interessiert ist, zu erkunden, ob Israel durch mich des Eichmann habhaft wurde und deshalb bitte ich Sie sehr ergebenst, mich in diesem Sinne unterstützen zu wollen und mir gefällichst [sic] so schnell wie möglich einen ausführlichen Bericht mit Luftpost zukommen lassen zu wollen. Haben Sie im voraus meinen besten Dank für Ihre werte Mühewaltung und sehe ich mit großem Interesse Ihrer geschätzten Antwort entgegen.

Hochachtungsvoll

L. Hermann

Der Brief, auf den sich Lothar Hermann bezog, war im September 1957 in der Behörde Bauers eingegangen. Daraufhin hatte sich Bauer mit Felix Shinnar in Verbindung gesetzt und seinem Gesprächspartner eröffnet, daß Eichmann in Buenos Aires lebe. Auf diesem Wege gelangte die Nachricht an den israelischen Geheimdienst. Dieser wiederum setzte Shaul Darom (Erich Cohn), den Bruder des damals amtierenden israelischen Generalstaatsanwalts Haim Cohn, als Verbindungsmann zu Bauer ein.[61] Am 7. November 1957 fand das erste Treffen statt. Darom/Cohn erfuhr, daß Bauer einen Brief aus Buenos Aires erhalten hatte, und wünschte, daß der Mossad die Identität des Mannes feststelle, den sein Informant als Adolf Eichmann erkannt hatte.[62] Bauer übergab Darom/Cohn Kopien aus der Personalakte Eichmanns und teilte ihm mit, daß er als einzigen Georg August Zinn, den hessischen Ministerpräsidenten, von dem Vorgang unterrichtet habe. Auf Einladung von Felix Shinnar sollte Bauer im Frühjahr 1958 nach Israel kommen.[63]

Im Januar 1958 schickte der Mossad den ersten Agenten nach Buenos Aires. Er kam mit der Nachricht zurück, daß Bauers Informationen über die Bewohner des Hauses in der Chacabuco-Straße jeglicher Grundlage entbehrten.[64] Daraufhin fand am 21. Januar 1958 ein zweites Treffen in Frankfurt am Main statt, und Bauer übergab Darom/Cohn einen Brief an Lothar Hermann in Coronel Suarez.[65] Mit diesem Schreiben schickte der Mossad in der ersten Märzwoche Efraim Hofstetter unter dem Tarnnamen Karl Hubert (den Hermann in seinem Brief erwähnt) nach Argentinien: »Der unangemeldete Gast stellte sich [gegenüber Hermann, d. Verf.] nicht als Agent des Israelischen Geheimdienstes vor, sondern als Fritz Bauers Emissär. Der Generalstaatsanwalt, so Hofstetter, benötige noch mehr und genauere Informationen über Eichmann.«[66] Hofstetters Bericht von seinem Besuch besagt, daß Hermann ein Artikel über Kriegsverbrecherprozesse im *Argentinischen Tageblatt* aufgefallen war, der ihm klar machte, daß seine Tochter sich mit Nicolas (Klaus) Eichmann angefreundet hatte. Da er kein Vertrauen zu den Angestellten der Deutschen Botschaft in Buenos Aires hatte, unterrichtete er Fritz Bauer, dessen Name in dem Artikel genannt wurde, über Eichmanns Aufenthaltsort.[67]

Damit war allerdings noch immer nicht geklärt, ob der Bewohner des Hauses in der Chacabuco-Straße tatsächlich Eichmann war. Mitte März 1958 reiste Bauer für zwei Wochen nach Israel.[68] Es läßt sich nicht rekonstruieren, mit wem er dort gesprochen hat, doch besteht kein Zweifel, daß die Aufdeckung der Identität und des Aufenthaltsortes von Eichmann das Hauptanliegen der Reise war. Mossad-Chef Isser Harel überließ es weiterhin dem Emigranten Lothar Hermann, die Beweise für seine im Brief an Bauer aufgestellten Behauptungen zu sammeln. Schließlich brach Harel den Kontakt im September 1958 ab, da er dem blinden Hermann nicht vertraute, zumal diesem ein Fehler unterlaufen war: Er hielt den Eigentümer des Hauses in der Chacabuco-Straße für Eichmann, während die Kontaktleute des Mossad rasch feststellten, daß es sich bei jenem Francisco Schmidt nicht um Eichmann handelte.[69] Die Agenten hatten jedoch versäumt, den Mieter des Hauses zu überprüfen; daher entging ihnen Eichmann, und sie meinten, daß Hermann sich geirrt hatte.

Nochmals verging fast ein Jahr, bis erneut Bewegung in die Sache kam. Es war reiner Zufall, daß sich in dieser Zeit auch der deutsche Verfassungsschutz mit Eichmann befaßte, allerdings noch weit weniger erfolgreich als der Mossad. Im April 1958 wandte sich das Bundesamt für Verfassungsschutz erstmals an das Auswärtige Amt in Bonn, um die unbestätigte Information überprüfen zu lassen, daß »ein Karl Eichmann (nähere Personalien nicht bekannt)«, »Organisator der Judendeportationen«, nach dem Krieg unter dem Namen Klement über Rom nach Argentinien geflohen sei. Der Verfassungsschutz wußte von Verbindungen »Karl Eichmanns« zu Fritsch und der Zeitung *Der Weg*, es konnte sich also auch um »Adolf Eichmann (weitere Personalien nicht vorhanden)« handeln, der 1943 als Referent im Reichssicherheitshauptamt tätig gewesen war. Zur »Klärung der Person Eichmann« wurde das Auswärtige Amt gebeten, über die Auslandsvertretung in Argentinien den Aufenthaltsort zu ermitteln und die Personalien festzustellen.[70]

Die Botschaft in Buenos Aires antwortete am 24. Juni 1958, alle Umfragen seien bisher ergebnislos verlaufen und es sei auch nicht wahrscheinlich, daß Eichmann sich in der Hauptstadt aufhalte, er sei vermutlich eher im Vorderen Orient. Die Botschaft werde weiter forschen und zu gegebener Zeit berichten; hilfreich wären Informationen über den Aufenthalt weiterer Mitarbeiter der Zeitschrift *Der Weg*.[71] Im August 1958 berichtete der Verfassungsschutz u. a., daß Prof. Dr. Johannes von Leers – bekanntlich ein besonderer Freund Sassens – 1954 nach Kairo übergesiedelt und zum Islam übergetreten sei. Er halte weiterhin Verbindung zu rechtsradikalen Kreisen in der Bundesrepublik aufrecht. Von Eichmann war nicht mehr die Rede, und dieser wurde auch erst einen Monat nach der Entführung am 9. Juni 1960 in einem Schreiben des Verfassungsschutzamtes an das Auswärtige Amt wieder erwähnt: Aufgrund der Vermutung der Auslandsvertretung in Buenos Aires, daß Eichmann sich im Vorderen Orient befinde, sei 1958 »von weiteren Ermittlungen abgesehen worden«.[72]

Es folgten weitere unbestätigte Meldungen über den Aufenthaltsort Eichmanns, die Ende 1959 in der Presse erschienen waren, sowie eine Zusammenfassung der mittlerweile vom *Berlin Document Center* angeforderten Personalakte. Der Schluß lautete lapidar: »Weitere Erkenntnisse über die Presseveröffentlichungen der letzten Zeit hinaus liegen über Eichmann nicht vor.«[73] Die Anmerkung bezog sich möglicherweise auf die Entführung Eichmanns, denn diese konnte nicht spurlos am Verfassungsschutz vorbeigegangen sein. Damit endete der Briefwechsel.

Währenddessen war Mitte 1959 eine neue Nachricht von Bauer an Harel gelangt: Er habe einen weiteren Informanten – laut Harel ein ehemaliger SS-Offizier, dessen Namen Bauer nicht preisgegeben habe –[74], und er bitte um Überprüfung der Angaben. Bei seinem nächsten, für Anfang Dezember geplanten Besuch in Israel hoffe er, Neuigkeiten zu erfahren.[75] In der Zwischenzeit allerdings gewann die Suche nach Eichmann eine Dynamik, die der Mossad nicht einkalkuliert hatte und die dem hessischen Generalstaatsanwalt einige Sorgen bereitete. Im unklaren über den Zweck des Besuches von Efraim Hofstetter alias Karl Hubert, hatte sich Lothar Hermann, nachdem er über Monate ohne weitere Nachrichten geblieben war, mit seinen Kenntnissen an Tuviah Friedmann in Haifa gewandt.

Damit war Hermann an den richtigen Adressaten geraten. Friedmann hatte die Suche nach Eichmann nicht aufgegeben und ungefähr zur gleichen Zeit, als Bauer seine neuen Informationen an den Mossad weitergab, einen Brief an den Leiter der Zentralen Stelle der Landesjustizverwaltungen in Ludwigsburg, Oberstaatsanwalt Dr. Ernst Schüle, geschrieben. Darin äußerte er sich irritiert darüber, daß in Westdeutschland anscheinend nicht bekannt sei, »wer der Eichmann eigentlich sei«. Friedmann erkundigte sich in seinem Brief, ob überhaupt nach Eichmann gefahndet werde.[76] Schüle antwortete am 24. Juli 1959, die »beherrschende Tätigkeit Eichmanns bei der ›Endlösung‹« sei sehr wohl bekannt. Leider sei es bis jetzt noch nicht gelungen, Eichmanns Aufenthaltsort ausfindig zu machen. Nach einer Version solle er in Argentinien, nach einer anderen Version in einem der arabischen Nachbarstaaten Israels untergetaucht sein: »Unsere Nachforschungen gehen auch in diesem Fall intensiv weiter, und wir sind für jeden Hinweis dankbar, der zur Ausfindigmachung Eichmanns führen kann.«[77]

Schüle nahm den Briefwechsel mit Friedmann zum Anlaß, um sich von einem Kollegen in Hessen über den Stand des Ermittlungsverfahrens informieren zu lassen, das die Frankfurter Staatsanwaltschaft 1956 gegen Eichmann eingeleitet hatte. In einem zweiten Brief an Friedmann teilte er mit, »daß die Ermittlungen sich deshalb sehr schwierig gestalten, weil keine dokumentarischen Unterlagen vorhanden sind, die über die Tätigkeit von Eichmann und vom Amt IV B 4 des Reichssicherheitshauptamtes Auskunft geben«. Ihm stünden »auch nur Literaturhinweise von Gerald Reitlinger u. a. zur Verfügung« und er wäre dankbar für weiteres Material.[78]

Abgesehen davon, daß offenbar wirklich alle im Dunkeln tappten, wird daraus ersichtlich, daß Bauer seine Kenntnisse absolut vertraulich behandelt hatte und seine Bemühungen um die Festnahme Eichmanns auch in der Staatsanwaltschaft Frankfurt nicht bekannt geworden waren. Ohne von den Anstrengungen Bauers und des Mossad zu ahnen, schrieb Schüle am 20. August 1959 einen Brief an Friedmann, in dem er ihm mitteilte, er habe vertraulich erfahren, daß Eichmann sich in Kuweit aufhalte. Davon habe er auch den hessischen Generalstaatsanwalt unterrichtet, dem er eine Kopie des Schreibens von Friedmann vom 13. August mitgeschickt habe.[79] Diese Nachricht veranlaßte Friedmann, der inzwischen völlig desillusioniert über das mangelnde Interesse der israelischen Justiz an der Ergreifung Eichmanns war, die Flucht nach vorn anzutreten. Er veröffentlichte einen Artikel in der israelischen Presse, in dem er darauf hinwies, daß Eichmann sich in Kuweit aufhalte. Außerdem trat er am 21. Oktober 1959 auf einer politischen Versammlung mit David Ben Gurion auf und verlangte in seiner bei dieser Gelegenheit ganz auf die Suche nach Eichmann abgestellten Rede, daß Eichmann von der israelischen Regierung vor Gericht gestellt werde.[80]

Der dadurch plötzlich ausgelöste Medienwirbel um Eichmann war aus der Sicht Bauers und des Mossad mehr als bedenklich. Sie fürchteten, daß Eichmann durch die Nachrichten gewarnt und sich eine neue Adresse suchen würde.[81] Bauer setzte sich mit Oberstaatsanwalt Schüle in Verbindung, der daraufhin an Friedmann schrieb, daß er durch die Veröffentlichung des Artikels in der israelischen Zeitung in einige Schwierigkeiten geraten sei. Nicht zu Unrecht habe man ihm vorgehalten, »daß durch eine solche Veröffentlichung Eichmann Gelegenheit zur Flucht gegeben worden wäre, wenn er sich tatsächlich in Kuweit aufgehalten hätte«. Offensichtlich jedoch sei die ihm zugegangene Information falsch gewesen. Friedmann solle überzeugt sein, daß Generalstaatsanwalt Bauer jedem Hinweis sorgfältig nachgehe.[82]

Friedmann aber war nicht überzeugt, und er wußte auch nicht, daß die Suche nach Eichmann gerade in eine entscheidende Phase getreten war. Da er Schüle über die Identität seines Informanten in

Argentinien, der sich mittlerweile wieder mit ihm in Verbindung gesetzt hatte, im unklaren ließ, konnte der Leiter der Zentralen Stelle nicht ahnen, daß Friedmann inzwischen die gleiche Spur verfolgte, auf die Bauer den Mossad anderthalb Jahre zuvor aufmerksam gemacht hatte. Lothar Hermann wiederum hatte den plötzlichen Medienrummel um Eichmann im *Argentinischen Tageblatt* ebenso verfolgt und neuerlich einen Brief nach Haifa abgeschickt, in dem er schrieb: »Die in der deutschsprachigen Zeitung ›Argentinisches Tageblatt‹ in Buenos Aires vom 12.10.1959 erschienene Notiz über den Naziverbrecher Adolf Eichmann ist absolut unrichtig, denn der Genannte lebt nicht in Kuweit am Persischen Golf, sondern unter falschem Namen mit seiner Frau und 4 Kindern in der Nähe von Buenos Aires, wo er sehr vorsichtig mit viel Geld und geschickter Machenschaft im eigenen Haus sich der Öffentlichkeit fern hält. Ich bin in der Lage, Ihrem Institut mit genauen Daten und exaktem Material zu dienen und auch bereit, den Fall lückenlos aufzuklären, jedoch unter strengster Diskretion.«[83]

Hermann, der in die USA emigrieren wollte, ging es in seinem Schreiben offensichtlich um eine Belohnung, die scheinbar für einen Hinweis zur Ergreifung Eichmanns ausgesetzt worden war und die ihm Friedmann für den Fall, daß sich seine Auskunft bestätigte, auch in Aussicht gestellt hatte.[84] Daß eine solche nie ausgesetzt worden war, erfuhr Hermann erst viel später, und er sollte Friedmann deswegen bittere Vorwürfe machen.[85] Unabhängig von den Bemühungen Bauers und des Mossad verfolgte Friedmann derweil die ihm nunmehr bekannte Spur zu Eichmann und unterrichtete darüber andeutungsweise auch Oberstaatsanwalt Schüle, der Mitte November 1959 besorgt an ihn appellierte: »Bitte unterstützen Sie mich darin, daß der ›Fall Eichmann‹ für die nächste Zeit absolut tabu ist. […] Damit soll der Fall Eichmann in keiner Weise totgeschwiegen werden, aber zur Zeit stört jede Erörterung und insbesondere jede private Ermittlung unsere Bemühungen zur Aufklärung des Falles Eichmann. Seien Sie bitte überzeugt, daß ich gewichtige Gründe für meinen Appell habe.«[86]

Drei Wochen später flog Bauer wieder nach Israel, mit neuen Beweisen über Eichmanns Aufenthaltsort, und drängte einigermaßen verärgert, die Suche voranzutreiben.[87] Ein Treffen, an dem der israelische Generalstaatsanwalt Haim Cohn, Isser Harel, Fritz Bauer und Hermann Arndt (Zvi Aharoni) teilnahmen, führte zu konkreten Schritten. In der israelischen Presse erschien am 24. Dezember 1959 ein Artikel, der mit dem Mossad abgesprochen war und in dem Bauer berichtete, die westdeutsche Regierung erstrebe die Auslieferung Eichmanns, der sich in Kuweit befinde.[88] Auf diese Weise wollte man Eichmann in Sicherheit wiegen, den allerdings seine plötzliche Medienpräsenz nicht nachhaltig beunruhigt zu haben scheint. Jedenfalls tauchte er nicht unter, im Gegenteil, er baute gerade mit seinen Söhnen nach eigenen Plänen ein neues Haus in der Garibaldi-Straße im Stadtteil San Fernando, in das sie bald darauf umziehen sollten.

Der weitere Ablauf der Ereignisse ist bekannt. Während Friedmann seine privaten Ermittlungen fortsetzte, schickte Harel im Februar 1960 einen Agenten nach Argentinien, um Eichmann zu identifizieren – eben jenen Hermann Arndt (Zvi Aharoni), der auch an der Besprechung mit Bauer teilgenommen hatte. Anfang April war Arndt nach umfangreichen Ermittlungen sicher, mit Hilfe seiner Mitarbeiter Klement als Eichmann identifiziert zu haben, und flog am 8. April zurück nach Israel, wo er Harel Bericht erstattete.[89]

Die nun folgende Operation, deren Leitung der Geheimdienstchef selbst übernahm, war erfolgreich. Am Abend des 11. Mai 1960 wurde der ehemalige SS-Obersturmbannführer auf dem Weg zu seinem kurz zuvor bezogenen Haus gekidnappt und für einige Tage am Rande von Buenos Aires versteckt. Es war eine bis ins letzte Detail geplante Operation. Zehn Tage später brachten die Agenten ihn mit einem Flugzeug der israelischen Fluggesellschaft *El Al*, die zu diesem Zweck den Linienverkehr nach Argentinien eröffnete, nach Israel, zunächst nach Tel Aviv und von dort in ein Gefängnis in der Nähe von Haifa.

Nur ein wichtiges Detail bleibt ungeklärt: Hat Sassen seinen Freund Eichmann gegenüber Fritz Bauer verraten, war er also der ehemalige SS-Offizier, den Harel als Informanten Bauers erwähnte? Gelangte das Interview mit Eichmann in die Hände des Mossad, weil Sassen, ohne Eichmann dies wissen zu lassen, das Transkript kurz vor der Entführung dem amerikanischen Magazin *Time/LIFE* angeboten hatte?

Der Historiker Stan Lauryssens, der sowohl Sassen als auch Harel interviewt hat und quasi als Biograph Sassens gelten kann, behauptet genau dies. Demnach erfuhr Harel vom Bürochef von *Time/LIFE* in Buenos Aires, Phil Payne, daß der argentinische Korrespondent von Reuters dem Magazin angeboten habe, die Exklusivrechte für die Publikation der Memoiren eines Kriegsverbrechers zu kaufen, der in der argentinischen Hauptstadt lebe. Laut Lauryssens reiste Harel daraufhin mit Zustimmung Ben Gurions nach Buenos Aires, wo er Payne getroffen und auch einige Seiten des Interview-Transkripts gelesen habe, während gleichzeitig der Plan zur Entführung entworfen wurde.[90]

Tatsächlich widerspricht diese Version allen bisher bekannten Details der Entführung. Der israelische Geheimdienstchef hätte sich demnach von Ende 1959 bis zur Entführung im Mai 1960 mehrere Male oder länger in Argentinien aufgehalten, was aufgrund seiner Stellung und in der damaligen Situation schwer vorstellbar ist. Wahrscheinlicher ist, daß Hermann Arndt und seine Mitarbeiter Sassen beobachteten, da sie über die Information von Payne unterrichtet gewesen sein müssen. Daß sie auch den Antisemiten von Leers observierten und dieser sie zu Sassen führte, ist unmöglich, da dieser sich – jedenfalls sofern die Informationen des Verfassungsschutzes zutreffend waren – bereits in Kairo aufhielt.[91]

Lauryssens behauptet weiter, daß Harel im März 1960 in Argentinien Kontakt zu Sassen aufnahm, was aus besagten Gründen unwahrscheinlich ist. Allerdings könnten seine Agenten Sassen und damit den Tonbändern auf die Spur gekommen sein. Insofern mag Harel schon frühzeitig zu der einleuchtenden Überzeugung gekommen sein, daß der Kollaborateur Sassen dem Mossad noch gute Dienste leisten könnte – sprich: käuflich war.[92] Schließlich wollte Harel, ebenso wie Fritz Bauer, auch Mengele fangen, und dabei konnte Sassen behilflich werden.

Indem Sassen das Interview-Transkript *Time/LIFE* anbot, arbeitete er dem Mossad zu und hinterging seinen Freund Eichmann. Es ist nicht anzunehmen, daß er mit dessen Zustimmung handelte, die mit der zwischen beiden getroffenen Vereinbarung, ein Buch herauszubringen, das nach Eichmanns Tod erscheinen sollte, nicht in Einklang zu bringen gewesen wäre. Harel hätte bei seinem späteren Aufenthalt in Buenos Aires im Mai 1960 allenfalls versuchen können, für den Prozeß auch in den Besitz der Tonbänder zu gelangen. Möglicherweise hat er diesen Versuch unternommen, Sassen es dann aber doch mit der Angst zu tun bekommen – die »Kameraden« aus der SS hätten einen solchen Verrat schwerlich ungeahndet gelassen.[93] Nach Eichmanns Entführung allerdings setzte Sassen seine Verhandlungen mit *Time/LIFE* um so intensiver fort und konnte auf diese Weise – gemeinsam mit Familie Eichmann – doch noch von dem ziemlich aufwendigen Honorar profitieren.

Einen Beweis dafür, daß Sassen Fritz Bauers zweiter Informant war und ihm den Aufenthaltsort Eichmanns verriet, gibt es nicht. Dafür spricht allein, daß Harel angeblich Sassen für weitere Operationen des Mossad einkaufen wollte. Daher kann eine Verabredung getroffen worden sein, den Namen nicht preiszugeben – woran sich Bauer, Harel und Arndt dann auch gehalten hätten. Arndt erwähnt in seinem Buch über die Entführung den zweiten Informanten nicht, sondern nur, daß Bauer Ende 1959 mit der Nachricht nach Israel kam, daß Eichmann unter dem Namen Ricardo Klement nach Argentinien geflohen sei.[94] Bauers Motiv für seinen letzten Besuch in Israel stand unter dem Eindruck, daß die Suche nach Eichmann verschleppt wurde. Auch ohne neues Material von Sassen war seine Befürchtung nicht unbegründet, daß Eichmann doch noch gewarnt werden könnte.

Tatsache ist, daß Adolf Eichmann ohne das Drängen Fritz Bauers und die Initiative von Einzelpersonen wie Lothar Hermann nicht entführt und vor Gericht gestellt worden wäre. Dennoch trägt auch die Geschichte seiner Entführung jenen »Charakter des Zufälligen und Improvisierten«, den Bauer schon vorher kritisiert hat. Immer wieder drohte die Suche im Sande zu verlaufen oder an Ermittlungen zu scheitern, die parallel zu Bauers Bemühungen in Gang kamen. Das lag an mangelnder Koordinierung, sicher auch an der gebotenen Geheimhaltung, die Bauer davor zurückschrecken ließ, weitere Instanzen in Kenntnis zu setzen.

Das Vorgehen der Beteiligten wirft aber noch weitere Fragen auf, denn offensichtlich gingen diese davon aus, daß weder von politischer noch von Seiten der zuständigen Behörden die erforderliche Unterstützung gewährt würde. Fritz Bauer informierte den israelischen Geheimdienst und seinen Freund und Regierungschef Georg August Zinn über den Aufenthaltsort Eichmanns, nicht aber das Auswärtige Amt. Tuviah Friedmann wiederum nutzte eine Wahlveranstaltung und die israelische Presse, weil er den Eindruck hatte, weder bei Ben Gurion noch sonst einer offiziellen Stelle mit seinen Versuchen, Eichmann dingfest zu machen, die nötige Hilfe zu finden.

Auch Hannah Arendt hat darauf hingewiesen, daß nach Eichmanns Entführung zu keinem Zeitpunkt »die deutschen Behörden oder auch nur ein nennenswerter Bestandteil der öffentlichen Meinung die Auslieferung Eichmanns« verlangten.[95] Sie erwähnte Fritz Bauer, der sich deswegen an die Bundesregierung gewandt habe, die jedoch mit der Begründung ablehnte, zwischen Israel und Deutschland bestehe kein Auslieferungsvertrag: »Sein Antrag wurde nicht nur von Bonn abgelehnt, er wurde kaum zur Kenntnis genommen und von niemandem unterstützt.«[96]

Scharf kritisierte Arendt auch Ben Gurion, der einen Schauprozeß im Sinn gehabt habe und der Welt demonstrieren wollte, »daß erst die Errichtung eines jüdischen Staates es Juden ermöglicht habe, sich zur Wehr zu setzen und zu kämpfen«.[97] Ben Gurion, meinte Arendt, erinnerte an »den Verfall des jüdischen Volkes in der Diaspora«, die eben damit geendet habe, daß die Juden »wie Schafe in den Tod gingen«. Auf diese Weise habe er den Juden außerhalb Israels den Unterschied zwischen »israelischem Heldentum und jüdischer Ohnmacht« demonstrieren wollen.[98]

Bis heute gehen die Meinungen darüber auseinander, welche Rolle Ben Gurion dem Prozeß beimaß und welche Bedeutung er für die israelische Gesellschaft hatte. Idith Zertal hat darauf hingewiesen, daß Ben Gurion die *Shoa* vor der Entführung Eichmanns in öffentlichen Reden kaum einmal erwähnte. »*The one monument worthy of the memory of European Jewry (...) is the State of Israel*«, zitiert Zertal Ben Gurion.[99] Er habe eine Mauer des Schweigens um das Geschehen errichtet, als wolle er Israel von diesem Kapitel der jüngsten Geschichte fernhalten.[100] Vor diesem Hintergrund sei seine Erklärung im Parlament, daß Eichmann sich in Israel befinde und dort vor Gericht gestellt werde, eingeschlagen wie eine Bombe.

Arendt und Zertal kritisieren, daß Ben Gurion den Eichmann-

Prozeß aus zionistisch-nationalistischen Motiven instrumentalisiert habe, die darauf hinausliefen, Araber und Nazis gleichzusetzen und die Juden in der Diaspora daran zu erinnern, daß sie einer »feindlichen Welt« gegenüberstanden.[101] Hingegen meint Hanna Yablonka, den Aussagen der Überlebenden sei es zu verdanken, daß insbesondere die jüngere Generation, die mit der zentralen Bedeutung der Staatsgründung und dem Zionismus als nationaler Identität aufgewachsen war, nach dem Eichmann-Prozeß auch die *Shoa* zum Bestandteil dieser Identität machte.[102]

Im Grunde zeichnete Hannah Arendt, die gleichwohl die mit der Einrichtung der Zentralen Stelle in Ludwigsburg verbundene verstärkte Ermittlungtätigkeit der deutschen Behörden seit Ende der fünfziger Jahre anerkannte und auch den Gerichtsprozeß in Israel nicht in Frage stellte, ein Bild von der israelischen und deutschen Reaktion auf Eichmanns Entführung, das sich auch in den Erfahrungen Fritz Bauers und Tuviah Friedmanns widerspiegelt.

Bauer vermied es, parallel zu seinen Kontakten mit Israel andere Stellen zu informieren. Er hatte genügend Gründe, mißtrauisch zu sein. Ein langwieriges bürokratisches Auslieferungsverfahren wäre mit Publizität verbunden gewesen und Eichmann sicher gewarnt worden. Leicht hätte schon der Schriftwechsel zwischen dem Auswärtigen Amt, dem Verfassungsschutz und der Deutschen Botschaft in Buenos Aires, von dem Bauer nichts wußte, dazu führen können. Zudem vertrat mit Werner Junkers ein ehemaliger Nationalsozialist, der schon im Auswärtigen Amt der Nazizeit tätig gewesen war, die Deutsche Botschaft in Buenos Aires.[103] Nimmt man die allseits herrschende Unkenntnis noch hinzu, konnte ein Auslieferungsantrag aus der Sicht Bauers nur zu einem Mißerfolg führen.

Der damals amtierende israelische Generalstaatsanwalt Haim Cohn und auch Isser Harel haben die Bemühungen Bauers um eine Auslieferung Eichmanns an die Bundesrepublik Deutschland erwähnt und dabei unterschiedliche Motive angedeutet. So behauptete Harel, daß Bauer quasi mit einem Auslieferungsantrag »gedroht« habe, um die Entführung in Gang zu bringen. Er selbst habe mit diesem offenbar schlagkräftigen Argument – das sicher auch seiner Überzeugung entsprach – Ben Gurion zum Handeln zu bewegen versucht.[104]

Aus den Akten des Auswärtigen Amtes läßt sich dies bislang nicht belegen. Haim Cohns Darstellung ist jedoch insoweit glaubwürdig, als er von Amts wegen dafür zuständig war festzustellen, ob die Entführung und der Prozeß in Israel aus juristischer Sicht vertretbar waren. Er erinnerte sich in einem Interview: »Aber als ich in die Sache eintrat, da war Isser Harel derjenige, der gedrängt hat. Für mich war die Frage eine rein juristische. Ist es [...] gesetzlich, juristisch zu vertreten, was der Isser wollte, nämlich Eichmann abzufangen und hierher zu bringen und ihn hier abzuurteilen, zu richten? Oder konnte ich das als juristischer Berater nicht auf mein Gewissen nehmen etc. Ich habe also ein Gutachten geschrieben und empfohlen, Eichmann nicht zu entführen und nicht hierher zu bringen, sondern ihn nach Deutschland auszuliefern.« Dies sei auch der Hauptgegenstand seiner Gespräche mit Bauer gewesen: »Ich habe das Möglichste getan, was ich konnte, um Fritz Bauer davon zu überzeugen, daß Deutschland ein Auslieferungsbegehren an Argentinien stellen sollte. Und so viel ich weiß, so viel er mir erzählt hat, das ging Jahre hindurch, jedenfalls 59, 60 [...], hat er alle zuständigen Stellen ersucht, ob das der Justizminister war, er hat mit dem Bundeskanzler verhandelt, aber die haben abgelehnt, sie wollten dieses nicht auf sich nehmen, weder die gewaltsame Entführung aus Argentinien noch die Aburteilung. Und so kam Fritz Bauer mit der negativen Antwort zurück. Und erst als er mit der negativen Antwort zurückkam, saßen wir dann zusammen in seinem Bungalow in Tel Aviv, nächtelang, wie man auf legale Weise den Eichmann hier zum Prozeß bringen kann.«[105] Cohn erinnerte die Details nicht mehr, denn sicherlich sprach Bauer nicht mit Bundeskanzler Adenauer, und das Auslieferungsverfahren wollte er, wenn überhaupt, erst nach der Entführung einleiten. Allerdings kann kein Zweifel daran bestehen, daß die zuständigen Stellen sein Anliegen ablehnten. Im Auswärtigen Amt und seitens der Bundesregierung wollte man von einer Auslieferung Eichmanns nichts wissen.

Wollte Bauer den Prozeß tatsächlich nach Deutschland holen? Cohn antwortete in dem erwähnten Interview: »Da bin ich mir nicht sicher. Er hat mir zwar versprochen, daß er sein Möglichstes dazu tun würde, er hat, wie gesagt, mit den höheren Stellen Kontakt aufgenommen, aber ob er mit seinem ganzen Herzen, mit seiner ganzen

Seele dabei war, weiß ich nicht. Ich nehme an, das ja, weil er genauso wie ich ein Gegner der Todesstrafe war. [...] Er hat über die deutschen Behörden sehr viel und außerordentlich kritisch gesprochen, das ist richtig. Er hat mir auch keine großen Hoffnungen gemacht. Ich nehme an, daß wenn er sich etwas mehr eingesetzt hätte und zu den richtigen Leuten gegangen wäre, die auf den Bundesjustizminister und den Bundesanwalt und den Bundeskanzler den nötigen Einfluß gehabt hätten, daß es dann vielleicht auch ein anderes Resultat gehabt hätte. Er hat mir auch einige Male gesagt, daß er als Jude nicht der Mann ist, dafür zu plädieren.«[106]

Zu dieser Überzeugung war auch Hannah Arendt gekommen, die in ihrem Prozeßbericht schrieb, Bauers Einstellung zu dieser Angelegenheit sei die eines deutschen Juden gewesen.[107] Mit solchen Gedanken wird Fritz Bauer Ende 1959 nach Israel gereist sein, als eine Welle antisemitischer Ausschreitungen in der Schändung der Kölner Synagoge gipfelte, während er die Bemühungen um die Entführung Eichmanns intensivieren wollte. Die deutsch-israelischen Beziehungen waren zum damaligen Zeitpunkt einer schweren Belastungsprobe ausgesetzt, und vor diesem Hintergrund wird Bauers Äußerung gegenüber Cohn verständlich. Sein Handeln zeugt von der von Anfang an berechtigten Skepsis, ob die zuständigen deutschen Behörden ihn unterstützen würden.

Unabhängig davon setzte gerade in den Monaten vor der Entführung ein reger Notenaustausch zwischen deutschen und israelischen Stellen ein. Im März 1960 kam es zum ersten Treffen zwischen Ben Gurion und Konrad Adenauer in New York, und seit Anfang des Jahres plante Bundespräsident Theodor Heuss einen Besuch in Israel, über den er mehrfach mit Felix Shinnar korrespondierte.[108] Tatsächlich hielt sich Heuss noch in Israel auf, als Eichmann sich bereits im Gewahrsam der israelischen Polizei befand. Der Fall Eichmann kam jedoch während des Besuches nicht zur Sprache.

Darin politisches Kalkül zu sehen, ist wahrscheinlich unnötig. Nachdem Ben Gurion seine Zustimmung zur Entführung gegeben hatte,[109] konnte er nur den Erfolg oder Mißerfolg der Operation abwarten. Laut Protokoll eines Gesprächs zwischen Harel, Ben Gurion und Yitzak Navon, dem späteren israelischen Staatspräsidenten, wußte Ben Gurion nicht einmal, wer der Überbringer der Nachricht vom Aufenthaltsort Eichmanns war. Harel erwähnte Bauer nicht, sondern sprach gegenüber Ben Gurion trotz wiederholter Nachfragen immer nur von einem »deutschen Juden«, über den die Nachricht an das israelische Außenministerium gelangt sei.[110] Mit Ben Gurions Zustimmung waren jedoch die Würfel Ende 1959 gefallen und Eichmanns Tage in Argentinien gezählt.

Über Fritz Bauers Reaktion auf die Nachricht, daß die Operation des Mossad erfolgreich verlaufen war, gibt es nur Andeutungen, doch wird sie ihn sicherlich sehr bewegt haben. Am 22. Mai 1960 schrieb Generalstaatsanwalt Cohn seinem Kollegen Bauer einen Brief, der die Erleichterung ausdrückte, die vermutlich alle Beteiligten empfunden haben: »Es ist für uns alle eine Quelle großer Befriedigung, daß wir nun tatsächlich erreicht haben, was so lange Jahre hindurch Gegenstand unseres Planens und Mühens gewesen ist. Ich brauche nicht zu sagen – und sowieso kann ich es brieflich nicht –, wie sehr wir Ihnen verbunden sind, nicht nur in Dankbarkeit, sondern auch in dem Bewußtsein der Gemeinsamkeit des Zieles und des Erfolgs.«[111] Zuvor hatte er es sich nicht nehmen lassen, eine persönliche Nachricht an Bauer aufzugeben, die diesem in Frankfurt überbracht wurde. Isser Harel schrieb später, Bauer habe die Nachricht zweieinhalb Stunden vor der Bekanntgabe Ben Gurions vor dem israelischen Parlament erhalten.[112]

Zur gleichen Zeit begann in Argentinien das Feilschen um Eichmanns »Memoiren«. Sowohl seine Familie als auch Sassen erkannten, daß durch den bevorstehenden Prozeß in Jerusalem die Tonbänder, das Transkript und auch das geplante Buch enorm an »Wert« gewonnen hatten. Womöglich konnte Eichmanns Rechtfertigungsdrang, der ihn hatte unvorsichtig werden lassen und zur Preisgabe seines Inkognito verleitete, nun doch noch finanziellen Gewinn bringen? Die Beteiligten brauchten Geld, nicht nur zur Sicherung ihres Lebensunterhalts, sondern auch für die Verteidigung Eichmanns. Daher nutzten sie alle sich bietenden Gelegenheiten, um die angeblichen »Memoiren« in bare Münze zu verwandeln. Dies ist ihnen teilweise auch gelungen, wenngleich vermutlich nicht in dem erhofften Umfang. Entsprechende Versuche gab es bis in die jüngste Zeit.

Eichmanns Memoiren

Die Entscheidung der israelischen Regierung, die von Adolf Eichmann im Gefängnis niedergeschriebenen Aufzeichnungen unter Verschluß zu halten, hat zur Legendenbildung beigetragen. Jahrzehntelang lösten die angeblich unter dem Galgen geschriebenen Memoiren Sensationsberichte aus. Die reichhaltig bebilderte Berichterstattung zeigte einen Angeklagten, der die Zeit in seiner Zelle lesend oder schreibend verbrachte und in seinem kugelsicheren »Glaskasten« im Gerichtssaal Aktenberge vor sich auftürmte. Im Fernsehen war zu beobachten, wie er sich während der Verhandlung Notizen machte. Auf dem Tisch in seiner Zelle lagen die Bücher, die ihm von der Anklagebehörde übergeben worden waren, darunter Reitlingers Studie über die »Endlösung« und der Dokumentarbericht von Albert Wucher, *Eichmanns gab es viele*. Er hat die Bücher und Dokumente vor und während des laufenden Prozesses gelesen und zu gleicher Zeit ein umfangreiches Manuskript angefertigt, dem er den Titel »Götzen« gab.[1] Auf Empfehlung eines Beratergremiums aus Juristen und Historikern machte der israelische Ministerpräsident Ehud Barak achtunddreißig Jahre nach dem Ende des Prozesses eine Abschrift sowie das handschriftliche Original dieser Aufzeichnungen Eichmanns der historischen Forschung zugänglich.[2]

Die Bilder täuschen insoweit nicht, als Eichmann während seiner Monate im Gefängnis auf Hunderten von Seiten seine Rechtfertigungen und Kommentare zu den einzelnen Dokumenten sowie der Literatur niederschrieb. Auf diese Weise verarbeitete er nicht nur die Lektüre, sondern auch das Prozeßgeschehen. Die »Götzen« waren seine Vorbereitung auf das Kreuzverhör vor Gericht, auf die erste und letzte Möglichkeit, seine ganz persönliche Version der Weltöffentlichkeit zu präsentieren. Er glaubte, endlich die über ihn verbreiteten »Lügenmärchen« aus der Welt schaffen zu können, wenn er auch Zweifel am Erfolg hatte: »Da erst konnte ich zum ersten Male den verlogenen Herrschaften in *ihre* [Hervorhebung im Original, d. Verf.] Hinterteile ›treten‹, so wie sie es auch verdienten. Aber es wäre ein Wunder, wenn meine gerechte Abwehr schon Erfolge zeitigen würde. Trotzdem: es ist mir ein Trost aus tiefstem Grunde, denn ›den letzten beißen immer die Hunde‹.«[3]

Unter dem Titel »*Meine Memoiren*« schrieb Eichmann gleich zu Beginn seiner Haftzeit ein erstes Manuskript. Der Text ist weitaus weniger umfangreich als die »*Götzen*«. Eichmann war damit nicht sehr zufrieden, denn zu diesem Zeitpunkt kannte er noch nicht die Dokumente, die ihm der israelische Polizeihauptmann Avner Less während eines achtunddreißig Tage dauernden Verhörs vorlegte und die sich während der Verhandlung immer weiter vermehrten. Damals hielten einige Prozeßbeobachter dieses erste Manuskript für Eichmanns Memoiren, so zum Beispiel der holländische Schriftsteller Harry Mulisch und auch Hannah Arendt.[4] Schließlich konnte niemand ahnen, daß Eichmann währenddessen in seiner Zelle saß und schrieb und schrieb, um auch noch seine »*Götzen*« vor dem Kreuzverhör aufs Papier zu bringen.

Der Text mit dem Titel »*Meine Memoiren*« wurde vor einigen Jahren vom israelischen Justizministerium veröffentlicht, stieß aber auf wenig Interesse bei der Forschung und – bis vor kurzem – auch bei den Medien. Als im Sommer 1999 bekannt wurde, daß sich das Israelische Staatsarchiv um die Freigabe der »*Götzen*« genannten Aufzeichnungen bemühte, meinte allerdings die konservative Tageszeitung *Die Welt*, mit Eichmanns vorweg geschriebenen »*Memoiren*« das Sommerloch füllen zu können.[5] Dabei erweckte die Zeitung nicht nur den Anschein, eine Neuentdeckung gemacht zu haben, sondern kümmerte sich auch nicht um den Einwand, daß der unkommentierte Abdruck der angeblichen Erinnerungen wohl kaum Seriosität und Distanzierung bezeugte.

Beide Niederschriften standen ausschließlich der israelischen Anklagebehörde zur Verfügung und gingen nicht als Beweisdokumente in den Prozeß ein. Ähnlich wie die jahrelange Geheimhaltung hat dies zu mancher Legende beigetragen, die sich bis heute an die Aufzeichnungen knüpfen. Das gilt auch für das Interview, das Eichmann in Argentinien dem holländischen Journalisten und ehemaligen SS-Offizier Willem Sassen gab. Ohne Druck und ohne Not war dieses Interview entstanden, insofern allerdings unterschied sich die Ausgangslage entschieden von derjenigen Eichmanns in Israel.

Abgesehen von den Prozeßbeteiligten in Israel, die sich mit der Beweiskraft des Sassen-Interviews auseinandersetzen mußten, beschäftigte niemanden mehr die Frage, wann und unter welchen Umständen, mit welcher Absicht und auf welche Weise die unterschiedlichen Aussagen und Aufzeichnungen Eichmanns entstanden waren. Obwohl die Existenz der umfangreichen Rechtfertigungsversuche erst durch den Prozeß bekannt geworden war und zumindest zwei der Niederschriften, nämlich »*Meine Memoiren*« und »*Götzen*«, ohne diese Veranlassung gar nicht geschrieben worden wären, wurde die Existenz von Eichmanns Memoiren zu einem Selbstläufer. Niemand berücksichtigte mehr, daß die vermeintliche Ursprungsfassung dieser Erinnerungen nicht schriftlich, sondern mündlich formuliert worden war, geschweige denn, daß Eichmanns Interviewer in Argentinien mit der geplanten Buchpublikation durchaus eigene Zwecke verfolgte.

Die Quellenkritik muß sich jedoch mit diesen Fakten auseinandersetzen. Zumal da die Aussagebereitschaft Eichmanns vor und während des Prozesses nicht nur auf viele überraschend wirkte, sondern seine Aussagen nach Meinung vieler Historiker durch die Anklage und Prozeßführung verfälscht wurden. Die Auffassung, daß die unter dem Galgen entstandenen Aufzeichnungen für die historische Forschung wertlos sind, wurde dadurch bekräftigt. Andererseits kann man dem Aufsehen, das Eichmanns angebliche Memoiren immer wieder auslösen, nur begegnen, indem man die quellenkritischen Bedenken zur Sprache bringt. Den durch Sensationsberichte häufig ausgelösten sentimentalen Gefühlen für einen Angeklagten, der die Zeit vor seiner Verurteilung mit dem Schreiben von Memoiren verbringt, läßt sich nur entgegenwirken, wenn man über die Entstehung der Aufzeichnungen, über die unterschiedlichen Lebens- und Interessenlagen, aus denen heraus sie entstanden sind, genaue Auskunft gibt.

Seitens der historischen Forschung wurde im Gefängnis entstandenen Aufzeichnungen von NS-Verbrechern auch früher schon Bedeutung beigemessen, und ihre Publikation ist längst nichts Ungewöhnliches mehr. Ganz zu schweigen von dem nicht selten schlechten Erinnerungsvermögen ihrer Verfasser, das auch Eichmann bekundete, sind davon wenig neue historische Fakten zu erwarten, sondern ist solche Art von Verteidigungs- und Rechtfertigungsschriften immer mit der nötigen Skepsis zu behandeln. Wer sich mit den Selbstzeugnissen der NS-Täter oder ihren Aussagen in den Prozessen einmal befaßt hat, den wird nicht verwundern, daß hier so manche Halbwahrheit und Selbstrechtfertigung zur Sprache kam, um das eigene Leben zu retten. Daher sollte man auch von den verschiedenen Rechtfertigungen Eichmanns keine exakten historischen Auskünfte erwarten. Sie liefern Details über die Typologie eines NS-Täters, der unermeßliche Schuld auf sich geladen hat, und sind von daher aufschlußreiche Zeugnisse für eines der größten Verbrechen der Menschheitsgeschichte. Will man versuchen, die Motivationen der Täter zu erklären, sind gerade diese Selbstzeugnisse zuverlässige Quellen.

Zu nennen sind in diesem Zusammenhang die *Erinnerungen* des ehemaligen Rüstungsministers Albert Speer und die unentbehrliche Charakterstudie der Publizistin Gitta Sereny, die auf vier Jahren intensiver Gespräche mit Speer beruht.[6] Ebenso wichtig sind die von dem Historiker Martin Broszat herausgegebenen autobiographischen Aufzeichnungen von Rudolf Höß, der dreieinhalb Jahre als Kommandant das Konzentrations- und Vernichtungslager Auschwitz befehligte.[7] Sie entstanden während der Untersuchungshaft in Krakau und sind weniger umfangreich als Eichmanns Aufzeichnungen. Die Hälfte der Niederschriften umfaßt Höß' Darstellung der Entwicklung der Konzentrationslager und seiner SS-Karriere sowie insbesondere seiner Tätigkeit in Auschwitz.[8] Dieser Teil entstand unabhängig von den Vernehmungen durch den Untersuchungsrichter vor dem Prozeß, insofern also in einer Situation, die derjenigen Eichmanns vergleichbar ist, als er den Text »*Meine Memoiren*« verfaßte.[9] Höß und Eichmann wiesen überhaupt ähnliche Verhaltensweisen auf. Beide waren höchst mitteilsame Untersuchungsgefangene und erweckten bei den Vernehmungen zumindest den Anschein eines »nachträglichen Sachinteresses am Verhandlungsgegenstand«.[10]

Eichmann war sich ebenso wie Höß bewußt, daß man seiner Psyche um so mehr Interesse entgegenbrachte, als sich bald herausstellte, daß er keineswegs dem Typus eines sadistischen Massenmörders entsprach. Bereitwillig erläuterten sie dem Gericht die verwaltungstechnischen Details der Deportationen und Massenvergasungen, und es waren nicht zuletzt die Sachlichkeit und der Tonfall der Selbstverständlichkeit in ihren Ausführungen, die bei ihren Zuhörern im Gerichtssaal lähmendes Entsetzen auslösten. Die in den Aussagen und Aufzeichnungen zur Sprache gebrachten Gefühle und Denkmuster waren einander ungemein ähnlich, obwohl die Lebenswege beider trotz des geringen Altersunterschiedes (Höß wurde 1900 geboren, Eichmann 1906) durchaus verschieden verlaufen waren. Beide stiegen im Laufe ihrer Karriere zum SS-Obersturmbannführer auf und waren an ganz verschiedener Stelle und in anderer Funktion an der Ermordung der Juden in Europa beteiligt.[11]

Das falsche Pathos der Selbstrechtfertigung, das sich durch Höß' Aufzeichnungen zieht, wurde bei Eichmann durch den Nürnberger Prozeß, in dem sein Name häufig fiel, wenn Angeklagte sich entlasten wollten, sowie durch die späteren Presseberichte förmlich provoziert. Höß hat dazu im übrigen mit seinen Aufzeichnungen über »Die Endlösung der Judenfrage im Konzentrationslager Auschwitz« nicht wenig beigetragen, indem er Eichmann unter anderem fälschlich für die Einführung der Massenvernichtung durch Gas in Auschwitz verantwortlich machte.[12]

Das »Satansbild«, das im Laufe der Jahre von dem Vollstrecker der »Endlösung« entstand, hat Eichmann nicht unbeeindruckt gelassen und hat erheblich mit dazu beigetragen, daß er in Argentinien seine Einwilligung zu einem ausführlichen Interview gab. Indem die israelische Anklagebehörde sich entschloß, den Angeklagten nicht nur einem Verhör zu unterziehen, sondern ihm auch die Erlaubnis zur Niederschrift seiner »Memoiren« gab – denn so hat er selbst den Versuch, über sein Leben Rechenschaft abzulegen, verstanden –, wurde Eichmann im Glauben an die Außergewöhnlichkeit seiner Aufzeichnungen zusätzlich bestärkt. Seinem Anwalt schrieb er aus dem Gefängnis, die Geschichte und nicht Israel werde über ihn urteilen: »Denn es ist alles sehr kompliziert und verworren. Die Materie gewaltig und es würde mich reizen, all die Dissertationen, all die Doktorarbeiten, diesen Prozeß betreffend, in den nächsten 100 Jahren lesen zu können. Sie nicht auch?«[13]

Das Sassen-Interview

»Beachtlich ist die wahre Einstellung des Angeklagten«, schrieb der Verteidiger Eichmanns, Dr. Robert Servatius, kurz nach Prozeßbeginn an das Jerusalemer Gericht. Er plädierte dafür, die umfangreiche maschinenschriftliche Abschrift des Sassen-Interviews nicht als Beweisdokument anzunehmen. Statt dessen werde er dem Gericht einen etwa zur selben Zeit verfaßten Roman Eichmanns »als Beweis für die wirkliche Haltung des Angeklagten vorlegen«.[14] Der Roman ist glücklicherweise bisher nirgendwo aufgetaucht, und ob Servatius tatsächlich ein Manuskript einreichte, ließ sich nicht verifizieren. Vorderhand bleibt Sassens Interview der Auftakt aller Rechtfertigungsbemühungen, an deren Ende Eichmanns Aufzeichnungen im Gefängnis standen.

Die aus dem Nachlaß seines Anwalts bekannte Abschrift der Gespräche Eichmanns mit Sassen umfaßt 798 eng beschriebene Seiten. Fragmenten der Tonbänder, die mittlerweile im Bundesarchiv vorliegen, ist jedoch zu entnehmen, daß mindestens 73 Bänder aufgenommen worden sind.[15] Wenngleich offensichtlich ist, daß Sassen sich von einer »Eichmann-Story« einen finanziellen Gewinn versprach, darf man nicht außer acht lassen, daß er gleichzeitig den Kontakt zu einem Gesinnungsgenossen suchte.[16] Die Absicht Eichmanns sei »die Klärung der Geschehnisse und Aufdeckung der Motive bzw. Ursachen und Anlässe« gewesen, schrieb Sassen am 16. Juli 1962 in einem Brief an den hessischen Generalstaatsanwalt Fritz Bauer, der sich während des Eichmann-Prozesses mit ihm in Verbindung gesetzt hatte. Eichmann habe bewußt »seine relative Geborgenheit« aufgegeben und sich der Gefahr einer Entdeckung ausgesetzt, »weil er von dem Wust der

Lügen und Halbwahrheiten angeekelt wurde«, die über ihn verbreitet wurden.[17] Eichmann hat dieses Anliegen in Israel immer und immer wiederholt. Aus Sassens Mund jedoch war diese Aussage gleich doppelt gelogen.

Er hatte eine genaue Vorstellung vom Zweck des Interviews. »Es ist für diese Arbeit von höchster Bedeutung«, diktierte er auf Band, »[der] Ursprung des jüdischen Erfolges, Eretz Israel aufbauen zu können, aus Deutschland Milliardenbeträge sogenannter Reparationen rauszubekommen, dem deutschen Volk ein Schuldbewußtsein einzuhämmern, das sowohl natürlich moralisch der jüdischen Sache schon paßt, aber was natürlich andererseits auch insoweit wichtig ist, weil die Gelder, die kommen, natürlich eine Art Sühnegelder sein sollen. Und je höher das Schuldbewußtsein ist, um so leichter wird man Geld rausbekommen können. Also, die Basis all dieser Erfolge ist letzten Endes die Legende der sechs Millionen ermordeten Juden.«

Sassen nannte auch sogleich die Literatur, anhand derer er mit Eichmanns Hilfe »die Legende« widerlegen wollte. Stundenlang las er Eichmann aus den Quellen und der Sekundärliteratur vor. Die erklärte Absicht war, die Zahl der ermordeten Juden mit Hilfe des Deportationsexperten Eichmann auf ein Minimum zu reduzieren – ganz im Sinne der in der Zeitung *Der Weg* vertretenen These, daß es keine systematische Judenvernichtung gegeben und vor allem Hitler nichts damit zu tun gehabt habe.[18] Zwei »jüdische Thesen«, so lautete Sassens abstruse Behauptung, stünden miteinander im Kampf: »Die erste ist die bekannte von Poliakov, der also über mehr als sechs Millionen spricht, und die andere ist das weit seriösere Werk von Reitlinger, *Die Endlösung*. In diesem Werk wird die Behauptung aufgestellt, daß die sechs Millionen nicht stimmen können, daß es also etwa bei rund vier Millionen liegen muß.«[19] Schließlich, so Sassen, sei der einzige Beleg für diese Zahl die Aussage von Dieter Wisliceny[20] vor dem Nürnberger Gerichtshof, der ihm, Eichmann, den Satz nachgesagt habe, er springe mit Freude in die Grube in dem Bewußtsein, daß fünf Millionen Juden oder Reichsfeinde im Krieg getötet worden seien.[21]

Mit dem Hinweis auf diese Aussage des ehemaligen Mitarbeiters und für kurze Zeit Vorgesetzten Eichmanns hatte Sassen zwar einen wunden Punkt getroffen, letztlich aber war er für seine Zwecke bei dem seinerzeitigen Deportationsspezialisten des Reichssicherheitshauptamtes nicht an den richtigen Mann geraten. Zunächst jedoch vereinbarten beide, die Tonbänder abschreiben und Eichmann die Transkripte zur Korrektur vorlegen zu lassen. Diese Abschrift war kein leichtes Unterfangen. Nicht nur der Umfang, sondern vor allem der Sprachduktus Eichmanns und die Qualität der Aufnahmen, die teilweise von lauten Hintergrundgeräuschen begleitet werden, erschwerten das Verständnis. So trifft man in der Abschrift gelegentlich auf Bemerkungen wie: »Im Hintergrund miaut eine Katze zum Gotterbarmen«, und beim Abhören der Tonbänder ist ein ums andere Mal das Entkorken der Weinflaschen zu hören.

Ähnlich wie später die Richter im Jerusalemer Prozeß brachte Eichmann seinen Gesprächspartner mit langen und verschachtelten Sätzen zur Verzweiflung, so daß Sassen seine redaktionelle Vorbemerkung mit dem Hinweis versah, »Wurschtsätze« müßten bei der Bearbeitung für das Buch verkürzt werden, ohne den Sinn zu verstellen.[22] Gelegentlich erschweren diese »Wurschtsätze« auch die Lektüre des Transkripts, das im übrigen das Original nicht wortgetreu wiedergibt, aber, wie ein Vergleich mit den auf Tonband zugänglichen Passagen zeigt, durchaus um Genauigkeit bemüht ist. Keinesfalls kann die Echtheit des Transkripts in Frage gestellt werden, was Eichmann während des Prozesses mit dem Hinweis auf den damit verbundenen Alkoholkonsum und Eingriffe Sassens in das Manuskript mehrfach zu behaupten versuchte.[23]

Vor einer Freigabe zur Publikation sollte Eichmann jede Seite des Manuskripts abzeichnen und autorisieren,[24] eine Gewohnheit, die er auch im Gefängnis in Israel pedantisch beibehielt, wo er jede Seite des Verhörs durch Hauptmann Less und die zur Veröffentlichung bestimmten Seiten seiner letzten Aufzeichnungen entweder mit dem vollständigen Namen oder seinem Kürzel abzeichnete. Nachdem Sassen und Eichmann zunächst (einigermaßen naiv) zu der Überzeugung gekommen waren, daß an eine Veröffentlichung erst nach 1965, nämlich nach Ablauf der Verjährungsfrist (gemeint: für die in Frage stehenden Mordtaten) zu denken war, erklärte Eichmann – laut Sassen aus eigener Initiative –, das vorliegende Material könne »im Falle [seines] Ablebens oder Freiheitsentzugs« in der bestehenden Form verwendet werden.[25] Einen Druck in veränderter, überarbeiteter Fassung lehnte er ab.

Als dieser Fall mit der Entführung eintrat, machte Sassen sich an die umfangreiche Publikation. Womit er nicht rechnen konnte, war, daß Eichmanns Anwalt die Veröffentlichung des Buches zunächst verhindern würde, und zwar in Absprache mit seinem Mandanten.[26] Unter diesen Umständen entschloß sich Sassen, der nach eigenen Worten mit den älteren Söhnen Eichmanns ein halbes Jahr nach dem Kidnapping ein umfangreiches Manuskript von mehreren hundert Seiten zusammengestellt hatte,[27] das Interview an das amerikanische Magazin *Time/LIFE* zu verkaufen. Die Kontakte zu dem Magazin hatte er – wie bereits gesagt – schon vorher hergestellt, nun mußte nur noch die Bezahlung ausgehandelt und dabei Eichmanns Familie einbezogen werden.[28]

Die Veröffentlichung in *Time/LIFE* zog sich hin, denn die Redaktion wollte die Echtheit des Dokuments überprüfen und suchte sich abzusichern – nach Auskunft des Biographen von Sassen, indem sie die Tonbänder von zwei Mitarbeitern mit dem Transkript vergleichen ließ.[29] Währenddessen reiste Sassen nach Westdeutschland und nahm mit dem Magazin *Stern* Verkaufsverhandlungen auf. Dieses kam der Veröffentlichung in der amerikanischen Presse schließlich am 9. Juli 1960 mit einem ersten Artikel zuvor. Allerdings wurde in den folgenden Artikeln weder die Quelle noch ihr Verkäufer genannt, so daß Sassen mit den angeblichen »Eichmann-Memoiren« einstweilen nicht in Verbindung gebracht werden konnte.[30] Sein Name fiel jedoch – wobei er als deutscher Journalist bezeichnet wurde –, als *Time/LIFE* unter dem Titel »*Eichmann tells his own damning Story*« im November und Dezember 1960 mit zwei Artikeln nachzog. Obwohl eindeutig klar war, daß es sich keineswegs um autobiographische Aufzeichnungen handelte, sondern um stark bearbeitete und gekürzte Ausschnitte aus dem Interview, war die Legende von Eichmanns Memoiren von nun an nicht mehr aus der Welt zu schaffen.[31]

Sie behielt über viele Jahre ihren lukrativen Wert, wenngleich Sassen damals mit seinem Vertragspartner *Time/LIFE* in Schwierigkeiten geraten war, da die Redaktion sich um ihre Exklusivrechte betrogen und keine Veranlassung sah, den vereinbarten Betrag in voller Höhe auszuzahlen.[32]

Daß die enorme Arbeit Sassens auch zwanzig Jahre später nicht umsonst war, belegt die 1980 im Druffel Verlag (Leoni am Starnberger See) erschienene Veröffentlichung *Ich, Adolf Eichmann*. Sie beruht auf Sassens, mit den Söhnen Eichmanns zusammengestelltem Manuskript. Die Veröffentlichung wurde von Dr. Rudolf Aschenauer herausgegeben.[33] Der Leser wurde in diesem Buch nicht nur durch den Untertitel *Ein historischer Zeugenbericht* irregeleitet. Im Klappentext wurde auch neuerlich die Mär verbreitet, Eichmann habe seine Erinnerungen 1959 in Argentinien zu Papier gebracht: »Der israelische Geheimdienst bekam zwar den Mann, jedoch nicht seine in Freiheit geschriebenen Erinnerungen.«

Beides stimmte nicht, und auch eine »Eidesstattliche Erklärung« von Eichmanns Ehefrau Veronika vom 15. September 1980, die sie angeblich für den Verlag schrieb, enthielt nur einen Teil der Wahrheit.[34] Darin heißt es, ihr Ehemann habe, »beginnend mit 1951 bis zum Jahre 1959, seine Memoiren verfaßt. Die Memoiren hat er jeweils auf Tonband diktiert, diese wurden dann vom Band von Schreibkräften zu Papier gebracht. Mein Mann hat in der Folge das Geschriebene jeweils handschriftlich korrigiert und die Korrekturen mit schwarzem oder teilweise Violettstift selbst ausgeführt.«[35] Einen Teil der »Memoiren« habe ihr Ehemann selbst handschriftlich verfaßt, und aus dieser Niederschrift sei dann eine »maschinell gefertigte Reinschrift« angefertigt worden. Sie habe dem Verlag dieses Manuskript zur Verfügung gestellt und auch den Titel vorgeschlagen – der nun nicht weniger als der Klappentext und Veronika Eichmanns Brief den Eindruck erweckte, daß hier neuerlich Eichmann-Memoiren vorliegen sollten.[36] Als zeithistorische Quelle ist diese Publikation zu vernachlässigen und statt dessen das Sassen-Interview heranzuziehen, außer man wollte die historischen Interpretationen des Manuskripts durch den Herausgeber Rudolf Aschenauer einer genaueren Analyse unterziehen.

Von den Veröffentlichungen im *Stern* und in *Time/LIFE* versprachen sich die Beteiligten in Argentinien, den USA und Westdeutschland ein gewiß einträgliches Geschäft. Eichmann dagegen versetzten sie im Gefängnis in Wut und brachten seine Verteidigung einigermaßen in Bedrängnis. In umfangreichen handschriftlichen Korrekturen und gegenüber Hauptmann Less distanzierte er sich von den Artikeln und von Sassen, ohne zu ahnen, daß Less längst den ganzen Hintergrund der Veröffentlichungen kannte.[37] Hannah Arendt hat darauf hingewiesen, daß Eichmann noch im deutsch geführten Kreuzverhör vor Gericht dem Vorsitzenden Richter in der ihm eigenen Sprache erklärte, »er habe ›kontra gegeben‹, als Sassen ihn drängte, seine Geschichte ein bißchen aufzufrisieren«.[38]

Eichmanns Anwalt Servatius war über die Publikation der Artikel angeblich geradezu schockiert.[39] Grund dazu hätte er genug gehabt. Von dem Aufmacher der Serie in *Time/LIFE*, »*I transported them to the butcher*«, behauptete Eichmann, diesen Satz nie geschrieben oder gesprochen zu haben.[40] Doch sein in dem Artikel nachzulesendes Bekenntnis, er werde sich nicht selbst demütigen oder bereuen – denn »hätten wir alle zehn Millionen Juden getötet, die in Himmlers Statistiken 1933 ursprünglich angegeben waren,« dann würde er erklären, »gut, wir haben einen Feind vernichtet« –, ließ bei Servatius nicht nur Zweifel an der Echtheit der »Memoiren« aufkommen, sondern auch die Überlegung, sein Mandat niederzulegen.[41] An Veronika Eichmann schrieb er noch am Tage, an dem der erste Artikel erschien: »Die Darstellung kann nur eine Verfälschung sein, denn es sind darin Tatsachen geschildert, die von Ihrem Mann unmöglich niedergeschrieben sein können: So Erschießung von Juden in Anwesenheit Ihres Mannes, Tötung zur Prüfung der Brauchbarkeit von Vergasungswagen, sowie Verbrennung von Leichen.«[42] Ob die Zweifel echt waren, sei dahingestellt, jedenfalls trat Servatius nicht zurück. Ob er sich anders entschieden hätte, wenn er seinen Zweifeln ernsthaft nachgegangen wäre, läßt sich nur vermuten.[43]

Den Hintergrund der Geschichte gestalteten zu dieser Zeit Sassen und die Ehefrau des Angeklagten, die am 6. Juni 1960 mit der Zeitschrift *LIFE* einen Exklusivvertrag abschloß, mit dem sie sich verpflichtete, das Material ausschließlich *LIFE*-Vertretern und ihren journalistischen Beratern – also Sassen – zur Verfügung zu stellen. Für die Weltrechte an den 150 hand- und 600 maschinenschriftlichen, von Eichmann korrigierten Seiten sollte Veronika Eichmann angeblich 15 000 US-Dollar und Sassen 2 500 US-Dollar erhalten.[44] Veronika Eichmann konnte jedoch nicht über die von *LIFE* bezahlten Dollars verfügen, da die Verwertungsrechte am literarischen Eigentum Eichmanns eben jenem Verleger und Herausgeber der Zeitschrift *Der Weg*, Eberhard Fritsch, in Buenos Aires gehörten, in der auch Sassen publizierte.[45] Eichmann und Fritsch schlossen 1957 oder 1958 einen Vertrag, durch den die Urheberrechte an dem Manuskript dem Herausgeber übertragen wurden.[46]

Servatius hoffte indes vergeblich, daß eine Veröffentlichung des Interviews dazu beitragen würde, einen Teil seiner Ausgaben für die Verteidigung Eichmanns abzudecken. Vorerst profitierte nur Sassen, der die Publikation nach der Entführung in aller Eile vorangetrieben hatte, von den Einnahmen. Weder gelang es Servatius, die weitere Vermarktung durch Sassen gänzlich zu stoppen, noch konnte er ein Stück vom großen »Memoiren-Kuchen« bekommen.[47] Statt dessen hieß es bald darauf in der Presse, Eichmanns Anwalt werde von antisemitischen Kreisen honoriert.[48] Servatius begann, sich Gedanken darüber zu machen, ob nicht die Bundesrepublik Deutschland für die Kosten der Verteidigung aufkommen müsse. Doch auch diese Hoffnung war vergeblich; schließlich übernahm die israelische Regierung sein Honorar.[49]

Während Servatius noch über Finanzierungsmöglichkeiten für seine Ausgaben nachdachte, wertete die israelische Anklagebehörde bereits die Interviewtranskripte einschließlich eines inzwischen von Eichmann im Gefängnis verfaßten kritischen Kommentars aus. Da der Ankläger das Sassen-Interview als Beweisdokument in den Prozeß einführen wollte und auch später häufig daraus zitierte, spielte es in der Gerichtsverhandlung mehrmals eine wichtige Rolle. Dabei formulierten die Richter erhebliche Bedenken bezüglich der Beweiskraft des Dokuments. Am 5. Juni 1961, zwei Monate nach Prozeßbeginn, wurden die Transkriptionen von der israelischen Anklagebehörde an Eichmanns Anwalt mit dem Hinweis übergeben, das Transkript sei in 17 Akten geordnet und solle so dem Gericht eingereicht werden: »Das aus unbekannter Quelle stammende Material wurde dem Polizeisachverständigen Avraham Chagag [Hagag, d. Verf.] vorgelegt, und

Sie erhalten zusammen mit den Transkriptionen eine handunterschriebene Abschrift eines Gutachtens vom 31. Mai 1961.« Das Gutachten bestätigte die Authentizität des Materials. Die Anklagebehörde, so hieß es in dem Schreiben, werde dem Gericht das gesamte Material des Beweisgegenstandes am Freitag, dem 9. Juni 1961, vorlegen.[50]

»Herr Hausner«, fragte am 9. Juni 1961 der Vorsitzende Richter Moshe Landau, »wann kam dieses Dokument in die Hände der Anklage?« Der Generalstaatsanwalt erklärte, dies lasse sich nur schwer sagen und auch schwer feststellen, in seine Hände sei es etwa vor sechs Wochen gelangt. Der Gerichtsvorsitzende vermutete, daß es schon früher ins Land gekommen sei, doch Hausner ersuchte, »nicht mit dieser Frage zu pressieren«, und er war auch nicht, stellte Landau fest, zu einer Antwort verpflichtet. Tatsächlich stand auch dem Gericht keine »urtextliche Urkunde«, sondern nur eine Durchschrift der Transkription des Interviews zur Verfügung, welche auf drei verschiedenen Schreibmaschinen geschrieben worden war.[51]

Die Anklagebehörde hat den Inhalt des Transkripts mit der polizeilichen Befragung von Eichmann durch Hauptmann Less verglichen und betrachtete dies als Indizienbeweis: Trotz einer großen Anzahl von Abweichungen stellte der Generalstaatsanwalt zahlreiche Übereinstimmungen und typische Ausdrucksweisen fest, und die Aussagen deckten sich auch inhaltlich mit dem, »was vom Angeklagten gesagt wird«.[52] Das war insofern nicht verwunderlich, als Hauptmann Less das Transkript beim Verhör bereits vorgelegen hatte. Nach der Befragung durch Sassen hatte sich Eichmann nur immer und immer wiederholt. Er hielt an seiner Darstellung und Verteidigungsstrategie fest, und wenn er in Israel versuchte, belastende Vorgänge in anderem Lichte erscheinen zu lassen, so traten seine antisemitischen Überzeugungen dabei nicht weniger deutlich hervor.

Am 9. Juni 1961 beantragte Generalstaatsanwalt Hausner die Annahme des Sassen-Interviews als Beweisstück. Der Angeklagte habe die fraglichen Aussagen und Bekenntnisse außerhalb der Mauern des Gerichts und nicht vor offiziellen Personen abgegeben, sondern ganz frei.[53] Der befragte Servatius hielt dagegen, daß der Angeklagte die Tonbänder nicht kenne und die Transkripte »ja jetzt erst gesehen« und »sehr Erhebliches einzuwenden« habe. Man müsse den besseren

Beweis holen, nämlich den Zeugen Sassen selbst. Dabei würde sich herausstellen, daß Sassen ein »werbendes Buch« herausgeben wollte und für den erwünschten Publikumserfolg Änderungen vorgenommen habe.[54] Servatius erklärte, Eichmann habe sachliche Korrekturen an dem Transkript vorgenommen und verschiedentlich vorgebracht, »das sind nicht meine Aussagen«.[55] Er habe den Vorgang bestätigt, jedoch nicht den Text. Die richtige Lesart enthielten die Tonbänder des Interviews, und er meine, »neulich aus dem Vortrag der Anklage gehört zu haben, daß auch solche Bänder da sind«.[56] Weiter gab er zu bedenken, daß es sich um eine »provozierte Aufnahme« in Form von »Wirtshausgesprächen« handele, in denen Sassen und andere den Angeklagten unter Alkohol setzten, »um so die Wahrheit für die Menschheit herauszubekommen«. Auf die anschließende Frage des Gerichtsvorsitzenden, wo sich Sassen und die anderen Zeugen befänden, antwortete Servatius, er habe die Adressen nicht bei sich.[57]

Hausner konterte mit dem Sprichwort *in vino veritas*,[58] doch schien es dem Vorsitzenden Richter auch auf der nächsten Sitzung des Gerichts nicht einleuchtend, warum der Generalstaatsanwalt sich nicht um den besten Beweis bemüht hatte: »Nun, Sie werden mir sagen, Sie wollen mit ihm nichts zu tun haben, selbstverständlich nicht im Staate Israel.« Doch warum, beharrte Landau, war keine Einvernahme Sassens im Ausland beantragt worden?[59] Hausner blieb jedoch bei seiner Auffassung, daß Eichmann die Urkunde als seine eigene adoptiert habe und die Aussage Sassens daher nicht der beste Beweis sei, während Servatius auch in der nächsten Sitzung auf der Einvernahme des Zeugen bestand.[60]

Das Gericht fällte schließlich die Entscheidung, daß nur die im Gutachten von Hauptmann Hagag genannten Anmerkungen des Angeklagten in eigener Handschrift sowie die Abschnitte des Transkripts, auf die sich Eichmanns korrigierende Bemerkungen bezogen, als Beweisstück anerkannt würden.[61] Dies führte zu einer Übereinkunft zwischen Hausner – der unzufrieden war, da er nun »die Hauptsache« nicht einreichen konnte – und Servatius über die wenigen einzureichenden Abschnitte. Diese waren, wie der Ankläger formulierte, auf fünf Seiten »eingeschrumpft«.[62]

Die Darstellungen der Beteiligten, die aus ganz verschiedenen Gründen an Eichmanns Memoiren interessiert waren, sind in wesentlichen Teilen zu korrigieren. Zunächst einmal wollte Eichmann keineswegs, wie Sassen in seinem Brief an Fritz Bauer andeutete, in der Öffentlichkeit in Erscheinung treten.[63] Die geplante Publikation sollte erst nach seinem Tod veröffentlicht werden, »als Grundlage irgendeiner Forschung«, erklärte er Sassen, denn er wolle in keiner Weise aus dem Verborgenen »im Rampenlicht« erscheinen".[64] Auch die von Sassen angedeutete Absicht, die historische Wahrheit über Eichmanns Motive und seine Mitwirkung an der »Endlösung« aufzuklären, war unwahr, denn der Zweck der Memoiren-Publikation bestand aus seiner Sicht in der Leugnung des Holocaust. Dafür aber stand ihm sein Gesprächspartner, der Spezialist für die Deportationen, nicht zur Verfügung.

Sassens Versuche, die Vernichtungsaktion in Frage zu stellen und die Zahl der Ermordeten zu relativieren, interessierten Eichmann letztlich nicht. Häufig erinnerte er sich nicht einmal an die Zahlen, die Sassen immer wieder aus der Literatur zitierte. Dennoch herrschte in allen antisemitischen Feststellungen zwischen beiden größte Übereinstimmung. Eichmann stimmte ihm zu, daß die Juden eine Wiedergutmachung bekämen, »die sich gewaschen hätte«.[65] Auf Sassens Hinweis, nach Angaben in der Literatur habe ein Viertel der ungarischen Juden überlebt, erklärte er, das sei »doch zu wenig gesagt, wenn wir heute sehen, wie viel angeblich vergaste Juden heute noch in der Welt herumlaufen, daß einem es wie ein Sarkasmus ins Gesicht geschleudert wird, ›das ist auch ein Vergaster‹, ›das sollte auch ein Vergaster sein‹ […] Sie sehen heute ja nur noch vergaste Juden herumlaufen, die sich einer besseren Gesundheit erfreuen als unsereiner.«[66] Nach dem Krieg habe er sich in seinem Versteck in der Lüneburger Heide, im übrigen in der Nähe des Lagers Bergen-Belsen, gewundert: »Das hat ja alles nach Knoblauch gerochen um mich herum. […] Und da hab ich mir selbst gedacht, damals, ich, der ich mit den Juden Holz verhandelt habe und Eier verhandelt habe, ich habe gestaunt und mich gewundert, denk ich mal, na Donnerwetter noch mal, und die sollen alle umgebracht worden sein und mit mir handeln sie, die Burschen, nicht wahr. Ich konnte die Sache so richtig nicht begreifen, da man uns doch das vorwarf, daß wir alle verheizt hätten.«[67] Wenngleich ihm Sassens Gedanken also keineswegs fern lagen und er an anderer Stelle sagte, die fünf Millionen ermordeter Juden seien eine Lüge,[68] verfolgte Eichmann nicht in erster Linie die Absicht, die Zahl der Ermordeten zu minimieren.

Die Juden hatten dem Reich den Krieg erklärt, das war das Argument, das Eichmann – der sich folgerichtig zugute hielt, daß er als Jude fanatischer Zionist gewesen wäre –[69] gegen sie ins Feld führte: »Denn das Weltjudentum und der Zionismus haben sich diesen Krieg zur Aufgabe gestellt, weil es [sic] wußte, daß es nur auf diesem Weg die Zeit des Wartens um die Wiedergründung des Staates Israel um mindestens einige Generationen verkürzen könnte, und aus diesem Grunde entschlossen war, den Staat Israel durch einen Krieg zu erlangen. [...] Jede deutsche Gewalttat gegen das Judentum [war] ein Baustein des israelitischen Staates.«[70]

Eichmann lieferte für die nationalsozialistische Vernichtungspolitik die Erklärung eines überzeugten radikalen Antisemiten: »Die Schlachtfelder dieses Krieges hießen Vernichtungslager. Von dieser Show aus gesehen, kann man nur sagen, daß Israel seine Existenz der Judenpolitik des Dritten Reiches verdankt bzw. daß das Dritte Reich, daß die deutsche Führung, eingeengt und eingeklemmt, keine andere Möglichkeit mehr sah, als zur Gewalt gegen die Juden zu schreiten, ein hohes Zoll von jüdischem Blut zu fordern und insoweit der Politik, der Zielsetzung, dem Fernziel eines wirklichen zionistischen Bestrebens zu dienen.«[71]

Das war eine abstruse, aber keineswegs neue Rechtfertigung, die Eichmann auch in anderem Kontext immer wieder vorgebracht hat. Er war nicht darauf aus, die Tatsachen zu bestreiten. Er verdrehte sie, indem er behauptete, daß zwischen der zionistischen Bewegung und dem Ziel der nationalsozialistischen Antisemiten, die Juden zu vertreiben, Übereinstimmung bestanden habe. »Der Führer schenkte also den Juden einen Staat«, kommentierte Doron Rabinovici treffend ironisch solche geschichtsrevisionistischen Verdrehungen.[72] Eichmann versuchte, eine »jüdische Mitschuld« am Holocaust zu suggerieren und den Tatbestand zu verschleiern, daß die nationalsozialistischen »Territoriallösungen«, ob es sich nun um einen Judenstaat in Nisko am San oder auf der Insel Madagaskar handelte, immer auch den Völkermord bezweckten.

Als der Druffel Verlag 1980 Eichmanns angebliche Memoiren unter dem bereits erwähnten Titel *Ich, Adolf Eichmann* publizierte, machte er sich eben diese Sichtweise zu eigen. Im gleichen Verlag erschien 1989, in unautorisierter Übersetzung, auch das Werk von Francis Nicosia, *Hitler und der Zionismus.* Entgegen der Meinung des Autors, der sich in seiner Studie keineswegs zu vorschnellen Urteilen hatte hinreißen lassen, hieß es im Klappentext des Druffel Verlags: »In diesem Buch wird deutlich, daß die deutsche Reichsregierung, insbesondere aber die SS, das jüdische Element in Palästina nachhaltig unterstützte, die Auswanderung förderte und auf verschiedenen Gebieten praktische Entwicklungshilfe leistete.«[73] Der Druffel Verlag war Eichmanns Argumenten treu geblieben.

Dieser aber hatte noch weit mehr Argumente für die von ihm angeblich favorisierte »harmlose Lösung der Judenfrage« durch Auswanderung parat. Gegenüber Sassen warf er die Frage auf, warum die Reichsregierung überhaupt die »Judenfrage« in ihr Programm aufgenommen habe: »Das ist mit ein Angelpunkt oder Kernpunkt.«[74] Seine Antwort fiel eindeutig aus: Der Grund sei ein »überspitzt hoher Anteil« der Juden am deutschen »Wirtschaftsgut« gewesen, welcher ein Mißverhältnis zwischen »Wirtsvolk« und »Gastvolk« dargestellt habe.[75]

Um dieses Problem zu lösen, erklärte Eichmann seinem Interviewer, habe er ganz andere Sorgen gehabt. Schließlich mußte er »die Zahlen« bewältigen (womit er die jüdische Bevölkerung meinte, die er zur Auswanderung zwingen wollte), und nicht immer war ihm klar, wer nun dazu zu rechnen war. Immer wieder kam er auf die sogenannte »Mischlingsfrage« zu sprechen und kritisierte Sassens auf die Zahl der Ermordeten fixierte Sicht als Vereinfachung: »Der Vierteljude von heute war der Deutschblütige von morgen. […] Man muß nun einmal eine Norm haben, um überhaupt eine große Masse in gewisse Zahlen einteilen zu können.«[76] Schließlich sei nicht alles von langer Hand vorbereitet gewesen – »wie man das so gern haben möchte« –, fuhr er fort, sondern »kam nach und nach, wie sich das eben ergab mit der jüdischen Gesetzgebung«.[77] Die nationalsozialistische

Auswanderungspolitik einschließlich der Territorialpläne, wie zum Beispiel der Madagaskarplan, erläuterte Eichmann, hätten sich unter dem Druck der Verhältnisse immer wieder gewandelt: »Da stand nie ein Generalplan fest, sondern der Augenblick hat diese Sachen diktiert. [...] Es hat keinen Plan gegeben, nach dem marschiert wurde.«[78]

Eichmann stellte den geordneten und aus seiner Sicht rechtmäßigen Ablauf der »deutschen Behandlung der Judenfrage« heraus, die am Anfang »genau dem deutschen Charakter und vor allem dem deutschen [...] Sinn für Ordnung und Regelmäßigkeit« entsprochen habe, in Form von Verordnungen und Vorschriften eben »rein formell« gewesen sei.[79] Erst der Krieg habe den Weg zu brutaler Gewalt geöffnet, bis man dann am Ende des Krieges »mit geradezu tränenrührenden Humanitätsanwandlungen« wieder am Anfang gestanden habe, und das, als »hunderttausend Reichsdeutsche sogar durch Kriegshandlungen aus Heim und Heimat vertrieben sich auf den mit Bombenbeschuß liegenden Straßen und Eisenbahnlinien sich bewegten und versuchten, ihre Haut zu retten.«[80]

Diese Auffassung bildete den Hintergrund, vor dem Eichmann der Behauptung seines ehemaligen »Judenberaters« Wisliceny widersprach und erklärte, er habe an einem seiner letzten Amtstage gesagt, er würde gerne in die Grube springen in dem Bewußtsein, daß »mit mir fünf Millionen Reichsfeinde hineingesprungen sind«.[81] Auf Sassens Frage, ob er sicher sei, das Wort Reichsfeinde und nicht das Wort Juden benützt zu haben, antwortete er: »Nein, dazu hatte ich gar keine Veranlassung, *ich haßte ja nicht nur allein die Juden* [Hervorhebung im Original, d. Verf.], ich haßte in diesen Tagen alles, was dem deutschen Volk an den Kragen ging.« Darauf Sassen: »Auch nicht das Wort Menschen?« Eichmann: »Nein, Reichsfeinde. Das Wort Reichsfeinde war für mich wie das Wort für einen Geistlichen ›der Teufel‹ [sic].«[82]

Der ehemalige »Zionistenreferent« im Sicherheitsdienst wußte genau, wovon er sprach. Schließlich hatten sich die Theoretiker des SD jahrelang mit einer möglichst weit gefaßten Definition des »Gegners« befaßt, nach der der Jude »schon als Mensch, bewiesen durch den Unterschied seiner Rasse und damit seines Volkstums, hundertprozentiger Gegner des Nationalsozialismus« sei.[83] Man bemühte sich, bürokratisch anwendbare Klarheit zu schaffen, schrieb treffend der Historiker Shlomo Aaronson, denn sie allein lieferte die Grundlage für die spätere »aktive Bekämpfung« eines dämonisierten, unfaßbaren Gegners.[84]

Eichmann, der im gleichen Atemzug die Schmach von Versailles zitierte,[85] dachte noch genauso wie während des Krieges und wie er es vermutlich immer wieder gehört hatte und darin seinem Führer gefolgt war. Vor Kriegsbeginn hatte Hitler prophezeit, wenn die Juden noch einmal die Völker in einen Krieg stürzen würden, werde dies zur Vernichtung der jüdischen Rasse in Europa führen.[86] Im Oktober 1941 griff Hitler seine Prophezeiung wieder auf: »Diese Verbrecherrasse hat die zwei Millionen Toten des Weltkrieges auf dem Gewissen, jetzt wieder Hunderttausende. Sage mir keiner: Wir können sie doch nicht in den Morast schicken! Wer kümmert sich denn um unsere Menschen? Es ist gut, wenn uns der Schrecken vorangeht, daß wir das Judentum ausrotten. Der Versuch, einen Judenstaat zu gründen, wird ein Fehlschlag sein.«[87] Eichmann verlängerte Hitlers Prophezeiung in die Nachkriegszeit und damit auch die Schuldzuweisung für die Toten des Ersten Weltkrieges. Für ihn – wie für Hitler – bestand im Herbst 1941 die Gewißheit, »daß die Vernichtung des Judentums unmittelbar anstand«, die Idee einer »Territoriallösung« war zum Synonym für Völkermord geworden.[88]

Wenngleich Eichmann später in Israel behauptete, er habe dies nie gesagt oder geschrieben, lassen sich auch der Titel des ersten in *LIFE* erschienen Artikels (»Ich transportierte sie zum Schlächter«) sowie die Zwischenüberschrift »Ich bereue nichts« zweifelsfrei als Äußerungen Eichmanns belegen. Im Transkript des Sassen-Interviews ist seine Äußerung vollständig nachzulesen: »Ja, ich habe sie transportiert, und hätte ich das nicht getan, dann wären sie ja nie zum Schlächter gekommen.«[89] Zu Sassen sagte er auch, »ein Bereuen« sei eine »billige Ausrede«, »ein Nonsens«, denn nachher könne »leicht jedes kleine Kind plärren: ›es tut mir furchtbar leid, ich bereue es und werde es nie wieder tun‹.«[90] Am nächsten Tag fügte er dieser Erklärung ganz im Sinne seiner früheren Äußerungen hinzu, daß er bisher noch nie vernommen habe, daß »ein Befehlsgeber der ehemaligen Feinde« bereut hätte oder angeklagt oder bestraft worden sei. »Solange aber die Feindseite nichts bereut, habe auch ich nichts zu bereuen«, meinte Eichmann.[91]

Die von Servatius in Israel gegen das Sassen-Interview erhobenen Einwendungen waren aus der Perspektive der Verteidigung mehr als begründet. In der Tat enthielt die von Eichmann im Gefängnis verfaßte Kommentierung nichts, »was mit der Einlassung des Angeklagten in seiner Vernehmung in Israel in Widerspruch steht«.[92] Für Servatius wären noch viel schlimmere Befürchtungen wahr geworden, als er sie nach der Veröffentlichung der für seinen Mandanten verheerenden *LIFE*-Artikel bereits hegte, wenn er die Möglichkeit gehabt hätte, die Tonbänder abzuhören. Sicherlich hätte er dann nicht darum gestritten, die Bänder, von denen er vermutete, daß sie sich in Israel befanden,[93] als Beweisdokumente zuzulassen.

Eichmann war im Gespräch mit Sassen noch viel weiter gegangen, als dies in den Zeitungsartikeln zu lesen war. Immer wieder ließ er sich zu nationalistischen und antisemitischen Ausbrüchen hinreißen. Kurz vor Abschluß des Tonbandinterviews bereitete er sich auf eine Schlußerklärung vor, die er vermutlich schriftlich vorformulierte. Kaum eine Passage des Interviews kommt dieser wütenden Erklärung gleich, in der er versuchte, Sassen klar zu machen, daß es ihm nicht um die Zahl der ermordeten Juden ging, sondern nur um sein eigenes Scheitern.

Wie bei Kriegsende gegenüber Wisliceny verwendete er die Begriffe »Juden« und »Gegner« als Synonyme und bekannte sich zu seiner damaligen Überzeugung, die ihm sagte, wenn 10,3 Millionen dieser »Gegner« getötet worden wären, »dann hätten wir unsere Aufgabe erfüllt«.[94] Es war ihm nicht gelungen, seine Überzeugung in Taten umzusetzen. Um die »Konzeption der wirklichen, umfassenden Eliminierung« durchzuführen, führte er entschuldigend aus, habe es ihm an der »nötigen physischen Härte« gefehlt. So sehr er sich bemüht hatte, erklärte Eichmann, es war ihm nicht gelungen, sein »Wollen« durchzusetzen, zumal ihm dabei immer wieder die Initiativen anderer in die Quere gekommen seien. Er hätte hinzufügen müssen: und umgekehrt, was jedoch aus der Perspektive des Gescheiterten nicht möglich war. Daß diese anderen, die Eichmann »Interventionisten« nannte, ihr »Wollen« möglicherweise ebenso als gescheitert sahen, kam ihm nicht in den Sinn. Sonst hätten sie doch nicht »interveniert«, sondern genau wie Eichmann versucht, ihre jeweiligen Überzeugungen und Ziele in die Tat umzusetzen. Auf diese Weise waren sie sich wieder und wieder »in die Quere« gekommen und hatten zu immer radikaleren Maßnahmen gegriffen, um ihrer Überzeugung doch noch zum Sieg zu verhelfen.

Eichmann Schlußerklärung ist in ihrer Deutlichkeit ein schreckliches Dokument nationalsozialistischer Gesinnung und des Funktionierens eines verbrecherischen Systems:

»Daß ich, und ich sage es Ihnen jetzt zum Abschluß unserer Sachen, ich, der vorsichtige Bürokrat, der war ich, jawohl. Aber ich möchte die Sache ›vorsichtiger Bürokrat‹ etwas zu meinen Ungunsten erweitern. Zu diesem vorsichtigen Bürokraten gesellte sich ein fanatischer Kämpfer für die Freiheit meines Blutes, dem ich anstamme. Und ich sage mir, genau wie ich Ihnen vorhin sagte, Ihre [Behauptung], die Sie zwickt, Kamerad Sassen, interessiert mich nicht. Mich interessiert meine Behauptung oder meine Fragen. [...] Das gilt für mein Volk. [...] Was meinem Volke nützt, ist für mich heiliger Befehl und heiliges Gesetz. Jawohl. Und jetzt will ich Ihnen sagen, zum Abschluß dieser ganzen Platten, wir sind ja bald zu Ende, muß ich Ihnen erstens sagen: Mich reut gar nichts. Ich krieche in keinster Weise zu Kreuze. Die vier Monate, in denen wir jetzt so hier die Sachen aufgenommen haben, in den vier Monaten, in denen Sie sich bemühten, mein Gedächtnis aufzufrischen, sehr vieles davon wurde aufgefrischt, es wäre zu leicht und ich könnte ja es billig machen [...], daß ich es zutiefst bedaure, daß ich gewissermaßen etwa spiele, daß aus einem Saulus ein Paulus würde. Ich sage Ihnen, Kamerad Sassen, das kann ich nicht. Das kann ich nicht, weil ich nicht bereit bin, weil sich mir das Innere sträubt etwa zu sagen, wir hätten etwas falsch gemacht. Nein. Ich muß Ihnen ganz ehrlich sagen, hätten wir von den 10,3 Millionen Juden, die Korherr ausgewiesen hat, wie wir jetzt wissen, 10,3 Millionen Juden getötet, dann wäre ich befriedigt und würde sagen, gut, wir haben einen Feind vernichtet. Nun durch des Schicksals Tücke der Großteil dieser 10,3 Millionen Juden am Leben erhalten geblieben sind, sage ich mir, das Schicksal wollte es so. Ich habe mich dem Schicksal und der Vorsehung unterzuordnen. Ich bin nur ein kleiner Mensch und habe dagegen nicht anzustinken, ich kann's auch nicht, ich will es auch gar nicht. Unsere Aufgabe für unser Blut und für unser Volk und für die Freiheit der Völker hätten wir erfüllt, hätten wir den schlauesten Geist der heute lebenden menschlichen Geister vernichtet. Denn das ist's, was ich Streicher sagte, was ich immer gepredigt habe, wir kämpfen gegen einen Gegner, der durch viel viel tausendjährige Schulung uns geistig überlegen ist. [...] Ein Volk, das heute über eine geschriebene, möchte ich mal sagen, 6000jährige Geschichte spricht [...], ein Volk, das vor sagen wir einmal 5000 Jahren, oder 6000 Jahren [...] gesetzgeberisch tätig gewesen ist. Daß die heutigen christlichen Kirchen sich dieser Gesetzgebung bedienen, ist für mich sehr deprimierend. Aber es besagt mir, daß es sich um ein Volk erster Größenordnung handeln muß, denn Gesetzgeber sind immer groß gewesen. Und aus diesen Erkenntnissen kämpfte ich ja gegen diesen Gegner. Und aus diesen Motivierungen heraus müssen Sie verstehen, wenn ich sage, wenn 10,3 Millionen dieser Gegner getötet worden wären, dann hätten wir unsere Aufgabe erfüllt. Nun es nicht so ist, werde ich Ihnen sagen, daß das Leid und das Ungemach unsere noch nicht Geborenen zu bestehen haben. Vielleicht werden sie uns verfluchen. Allein, wir konnten als wenige Leute gegen den Zeitgeist nicht anstinken. Wir haben getan, was wir konnten. Selbstverständlich, muß ich Ihnen sagen, kommt dazu menschliche Regung. Auch ich bin nicht frei gewesen davon, auch ich unterlag derselben Schwäche, das weiß ich, auch ich bin schuld mit daran, daß die vielleicht von irgendeiner Stelle vorgesehene oder mir vorgeschwebte Konzeption der wirklichen, umfassenden Eliminierung nicht durchgeführt hat werden können. Ich erzählte Ihnen das in kleinen Beispielen. Ich war ein unzulänglicher Geist und wurde an eine Stelle gesetzt, wo ich in Wahrheit mehr hätte machen können und mehr hätte machen müssen. Als Entschuldigung mag dienen, was ich Ihnen sagte, einmal daß es mir an umfassendem Geist fehlte, als zweites mag dienen, daß es mir an der nötigen physischen Härte fehlte, und als drittes mag gelten, daß sich selbst gegen mein Wollen eine Legion von Leuten einfand, die selbst gegen dieses Wollen wiederum anstanken [sic], so daß ich, der ich selbst schon mich gehandikapt fühlte, auch den Rest, dem ich etwa zum Durchbruch verholfen hätte, wiederum nur mit Abstrichen durchführen konnte, weil ich mich verzetteln mußte in einem jahrelangen Kampf gegen die sogenannten Interventionisten. Das will ich Ihnen abschließend sagen. Ob Sie das in das Buch hineingeben, weiß ich nicht, vielleicht ist es gar nicht opportun, vielleicht sollten wir das auch gar nicht, ich will damit nur Ihnen das Fazit sagen, das ich nach all diesen Monaten nun mehr gedächtnisauffrischend [sic] übernommen habe und zu dem es mich drängt, Ihnen es auch zu sagen.«[95]

Er habe eine »kleine Schlußansprache an die Tischrunde gehalten«, sagte Eichmann am Ende seiner lautstark vorgetragenen Ausführungen: »Sachen, die mir so momentan aus dem Herzen kamen. [...] Es mag, wenn ich tot bin einmal [...], ja, und das ist mein Wunsch [...], dann mögen diese Sachen von mir aus als Grundlage für irgendeine

Forschung dienen. Solange ich lebe, interessiert's mich nicht. Ich möchte in keinster Weise irgendwie aus dem, wie kann man das ausdrücken, Verborgenen im Rampenlicht erscheinen. Ich habe keinen Ehrgeiz. […] Es ist hart, was ich Ihnen sage, ich weiß es. Und man wird mich verurteilen, […] für meine Formulierungen, aber ich kann Ihnen nichts anderes sagen, als wie: es ist die Wahrheit. Warum soll ich leugnen?«[96]

Wohl kaum hätte Eichmann in Jerusalem zugeben können, was er in Argentinien auf Band gesprochen hatte. Sein Anwalt wählte die einzige, jetzt noch bestehende Möglichkeit, das Interview aus der Welt zu schaffen. Er strebte die Zulassung der kritischen Aufzeichnungen Eichmanns zu den *LIFE*-Artikeln als Beweisdokument an und betrachtete Sassen als Zeugen der Verteidigung, der die mangelnde Beweiskraft des Transkripts bestätigen sollte. Servatius wußte, daß dieser Antrag keine Aussicht auf Erfolg hatte, denn Sassen hätte in Israel sofort verhaftet werden müssen. Immerhin aber war auf diese Weise – mangels der Tonbänder – die Beweiskraft des für Eichmann, ähnlich wie die *LIFE*-Artikel, verheerenden Interview-Transkripts in Frage gestellt. Eichmanns Rechtsanwalt erhielt in diesem Punkte juristische Zustimmung. Dadurch reduzierte sich der Erklärungsnotstand des Angeklagten, der sich an seinen Bemerkungen zu den *LIFE*-Artikeln ablesen läßt, erheblich. Er konnte sich wieder ganz auf seine geringen »Zuständigkeiten« zurückziehen.

Während sich das 798seitige Transkript des Sassen-Interviews nach der Entscheidung des Gerichts, nur die von Eichmann korrigierten Passagen zuzulassen, schließlich auf drei Dokumente der Verteidigung reduzierte,[97] waren Eichmanns Aufzeichnungen nach dem Erscheinen des *LIFE*-Interviews am 28. November und 5. Dezember 1960 sowie nach dem plötzlichen Auftauchen des Sassen-Transkripts Anfang Mai 1961 immer weiter angewachsen. Sein Kommentar zu den Artikeln in *LIFE* umfaßte in der maschinenschriftlichen Abschrift vierzehn Seiten und die Kommentare zum Sassen-Interview weitere siebzig Seiten. Hinzu kommen seine handschriftlichen Kommentare zum Transkript.[98] Eichmann entwickelte einen zunehmenden Rechtfertigungszwang, wußte er doch um den Inhalt seiner früheren Äußerungen, während er in Israel im Verhör mit weiterer Literatur über die »Endlösung der Judenfrage« und Hunderten von Beweisdokumenten konfrontiert wurde.

Die polizeiliche Befragung durch Hauptmann Less, die transkribiert und von Eichmann handschriftlich korrigiert wurde, endete kurz nach dem Erscheinen der Artikel in *Time/LIFE*.[99] Die Transkription dieser 76 Tonbänder, die an insgesamt 38 Verhörtagen aufgenommen wurden, umfaßt 3564 Schreibmaschinenseiten.[100] Auch die Dokumente, die Eichmann zwischen dem Beginn der Befragung am 29. Mai 1960 und ihrem Abschluß am 15. Januar 1961 vorgelegt wurden, sind genau verzeichnet worden. Einige kannte er bereits durch Sassen, aber erst in Israel mußte er sich ernsthaft mit ihrem Inhalt auseinandersetzen.[101] Am Ende des Verhörs waren mit Hilfe des mitteilsamen Angeklagten immerhin 3648 Seiten an Beweismaterial entstanden – in nur acht Monaten und noch abgesehen von den Kommentaren zu den ihm vorgelegten Dokumenten und den durchaus umfangreichen Briefen, die Eichmann an seinen Anwalt schrieb.

Inwieweit Eichmanns Ausführungen im Interview mit Sassen das Verhör durch Hauptmann Less tatsächlich beeinflußt haben, wäre eine eigene Untersuchung wert. Less kannte durch das Transkript viele Details der Karriere Eichmanns und konnte eine Vorstellung von seiner Denkweise entwickeln. Ohne diesen Hintergrund zu kennen, hat Hannah Arendt also durchaus ins Schwarze getroffen, als sie meinte, das Sassen-Interview könne »mit einiger Berechtigung eine ›Generalprobe‹« genannt werden.[102] Für eine heimliche »Uraufführung« sorgten schließlich zwei israelische Journalisten.[103] Sassen verkaufte Ephraim Katz und Zwy Aldouby das Interview-Transkript, und die beiden zogen für die literarische Bearbeitung den amerikanischen Bestsellerautor Quentin Reynolds hinzu. Unter dem Titel *Eichmann: Minister of Death* erschien in New York das erste Buch, das als Quelle das Sassen-Interview berücksichtigte. Nirgends in dem Buch wurde der Name Sassen genannt, denn dieser hatte die Autoren gebeten, seinen Namen nicht zu erwähnen.[104]

»Meine Memoiren«

Zwischen der mündlichen »Generalprobe« in Argentinien und dem Abschluß der letzten Aufzeichnungen im Gefängnis, den »*Götzen*«, hat Eichmann zu Beginn seiner Haftzeit in Israel einen weiteren Text verfaßt. Schon bald nachdem die Existenz dieser Aufzeichnungen, die Eichmann »*Meine Memoiren*« betitelte, öffentlich bekannt geworden war, beschäftigten sie die Presse und – was bisher weniger bekannt ist – auch einige Schriftsteller.

Schenkt man Eichmann Glauben, so hatte er sich genau zwei Tage vor seiner Entführung das erste Mal entschlossen, wieder sichtbar zu werden, und mit der Niederschrift seiner »Memoiren« begonnen, die er mit folgenden Worten einleitete: «Heute, 15 Jahre und einen Tag nach dem 8. Mai 1945, beginne ich meine Gedanken zurückzuführen, bis zu jenem 19. März des Jahres 1906, als ich in Solingen, Rheinland, um 5 Uhr morgens, in das irdische Leben, als Erscheinungsform Mensch, eintrat."[105] Das Original und die Abschrift dieser »Memoiren« befinden sich im Staatsarchiv in Israel, in den Prozeßakten des *Office 06* der israelischen Polizei, das nach dem Geburtsjahr Eichmanns benannt und speziell eingerichtet wurde, um der Anklagebehörde bei der Zusammenstellung der Beweisdokumente zuzuarbeiten.[106]

Immer wieder bezogen sich in den sechziger Jahren Autoren auf Manuskripte oder Memoiren von Eichmann, so auch Robert Pendorf in seiner im Februar 1961 abgeschlossenen Darstellung *Mörder und Ermordete*, ohne allerdings die Herkunft und Datierung eines etwa achtzigseitigen Manuskripts anzugeben, das Eichmann handschriftlich auf karierten Bögen 1955 begonnen haben soll.[107] Über »Eichmanns Tätigkeit im Deutschen Reich«, bemerkte Pendorf, berichte dieses Manuskript »nur sehr allgemein und ohne Details«. Es gebe aber um so mehr Aufschluß darüber, »was dieser Mann nach dem Kriege dachte und – soweit überhaupt – fühlte.«[108] Der Autor zitierte in seinem Buch mehrfach aus dem Text und betrachtete ihn sogar als Beleg dafür, daß Eichmann seine berühmte Erklärung, »nach Israel zu fahren, um dort vor ein zuständiges Gericht gestellt zu werden«, freiwillig in Buenos Aires abgegeben habe.[109]

Juristisch war die Erklärung völlig wertlos, und Eichmann schrieb dazu in seinen letzten Aufzeichnungen, er habe sie nicht freiwillig abgegeben.[110] Pendorf jedenfalls meinte, sowohl inhaltlich als auch in der Diktion stimme Eichmanns Aussage, er wolle endlich seine Ruhe finden, mit dem Text seiner angeblichen Memoiren überein, in denen er etwa 1957 aufgezeichnet habe: »Ich bin es langsam müde, als anonymer Wanderer zwischen den Welten zu leben. Die Stimme meines Herzens, der kein Mensch zu entfliehen vermag, raunte mir stets Friedensuchen vor. Auch Frieden mit meinen ehemaligen Gegnern möchte ich finden.«[111] Während sich das Manuskript aus dem Jahre 1955, auf das Pendorf sich bezog, nicht nachweisen läßt (der Autor selbst bleibt den Beleg schuldig), ist auch ohne genaue Quellenbelege offensichtlich, daß er das Sassen-Interview und die in diesem Zusammenhang entstandenen schriftlichen Aufzeichnungen Eichmanns heranzog.

Hannah Arendt, die wie Pendorf keine Einsicht in Eichmanns Manuskript »*Meine Memoiren*« nahm oder nehmen konnte (und im übrigen auch das Sassen-Transkript nur »aus zweiter Hand« als Beleg heranzog), lag ein anderes Manuskript Eichmanns vor, das vom Gericht als Beweisstück angenommen, aber ebensowenig der Presse zugänglich gemacht wurde. Dessen Titel lautete: »Betrifft: Meine Feststellungen zur Angelegenheit ›Judenfragen und Maßnahmen der nationalsozialistischen deutschen Reichsregierung zur Lösung dieses Komplexes in den Jahren 1933 bis 1945‹«. Dabei handelte es sich um allgemein gehaltene Notizen über seine Tätigkeit.[112] Das Manuskript befindet sich in den Unterlagen von Eichmanns Anwalt im Bundesarchiv.[113] Im Eichmann-Prozeß wurde es zu den Akten der Sassen-Transkripte genommen. Hannah Arendt stand damit ein frühes, nicht genau datiertes, aber wohl im Zeitraum des Sassen-Interviews entstandenes, nur wenig aussagekräftiges Zeugnis zur Verfügung (das möglicherweise identisch ist mit dem von Pendorf erwähnten).

Vermutlich traf der holländische Schriftsteller Harry Mulisch, den Hannah Arendt sicher nicht ganz korrekt als nahezu einzigen Prozeßberichterstatter bezeichnete, der sich auch über die Person des Angeklagten Gedanken machte und dessen Sicht sich »in wesentlichen Zügen« mit ihren Eindrücken deckte,[114] den aus den Spekulationen

um die Memoiren geborenen Mythos vom unsichtbaren Satan Eichmann in seiner Reportage sehr genau. Er könne »jetzt sogar eine Welt-
erstmaligkeit liefern, ja, wie sich herausstellen wird, eine kosmische
Erstmaligkeit«, schrieb Mulisch. Es sei ihm »geglückt, eine halbe Stunde lang Eichmanns Autobiographie zu studieren, die er während seiner Haft schrieb. Es handelt sich also um ein anderes Dokument als
das argentinische, aus dem ich gestern zitierte [Auszüge aus dem Sassen-Interview in *LIFE*, d. Verf.]. Das Werk heißt ›Meine Memoiren‹
und umfaßt ungefähr zweihundert handgeschriebene Seiten. Obgleich
es Hausner als Beweismaterial diente, ist es bisher nicht veröffentlicht worden.«[115]

Mulisch, der offensichtlich beim Lesen in aller Eile einige Notizen
gemacht hatte, bezog sich auf Eichmanns Eingangssatz zu seinen »*Memoiren*«, und er wollte erläutern, um was es sich handelte: »Um eine
Lüge. Alles stimmt genau, aber es fällt dabei kein Wort der Wahrheit.
Er meint, daß ein tiefgründiger Mensch so schreibt: Wieder einmal
schreibt er nicht selber – was auch nicht möglich ist, denn er existiert
nicht. Er existiert nur durch andere. Doch insofern – aus Mangel an
Talent – nur die Lüge seine Wahrheit sein kann, ist alles richtig, was
er schreibt. Er ist kein echter Mensch, sondern nur dessen ›Erscheinungsform‹. Er ist ein anderer Mensch. Auch die verwaltungstechni-
sche Kleinigkeit stimmt, ebenso wie der Kernpunkt des 8. Mai 1945,
als seine Welt zusammenstürzte.«[116]

Sicherlich liegt der Gedanke nahe, daß es sich hier um den Anfang
des von Eichmanns Anwalts erwähnten »Romans« handeln könnte.
Schließlich wäre es nicht ganz abwegig zu vermuten, daß der »Roman« mit dem 8. Mai 1945 beginnt, dem Tag, an dem Eichmanns
Welt zusammenbrach:

»Heute, 15 Jahre nach dem 8. Mai 1945, weiß ich, und dieses Wissen erhielt
ich ziemlich genau um den 8. Mai 1945 herum, daß ein solches Leben, eingespannt in Gehorsam und geführt und bestimmt durch Befehle, Verordnungen, Erlasse und Weisungen ein sehr bequemes Leben ist, in dem eigene schöpferische Tätigkeit auf ein Mindestmaß reduziert wird. Ich selbst spürte es
bereits am 8. Mai 1945, daß ich nunmehr ein führungsloses und schweres
Eigenleben zu leben habe, da ich mir an keiner Stelle irgendwelche Richtlinien geben lassen konnte, [von] keiner Stelle Befehle oder Weisungen kamen,

keinerlei einschlägige Verordnungen heranzuziehen waren, kurz, ein mir nicht gekanntes Leben sich auftat; es war ein Leben, in dem ich mich augenblicklich auch gar nicht zurecht fand. Weltuntergangsstimmung, geistiger Schock, sich treiben lassen, wechselten miteinander und so man in den nun folgenden Gefangenenlagern einmal einen guten Tag hatte, dokterte und philosophierte man um eine der Kardinalfragen jener Tage herum, welchen *Höheren* [Hervorhebung v. Eichmann, d. Verf.] Sinn das menschliche Leben denn wohl eigentlich habe.«[117]

»Fällt das totalitäre System zusammen«, formulierte H. G. Adler, »dann stürzt auch seine Organisation, in die das dienstverpflichtete Individuum eingefügt war, und die bisherige Quelle der Macht ist versiegt. Für dieses Individuum hat der gültige Bestand der Welt dann tatsächlich aufgehört.«[118] Auf Eichmann trifft diese Beobachtung sehr genau zu. Sie kommt in seiner Sprache zum Ausdruck, die Mulisch, der nur die ersten Seiten des Manuskripts lesen konnte, mit Entsetzen analysierte:

»Hier wird auch die *Sprache* des Hochofens angewandt, denn es spricht nicht so sehr der Mensch in Not als eine tollgewordene Maschine ohne Maschinisten. Die Wirklichkeit wurde, jäh aller Schleier des ›Befehls‹ entkleidet, sichtbar. Hitler war tot, und es gab keine Autoritätsträger mehr. Wohin begab er sich bei diesem zweiten Mal? Wie rasend sucht er plötzlich den Sinn des Lebens. [...] Endlich findet er einen würdigen Nachfolger seines Vaters und Hitlers: ›Endlich glaubte ich, in der kosmischen *Bewegung*, in der *Bewegung des Alls* [Hervorhebungen v. Eichmann, d. Verf.], den einzigen und ursprünglichsten höheren Sinn alles Lebens überhaupt erkannt zu haben.‹[119] Der Gott der Maschine wurde geboren! Vorige Woche hat er bei diesem Gott geschworen, der sich zu Hitler so verhält wie Hitler zu seinem Vater – der bei jedem Tagesprotokoll in Jerusalem genannt wird: *Der Generalstaatsanwalt des Staates Israel gegen Adolf, Sohn des Karl Adolf Eichmann* [Hervorhebungen im Original, d. Verf.].«[120]

Nicht weniger Entsetzen als Mulisch hat ein anderer Schriftsteller empfunden, der kurze Zeit später für sein Theaterstück *Joel Brand* – 1964/65 verfaßt – als Titelideen notierte: »Bürger Eichmann«, »Nachbar Eichmann«, »Bruder Eichmann«.[121] Heinar Kipphardts Theaterstück handelt von einem Geschäft, das auch das Jerusalemer Gericht intensiv beschäftigte: 1944 boten die Nationalsozialisten den jüdischen Hilfsorganisationen in Ungarn an, eine Million Juden überleben zu lassen, wenn diese ihnen 10 000 Lastwagen besorgten.[122] Damit begann Kipphardts Auseinandersetzung mit der Person Eichmann, die ihn über Jahre beschäftigen und mehrfach zu Recherchen nach Israel führen sollte, von denen er mit großen Stößen neuen Materials zurückkehrte – und die er schließlich 1967 für 15 Jahre ad acta legte, da er »keine rechte Fabel zusammenbringe«.[123]

Kipphardt stand das Transkript des Verhörs durch Hauptmann Avner Less vollständig zur Verfügung. Auch die Aufzeichnungen des Pfarrers William L. Hull, der Eichmann vor seiner Hinrichtung mehrfach aufgesucht und lange mit ihm gesprochen hatte, sowie die des Psychiaters Istvan S. Kulcsar[124] wurden von ihm herangezogen. Das von Hannah Arendt erwähnte Manuskript Eichmanns (»Betrifft: Meine Feststellungen zur Angelegenheit ›Judenfragen‹«) lag ihm ebenfalls vor.[125] Was der Herausgeber der Schriften Kipphardts, Uwe Naumann, nicht erwähnt, aber im Nachlaß des Schriftstellers aufbewahrt wird, ist eine Kopie der Aufzeichnungen »*Meine Memoiren*«.[126] In der literarisch bearbeiteten Fassung des *Bruder Eichmann* – in Anlehnung an Thomas Manns *Bruder Hitler* (1939)[127] – fanden die Aufzeichnungen Adolf Eichmanns bereits zu Beginn der achtziger Jahre unbemerkt Eingang in die deutsche Literatur zum Holocaust.

Ausführlich zitierte Kipphardt aus dem Manuskript, wobei es nicht verwundert, daß es ihm lange Zeit schwer fiel, eine Fabel zu finden, die »die bequeme Legende« (Naumann) vom monströsen Schreibtischmörder Eichmann zerstören würde. Thomas Mann verlieh dieser Schwierigkeit schmerzhaft Ausdruck: »Ein Bruder... Ein etwas unangenehmer und beschämender Bruder; er geht einem auf die Nerven, es ist eine reichlich peinliche Verwandtschaft. Ich will trotzdem die Augen nicht davor schließen, denn nochmals: besser, aufrichtiger, heiterer und produktiver als der Hass ist das Sich-wieder-Erkennen, die Bereitschaft zur Selbstvereinigung mit dem Hassenswerten, möge sie auch die moralische Gefahr mit sich bringen, das Neinsagen zu verlernen.«[128]

Was Kipphardt nach 15 Jahren als Akt des Widerstandes konzipierte, fand im Hinblick auf die von ihm gewählten zeitgenössischen Analogien geteilte Kritik, allerdings fiel auch nicht auf, wie genau er jenen funktionalen Menschen nachzeichnete, aus dessen »*Memoiren*«

er immer wieder zitierte: »Es wäre denkbar gewesen, daß das berühmte Kamel durch das Nadelöhr geht, aber undenkbar, daß ich mir gegebenen Befehlen nicht gehorcht hätte, damals. [...] Ich weiß natürlich, daß ein solches Leben, eingespannt in Gehorsam, Befehle, Weisungen, ein sehr bequemes Leben ist.«[129] Und dann – wie bei Mulisch – Kipphardt über Eichmann am 8. Mai 1945: »Es war ein Sichtreibenlassen, Weltuntergangsstimmung, geistiger Schock, führungslos, da keinerlei Befehle oder Weisungen mehr heranzuziehen waren. Es stürzte all das wie ein Kartenhaus auch innerlich in mir zusammen, was ich gestern noch anbetete.«[130]

Eichmanns angeblich besinnungsloses Funktionieren, das die Verantwortlichkeit menschlichen Handelns auf ein Minimum reduzierte und schließlich unsichtbar machte, gehörte (für Kipphardt wie für Mulisch und Arendt) zu jener bequemen Legende der Schreibtischmörder, die ihre eigene Tat zu einer fremden und die »Endlösung« zu einem anonymen Geschehen machten, mit dem sie selber nichts zu tun hatten. Am 23./24. Oktober 1982 notierte Kipphardt in seinem Kalender: »Bruder Eichmann beendet«. Die Uraufführung im Münchener Residenztheater am 21. Januar 1983 hat er nicht mehr erlebt: Er starb am 18. November 1982.[131]

Die »Memoiren«, die hier unbemerkt eine Uraufführung erlebten, wurden von Eichmann, wie gesagt, zu Beginn der Untersuchungshaft verfaßt. Folgt man dem handschriftlichen Text, so wurde das Manuskript am 9. Mai 1960 begonnen und fünf Wochen später, am 16. Juni 1960, im israelischen Gefängnis abgeschlossen, am gleichen Tag dem *Office 06* übergeben und maschinenschriftlich kopiert.[132] Nach eigener Angabe müßte Eichmann demnach im Gefängnis einem zwei Tage vor seiner Entführung in Argentinien begonnenen Text durch seine Unterschrift die gebotene Authentizität verliehen haben – ein solch zufälliges Zusammentreffen der Ereignisse ist mit an Sicherheit grenzender Wahrscheinlichkeit auszuschließen. Eichmann wurde am 20. Mai 1960 nach Israel gebracht, zunächst nach Tel Aviv und von dort in ein Gefängnis in der Nähe von Haifa. Daß er in den Tagen zwischen dem 23. Mai und dem 16. Juni 1960 diese »Memoiren« in einem Zuge verfaßte, ist bei der ihm eigenen Schreibwut nicht unwahrscheinlich. Jedenfalls hat er sie am Anfang des Verhörs durch Hauptmann Less (das am 29. Mai 1960 begann) niedergeschrieben – vor seinem intensiveren Studium der Literatur und der Dokumente, die ihm vom *Office 06* vorgelegt wurden. Im Prozeß erklärte Generalstaatsanwalt Hausner, daß Eichmann die »*Memoiren*« im Juni 1960 im Gefängnis geschrieben habe.[133]

Viel mehr als die Literatur, die Eichmann bereits während des Sassen-Interviews Mitte oder Ende der fünfziger Jahre bekannt war, ist in dieses Manuskript unabhängig von seinen eigenen Erinnerungen nicht eingegangen. Eichmann selbst wies an verschiedenen Stellen auf Erinnerungslücken und Ungenauigkeiten hin, die er nur mit Hilfe der entsprechenden Dokumente würde ausräumen können, und erklärte zum Schluß: »Zur Veröffentlichung müßte – und dies gilt für die gesamten Aufzeichnungen, die ja lediglich als ein Rahmen, als ein Gerippe, betrachtet werden können – all das noch vorhandene Material eingebaut werden, dann wäre eine ziemlich genaue Tatsachenschilderung, die Anspruch auf wahrheitsgemäße Darstellung erheben kann, gegeben.«[134]

Während des Verhörs durch Hauptmann Less und im Verlauf seines Prozesses erhielt Eichmann genau dazu Gelegenheit. Das Manuskript »*Meine Memoiren*«, das *Die Welt* 1999 in Serie druckte, war der erste Rechtfertigungsversuch Eichmanns im Gefängnis, sicher aber keine »Vorstudie« zu den »*Götzen*«. Da es kurz nach der Entführung und noch unter Schock entstand, ist auch der Sprachduktus ein anderer als in Eichmanns letzten Aufzeichnungen. Er schwelgte in seinen »*Memoiren*« in Selbstmitleid und Sentimentalitäten, doch der aggressive und nicht zuletzt egoistische Unterton, der jegliches Mitgefühl für die Opfer der Vernichtung vermissen läßt und Eichmann selber zum Opfer stilisieren möchte, trat nicht ganz so massiv hervor wie bald darauf in den »*Götzen*«. Seine letzten Aufzeichnungen entbehrten sogar des Gerippes einer wahrheitsgemäßen Darstellung und schon der Titel »*Götzen*« war eine Lüge.

»Götzen«

Es hieße wahrhaftig Eichmann zu tiefsinnige Gedanken unterstellen, wenn man meinte, er habe bei der Abfassung seiner Aufzeichnungen und der Wahl des Titels »Götzen« das *Alte Testament* zitiert. Der Spott und die Wehklage der Propheten, denen der Glaube an irdische Macht und jedes Machtgebilde ein Götzenbild war, ein Unrecht, dem gegenüber sie den Begriff des ewigen Rechtes aufrichteten, waren ihm fremd. Im Gegenteil, Eichmanns Götterglaube war eigentlich Glaube an eine irdische Macht, tatsächlich also zutiefst Unglaube, denn das Recht hatten seine »Götter«, denen er sich nach eigenen Worten verschrieb, nie geliebt.

Im September 1961 beendete Adolf Eichmann in der Haft in Israel die Niederschrift seiner letzten, für die Öffentlichkeit bestimmten Aufzeichnungen und legte seinem Verteidiger Dr. Robert Servatius eine Buchpublikation ans Herz.[135] Als Generalstaatsanwalt Hausner am 24. April 1961 Eichmanns bereits vorher verfaßte Erinnerungen, die sogenannten »*Memoiren*«, als Beweisdokument der Anklage zu den Akten des Gerichts gab, war Eichmann womöglich in Gedanken schon damit beschäftigt, eine weitere Version seiner Götterdämmerungen aufs Papier zu bringen. Wann genau er damit begonnen hat, läßt sich nicht feststellen, er selbst behauptete, acht Tage vor dem Plädoyer des Generalstaatsanwalts. Hausners Plädoyer begann am 8. August 1961,[136] das heißt, Eichmann hätte das Manuskript in einem Monat fertiggestellt, was wohl in diesem Falle – im Gegensatz zu den 127 Seiten »*Meine Memoiren*«, die in drei Wochen entstanden waren – trotz aller Schreibwut unmöglich war.[137] Er begann:

»Ich befinde mich im Gefängnis in Israel. Die Beweisaufnahme ist abgeschlossen und in acht Tagen folgen die Plädoyers des Generalstaatsanwaltes und meiner Verteitigung [sic]. Es werden sodann etwa zwei bis drei Monate vergehen, bis der Gerichtshof zu einem Urteil gelangen wird. Möglicherweise geht es dann weiter an die höhere Instanz; möglicherweise auch nicht. Wie dem auch sei, ich sagte während des Prozesses einmal auf eine Frage des Anklägers im Kreuzverhör, darauf werde ich antworten, wenn ich mich eines Tages hinsetzen werde, um an die jetzige und kommende Jugend, zu ihrer Warnung, einige Kapitel zu schreiben. Vorausgesetzt, daß ich dazu die Genehmigung erhalte. Dann würde ich ›das Kind beim Namen nennen‹.

Nun, der Präsident des Gerichtshofes verlangte die ›Nennung‹ bereits während des Verfahrens von mir. Ich gehorchte und sagte, daß das Geschehen mit den Juden, welches die damalige deutsche Reichsregierung während der Jahre des letzten großen Krieges in's Werk setzte, das kapitalste Verbrechen in der Menschheitsgeschichte darstelle.«[138]

Hoffte Eichmann noch auf ein »lebenslänglich«? Längst hatte er Tausende Seiten verfaßt, und stundenlange Aussagen von ihm waren in Argentinien und Israel auf Tonband aufgenommen und abgeschrieben worden. Immer schrieb Eichmann »Verteitigung«,[139] und offenbar glaubte er, diese seine Verteidigung werde ihm dazu verhelfen, seine »Memoiren« vollenden zu können. Dachte er, die Vollstreckung des ihm gewissen Todesurteils würde sich hinauszögern lassen, weil der Verurteilte Adolf Eichmann noch Gelegenheit bekommen sollte, vor seiner Hinrichtung »Die wahren Memoiren des Adolf Eichmann« zu verfassen? In einer Bemerkung für Servatius schrieb er einleitend in den »*Götzen*«, er müsse in einem zweiten Manuskript das ihm »fehlend Erscheinende« ergänzen, sich besonders mit dem Antisemitismus auseinandersetzen, wozu er noch Quellenstudium benötige. Vielleicht könne er aber auch das vorliegende Manuskript – »gelegentlich« – vervollständigen.[140]

Eichmann schrieb und schrieb, gegen die Angst und innere Unruhe, die er so immer wieder bekämpfte, und in der Gewißheit, daß ihm nicht mehr viel Zeit blieb. Er verlängerte sein Leben, indem er sich der Überzeugung hingab, daß er wiedergeboren würde zu neuem Leben (»Achtung, nicht neu*m*!«, hob er hervor).[141] Eine »Daseinsbeendigung als Mensch« – nie hätte er Selbstmord oder »sich das Leben nehmen« zu schreiben vermocht – kam für Eichmann nicht in Frage. Er meinte damit, »dem Leid des Tages ein Ende machen zu können«, den »Mühen des Existenzkampfes in Übersee«, die »weniger die physischen Belastungen durch Klima und all des Ungewohnten – dies trifft auf Tausende zu – als vielmehr die psychische Last, bedingt durch die Anonymität der Person« ausmachten, die Entführung aus Argentinien und nun sein »Monsterprozeß«: »Aber dadurch hätte ich Schuld zugegeben«, schrieb er, »die ich nicht hatte noch habe.«[142]

Dann wiederum erklärte er sein »inneres« und sein »äußeres Ich, welches sich fast gänzlich der Führung hingab, denn es war Krieg«, für gespalten, widersprach sich aber sogleich selber, als er auf seine damaligen Überzeugungen zu sprechen kam.[143] Als einer der beiden Psychiater, die ihn untersuchten, eine Verlängerung der Tests beantragte, da er, in den Worten Eichmanns, »irgendetwas ›noch nicht zusammenbringen‹ könne«, fand der Angeklagte die Erklärung dafür folgerichtig in der »Greuelpropaganda« der letzten 16 Jahre, die »in keiner Art und Weise« zu seinen charakterlichen Veranlagungen, seinem »Handeln und Wollen« passe.[144]

In Wirklichkeit beherrschte ihn der gleiche Nationalismus wie ehedem, wenn er sich seiner »damaligen« Auffassungen erinnerte, und darin brannte weiter »das Wort Versailles«, der dem deutschen Volk aufgezwungene Krieg, und dann fiel es ihm wieder ein: »Bereit zu allem, dieses Wort, im Sinne von Schmach, zu vernichten, zu zerstampfen«, zu kämpfen für ein »großes und starkes Reich«.[145] Dahin war er seinen Göttern gefolgt: »Die *Verantwortung* aber, das Gewissen, muß die *Staatsspitze* haben. Und es wurde uns ja dauernd gepredigt, in Wort und in Schrift: › *Vertrauen zur Führung*‹ [Hervorhebungen im Original, d. Verf.].«[146]

Bis September 1961 schrieb Eichmann an seinen »*Götzen*«, fertigte Entwürfe an, verwarf sie wieder und bereitete sich damit zugleich auf seine ersten und letzten öffentlichen Äußerungen nach 1945 vor, das Kreuzverhör vor dem israelischen Gericht, in dem er alle auf seine Person »abgeladenen Unwahrheiten« beseitigen wollte und von dem sein Anwalt Servatius später behauptete, es sei »das längste Kreuzverhör in der Geschichte der Juristik gewesen«.[147]

Schließlich umfaßte der handschriftliche Text 1 206 Seiten, von denen wiederum 460 Seiten (Teil I–III) für eine Veröffentlichung bestimmt waren. Der Rest waren Entwürfe, Kopien und ein zweiseitiges Testament, das Eichmann selbst für ungültig erklärte. Gut drei Monate vor der Urteilsverkündung mußte er die Niederschrift abschließen, und sie wurde Generalstaatsanwalt Hausner übergeben, der sie Eichmann später in fünf versiegelten Umschlägen zurückgeben ließ, die der Angeklagte nicht mehr öffnen durfte.

Seine Enttäuschung über das Urteil ist daher nicht mehr in den Text eingegangen. Allein Dieter Wechtenbruch, damals ein junger und noch unerfahrener Rechtsanwalt, der als Adlatus des Eichmann-

Verteidigers Servatius seine ersten Sporen verdiente, wußte darüber nach Besuchen bei Eichmann kurz vor Weihnachten 1961 zu berichten.[148] Er durfte den Mandanten zweimal für 30 Minuten aufsuchen, Gegenstand der Gespräche sollte die Berufungsbegründung sein, »allenfalls könnten noch Grüße an die Familie übermittelt werden, ansonsten keine privaten Angelegenheiten«. Eichmann habe »sehr nervös gewirkt«, schrieb Wechtenbruch in seiner Besprechungsnotiz für Servatius, und bereits »die rote Uniform der zum Tode Verurteilten« getragen. Seinetwegen solle möglichst schnell Schluß gemacht werden. Er überlasse es der Entscheidung seiner Frau und der Verteidigung, ob die Berufung aufrechterhalten werden solle.

Wechtenbruch fügte hinzu: »In seiner Zelle befand sich lediglich eine Reihe von verschlossenen Umschlägen mit seinen ›Memoiren‹, die auf diese Art unter seiner Aufsicht sind, ohne daß er sie aber öffnen darf.« Bei seinem Besuch am 21. Dezember fand er den Angeklagten in erheblich besserer Verfassung vor. Eichmann habe das Urteil kritisiert und bedenklich gefunden, daß fortwährend T-Dokumente (der Anklage), aber nie N-Dokumente (der Verteidigung) zitiert wurden. Man habe seine Bindung an Fahnen- und Diensteid nicht berücksichtigt. Wechtenbruch notierte, nach dem Besuch habe er wieder eine Schreiberlaubnis erwirkt, und eine Kopie des Urteils solle zur Bearbeitung an den Mandanten gelangen.

Eichmann wollte weiter schreiben, doch er mußte derweil auch feststellen, daß seine Aufzeichnungen Weihnachten 1961 keineswegs mit seinem Anwalt nach Deutschland reisten und ebenso wenig, wie er es für diesen Fall verfügt hatte, vernichtet wurden. Der Gedanke, daß all diese Seiten ungelesen bleiben würden, muß ihn zusätzlich deprimiert haben, jedenfalls hat er nach der Urteilsverkündung nicht mehr viel geschrieben, abgesehen von den Aufzeichnungen für seinen Anwalt und den Abschiedsbrief an die Familie, die in die Privatsphäre gehören.

Von den früheren Gesprächen mit Sassen und dem »*Memoiren*«-Text unterscheiden sich Eichmanns »*Götzen*« erheblich. Im Gegensatz zu den Gesprächen enthalten sie wenig spontane Formulierungen, und wenn Eichmann auf seine Gefühle zu sprechen kommt, sind seine

Worte ebenso leer, wie sie pathetisch und gestelzt klingen. Das gilt an manchen Stellen für den ersten, vor allem aber für den dritten Teil der Aufzeichnungen. Im ersten und zugleich umfangreichsten Teil (220 Seiten) beschäftigt sich Eichmann zunächst sehr kurz mit seinem persönlichen Lebensweg. Erstaunlich wenig schreibt er über seine ihn prägende Tätigkeit Zeit beim Sicherheitsdienst (SD) bis 1938, er wird allerdings ausführlicher bezüglich seiner Tätigkeit in Wien, wo er im März 1938 die Dienststelle II/112 beim Inspekteur der Sicherheitspolizei und des SD und im August 1938 die »Zentralstelle für jüdische Auswanderung« einrichtete. Damit hatte er in nicht geringem Maße exekutive Befugnisse erhalten. Er erfüllte seine Aufgaben mehr als pflichtbewußt, so daß sich sein zweifelhafter Ruhm als Spezialist für »jüdische Auswanderung« bald verfestigte.[149] Gleiches gilt für Prag und die dort 1939 nach dem Wiener Vorbild eingerichtete »Zentralstelle«.[150]

Den größten Raum nehmen in diesem Teil Eichmanns Ausführungen zu den sogenannten »Territoriallösungen« in den Jahren 1939 bis 1941 ein, also die mit dem »Nisko-Lublin-Plan« und dem sogenannten »Madagaskarplan« verbundenen Strategien zur »Endlösung der Judenfrage«, die dann im Rahmen der nationalsozialistischen Kriegs- und Umsiedlungspolitik im Sande verliefen. Anders als im Interview mit Sassen war das Hauptanliegen Eichmanns, seine Rolle als Planer oder Initiator einzelner Schritte für die tatsächliche »Endlösung« herunterzuspielen. Statt dessen hob er seine Versuche hervor, die »Ansiedlungspolitik« voranzutreiben, wie er die territorialen »Zwischenlösungen« bezeichnete, und bedauerte die Widerstände und Rückschläge, die er dabei erfahren hatte. Zweifellos sind diese Ausführungen (ob sie nun stimmen oder nicht) die aus historischer Perspektive interessantesten.

In Teil II, mit 193 Seiten fast so umfangreich wie Teil I, befaßte sich Eichmann mit den Deportationen der Juden in die Vernichtungslager.[151] Mit einer beachtlichen sprachlichen Fehlleistung, die an die im Sassen-Interview von ihm kritisierten Reparationszahlungen an Israel erinnert, formulierte er, dieser Abschnitt befasse sich »mit den Reparationsangelegenheiten in den 12 europäischen Ländern« – womit die Deportation der europäischen Juden gemeint war.[152] Dieser Teil weist vor allem Bezüge zum Prozeßverlauf auf und besteht größtenteils aus einer Auswahl von amtlichen Dokumenten, die als Beweisdokumente in den Prozeß eingebracht wurden und die Eichmann aus einer für ihn entlastenden Perspektive interpretierte. Eine besondere Rolle spielten aus seiner Sicht in den Jahren 1940 bis 1942, also in der Phase der Verwirklichung der nationalsozialistischen Endlösungspolitik, die Deportationen aus Frankreich.

Da Eichmann versuchte, die Deportationen Land für Land und weitgehend chronologisch abzuhandeln, fehlt hier überwiegend die gedankliche Verbindungslinie zu seinen Ausführungen in Teil I, die ebenfalls bis in das Jahr 1942 reichen; vom Verfasser wird dies auch direkt gesagt. Eichmann hob auf diese Weise seine Karriere als Spezialist für »jüdische Auswanderung« und »Ansiedlung« hervor und versuchte, sie von den Deportationen in die Vernichtungslager zu trennen, was schon im Interview mit Sassen zu seiner Rechtfertigungsstrategie gehörte. Er wollte seine Rolle als Experte für die Zwangsauswanderungen betonen und erklärte, »die Lösung durch eine planvoll gelenkte Auswanderung« sei sein eigentliches Ziel gewesen.[153]

Im abschließenden Teil III sollte sich in den Worten von Eichmann das Verhältnis zwischen dem »äußeren Geschehen von damals« und seinen »inneren Gefühlen« spiegeln.[154] Dieser Teil ist der kürzeste (72 Seiten) und dies sicher nicht zuletzt, weil Eichmann mit der Mischung aus Gefühlen, die ihn beim Schreiben in der Erinnerung an den »Sturz des eben noch Gültigen«[155] überfallen haben mögen, und pseudophilosophischen Überlegungen, dem Druck der Selbstrechtfertigung und der ihm drohenden Todesstrafe überfordert war. Für eine Charakterisierung seiner Persönlichkeit und seines Handelns sind einige Passagen aus diesem Teil dennoch von Interesse und werden im folgenden auch berücksichtigt.

Allein der Umfang seiner Ausführungen zur Deportationspolitik macht deutlich, welche Bedeutung er seiner Rolle in den besetzten Ländern beimaß, wobei seine Erinnerungen offensichtlich in erster Linie vom »Erfolg« der Durchsetzung antijüdischer Maßnahmen geprägt waren, der sich für ihn aus der Anzahl der Deportierten ergab. So behandelt er Dänemark bezeichnenderweise nur auf wenig mehr als vier Seiten,[156] denn aus seiner Sicht hatte es dort keine »Judenfrage« gegeben – was nichts anderes hieß, als daß die nationalsozialistische Kollaborationspolitik in puncto Einführung einer der deutschen ähnlichen »Judengesetzgebung« daran scheiterte, daß es in Dänemark keinen Antisemitismus gab und Eichmann also sein Deportationsprogramm nicht verwirklichen konnte.

Um so größeren Raum nehmen die Ausführungen über seine Tätigkeit als Leiter des »Einsatzkommandos Eichmann« und die Deportation der ungarischen Juden im Jahr 1944 ein.[157] Die Anschuldigung, die Deportationen noch nach dem von Himmler verordneten Stop der »Endlösung« fortgeführt zu haben, mag hier eine Rolle gespielt haben.[158] In erster Linie aber war es wohl die zweifelhafte »Erfolgsbilanz« des Deportationsspezialisten Eichmann, in kürzester Zeit so viele ungarische Juden der physischen Vernichtung zugeführt zu haben, die seine Rechtfertigungsbemühungen verstärkte.

Die Gespräche Eichmanns mit Willem Sassen unterscheiden sich in einigen wesentlichen Punkten von den Einlassungen in den »*Götzen*«. Dabei überrascht kaum, daß die nationalistischen und antisemitischen Motive seines Handelns in Argentinien deutlicher hervortraten als im Prozeß und in seinen letzten Aufzeichnungen, in denen er sie dennoch nicht verleugnen konnte. Im Prozeß drängte Richter Halevi den Angeklagten Eichmann im Kreuzverhör in die Enge, als er ihn über den Wahrheitsgehalt des »Sassen-Berichts« befragte und meinte, schließlich habe er, betrunken oder nicht, »diese Dinge […] erst mal in das Diktaphon hereindiktiert«. Worauf Eichmann entgegnete, er sei während der Gespräche mit Sassen »rückfällig« geworden: »Ich gebe zu, daß ich eben in vorgerückter Stunde hier einfach vieles darauf losgeplaudert habe, wo der Nationalismus wieder durchgehauen ist in mir.«[159]

Anhand des Sassen-Interviews läßt sich jedoch belegen, daß Eichmanns bedingungsloser Befehlsglaube und sein Funktionsethos ohne persönliche und ideologische Motive nicht denkbar sind. Er hatte die Weltanschauung der Nationalsozialisten, den radikalen Antisemitismus, vollkommen verinnerlicht. Dem widerspricht nicht, daß Eichmann auch in Argentinien – ohne den Zwang, sich in erster Linie mit den von der Anklagebehörden unterstellten Motiven oder einzelnen Ereignissen auseinandersetzen zu müssen (die er häufig nicht erinnerte und von denen er zum Teil auch gar nichts wissen konnte) – die rein bürokratischen Schwierigkeiten bei der Realisierung der Vernichtungspolitik immer wieder hervorhob. Auf der anderen Seite nahm er in dem Interview kein Blatt vor den Mund. Vor seinem Kamerad Sassen plauderte er eben drauf los, und wenn Eichmann das tat, ließ er seinen antisemitischen Vorurteilen freien Lauf.

Die Umsetzung der nationalsozialistischen Vernichtungspolitik und die Frage, welchen Anteil er daran hatte, stellen den entscheidenden Bezugspunkt in den gesamten Aufzeichnungen dar. Das beweist noch mehr als Eichmanns spärliche Aufzeichnungen über seine Kindheit und Jugend im ersten Teil der »*Götzen*«, daß er nie die Absicht hatte, richtige Memoiren zu schreiben. Selbst wenn man ihm dieses Vorhaben im Kontext des Sassen-Interviews noch zubilligen möchte – denn zweifelsohne hätte sich aus seiner Sicht aus dem Interview mehr als eine Rechtfertigungsschrift (oder apologetische Publikation wie *Ich, Adolf Eichmann*) machen lassen: In Israel hatte Eichmann nichts anderes im Sinn, als sich zu rechtfertigen und die Verantwortung anderen zuzuschreiben.

Zwischen idyllischen Landschafts- und Städtebeschreibungen wechselte der »Ruinenromantiker« (Aaronson) zu knappen Andeutungen einiger Liebesgeschichten und zur Schilderung seiner Vorliebe für Natur und das »einfache Leben«.[160] Diese Selbstbeschreibung ähnelt im übrigen der des kleinbürgerlich-normalen und, wie Martin Broszat formulierte, »auf seine Weise ›innerlich‹ veranlagt[en]« KZ-Kommandanten Rudolf Höß und ist insofern ein weiteres Beispiel dafür, »daß private ›Gemüts‹-Qualitäten nicht vor Inhumanität bewahren, sondern pervertiert in den Dienst des politischen Verbrechens gestellt werden können«.[161]

Im Unterschied zu den Gesprächen mit Sassen, in denen seine Kindheit und Jugendzeit zumindest in einigen, spätere Ereignisse berührenden Episoden erwähnt werden, schrieb Eichmann in den »*Götzen*« nur mehr, daß er »dank der steten Fürsorge« seiner Eltern eine »herrliche, unbeschwerte Jugendzeit« verlebte.[162] Kein Wort mehr von der Autorität des Vaters und der Lehrer in der Schule, ebenso nur wenig vom Scheitern des beruflichen Werdegangs oder den ersten Kontakten zur österreichischen NSDAP und SS, die er noch ein knappes Jahr zuvor in seinen »*Memoiren*« an den Anfang und vor allem in einen Zusammenhang mit den späteren »dienstlichen und militärischen Vorgesetzten« gestellt hatte.[163] In den »*Götzen*« ist die Erinnerung an Kindheit und Jugend flüchtig, überlagert vom Prozeßgeschehen und dem enormen Druck der Selbstverteidigung. Geblieben ist nur, daß er sich 1932 »den Göttern mit Haut und mit Haaren« verschrieb, was mit den »*Memoiren*« übereinstimmt, nur daß Eichmann diese Bezeichnung ein Jahr zuvor noch nicht gefunden hatte.[164]

Die ständige Berufung auf den seit Kindheitstagen eingeimpften Glauben an Werte wie Disziplin, Gehorsam und Pflichterfüllung blieb die letzte Rechtfertigung. Bereits in Argentinien hatte Eichmann sie selbstbewußt in eine Tugend umgedeutet, indem er erklärte, ein künftiges Richtergremium müsse ihn freisprechen, denn während seiner Amtsführung habe es keine Willkür gegeben.[165]

Der Spezialist für die Deportationen in die Vernichtungslager bekämpfte Schikane und Willkür ebenso wie der im Sinne des Nationalsozialismus »ideale«, gewissenhafte KZ-Kommandant Höß, der behauptete, sich gegen die »Gängstertypen« unter seinen SS-Bewachungsmannschaften gewehrt zu haben, da sie für die Effektivität des KZ-Systems abträglich waren.[166] Der Gedanke, den Terror und die Gewalt als mehr denn Konsequenz eines Systems zu betrachten, blieb ihm verschlossen.

Charakteristisch für Eichmann und für Höß war, daß sie sich im nachhinein mit einer Aura von Tragik umgaben. Das Gefühl ihrer immerwährenden Rechtschaffenheit erlaubte es ihnen, sich für mitleidige und gefühlvolle Menschen zu halten und den Massenmord, den sie mitbefohlen hatten, »in eine Tragik des Mörders zu verwandeln«.[167] Höß tat dies, indem er in seiner Zelle über die Vernichtung der »Zigeunerkinder« in Auschwitz schrieb, es sei wohl nichts schwerer, »als über dies kalt und mitleidlos hinwegzugehen«.[168] Eichmann wiederum erinnerte sich an einen Aufenthalt bei Höß in Auschwitz. Er gehöre zu den Menschen, die schlecht Tote sehen können, erklärte er Sassen. Als er bei Höß gewesen sei und dieser vermutlich gedacht habe, er könne es dem »Schreibtischheini« mal zeigen (womit die Vernichtung in den Gaskammern gemeint war), habe er das »Kniezittern« mit einem Mittel aus Kindheitstagen besiegt: »Und das mach ich immer, wenn mir etwas furchtbar unangenehm ist, und ich kann von dem Gedanken nicht abkommen. Und um mich aber abzulenken mit Gewalt, wissen Sie, was ich dann sage, Sie werden lachen: Ich glaube an Gott den Vater, den heiligen Geist, geboren von der Jungfrau Maria, [...]. Das ist nämlich, wie nennt sich das in der evangelischen Kirche? [...] Das Glaubensbekenntnis.«[169]

Eichmann, dessen »an sich sensible Natur«, wie er schrieb, beim Anblick von Leichen und Blut revoltierte und der sich fragte, warum sein Amtschef nicht »konstitutionell robustere Naturen« zur Berichterstattung über die Tätigkeit der Einsatzgruppen im Osten schickte, erinnerte wiederholt an einen Aufenthalt in Minsk und eine Massenerschießung durch das dortige Einsatzkommando:

»Als ich den Exekutionsort anfuhr, knallten die Schützen in ununterbrochenem Dauerfeuer in eine Grube vom Ausmaß mehrerer großer Zimmer. Sie schossen mit Maschinenpistolen. Angekommen sah ich eine jüdische Frau mit einem kleinen Kind in den Armen in der Grube. Ich wollte das Kind herausreißen, aber da zerschlug eine Kugel den Kopf des Kindes. Mein Fahrer wischte mir vom Ledermantel kleine Gehirnstücke. Ich stieg in meinen Wagen. –
Berlin, sagte ich meinem Fahrer. –
Ich aber trank Schnaps, als sei es Wasser. Ich mußte trinken.
Ich mußte mich betäuben.
Und ich dachte an meine eigenen Kinder; um jene Zeit hatte ich zwei.
Und ich dachte über den Unsinn des Lebens nach. [...]
Und ich fand keine Ordnung mehr, im Wollen und Willen des Waltens. Es war unsagbar schwer, in diesem Chaos *überhaupt noch* [Hervorhebung im Original, d. Verf.] an etwas zu glauben. Und ich stellte mir vor, als sei daß [sic], was die christlichen Konfessionen mit Hölle bezeichnen, nicht etwas Künftiges, mit dem sie die Menschen verwarnen, sondern es konnte nur so sein, daß wir uns samt und sonders bereits in dieser ›Hölle‹ befanden.«[170]

Mochten Eichmann und Höß auch beteuern, die Judenvernichtung sei ein Verbrechen gewesen,[171] mit ihrem Pathos und ihrer eitlen Selbstbespiegelung bekundeten sie, daß sie nichts begriffen hatten, und insofern hatten sie in Wahrheit auch nichts zu bekennen: »Die einzige Erkenntnis, die ich auf Schritt und Tritt in jener Zeit bestätigt fand, war, daß die Welt, in der ich als Erscheinungsform Mensch zu leben hatte, nie und nimmer die beste, sondern nur die allerschlechteste sein mußte, die man sich denken konnte.«[172] Eichmann schwelgte in Selbstmitleid, vom Anfang bis zum Ende verließ ihn das Gefühl seiner Schuldlosigkeit nicht: »Ich werde den Völkermord am Judentum schildern, wie er geschah, und gebe dazu meine Gedanken von gestern und heute«, formulierte er zu Beginn der »*Götzen*«. »Denn nicht nur die Felder des Todes mußte ich sehen mit eigenen Augen, die Schlachtfelder, auf denen das Leben erstarb, ich sah weit Schlimmeres. Ich sah, wie durch wenige Worte, durch den einzigen knappen, kurzen Befehl eines Einzelnen, dem die Staatsführung als Befehlsgeber dazu die Macht verlieh, solche Lebensauslöschungsfelder geschaffen wurden. Und ich sah die Unheimlichkeit des Ablaufens der Todesmaschinerie, Rädchen in Rädchen greifend. Gleich dem Werk einer Uhr. [...] Den größten und gewaltigsten Todestanz aller Zeiten.«[173]

Es fehlte nur noch der Zusatz, dabei aber menschlich »anständig« geblieben zu sein. Eichmann und Höß entsprachen den Idealvorstellungen Himmlers, sie waren rücksichtslos und diszipliniert, eben keine »Gefühls-«, sondern »Vernunftsantisemiten«. Sie hatten allen Grund, sich zu jener Gemeinschaft zu zählen, deren Durchhaltevermögen Himmler 1943 in seiner Rede vor dem Führungskorps der SS beschwor: »Von Euch werden die meisten wissen, was es heißt, wenn 100 Leichen beisammen liegen, wenn 500 daliegen oder wenn 1 000 daliegen. Dies durchgehalten zu haben, und dabei – abgesehen von Ausnahmen menschlicher Schwächen – anständig geblieben zu sein, das hat uns hart gemacht. Dies ist ein niemals geschriebenes und nie zu schreibendes Ruhmesblatt unserer Geschichte, denn wir wissen, wie schwer wir uns täten, wenn wir heute noch in jeder Stadt – bei den Bombenangriffen, bei den Lasten und bei den Entbehrungen des Krieges – noch die Juden als Geheimsaboteure, Agitatoren und Hetzer hätten.«[174] Er habe seinen Göttern viel geopfert, schrieb Eichmann, und damit hatte er sich einmal nicht geirrt.[175] Sei es Eichmann oder Höß, in aufopferungsvoller Hingabe waren sie jeweils an ihrem Platze die Effektivsten gewesen, um den fabrikmäßigen Massenmord voranzutreiben, der es erlaubte, wie Martin Broszat schreibt, Tausende Menschen in die Vernichtungslager zu schicken und sie dort ermorden zu lassen, »ohne das Gefühl des Mordes zu haben«.[176]

Mit nicht weniger Sinn für Tragik blickte der ehemalige Rüstungsminister Albert Speer nach 1945 auf seine weitaus erfolgreichere Karriere im Rahmen des NS-Systems zurück. Seine Behauptung, er habe bis zum Nürnberger Prozeß nichts von der Judenvernichtung gewußt, brach Jahre später über der Rede Himmlers, die er am 4. Oktober 1943 in Posen im Hinblick auf die Judenvernichtung gehalten hatte, erstmals beinahe zusammen. Damals behauptete der Historiker Erich Goldhagen, daß Speer bei der Posener Rede zugegen gewesen war.[177] Doch der ehemalige Generalbauinspektor und Rüstungsminister, der die Räumung Tausender Wohnungen jüdischer Eigentümer veranlaßt und für die Rüstungsindustrie und den Arbeitseinsatz Tausende KZ-Häftlinge und Zwangsarbeiter verschlissen hatte, wollte auch an der Spitze der Macht nichts von der Vernichtung gewußt haben.

Seine erfolgreiche Karriere lieferte ihm einen späten Freibrief, denn weder der KZ-Kommandant Höß noch der Deportationsspezialist Eichmann konnte sich auf das Vorrechtsbewußtsein und die daraus resultierende Wahrnehmungssperre berufen, die Joachim Fest in seiner Biographie dem Künstler Speer zubilligte: das »Sonderrecht der Intellektuellen und ihre vermeintliche Befugnis […], der Realität nicht nur die Gesetze vorzuschreiben, sondern sie auch für ihre Abweichungen vom erträumten Ideal zu züchtigen«.[178] Während das Mittelmaß eines Eichmann oder Höß ihren Rechtfertigungen einen zusätzlichen schalen Beigeschmack gibt, billigte Fest seinem Protagonisten Speer die Tragik des Künstlertums zu, die in einer Art Persönlichkeitsspaltung den Hitlerfreund und Nationalsozialisten vom Generalbauinspektor und genialen Architekten trennt.

Diese Argumentation ist allerdings wenig glaubwürdig, außer man würde sie am unteren Ende der Pyramide auch dem vielbeschworenen »Deportationsspezialisten« Eichmann zubilligen. Warum sollte der Künstler Speer sein »unmutiges« Schweigen gegenüber den antisemitischen Ausfällen Hitlers und die Verdrängung der Verbrechenskenntnis damit entschuldigen können, daß dem »Verständnis der Zeit zufolge [die Technik] an keine moralische Norm gebunden« war? Mit gleichem Recht könnte Eichmann sich darauf berufen, daß dem Verständnis der Zeit zufolge die Moral außer Kraft gesetzt war, denn der Krieg heiligte die Mittel und zu diesen gehörte nach damaligem – und nicht zuletzt Eichmanns – Verständnis die Deportation und Ermordung der Juden. Zuletzt stellt sich die Frage, ob überhaupt einer der Beteiligten für die begangenen Verbrechen verantwortlich zu machen ist.

Das falsche Prinzip, das solche Behauptungen von jeder humanen Regel entbindet, im nachhinein als Rechtfertigungsmotiv gelten zu lassen, ist äußerst fragwürdig und lenkt von dem Gesamtverbrechen ab, das die Funktionäre der »Endlösung« kannten und an dem sie bewußt und willentlich mitwirkten. Vielmehr ist zu konstatieren, daß sich die Rechtfertigungsversuche der Angeklagten Eichmann, Höß und Speer erschreckend ähnlich sind. Joachim Fest ist daher insoweit zuzustimmen, als auch der Deportationsspezialist Eichmann immer nur jene »technokratische Sachbezogenheit wieder und wieder vor die Abgründe« stellen konnte, die sich um ihn herum auftaten.[179] So sehr Eichmanns Erklärung der rationalisierten Massenvernichtung auf einem beispiellosen Funktionsethos und dem damit verbundenen Verlust jeglichen menschlichen Mitgefühls beruhte, auf Kadavergehorsam und Pflichtenethik, so sehr standen genau diese ihm im Wege, wann immer er seine Motive und sein Handeln zu rechtfertigen versuchte.

Der Frage, ob Speer bei Himmlers Posener Rede zugegen war, kann man, wie Fest schreibt, »wenig mehr als ein pedantisches Interesse« beimessen. Speers moralische Indifferenz aber nur mit der »Wahrnehmungssperre« eines ehrgeizigen Künstlers erklären zu wollen, verkennt die notwendige Genauigkeit im Umgang mit politischen Zuständigkeiten und vor allem Verantwortlichkeiten.[180] Der mit viel Intelligenz und »Vorrechtsbewußtsein« in höchste Machtbereiche gelangte Speer brauchte nach 1945 sechsundzwanzig Jahre, bis er selbst – trotz allem ihm zuvor attestierten persönlichen Schuldgefühl – seine Hauptschuld »in der Billigung der Judenverfolgung und der Morde an den Millionen von ihnen« erkannte. Letztlich erweist sich diese Fortsetzung eines »Systems der Verriegelungen« damit als eine Lebenslüge,[181] die sich nicht so sehr unterschied von der eines Eichmann oder Höß oder all der anderen, die die gleichen Argumente wie Speer zu ihrer Rechtfertigung angeführt haben. Ob es Eichmann oder Höß war, die sicher beide nicht so intelligent waren wie Speer, deren Bildungshintergrund weitaus beschränkter war und die aus ganz anderen Gründen und an ganz anderer Stelle im Rahmen eines verbrecherischen Systems Karriere machten, nichts hatte sie davor bewahrt, sich diesem System bedingungslos zur Verfügung zu stellen, und am Ende fühlten sie sich genauso betrogen wie Speer.

Insofern ist auch Joachim Fests Kritik an der Behauptung unberechtigt, Speer (oder Eichmann) sei nach 1945 zu keinen menschlichen Empfindungen – und das hieße doch wohl in diesem Zusammenhang zu Mitgefühl mit den Opfern – fähig gewesen. Dies wird zumal deutlich, wenn man die Behauptung durch den Umkehrschluß außer Kraft zu setzen versucht, sie hätten nichts zu verdrängen gehabt. Die Aufzeichnungen eines Speer, Höß oder Eichmann liefern dafür unzählige Beispiele, und es ließen sich unzählige unsäglich gefühllose Aussagen von KZ-Tätern und »Schreibtischtätern« aus NS-Prozessen hinzufügen. Mit solchen Vorstellungen an ihre Aufzeichnungen heranzugehen, wird weder der Not ihrer Selbstrechtfertigungen gerecht (die aus dem Ausmaß der begangenen Verbrechen resultiert), noch tragen sie zu einem Verständnis der Verdrängungsleistung bei, die diese Aufzeichnungen und die Aussagen der Täter in den Prozessen in so erschreckendem Maße kennzeichnet.

Fast keiner der zahlreichen Täter, die sich so rasch und unauffällig wieder als unbescholtene Bürger in die deutsche Nachkriegsgesellschaft eingliederten und integrieren ließen, hat sich unter den veränderten politischen und gesellschaftlichen Rahmenbedingungen zu der eigenen Verantwortung und Schuld bekannt. Die historische Analyse stößt hier an ihre Grenzen; eine Täter-Typisierung ist allein mit historischen und ohne psychologische Methoden nicht möglich. Die in den Aufzeichnungen Eichmanns, Höß' oder Speers vorgefundenen Denk- und Verhaltensmuster, aus denen sich gemeinsame Handlungsweisen und -motivationen herausarbeiten lassen, können jedoch dazu beitragen, den individuellen Verdrängungsvorgang darzustellen. Insofern sind die Aufzeichnungen der Täter wichtige Zeugnisse, um die Mechanismen der Kollektivtaten aufzudecken, die im Rahmen der beispiellosen und schrankenlosen Gewaltpolitik des NS-Systems die Täter zwar nicht reibungslos, aber eben doch zielsicher auf die »Realisierung des Utopischen« (Hans Mommsen), die »Endlösung der Judenfrage«, hinarbeiten ließen.[182]

Die stereotypen Argumente und Formulierungen, die sich bis in einzelne Redewendungen nachweisen lassen, belegen unabhängig von psychischen Veranlagungen, persönlichen Interessen oder sozialem Hintergrund das Weiterwirken ideologischer Prägungen und Vorurteile. Die Zäsur des Jahres 1945 bestand für Eichmann wie für alle anderen NS-Täter im Zusammenbruch einer autoritären nationalistischen Weltordnung, in der sie sich aufgehoben und sicher fühlten. Sie hatte ihren persönlichen Ehrgeiz beflügelt und dies nicht zuletzt, weil im Rahmen einer Weltordnung, die von Anfang an die Gewalt als Mittel der Politik einsetzte, mitmenschliche oder mitbürgerliche Solidarität nicht zählten. »Viele der Täter sind weit davon entfernt«, schrieb Fritz Bauer 1966, »die Grundwerte unseres Staates, vor allem die Menschenwürde aller, die Gleichheit eines jeden ohne Rücksicht auf Geschlecht, Abstammung, Rasse, Sprache, Heimat und Herkunft, Glauben, religiöse oder politische Anschauungen in Wort und Tat zu bejahen.«[183] Die Zäsur zwischen dem Unrechtsstaat und einem demokratischen Rechtsstaat wurde von den NS-Tätern überhaupt nicht wahrgenommen. Ihr mangelndes Unrechts- und Schuldbewußtsein war eine der schwersten Hypotheken bei der juristischen Aufarbeitung der NS-Verbrechen und für den Aufbau einer neuen, demokratischen Rechtsordnung in Deutschland nach 1945.

»Damals konnte ich noch Lösungsversuche schöpferisch gebären«[1]

Adolf Eichmann und die »Endlösung der Judenfrage« 1938–1941

Zuständig für »Auswanderung«

»Moment, ich kann Ihnen das Wort ›Endlösung‹ genau erklären«, sagte der ehemalige SS-Obersturmbannführer Adolf Eichmann eines Tages zu seinem Interviewer Willem Sassen in Argentinien, als dieser ihn darauf aufmerksam machte, er würde ganz im Sinne der »jüdischen These« argumentieren und den Begriff ›Endlösung‹ mit physischer Vernichtung gleichsetzen:

»Zuerst hieß es ›Lösung der Judenfrage‹. Die ›Lösung der Judenfrage‹ hat sich im Laufe der Zeit, nämlich ab dem Augenblick, als Deutschland auf Österreich übergriff, zu dem Wort ›Endlösung‹ herauskristallisiert. […] In Österreich hieß es ›Endlösung der Judenfrage‹. Unter diesem Begriff, der im Betreff eines jeden Vermerkes, einer jeden Aktennotiz geführt wurde, der zehntausend mal geschrieben wurde, war selbstverständlich nicht die geringste physische Vernichtung gemeint. Sondern die ›Endlösung‹, wir wollen eine ›Endlösung‹, das ist das Wort gewesen, das frei nach Herzl, Theodor Herzl, von Adolf Böhm serviert, in seinem *Judenstaat* mir gewissermaßen suggeriert wurde, denn diesen *Judenstaat* habe ich ja verschlungen. Dieser *Judenstaat* hat mir überhaupt erst […] den geistigen Anstoß gegeben, daß ich für mein Volk mithelfen muß und für den Gegner, weltanschaulichen Gegner, mithelfen kann, die Lösung zu finden. Die Lösung suchten die Leute ja, sie suchten die Machtposition. […] Nun, dann später, als Ende '41 die physische Vernichtung befohlen wurde, wurde aus Tarnungsgründen, ich betone Tarnungsgründen, [unter] diese[r] an sich harmlose[n] Bezeichnung ›Endlösung der Judenfrage‹ – im Sinne einer beiderseitigen endlichen Befriedigung durch

Auswanderung, Abschneidung, Eliminierung aus dem Volkskörper – wurde dann diese physische Vernichtung getarnt.«[2]

»Mit anderen Worten«, fragte der verärgerte Sassen, »ist die jüdische These, daß ›Endlösung‹ nur eine Tarnung für endgültige Vernichtung bedeutet, richtig?« Daraufhin Eichmann: »An sich ja.«[3]

Eichmann hat Willem Sassen in Argentinien oft enttäuscht, nicht nur weil seine Erinnerungen lückenhaft waren, sondern auch, weil er die Leugnung des Verbrechens der »Endlösung« nicht als Hauptzweck des Interviews betrachtete. Insofern war seine Rechtfertigungsstrategie vor dem israelischen Gerichtshof in den Ausführungen gegenüber Sassen bereits angelegt. Er gab sich wiederholt als Kenner des Zionismus aus, der »für den weltanschaulichen Gegner« eine »Lösung« finden wollte, wobei ihm nach der Lektüre von Theodor Herzls *Judenstaat*[4] die Auswanderung aller Juden nach Palästina als naheliegend und durchaus im Sinne des Gegners erschienen sei – was im übrigen keine besonders originelle Rechtfertigung war. Ernst von Weizsäcker erklärte nach dem Krieg, man habe unter »Endlösung« zunächst eine verstärkte Emigration verstanden, später den sogenannten »Madagaskar-Zionismus«. Und auch Franz Rademacher[5], der Leiter des Referats »Judenangelegenheiten« im Auswärtigen Amt und einer der Haupturheber des Madagaskar-Plans im Jahr 1940, bezog sich dabei auf Theodor Herzl, der sich freilich genauso wenig mit dem Gedanken eines »Judenreservats« auf der Insel Madagaskar beschäftigt hat, wie Adolf Böhm kein Buch mit dem Titel »Judenstaat« verfaßt hat.[6]

Eichmanns Spezialistentum in der »Judenfrage« reichte immer nur so weit, wie es seinen Zielen nützlich war. Daß es ihm in Wirklichkeit bei »einer beiderseitigen endlichen Befriedigung« um nichts anderes ging als die Eliminierung der Juden aus dem »deutschen Volkskörper«, und zwar mit allen Mitteln, versuchte er in ein Eigeninteresse der Verfolgten umzudrehen. Vor Gericht in Israel ist es ihm ebensowenig gelungen, aus dem Nationalsozialisten einen Zionisten zu machen. Deutlich schimmert die Rechtfertigungsabsicht hinter der Chronologie des Entscheidungsprozesses zur »Endlösung der Judenfrage« durch, die er in seinen letzten Aufzeichnungen unter dem Titel »*Götzen*« entwickelte. In den im Gefängnis niedergeschriebenen »*Götzen*« hat Eichmann fast alle Angaben über Zeit und Ort aus den ihm vorgelegten Dokumenten und der Literatur übernommen, wobei diese Vorgehensweise dazu diente, seiner Chronologie der Geschehnisse den Anschein historischer Genauigkeit zu verleihen. Auf Ungenauigkeiten und Verwechslungen stößt man dagegen bei Zeit- und Ortsangaben, die durch die Dokumente nicht zu belegen waren, und auch einzelne Personen waren Eichmann häufig nicht mehr präsent. Daß dies kein vorgetäuschtes Manko war, beweist das Interview von Sassen, der dem Erinnerungsvermögen seines Protagonisten in Argentinien immer wieder nachhelfen mußte.

Weder das Interview noch die im Gefängnis niedergeschriebenen Aufzeichnungen liefern neue Details über den genauen Zeitpunkt ausschlaggebender Entscheidungen, die als Wendemarken der Etappen auf dem Weg zur völligen Vernichtung der Juden Europas gelten müssen. Die »Götzen« geben die Selbstwahrnehmung eines Täters wieder, der sich seiner Schuld nie bewußt wurde. Bar jeglichen normalen Verantwortungsgefühls, zog Eichmann sich auf seine Pflichtenethik und übertriebenen Gehorsamsglauben zurück. Er stellte sie gleichsam als Schutzschild vor das eigene Tun, das ihm deshalb nicht als Unrecht zu Bewußtsein kam.

Immer wieder fiel Eichmann aber auch in die Rolle des »Spezialisten« zurück, der als Auswanderungsexperte große Anfangserfolge erzielen konnte, sich jedoch nach Kriegsbeginn in seiner Funktion als Deportationsbeauftragten an den gigantischen Umsiedlungsplänen seiner Vorgesetzten scheitern sah. Dadurch lieferte er in seiner Darstellung der »Endlösung der Judenfrage« viele Anhaltspunkte, die zu einer Erklärung der furchtbaren Eskalation der nationalsozialistischen Gewalt- und Vernichtungspolitik beitragen können. Zwar erinnerte er sich häufig nur an einzelne Episoden, diese aber sind bemerkenswert und geben Aufschlüsse über seine Motive und die Ursachen bestimmter Handlungen und Geschehnisse. Wenn es um seinen Anteil an der Umsetzung der »Endlösung der Judenfrage« ging, hat sein Gedächtnis ihn immer wieder verraten.

Zu eng war Eichmanns Karriere mit der Ausfüllung gerade dieses Begriffs verknüpft, als daß er seinem Gesprächspartner Sassen Argumente für die Leugnung der »Endlösung« hätte liefern können oder wollen. Das zu leugnen, wäre Selbstverleugnung gewesen. Seine Rechtfertigung in den »*Götzen*«, er habe eine Art »gewollte Schizophrenie« getrieben, nachdem ihm das ganze Ausmaß des Verbrechens bewußt wurde, führt in erschreckender Weise vor Augen, wie sehr Eichmann sich und seinem Nazismus treu geblieben ist:

»Aber ich war in eine außergewöhnliche Zeit und in außergewöhnliche Umstände hineingestellt worden, wofür bisher Gültiges und Praktiziertes nicht erprobt war. Meine persönliche Arbeit an mir wurde überlagert und verdrängt durch totale staatliche Maßnahmen von einer Art, die ich verwarf und denen ich selbst, gegen meinen Willen, unterworfen war. So kam es zur Spaltung zwischen meinem inneren Ich, mit dem ich nur noch zu einem kleinen Teil meiner Führung dienlich war, und meinem äußeren Ich, welches ich fast gänzlich der Führung hingab, denn es war Krieg. Ich trieb eine Art gewollte und bewußte Schizophrenie.

Dieses Gespaltensein wurde ausgelöst durch mein Nichtverstehenkönnen im Hinblick auf die Art der Behandlung von unbescholtenen Zivilisten durch die damalige deutsche Staatsführung, ihre Anmaßung gegenüber den Zivilisten ausländischer Staatsangehörigkeit in Sonderheit, und danach das nicht mehr mit kommen können bezüglich staatlicherseits befohlenen Massenmordes an den Juden.

Da ich jedoch damit nicht direkt befaßt war und mein Handeln an der Mitwirkung der Deportation weder meinem Willen entsprach, noch von mir aus abgestellt werden konnte, ich solches überhaupt nicht einmal zu beeinflussen vermochte, lagen meine Hemmungen der Hauptsache nach bei meinem *inneren Ich* [Hervorhebung im Original, d. Verf.].

Mein äußerer Mensch, zwar ohnedies gebunden, gehorchte eidgetreu der Staatsführung, denn Deutschlands Feinde hatten sich, so wurde es uns gepredigt und wir sahen es auch, zum Ziel gesetzt, mein Vaterland zu vernichten. Und gemäß meiner damaligen Auffassung über Fahnen- und Diensteid, kam für mich nur der *legale* [Hervorhebung im Original, d. Verf.] Weg im Hinblick auf Änderung meiner Kriegsdienstverwendung in Frage. Denn der Vernichtungswille unserer damaligen Feinde appellierte auch trotz der Tollheiten der eigenen Staatsführung an mein damaliges vaterländisches Gewissen.

Der Fehler, abgesehen vom Grundsätzlichen, war, daß mich meine damalige Führung an einen für mich vollkommen ungeeigneten Platz stellte, den ich von mir aus nicht zu wechseln vermochte, es sei denn, über den Weg der Desertation. Den Weg aber lehnte ich ab.«[7]

Das Erschreckende war, daß Eichmanns »Führung« ihn genau an den richtigen Platz gestellt hatte. Aus »Vaterlandsliebe« und getreu seinem Eid organisierte er die Zwangsauswanderungen, besichtigte die Vernichtungslager, schickte Hunderttausende in den Tod und meinte, damit nur eine schwere Pflichterfüllung auf sich genommen zu haben. Noch in der Rolle des Angeklagten, dem das Todesurteil drohte, hat er sich als Opfer stilisiert, denn er wußte, wo sein Platz gewesen war: »Ich gehörte nicht zu der Gruppe, die schließlich zu einem ›20. Juli 1944‹ führte; ich gehörte nicht zu der rohesten Gruppe, deren innere und äußere Einstellung gleich blieb. Ich zählte zu jenen, die äußerlich gehorchten, nichts taten, was sie mit ihrem geleisteten Eid in Konflikt brachte, und ehrlich und aufrichtig dienten und ihre befohlene Pflicht erfüllten. Durch die innere Einstellung jedoch kam es zu einer Art Persönlichkeitsspaltung; ein Zustand, der hinderte. Ein Zustand, der jeden Schwung und jeden Elan töten mußte. Ein Zustand, unter dem der einzelne mehr litt als er jemals zugeben wollte oder zugab. Und er betäubte sich selbst, durch ›Pflicht‹ und ›Eid‹ und ›Treue‹ und ›Ehre‹.«[8]

Eichmann hatte sich sein eigenes Recht und seine eigene Moral konstruiert. Als er im Winter 1939 zur Gestapo versetzt wurde, wechselte er nicht in den Beamtenstatus, was ihn zu der abstrusen Erklärung veranlaßte, deshalb habe er auch keine Verantwortung übernommen: »So ist es auch unter anderem mit zu verstehen, daß ich von meinem Ausführungsrecht […] als Referent an einer Behörde keinen Gebrauch machte, sondern mir meine Weisungen stets einholte; ein Recht, das mir zustand und das ich hinfort für mich in Anspruch nahm. Daher konnte *ich* mich nie irren, so trug *ich* auch keine Verantwortung, und so erregte *ich* auch nicht den Neid jener schon lange dienenden Beamten, die längst schon gerne Referenten geworden wären [Hervorhebungen im Original, d. Verf.].«[9]

Bar jeglicher Verantwortung brauchte Eichmann auch kein Mitgefühl mit den Menschen aufzubringen, die er in den Tod schickte. Mitgefühl wäre ein Schuldbekenntnis gewesen. Das Gebäude seiner Selbstrechtfertigung wäre in sich zusammengefallen, denn er hatte wie kaum ein anderer Funktionär der »Endlösung« in den Jahren 1938 bis 1941 am Übergang der nationalsozialistischen Vertreibungspolitik zu einer Politik der totalen Vernichtung mitgewirkt und diesen Übergang in der Praxis umgesetzt.

Der Bedeutungswandel des Begriffs war geradezu exemplarisch für die Stufen seiner Karriere. Vom »Gegnerforscher« in der Abteilung II 112 des Sicherheitsdienstes (Spezialgebiet Zionismus), der mit der Konzeption der »Judenkartei« beauftragt worden war und versucht hatte, mit den jüdischen Organisationen Zweckbündnisse zur Förderung der zionistischen Auswanderung zu schließen,[10] arbeitete er sich hoch zum Spezialisten für »jüdische Auswanderung«, der sein praktisches Talent erstmals mit der Errichtung und Leitung der »Zentralstelle für jüdische Auswanderung« in Wien unter Beweis stellen konnte.[11]

Eichmann wurde kurz nach dem »Anschluß« am 16. März 1938 nach Österreich versetzt, wo sein unmittelbarer Dienstvorgesetzter im SD-Referat II 112, Herbert Hagen[12], bereits vier Tage vorher eingetroffen war. Das »Sonderkommando« Hagen/Eichmann ließ nach in Berlin vorbereiteten Listen Verhaftungen der Vertreter der jüdischen Gemeinde vornehmen und beschlagnahmte die Dokumente jüdischer Organisationen und wichtiger Privatpersonen, die in den folgenden Monaten kistenweise an das Berliner Referat geschickt wurden.[13] Eichmann wurde im SS-Oberabschnitt Österreich (später SS-Oberabschnitt Donau) mit der Errichtung der Dienststelle II 112, der ersten Außenstelle des SD-Judenreferats, betraut.[14]

Er machte sich rasch unentbehrlich. Als Franz Alfred Six[15], der Amtschef der Abteilung II (Weltanschauliche Gegner) im SD-Hauptamt, Mitte Mai vom Leiter des SD-Oberabschnitts Wien erfuhr, daß Eichmann als Abteilungsleiter zum SD-Unterabschnitt Linz versetzt werden sollte, schrieb er zurück, daß er »den SS-Untersturmführer Eichmann nur unter der Voraussetzung an den Oberabschnitt Österreich gegeben habe, dort die zentrale Führung der österreichischen Judenfrage in die Hand zu nehmen. [...] Falls es sich bei der Versetzung Eichmanns wieder um seinen Wunsch nach einer Abteilungsleiterstelle handeln soll, so kann ich nur darauf hinweisen, daß es unter diesen Umständen erforderlich ist, das Judenreferat in Wien zu einer Abteilung auszubauen und SS-Untersturmführer Eichmann entsprechend einzusetzen. [...] Ich bitte zu verstehen, daß ich einen Sachkenner und Spezialisten wie Eichmann nur ungern aus dem Hauptamt abgegeben habe und er mir heute unersetzbar fehlt [...].«[16]

Eichmann hatte also bereits Ansprüche angemeldet, er wußte seine Talente und die Situation mit Erfolg für sein Fortkommen zu nutzen. Sein Ansinnen brachte ihm im gleichen Monat zwar nicht die Zusage auf Erweiterung seiner Abteilung ein, allerdings stimmte das SD-Personalamt zu, daß er »bevorzugt und schneller ein bis zwei Grade befördert« werden und zwei Referenten dazu erhalten sollte.[17]

Im Kompetenzchaos um die »Lösung der Judenfrage« in Österreich gewann der zu dieser Zeit »noch etwas unscheinbare Eichmann« (Hans Safrian) seit April 1938 zielstrebig die »diktatorische Kontrolle« über die wiedereingerichteten jüdischen Organisationen, leitete die Reorganisation einer Vertretungskörperschaft der österreichischen Juden und schaltete sich zugleich in die Beschleunigung ihrer Vertreibung ein.[18] »Aber was sah ich, als ich nach Wien kam«, schrieb er in den »*Götzen*«, »ein zerschlagenes jüdisch-organisatorisches Gebilde. Von der Geheimen Staatspolizei geschlossen und versiegelt. Die jüdischen Funktionäre saßen in Haft. Die Juden wollten auswandern, aber keiner kümmerte sich um sie. Sie wurden von Behörde zu Behörde geschickt. Standen halbe Tage lang und mehr Schlange, und mußten dann hören, daß diese Stelle seit gestern nicht mehr für ihren Fall zuständig wäre. Systemlos, ordnungslos; das Resultat war Verdruß, Ärger und Verstimmung auf beiden Seiten, wenn nicht noch Ärgeres.«[19]

In dieses Chaos brachte Eichmann zielstrebig System. Wöchentlich suchte er die Kultusgemeinde auf, und schon nach kurzer Zeit teilte er dem nach Berlin zurückgekehrten Hagen selbstbewußt mit: »Ich habe sie hier vollständig in der Hand, sie trauen sich hier keinen Schritt, ohne vorherige Rücksprache bei mir zu machen. So ist es auch in Ordnung wegen der besseren Kontrollmöglichkeit.«[20] In der Macht des 32jährigen Eichmann stand es, Razzien durchführen zu lassen, die inhaftierten Persönlichkeiten jüdischer Organisationen zu verhören, sie in Gefängnisse oder Konzentrationslager zu sperren, sie als Funktionäre zur Vertreibung ihrer eigenen Glaubensgenossen einzusetzen und ihnen dabei ihr gesamtes Eigentum zu rauben. Erstmals hatte er in diesem Ausmaß exekutive Kompetenz gewonnen, und dieser Zugewinn an Macht klang noch in seinen Worten gegenüber Sassen nach, als er ihm erklärte, bei der Vertreibung der Juden aus Österreich sei von der »Endlösung der Judenfrage« zum ersten Mal die Rede gewesen.

Sowohl gegenüber Sassen als auch vor Gericht in Israel hat Eichmann sich immer wieder die entscheidenden Initiativen zugeschrieben, die in dem Zeitraum zwischen Frühjahr 1938 und Herbst 1941 zu der jeweils angestrebten »Lösung der Judenfrage« beigetragen haben. Bei der Errichtung der »Zentralstelle« in Wien war er ganz in seinem Element, und der Elan, mit dem er vorwärts strebte, klang in den *»Götzen«* wieder durch: »So kam es, daß man mir in den Ohren lag und mir die Sprünge eines lahmen Amtsschimmels darlegte, der vor lauter Paragraphenreiterei überhaupt nicht mehr geradeaus marschieren konnte. Und man schlug mir jüdischerseits eine gewisse Zentralisierung der behördlichen Arbeit vor.

So etwas, was ich mir nun durch mein Kasernenhofgehirn gehen ließ, war auch in der preußisch-deutschen Verwaltungsgeschichte noch nicht dagewesen. Ich dachte so in meinem Sinn, alles was behördlicherseits mit der Ausstellung von Papieren an auswandernwollende Juden zu tun hat, ran (!) unter ein einziges Dach, und dann unter SD-Leitung. Dann muß doch solch ein verdammter Reisepaß anstatt in zehn oder zwölf Wochen oder noch länger, in gut und gerne zweimal 24 Stunden fertig sein können.«[21]

Obwohl Eichmann diesen Anschein zu erwecken versuchte, hat er das »Wiener Modell« nicht erfunden, um zu helfen, sondern die Not der Betroffenen ausgenutzt, die aus begründeter Angst ins Ausland flüchten wollten. Dazu fehlte ihnen vielfach nicht nur das in solchen Situationen nötige (Bestechungs-)Geld, sondern ebenso häufig scheiterten sie an dem umständlichen und langwierigen bürokratischen Verfahren. »Die jüdisch-politischen Funktionäre klagten mir ihre Not«, erinnerte sich Eichmann. »Dr. Löwenherz, Dr. Rottenberg [Alois Rothenberg, d. Verf.] und Kom. Rat Storfer hatten täglich neue Anliegen, die sie mir vorbrachten. Die Anklage gegen mich sagt, daß die Dokumente es ja beweisen würden, daß ich für alles, in des Wortes wahrster Bedeutung, die zuständige und verantwortliche Stelle im Hinblick auf Judenfragen in Wien gewesen wäre. Obwohl es, wie ich sofort nachweisen werde nicht zutraf, so kann ich der Anklage rein augenscheinlich so Unrecht nicht einmal geben.«[22]

Eichmann nutzte die Initiative der Funktionäre der Kultusgemeinde, die ein Aktionsprogramm einer zu gründenden »Zentralstelle für die Auswanderung der Juden Österreichs« entwarfen, um den Verfolgten die Flucht zu erleichtern. Der Entwurf gelangte über Eichmann an den formell zuständigen »Reichskommissar für die Wiedervereinigung Österreichs mit dem Deutschen Reich«, Josef Bürckel, und führte am 20. August 1938 zur Errichtung der »Zentralstelle« in einem ehemaligen Palais der Familie Rothschild.[23] Formell unterstand die »Zentralstelle« der Leitung des SD-Führers des SD-Oberabschnitts Donau, SS-Standartenführer Dr. Walter Stahlecker[24], der wiederum Eichmann mit der praktischen Umsetzung betraute.

Dieser hatte die Vorteile einer Vereinfachung des bürokratischen Verfahrens richtig erkannt und rühmte sich schon bald mit der hohen Zahl der Vertriebenen. In einem Bericht vom 21. Oktober 1938 ging er von 50 000 Auswanderern aus, erwähnte aber nicht, daß nur ein Viertel der Auswanderungsverfahren über die »Zentralstelle« abgewickelt worden waren.[25] Eichmann legte seinen ganzen Ehrgeiz in die Beschleunigung der Austreibung. Die »Zentralstelle« verschaffte ihm dabei die Möglichkeit, sowohl den Druck auf die jüdischen Funktionäre zu verstärken, als auch ständig die Übersicht über die »Auswanderungswilligen« zu behalten. Seinem »Kamerad Sassen« erklärte er das Verfahren später mit den Worten: »[…] der Jude passierte am laufenden Band und fiel zum Schluß ab von dem Band mit dem Reisepaß in der Hand.«[26]

Wie zutiefst menschenverachtend er sich ganz im Gegensatz zu seinen späteren Beteuerungen gegenüber den Mitarbeitern der Kultusgemeinde verhalten hat, zeigt das Beispiel des Kommerzialrats Berthold Storfer.[27] Dieser verfügte über ausgezeichnete Verbindungen in der Finanz- und Geschäftswelt. Nach dem »Anschluß« Österreichs und der Einführung der Rassegesetze war der Protestant auf seine jüdische Herkunft zurückgeworfen worden und hatte sich im Rahmen der Israelitischen Kultusgemeinde ganz in den Dienst der Förderung der Auswanderung gestellt. Im Jahr 1940 ernannte Eichmann ihn zum alleinigen Vermittler für Wien, Berlin und Prag in allen Angelegenheiten der »Überseetransporte«, insbesondere der illegalen nach Palästina.[28] Storfer machte dabei keinen Unterschied zwischen den Flüchtlingen, weder Alter noch Ausbildung spielten eine Rolle, was ihn ebenso wie seine Vermittlerposition bei den Zionisten und beim Mossad zum Verräter und Gestapo-Agenten stempelte. Es war eine verzweifelte Situation, in der sich Storfer Eichmanns Strategie zu eigen machte, die Auswanderung der armen Juden mit Hilfe des Vermögens der wohlhabenderen zu finanzieren. Aus der Sicht seiner Leidensgefährten machte er sich damit zum Bundesgenossen der SS.[29] Auch er wurde trotz der Zusicherung, in Wien bleiben zu können, im Sommer 1943 nach Auschwitz deportiert.

Eichmann hat an verschiedener Stelle über den Hilferuf seines »engsten Mitarbeiters«, denn so hat er Storfer genannt, berichtet, der ihn über den Kommandant des Vernichtungslagers Auschwitz erreichte.[30] Er habe Storfer ebenso wie Löwenherz und Rothenberg gut leiden gemocht, schrieb er in den »Götzen«, und diese ihn umgekehrt auch. Immer habe er ihnen zugehört und sie hätten alles bei ihm abgeladen.[31] In Auschwitz erfuhr Eichmann von zuständiger Stelle, daß Storfer angeblich flüchten wollte und deshalb deportiert worden sei. Daraufhin erklärte er seinem ehemaligen »engsten Mitarbeiter«, er könne aufgrund der Befehlsgebung Himmlers nichts für ihn tun. Eichmann fertigte einen Aktenvermerk an, daß Storfer den Garten vor der Kommandantur mit dem Besen reinigen solle und sich jederzeit ausruhen dürfe.[32] Wenige Wochen später wurde Storfer in Auschwitz erschossen, was Eichmann gegenüber Sassen mit den Worten kommentierte:

»Wir waren verhaftet durch unseren Eid, den Befehlen Folge zu leisten. Das habe ich getan. Ich war immer ein ordentlicher SS-Mann, der gewöhnt war, zu gehorchen. Und habe gehorcht. Soviel habe ich zu sagen zu dieser Tragödie […] mit meinem engsten Mitarbeiter. Mir selber tut es heute noch in der Seele leid, daß ich diese Leute, die so lange Jahre mit mir gearbeitet haben, so verloren habe.«[33] Daß er »diese Leute« dem Tod ausgeliefert und keineswegs »verloren« hatte, wurde Eichmann nicht bewußt. Storfer tat ihm nicht leid, sondern er tat sich selbst leid, was bezeichnend für seinen Charakter und die Energie war, mit der er seine Ziele verfolgte.

Entsprechend zynisch zog er sich in den »Götzen« auf das Argument zurück, die Auswanderung habe den Verfolgten das Leben gerettet und sei in ihrem Sinne gewesen:

»Nun, wenn die Anklage in dem Prozeß gegen mich behauptet, es wäre eine Zwangsauswanderung gewesen mit all ihren üblen Begleiterscheinungen, so hat sie damit eigentlich recht. Ich kann es auch nicht anders bezeichnen. Aber zu bedenken wäre doch auch dieses: ich habe die forcierte Auswanderung ja nicht befohlen, wenngleich ich sie unter den gegebenen Umständen als die noch beste Alternative ansah und auch als beste Lösungsmöglichkeit im Hinblick auf die von der Reichsregierung eingenommene Stellung den Juden gegenüber. Die jüdisch-politischen Funktionäre, mit denen ich ja am laufenden Bande diese Angelegenheiten besprach, waren in Anbetracht der den Juden entgegengebrachten Tendenz ja derselben Meinung. [...]

Und wenn man ferner sagt, ja damals ist weit und breit von einer Vernichtung der Juden noch keine Spur gewesen und trotzdem hat dieser Eichmann hier ein Auswanderungstempo vorgelegt, daß einer Sau grauste, dann muß ich nur sagen, daß das Ergebnis alleine zählt. Und kein ›hätte‹ und kein ›wenn‹ und kein ›aber‹. Ich setze den Fall, die Auswanderung in jener Zeit wäre durch mich behindert worden, [...] dann würde man mir heute *dieserhalb* [Hervorhebung im Original, d. Verf.] den Strick drehen.«[34]

Gegenüber den Opfern war eine solche Behauptung reiner Hohn, Eichmann stilisierte sich als Lebensretter der verfolgten Juden, obwohl er mit dem Ausbau der »Zentralstelle« zielstrebig seine eigenen Zwecke verfolgte. Er sorgte dafür, daß die Opfer der Vertreibung fast das gesamte Personal der »Zentralstelle« und die Kosten für die Abwicklung des bürokratischen Verfahrens selbst aufbringen mußten. In seinem Interesse lag es, eine möglichst reibungslose Zusammenarbeit aller beteiligten Instanzen zu organisieren, um ständig neue Erfolgszahlen nach Berlin durchgeben zu können. Herbert Hagen, sein früherer Vorgesetzter und Förderer, erkannte nach einer kurzen Inspektionsreise im September 1938 die gesamte Bedeutung von Eichmanns »Wiener Modell«, die in der Aussicht auf eine enorme Ausweitung der Exekutivbefugnisse des SD in der »Judenfrage« bestand. Er schlug die Übernahme des Modells für das Reichsgebiet vor.[35]

Die Zustimmung dazu erhielt der Chef der Sicherheitspolizei und des SD, Reinhard Heydrich[36], nach der »Reichskristallnacht« bei der Besprechung im Reichsluftfahrtministerium am 12. November 1938, zu der Eichmann einen Tag zuvor eilig nach Berlin beordert worden war, um seine praktischen Erfahrungen mitzuteilen.[37] Auf der Konferenz, die sich mit der Ausschaltung der Juden aus dem Wirtschaftsleben befaßte, rühmte Heydrich die Erfolge der »Zentralstelle« mit Eichmanns Zahlen der aus Österreich vertriebenen Juden und den finanziellen Vorteilen des Modells, so daß der um die Reichsfinanzen besorgte Hermann Göring[38] schließlich seinem Vorschlag zustimmte.[39] Die »Reichszentrale für jüdische Auswanderung« wurde auf Befehl Görings am 24. Januar 1939 unter der Leitung Heydrichs im Reichsinnenministerium ins Leben gerufen, und die bald darauf in der »Reichsvereinigung der Juden in Deutschland« zwangsvereinigten jüdischen Organisationen wurden ihr unterstellt. Als Geschäftsführer setzte Heydrich SS-Standartenführer Heinrich Müller[40] ein, der seit 1936 die Abteilung II (Innerpolitische Angelegenheiten) im Geheimen Staatspolizeiamt, also die eigentliche Gestapo leitete, die dadurch zur Geschäftsstelle der »Reichszentrale« wurde.[41] Müller wiederum beauftragte den Regierungsrat Kurt Lischka[42], der seit 1938 im Judenreferat der Gestapo (II B 4) tätig war, mit dem Aufbau der »Reichszentrale«.

Heydrich hatte damit eine folgenreiche Entscheidung getroffen, die im Kontext der Vorgeschichte des Reichssicherheitshauptamtes (RSHA) steht und deren Bedeutung nicht zu unterschätzen ist. Zwar hatte Herbert Hagen das Ziel erreicht, das er bereits Ende 1937 formuliert hatte, »die Zentralisierung der gesamten Bearbeitung der Judenfrage in Deutschland bei SD und Gestapo«.[43] Mit der Übernahme der »Reichszentralstelle« lag die nationalsozialistische Judenpolitik faktisch in den Händen der Gestapo, und Eichmanns »Judenreferat« mußte sich eine neue Aufgabenstellung suchen, um nicht den Anschluß zu verlieren. Auch Hagen war sich im Frühjahr 1939 bewußt, daß »durch die Übergabe der Leitung der Reichszentralstelle für jüdische Auswanderung an einen Beamten der Geheimen Staatspolizei […] die Führung aller das Judentum betreffenden Fragen dem Leiter der Reichszentralstelle obliegt«.[44]

Den Hintergrund der Entscheidung Heydrichs bildeten Macht- und Personalkämpfe im Sicherheitsdienst, denen im konkreten Fall der seit 1937 Chef des Inland-SD, SS-Standartenführer Franz Alfred Six, zum Opfer fiel.[45] In seiner Rolle als Promotor der SD-Judenpolitik wurde Six lange Zeit unterschätzt, doch hat er insbesondere Hagens und Eichmanns Karriere bei der angestrebten »Zentralisierung der Bearbeitung der Judenfrage« maßgeblich gefördert. Er war jedoch kein Praktiker und entsprach 1939 nicht mehr Heydrichs radikalen Vorstellungen eines idealen SD-Führers. Deshalb ernannte er Müller und nicht Six, der damit hätte rechnen können, zum Geschäftsführer der »Reichszentralstelle«. Six gelang es danach nicht mehr, dem Bedeutungsverlust seiner SD-Amtsstellung entgegenzuwirken und sich weiterhin als »Judenexperte« zu profilieren. Im Gegenteil, im Vorfeld der Errichtung des RSHA wurde das ihm unterstellte SD-Judenreferat II 112, dem auch Eichmann angehört hatte, im August 1939 aufgelöst und dessen bisherige »Judenarbeit« beendet. Heydrich und sein SD-Apparat übernahmen Anfang 1939 gegenüber den anderen Instanzen in Staat und Partei die entscheidende Position in der »Lösung der Judenfrage«. Das Primat der Judenverfolgung, die Austreibung der Juden, lag jedoch bei der Gestapo – und genau dahin wechselte auch der ehemalige SD-Gegnerforscher Eichmann nach der Gründung des RSHA.[46]

Die Erfolge der »Reichszentrale« in Berlin waren nicht so groß wie die Eichmanns in Wien, zumal mangels Aufnahmeländern die Auswanderung der Juden aus dem »Altreich« stockte. Nichtsdestoweniger wurde einige Monate nach dem Einmarsch deutscher Truppen in Böhmen und Mähren und der Gründung des »Protektorats« im Juli 1939 auch in Prag eine »Zentralstelle« zur Förderung der Auswanderung eingerichtet. Mit der Leitung beauftragte der inzwischen im »Protektorat« zum Befehlshaber der Sicherheitspolizei und des SD aufgestiegene Dr. Stahlecker wiederum Eichmann, der sie nach dem Vorbild des »Wiener Modells« aufbaute (Außenstellen wurden in Brünn und Mährisch-Ostrau eingerichtet). Mitte Dezember, als er zum Sonderreferenten im Reichssicherheitshauptamt ernannt wurde, löste Eichmann dann auch noch Kurt Lischka ab, dem vom Gestapo-Chef Müller der Aufbau der »Reichszentrale für jüdische Auswanderung« anvertraut worden war.[47] In seiner Funktion als »Spezialist für jüdische Auswanderung« war Eichmann damit auf dem Höhepunkt seiner Karriere angekommen. In seiner Laufbahn dokumentierte sich, daß es dem SD und der SS im Laufe der Jahre 1938/39 gelungen war, die gesamten Kompetenzen für die Auswanderung der Juden zu übernehmen und damit die Schlüsselrolle in der »Judenpolitik« zu gewinnen.[48]

Anderthalb Jahre nach seiner Versetzung nach Wien konnte Eichmann über mangelndes Prestige der eigenen Person in der »Endlösung der Judenfrage« nicht klagen. Die Ämterhäufung spricht von dem Vertrauen seiner Vorgesetzten in sein Organisationstalent, das er im Rahmen seiner neu gewonnenen Kompetenzen unter Beweis gestellt hatte.[49] In Eichmanns Personalbericht für das Jahr 1939 bescheinigte ihm der Inspekteur der Sicherheitspolizei und des SD in Wien denn auch selbstbewußtes, korrektes Auftreten und Zielstrebigkeit sowie »besonders auf dem Sachgebiet« sehr gutes Wissen. Als »Gesamtbeurteilung« hielt er fest: »sehr gut, energischer und impulsiver Mensch, der große Fähigkeiten in der selbständigen Verwaltung seines Sachgebiets hat, insbesondere organisatorische und verhandlungstechnische Aufgaben ständig und sehr gut erledigt. Auf seinem Sachgebiet anerkannter Spezialist. Eichmann ist inzwischen Leiter der Reichszentrale für jüdische Auswanderung geworden und leitet die gesamte jüdische Auswanderung.«[50]

Bei aller an sich berechtigten Skepsis gegenüber solchen Beurteilungen hat dieser Personalbericht Eichmanns besondere Talente, die seine weitere Karriere bestimmten, treffend zusammengefaßt. Er war ein impulsiver Mensch, der nicht nur seinen Befehlen Folge leistete, sondern dabei auch seine eigenen Ziele verfolgte. In dem Moment, als er über andere Menschen verfügen konnte, benutzte er sie ohne Bedenken für eigene Zwecke. Der dabei zu Tage kommenden Rücksichtslosigkeit kam ein menschenverachtendes System entgegen, das ihn in seinem Vorwärtsdrängen bestärkte. Dementsprechend ging die positive Beurteilung seines Organisationstalents mit rascher Beförderung einher.

Nachdem ihm dies im Mai bereits zugesichert worden war, schlug der SD-Führer des SS-Oberabschnitts Wien Mitte Juli 1938 vor, Eichmann vom SS-Untersturmführer zum Obersturmführer zu ernennen. Zwei Monate später konnte er sich seines neuen Rangabzeichens rühmen. Nur vier Monate danach, im Januar 1939, stieg er zum Hauptsturmführer auf. Und auch in den folgenden zwei Jahren bewährte Eichmann sich als Auswanderungs- und schließlich »nur noch« Deportationsspezialist, der dafür von seinen Vorgesetzten belobigt wurde. Im August 1940 wurde er zum Sturmbannführer befördert, im November 1941 ernannte Himmler ihn zum SS-Obersturmbannführer. Damit war Eichmann just am Ende jenes Zeitraums auf dem Höhepunkt seiner Karriere angelangt, in dem sich der Übergang von der nationalsozialistischen Vertreibungspolitik zur geplanten »physische Vernichtung« aller Juden Europas vollzogen hat.

Auch später war sich Eichmann sowohl seines Aufstiegs als auch des mit seiner Karriere verbundenen Wandels seiner Aufgabengebiete durchaus bewußt. Den Wendepunkt seiner Laufbahn markierte aus seiner Sicht die Versetzung in das Reichssicherheitshauptamt; und diese Ernennung zum Referatsleiter im Amt IV der Gestapo war mit einer neuerlichen Erweiterung seiner Exekutivbefugnisse verbunden.

Durch Erlaß des Reichsführers SS, Heinrich Himmler[51], wurden das Hauptamt Sicherheitspolizei (Geheime Staatspolizei und Reichskriminalpolizeiamt) und der Sicherheitsdienst am 27. September 1939 zum Reichssicherheitshauptamt zusammengefaßt.[52] Unter der Führung von Heydrich, der vom Beauftragten für den Vierjahresplan und Oberbefehlshaber der Luftwaffe, Göring, im Januar 1939 mit der Koordinierung der »Judenpolitik« beauftragt worden war, bestand die Aufgabe des RSHA unter anderem darin, die geplanten gewaltsamen Umsiedlungen der Juden aus dem »Altreich« und der Polen und Juden aus den annektierten westpolnischen Gebieten organisatorisch vorzubereiten und durchzuführen. Eichmann gehörte zu den SD-Angehörigen, die Himmler und Heydrich bei der Realisierung dieser Aufgabe in entscheidende Positionen setzten: Politisch gefestigt, weltanschaulich radikal und administrativ ungebunden – und eben kein Jurist – war Eichmann der Kandidat für die von allen juristischen Gängeleien befreite Praxis des Reichssicherheitshauptamtes im Kampf gegen den weltanschaulichen Gegner.[53]

Pläne für ein »Judenreservat«

Mit dem Beginn des Krieges fanden im Herbst 1939 die ersten Deportationen von Juden aus dem nationalsozialistischen Herrschaftsbereich statt. Pläne dazu hatte es schon früher gegeben, und Eichmann war darüber informiert, doch erst im Krieg setzten ernsthafte Planungen zur Schaffung eines »Judenreservats« ein. Die Idee, die Juden nach der Zerschlagung Polens in ein »Reservat« in Restpolen abzuschieben, stammte jedoch nicht von Eichmann.[54]

Ziel der Polenpolitik war unter der ideologischen Vorgabe der kulturellen Überlegenheit der »arischen Rasse« die Errichtung eines auf rassistischen Prinzipien fußenden Besatzungsregimes, ausgerichtet auf die »Reinhaltung« des »deutschen Volkskörpers« und, wie es Ende August in den Richtlinien für den auswärtigen Einsatz der Sicherheitspolizei und des SD hieß, auf die »Bekämpfung aller reichs- und deutschfeindlichen Elemente«.[55] Polen wurde zum Experimentierfeld einer vielfältigen rassistischen Vertreibungs- und Vernichtungspolitik, wobei die zwei Millionen Juden, die von den deutschen Besatzern nun noch zusätzlich unter ihre Kontrolle gebracht waren, auf der untersten Stufe des von den Volkstumsideologen propagierten »Untermenschentums« rangierten. Bis Ende 1939 sind vermutlich 7 000 polnische Juden ermordet worden.[56] Die Verfolgung der polnischen Juden bildete ein zentrales Element der deutschen Schreckensherrschaft, deren erste Opfer nicht-jüdische polnische Zivilisten waren. Das Ende der Spirale der Gewalt, in der die Politik allgemeiner Entrechtung und Terrorisierung bereits in Polen eskalierte, war im Herbst 1939 nicht mehr absehbar, und die nationalsozialistischen Volkstumsideologen, die sie in Gang gesetzt hatten, machten sich auch keine Vorstellung davon. Damit war eine Schwelle überschritten, wie Dieter Pohl ausdrücklich festgehalten hat, hinter die man nicht wieder zurücktrat.[57]

Bereits Mitte September zeichnete sich ab, daß Himmler und Heydrich auf ein gigantisches »Umsiedlungsprogramm« zusteuerten. Die Pläne für ein »Judenreservat« verbanden sich mit dem Ausbau der anfänglich noch unklaren Besatzungspolitik und einer geplanten völkischen »Flurbereinigung«, die sich gegen die polnische Bevölkerung und in Sonderheit die polnischen Juden richtete.[58] In diesem Punkt hatte auch das Oberkommando des Heeres (OKH) trotz zuvor geäußerter Bedenken gegenüber der »amtlichen« Judenpolitik bereits bedenkliche Konzessionen gemacht. Am 12. September verfügte der Generalquartiermeister des OKH an das Grenzschutzkommando 3

(Kattowitz), nachrichtlich an die Heeresgruppe Süd, daß alle Juden aus Ost-Oberschlesien in das Gebiet östlich des San zu deportieren seien, in das Gebiet, das laut deutsch-sowjetischer Vereinbarung vom 23. August als sowjetische Interessensphäre vorgesehen war.[59] Wenige Tage später, am 18. September 1939, wurde vom Befehlshaber der Sicherheitspolizei in Prag, Dr. Stahlecker, der »Abschub von mehreren tausend Juden nach Galizien in Aussicht genommen«, also in den Raum östlich von Krakau.[60] Vorsorglich hatte Eichmanns Vorgesetzter zu diesem Zeitpunkt die 8 000 Juden bereits erfassen und ihre Wohnungen sicherstellen lassen.

Eichmann, der als Leiter der »Zentralstelle« in Prag und Mährisch-Ostrau tätig war, wußte von den Deportationsplänen nach Galizien und war in diese Planungen einbezogen.[61] Er hatte verfolgt, daß sich der Operationsraum der Einsatzgruppe I auf das Gebiet östlich von Krakau ausdehnte.[62] Zwar behauptete er später, er sei bei der Amtschefbesprechung am 21. September 1939, bei der Heydrich die bestehenden Pläne bekannt gab, nicht dabei gewesen. Doch sein Argument, er sei zu der Zeit weder in Berlin noch Einsatzgruppenleiter, sondern Leiter der »Zentralstellen« in Wien und Prag gewesen, ist wenig überzeugend.[63] Gerade in dieser Funktion war er einmal mehr am richtigen Platz, als er mit Stahlecker die ersten Deportationen nach Galizien plante. Abgesehen davon war Eichmann immer wieder kurzfristig in Berlin, so daß wohl nur ein Irrtum des Protokolls, in dem er aufgeführt wurde, ihm recht geben könnte.

Gegenüber Sassen gab er mit Nachdruck zu verstehen, wie sehr er in die Pläne der nationalsozialistischen Lebensraum- und Volkstumsideologen involviert war, nach dem Einmarsch in Polen eine rassische Umstrukturierung Osteuropas vorzunehmen und als einen ersten Schritt zur Verwirklichung der projektierten »ethnischen Neuordnung« ein »Judenreservat« zu errichten. Über seinen Vorgesetzten Stahlecker sagte er, dieser habe auf ihn gehört und sei ein außerordentlich lebendiger und aktiver Mann gewesen; »auch etwas ehrgeizig«, habe er »schöpferische Eingebungen« gesucht. Während sich das ganze Behördenleben nach »Schema F« abspiele und Beamte an ihrem Platze blieben, bis sie sterben oder pensionsreif würden, sei Stahlecker »nicht zugeknöpft gewesen«. Er habe ihm den Vorschlag gemacht, die »gewaltigen Quadratkilometer im Osten« zu nutzen, um ein Territorium in der Größe eines deutschen Gaues »herauszubröckeln«, dessen Kontrolle der Chef der Sicherheitspolizei und des SD übernehmen sollte. Stahlecker habe begeistert Heydrich von dem Plan unterrichtet.[64]

»Es war damals noch bei mir«, so Eichmann gegenüber Sassen, »wissen Sie, so ein letztes Zusammenraffen von Fanatismus, von Berserkertum, von Gewalt, von Durchbruchsvermögen, von Durchschlagskraft. Ich war ja noch nicht polizeiverhaftet gewesen, ich war ja SD-Angehöriger, ich war, ich hatte keinen Diensteid der Polizei geleistet […], ich war ja noch frei gewesen. Ich habe den Befehlshaber der Sicherheitspolizei und des SD von meinem Plan [der Deportation der Juden in ein »Reservat«, d. Verf.] begeistern können. Damals durfte ich noch initiativ tätig sein. […] Damals konnte ich noch Lösungsversuche schöpferisch gebären.«[65]

Vorgesehen war zum damaligen Zeitpunkt, das teilte Heydrich am 21. September 1939 in Anwesenheit Eichmanns den Amtschefs im SD-Hauptamt und am gleichen Tag in einem noch deutlicher formulierten Schnellbrief den Chefs der Einsatzgruppen im besetzten Polen mit, die jüdische und polnische Bevölkerung aus den zu annektierenden Westgebieten (Danzig, Westpreußen, Posen und Ostoberschlesien) in den davor liegenden »fremdsprachigen Gau« zu deportieren, welcher bald als das ›Generalgouvernement‹ bekannt wurde. Durch die anschließende Ansiedlung von Volksdeutschen aus Osteuropa sollten diese neuen Reichsgebiete zu einer rein deutsch besiedelten Region werden. Innerhalb eines Jahres sollten alle deutschen Juden mit den noch im Reich lebenden 30 000 Zigeunern ins übrige Polen deportiert werden. Die polnische Bevölkerung sollte durch systematische Morde ihrer potentiellen Führungselite beraubt und die »primitiven Polen« sollten in den »fremdsprachigen Gau« abgeschoben werden.[66]

In den »besetzten Gebieten«, hieß es in Heydrichs Schnellbrief an die Chefs der Einsatzgruppen, sollten »möglichst wenige Konzentrierungspunkte« für die Aussiedler festgelegt werden, möglichst in Städten an Eisenbahnlinien, um »die späteren Maßnahmen« zu erleichtern. Und weiter: der Erlaß gelte nicht für das Gebiet der Einsatzgruppe I östlich von Krakau –[67] also genau für die Region, in die Stahlecker und Eichmann (und Heydrich) die Juden aus Mährisch-Ostrau abschieben wollten und die als erste für das geplante »Judenreservat« vorgesehen war. Unter den »späteren Maßnahmen« war zweifellos die Deportation zu verstehen.

Es kam jedoch anders, als zuerst geplant war. Bereits am frühen Morgen des 29. September war Hitler gegenüber Alfred Rosenberg[68] auf das eroberte polnische Gebiet zu sprechen gekommen und hatte erklärt, daß Polen in drei Streifen aufgeteilt werde. Er führte aus, daß »das gesamte Judentum (auch aus dem Reich) sowie alle irgendwie unzuverlässigen Elemente« zu konzentrieren und »zwischen Weichsel und Bug« anzusiedeln seien.[69] Nach Festlegung der Demarkationslinie zwischen dem deutschen und dem sowjetischen Territorium am 28. September war der Raum zwischen Weichsel und Bug (bald darauf der Distrikt Lublin des Generalgouvernements) an Deutschland gefallen, während Stalin sich widersetzt hatte, das strategisch wichtige Ostgalizien an das Reich abzutreten.[70] Am 29. September 1939 erläuterte Heydrich seinen Amtschefs die neue Situation und gab ihnen die Verlagerung des »Judenreservats« bekannt. Er teilte ihnen mit, daß nach erfolgter Grenzziehung zur Sowjetunion »im Raum hinter Warschau und um Lublin« ein »Reichs-Ghetto« geschaffen werden sollte, in dem die »polnischen und jüdischen Elemente untergebracht werden, die aus den künftigen deutschen Gauen ausgesiedelt werden müssen«.[71]

Nicht allein die jüdische, das war entscheidend, sondern auch die polnische Bevölkerung sollte in dem »Reichs-Ghetto« untergebracht werden. Hier zeichnete sich bereits die neue Aufgabe ab, die Eichmann ab Dezember als Räumungsbeauftragter des RSHA übernahm. Anfang Oktober erhielt er zunächst eine Art ›Probeauftrag‹ im Rahmen eines weit größeren Deportationsprojekts als das ursprünglich mit Stahlecker – und unter Heydrichs Fittichen – geplante in der Region östlich von Krakau.

Damit war noch immer nicht klar, wohin genau die Juden und Polen deportiert werden sollten, doch wurde die Idee des »Judenreservats« in diesen Tagen von der NS-Führung durchaus offen behandelt und tauchte in der deutschen, ja sogar in der internationalen

Presse auf. Auch Hitler, der am 5. Oktober in Warschau die Sieges-
parade abgenommen hatte, erklärte tags darauf in einer Rede vor
dem Reichstag, welche Aufgabe sich aus dem »Zerfall des polnischen
Staates ergebe«. Unter der geplanten »volklichen Flurbereinigung«[72]
verstand er »eine neue Ordnung der ethnographischen Verhältnisse,
das heißt, eine Umsiedlung der Nationalitäten.« Die Neuordnung
sollte das gesamte unter deutschem Einfluß stehende Europa umfassen und in einem Zuge auch »der Versuch einer Ordnung und Rege-
lung des jüdischen Problems« unternommen werden.[73]

Mit der geplanten »ethnischen Neuordnung« beauftragte Hitler
am 7. Oktober per Erlaß zur »Festigung des deutschen Volkstums«
förmlich Heinrich Himmler, der sich daraufhin den Titel »Reichskommissar für die Festigung deutschen Volkstums« zulegte.[74] Die
gleichnamige Behörde innerhalb der SS, die Himmler einrichtete,
war für die Ansiedlung der bis zu 1,2 Millionen Volksdeutschen aus
der Sowjetunion und den baltischen Staaten zuständig, die aufgrund
des deutsch-sowjetischen Grenz- und Freundschaftsvertrages vom 28.
September überstürzt »heimgeführt« werden sollten. Die Aufgabe des
RSHA, also Heydrichs und in seinem Auftrag Eichmanns, bestand
darin, »Platz zu schaffen« für die ankommenden Volksdeutschen, d.h.
die Vertreibungsaktionen nach Osten zu organisieren.[75]

Anders als Eichmann sich erinnerte, aber einer Aktennotiz von
ihm zu entnehmen ist, erhielt er am 6. Oktober 1939 von Heinrich
Müller, dem Chef des Amtes IV (Gestapo) im neu gegründeten
Reichssicherheitshauptamt, den Auftrag, sich wegen der Deportation der Juden aus dem östlichen Oberschlesien mit dem dortigen
Gauleiter in Verbindung zu setzen. In seinem Vermerk an die »Zentralstelle Mähr. Ostrau« hielt er noch am selben Tag fest:

»Fühlungsaufnahme mit der Dienststelle Wagners[76] – Kattowitz. Besprechung
mit dieser Stelle bezgl. der Abschiebung von 70–80 000 Juden aus dem
Kattowitzer Bezirk. Diese Juden sollen vorerst in östliche Richtung über die
Weichsel zum Abschub gelangen. Gleichzeitig können Juden aus der Mähr.
Ostrauer Gegend mit zum Abschub gebracht werden. Desgleichen alle dort
befindlichen jüdischen Einwanderer aus Polen, die im Zusammenhang mit
den jüngsten Ereignissen der letzten Zeit [der Abschiebung der polnischen
Juden aus dem Reich, d.Verf.] dort Unterschlupf suchten. Diese Tätigkeit soll

108

in erster Linie dazu dienen Erfahrungen zu sammeln, um aufgrund dieser derart gesammelten Erfahrungen die Evakuierung größerer Massen durchführen zu können.«[77]

Dem Vermerk war zu entnehmen, daß Eichmann den Befehl erhalten hatte, rund drei Viertel der jüdischen Bevölkerung Ostoberschlesiens abzuschieben.[78] Gleichzeitig sollten die 8 000 Juden aus dem an Schlesien angrenzenden Raum Mährisch-Ostrau abgeschoben werden, was auf das Drängen des Befehlshabers der Sicherheitspolizei und des SD im »Protektorat«, Stahlecker, zurückging.[79] Eichmann sollte die von Wehrmacht und Gestapo Mitte September angestoßenen »Umsiedlungen« übernehmen.

Dieser Auftrag fiel in den neuen Verantwortungsbereich Himmlers als »Reichskommissar für die Festigung deutschen Volkstums«, mit der praktischen Umsetzung wurde das RSHA und zum ersten Mal Eichmann beauftragt. Es war der »Modellversuch«, den Michael Wildt zurecht hinter diesem Projekt vermutet hat. Heydrich und das neu errichtete RSHA sollten die Durchführbarkeit von Deportationen aus Polen ausprobieren.[80]

Sofort dehnte Eichmann das Experiment auf die »Ostmark« (Österreich) und aufs »Protektorat« aus und erwartete schon Mitte Oktober, in wenigen Wochen auch das »Altreich« einschließen zu können.[81] Vorbereitungen dazu hatte er bereits getroffen, indem er noch am 6. Oktober in Berlin die Zusammenstellung aller bereits listenmäßig erfaßten Juden des gesamten Reichsgebietes nach Kultusgemeinden veranlaßte.[82] Die Stationen der regen Reisetätigkeit, die Eichmann gleich nach der Befehlsausgabe zu den verschiedenen zuständigen Stellen in Prag, Mährisch-Ostrau und Wien aufnahm, sind bekannt. Schon einen Tag nachdem er Müllers Befehl erhalten hatte, teilte er dem Sonderbeauftragten für Judenfragen in Wien mit, der Führer habe dem Leiter der Prager »Zentralstelle« den Auftrag erteilt, »fürs erste 300 000 minderbemittelte Juden aus dem großdeutschen Reich nach Polen umzusiedeln.«[83] Das Projekt lief darauf hinaus, alle noch im »Altreich« verbliebenen Juden sowie diejenigen aus Wien und dem »Protektorat« zu deportieren.

Als Ziel der Transporte war im Anschluß an eine Informationsreise, die Theodor Dannecker[84], einer der späteren »Judenreferenten«

Eichmanns, unternommen hatte, Anfang Oktober zunächst ein Gebiet südlich von Lublin vorgesehen.[85] Der Raum südöstlich von Krakau (am Abhang der Beskiden) stand nicht mehr zur Verfügung, da Himmler ihn in der ersten Oktoberhälfte als Siedlungsgebiet für die Südtiroler Optanten ausersehen hatte.[86] Der genaue Standort des am Rande des »Reservats« geplanten Durchgangslagers wurde erst nach einer gemeinsamen Reise Eichmanns und seines Vorgesetzten Stahlecker am 15. Oktober 1939 festgelegt. In Nisko am San sollte ein Barackenlager errichtet werden, und von dort aus wollte man die Juden später weiter über die deutsch-sowjetische Demarkationslinie nach Osten abschieben.[87]

Die Deportation der etwa 2000 Juden aus Ostoberschlesien und 1000 Juden aus Mährisch-Ostrau war der Beginn einer riesigen Völkerverschiebung. Aus den Berichten der wenigen Überlebenden dieser ersten Transporte an die deutsch-sowjetische Demarkationslinie wissen wir, daß die »Völkerverschieber« dabei kaltherzig und grausam vorgingen. Sie ließen die Opfer völlig im Unklaren über das Schicksal, das sie erwartete. Statt dessen log Eichmann den Vertretern der jüdischen Gemeinden vor, in Nisko solle ein Barackenlager errichtet werden, um auf diese Weise Unterkünfte zu schaffen für weitere Transporte, mit denen dann nicht nur Männer, sondern ganze Familien kommen würden. In Wahrheit hatte er diesen Plan nach der Besichtigung des Lagerstandorts – einer vom Dauerregen aufgeweichten Wiese östlich des San, auf der man sich praktisch nur zu Pferde bewegen konnte – sehr schnell wieder aufgegeben.[88] Die Mehrheit der Deportierten wurde nach ihrer Ankunft ein paar Kilometer abseits des Lagers unter Drohungen und Schüssen verjagt und ihrem Schicksal überlassen.

Auch zahlenmäßig blieb dem angehenden Deportationsspezialisten der Erfolg bei dieser höchst improvisierten und überstürzten Aktion versagt. Kaum war der erste Transport am 18. Oktober aus Ostrava abgefahren und unter schrecklichen Bedingungen an seinem Zielort angekommen, erhielt Eichmann, der am 22. Oktober aus Nisko nach Mährisch-Ostrau zurückgekehrt war, vom RSHA den Befehl, die Deportationen einzustellen.[89] Zwar schickte er noch einen Teiltransport aus dem »Protektorat« auf den Weg, um das Gesicht der Staatspolizei zu wahren, und auch aus Wien schickte die dortige »Zentralstelle«

am 20. und 26. Oktober noch zwei Transporte nach Nisko. Dann aber wurde die Generalprobe vorzeitig beendet.[90] Dieser »mißglückte Beginn«, wie Hans Safrian das Nisko-Experiment bezeichnete, hat sich Eichmann tief eingeprägt.

In Argentinien nahm er gegenüber seinem Interviewer Sassen kein Blatt vor den Mund, als er ihm vor einer Landkarte seine damaligen großen Pläne entwickelte: »Das, was mir als erstes vorschwebte, war der gesamte Distrikt Lublin. [...] Den ganzen Distrikt wollte ich haben. [...] Radom ist nämlich, das war mein, mein diabolischer Plan gewesen gegen den Generalgouverneur. Radom, Radom ist ein eigener Distrikt gewesen, wie Lublin, ja, und sehen Sie, ich wollte Nisko am San haben, hier, mit den beiden Hauptzentren Radom und Lublin. [...] Nachdem ich Radom und Lublin..., um jene Zeit, gar nicht daran zu denken, daß ich das bekommen hätte. Ich mußte also klein anfangen. Hätte ich mich hier..., in Lublin, in Nisko habe ich mich angesetzt gehabt, nicht wahr, mit den 2000,[91] hätte ich mich heraufgearbeitet, hier, nicht wahr, und wäre dann immer weiter raufgekommen, und erst den Distrikt Lublin mir genommen und dann den Distrikt Radom dazu.«[92]

Was Eichmann als Plan »gegen den Generalgouverneur« Hans Frank[93] bezeichnete, scheiterte zum damaligen Zeitpunkt, und darauf hat er selbst hingewiesen, an der »Umsiedlung« der Volksdeutschen.[94] Eichmann geriet mit seinem Deportationsauftrag bereits nach kurzer Zeit in Konflikt mit Himmlers Umsiedlungsmaßnahmen und dem weitaus größeren demographischen Projekt, das nach der Besetzung Polens Gestalt angenommen hatte und die nationalsozialistische Judenpolitik vorübergehend in den Hintergrund treten ließ.

Offensichtlich subsumierte Eichmann gegenüber Sassen unter Nisko am San sein wiederholtes Scheitern als Sonderreferent in den Jahren 1940 und 1941, und er machte dafür – was nicht ganz richtig war – von Anfang an Hans Frank verantwortlich.[95] Die Deportationen nach Nisko waren nicht an dem Generalgouverneur des polnischen Restgebietes gescheitert, das nach der »Zerschlagung« Polens neben den zwei neuen Reichsgauen Westpreußen (später Danzig-Westpreußen) und Posen (später Warthegau) gebildet worden war.[96] Frank kam Eichmann erst bei seinem zweiten Versuch in die Quere, als dieser eine massenhafte Deportation aller Juden aus den annektierten Gebieten einleiten wollte. Die Verwaltung der polnischen Gebiete war nämlich erst am 25. Oktober durch einen Erlaß Hitlers (der auf den 12. Oktober zurückdatiert wurde) geregelt worden. Dieser trat am 26. Oktober 1939 in Kraft trat, und damit war Hans Frank zum Generalgouverneur ernannt.[97] Zu diesem Zeitpunkt war das Nisko-Projekt längst gescheitert.

Zwanzig Jahre nach dem Geschehen brachte Eichmann die Chronologie der Ereignisse durcheinander, erinnerte allerdings noch die eigentliche Ursache seines Scheiterns, indem er zu Sassen sagte:

»Sehen Sie mal, ich selber schob 2 000 Juden nach Nisko am San, ja. Das war in der Zeit gewesen, als Heydrich noch als Befehlshaber in Prag tätig gewesen war. [...] Ende 39, Anfang 40 kann das gewesen sein, glaube ich. [...] Es war jedenfalls noch Schnee, oder schon Schnee, oder irgend etwas, ja. [...] Die sollten Vorarbeiten zur Schaffung eines Judenghettos leisten. Das war keine Deportation gewesen, das waren Arbeitskommandos gewesen, aber im wahrsten Sinne des Wortes Arbeitskommandos gewesen, die für sich selbst haben arbeiten sollen und für ihre jüdischen Gemeinschaften, nicht wahr. [...] Aber sehen Sie, wenn Sie mich das fragen, frage ich mich, ich habe damit auch nichts zu tun gehabt, mit dieser Deportation. Weil ich ja erst 40 überhaupt exekutiv tätig war, nicht wahr. Das, könnte das nicht eine Arbeit gewesen sein, die in den Rahmen des Reichskommissars für die Festigung des deutschen Volkstums fiel? Nämlich da haben die örtlichen Staatspolizeistellen im Warthegau usw., ja, die haben hier Polen und Juden usw., vielleicht auch aus dem östlichen Teil der Tschechei, ich weiß es nicht, in das Generalgouvernement hinein befördert, weil die Wolhyniendeutschen, die Narewdeutschen, die Galiziendeutschen usf., ins Reich kamen durch den Reichskommissar für die Festigung des deutschen Volkstums, und sie dort angesiedelt wurden, wo jene herauswandern mußten.«[98]

Die im Frühherbst 1939 vorgesehenen Deportationen scheiterten an der Umsiedlung der Volksdeutschen aus dem sowjetischen Besatzungsgebiet, zu der sich das Deutsche Reich verpflichtet hatte und die Mitte Oktober begonnen wurde. Als dann plötzlich die ersten Baltendeutschen ankamen (Eichmann brachte auch hier die Chronologie durcheinander, denn die Wolhynien- und Galiziendeutschen kamen erst einige Wochen später), deren Umsiedlung Ende September überstürzt mit in den deutsch-sowjetischen Pakt aufgenommen worden war,[99] kollidierte Eichmanns Deportationsauftrag auch mit der Aus- bzw. Ansiedlung der Baltendeutschen.

Himmler selbst stoppte die Transporte nach Nisko aufgrund »technischer Schwierigkeiten«, und die bestanden darin, daß durch die Deportation der Juden aus Oberschlesien, aus Österreich und dem »Protektorat« weder Unterkünfte noch Arbeitsplätze für die ankommenden Volksdeutschen in Westpreußen und dem Warthegau frei wurden.[100] Hinzu kam, daß Hitler und der Chef des Oberkommandos der Wehrmacht, Wilhelm Keitel[101], sich am 17. Oktober darüber verständigt hatten, daß der »fremdsprachige Gau«, also das spätere Generalgouvernement, an der Grenze zur Sowjetunion aus militärischen Gründen kein »Reichs-Ghetto« verkraften könne.[102] Vorübergehend hatte damit die Politik der ethnischen »Flurbereinigung« gegenüber der »Lösung der Judenfrage« an Priorität gewonnen und die Pläne zur Aussiedlung der Juden verschoben, obwohl Eichmann ganz im Sinne von Himmlers gigantischem Umsiedlungsprojekt vorgegangen war.[103]

In seinem im Gefängnis verfaßten Manuskript hat Eichmann die Planungen zur Errichtung eines »Judenreservats« in Nisko am San noch einmal umgeschrieben. Er hielt sich dabei wiederum nicht wenig Erfindergeist und Initiative zugute. »Aber in tausend und mehr Verhandlungen mit den jüdischen Funktionären«, so lautete die nun schon hinlänglich bekannte Rechtfertigung, »hörte ich stets wiederkehrend den Jammer nach eigenem Land. Ob man mir's glaubte oder nicht, soll mich nicht stören und ist mir egal, aber ich war froh und tatenlustig, als ich von meinen Vorgesetzten, nach dem polnischen Feldzug, die Zustimmung bemerken konnte, gemäß meinem Vorschlag den Juden einen der vier künftigen Distrikte, in denen [sic] dann das Generalgouvernement unterteilt war, zum jüdischen Siedlungsgebiet freizugeben.«[104]

Sein damaliger Vorgesetzter Stahlecker, schrieb Eichmann, sei von Heydrich damit beauftragt worden, den von ihm gemeinsam mit den »jüdisch-politischen Funktionären« Löwenherz, Storfer und Edelstein entworfenen Plan auszuführen.[105] Eichmann verließ sein Zynismus nicht, und er behauptete auch weiterhin, daß die Juden, die nach Nisko am San ausgesiedelt werden sollten, »Pionieren gleich« die

Aufgabe gehabt hätten, »Aufnahmemöglichkeiten« für die »Nachkommenden« zu schaffen – woran bei einer Zahl von 300 000 Juden wohl kaum zu denken war.

Doch dann geschah das Unvorsehbare, »als die ersten Züge bereits ausgeladen waren, Menschen und Material, Handwerker und Ärzte, Baustäbe und Verwaltungsleute, da haute der inzwischen zum Generalgouverneur bestellte ›Polenfrank‹ in das Kontor und machte mit einem Befehl wieder alles zunichte.«[106] Der »Polenfrank«, so Eichmann, der die »Entjudung seines Befehlsbereichs« anstrebte, habe für seine »Gegenvorstellung« die Unterstützung Hitlers gewonnen und dadurch alle seine Hoffnungen zunichte gemacht: »Frank war der ›alleinige Diktator‹ in seinem Generalgouvernement.«[107] In Argentinien hatte Eichmann, noch immer wütend, zu Sassen gesagt, das Nisko-Projekt sei für ihn eine »Mordsblamage« gewesen: »Ich sehe das alles noch vor mir.« Er habe »dem Polenfrank sehr, sehr gegrollt« und das »Generalgouvernement« habe ihn nach Nisko nicht mehr interessiert.[108]

Eichmann konnte das ihm gesetzte Ziel, die Vertreibung der Juden aus Ostoberschlesien, Wien und dem »Protektorat« nicht verwirklichen. Immer wieder rückte er gegenüber Sassen und in der Gefängnis-Niederschrift sein »Scheitern« als Deportationsexperte in den Vordergrund. Seine Argumentation lief auf eine simple Aussage hinaus: Der anerkannte Spezialist für »jüdische Auswanderung« war an den Maßnahmen seiner Befehlsgeber gescheitert, deren gigantische Umsiedlungspläne ihm – erstmals – einen Strich durch die erfolgreiche Beendigung eines Auftrags machten.

Eichmann fühlte sich von seinen »Göttern« in die Irre geführt, die ihn scheinbar vor eine unmögliche Aufgabe gestellt hatten. Sie wurden ihm zu »Götzen«, erstmals haderte er. Doch Eid und Pflicht und der Krieg hielten ihn fest, Eichmann konnte sich nicht abwenden. Fortan betrachtete er sich nur noch als ein »Rädchen im Getriebe«, ohne jegliche Eigenverantwortung am Geschehen. »Mein Glaube an die Götter«, schrieb er in seiner Gefängniszelle, »kam in jener Zeit in arge Bedrängnis. Die von ihnen befohlenen Flammen des 10. November 1939 ließen mich stutzen. Aber ich hatte mit der exekutiven Tätigkeit ja nichts zu tun gehabt. Jetzt aber war ich mitten drin. Ab dem 21. Dezember 1939. Wenn dem Menschen nachhaltig etwas gegen seinen Strich geht, dann wird er krötig. Und das plötzliche Herausreißen aus dem Kreise der Meinen ging gegen mein Wollen. Freilich Hunderttausenden ging es in jener Zeit ebenso. Denn Krieg war im Lande. Und niemand wurde gefragt, ob es ihm paßt oder nicht. Auch ich hatte nur zu gehorchen [...].«[109]

»Räumungsbeauftragter« und Spezialist für Deportationen

Am 19. Dezember 1939 wurde der SS-Hauptsturmführer Adolf Eichmann in das Reichssicherheitshauptamt und damit in die eigentliche Zentrale des Terrors und Weltanschauungskrieges versetzt. In Konkurrenz zu anderen Einrichtungen der Partei, des Staates (insbesondere des Reichsministeriums des Innern) und der Wehrmacht war es Heydrichs Bestreben gewesen, mit Blick auf den sogenannten »A-Fall« (Mobilisierung) diese neue Superbehörde zu errichten.[110] In der Hochphase der Kriegsvorbereitung erging Anfang Juli 1939 seine Direktive »zur Erzielung der einheitlichen Verschmelzung von Sicherheitspolizei und Sicherheitsdienst«, wobei die Aufgabe des Gestapo-Amtes zunächst ausschließlich auf die Zwecke der »Gegnerbekämpfung« reduziert wurde.[111]

Der Wechsel Eichmanns aus Alfred Six' SD-Amtsbereich zur Gestapo und der nach der Gründung des Reichssicherheitshauptamtes sichtbare Bedeutungsverlust des Bereichs der »weltanschaulichen Forschung« waren klare Indizien dafür, daß die exekutive Gegnerarbeit, erst recht im Krieg gegen Polen, in den Vordergrund gerückt war.[112] Auch Eichmann erwähnte gegenüber Sassen, daß er »ja selbst« aus dem Amtsbereich von Six kam. Mit Kriegsbeginn sei »die Aktivität des wissenschaftlichen Sektors« auf einen »Tiefpunkt« gesunken. Als Grund dafür gab er an, daß zu diesem Zeitpunkt die Juden »erfaßt« und der Gegner »in seinen Erscheinungsformen« erkannt gewesen sei. Der exekutive Apparat habe das gesammelte Material »als Rüstzeug« übernommen und im Krieg weder Zeit noch Veranlassung gehabt, weiter auf dem Gebiet der »Gegnerforschung« tätig zu sein.[113] Im Gefängnis schrieb er, seine Behörde habe ihn zur »Kriegsdienstleistung bei der Gestapo« versetzt.[114]

Heydrich ernannte Eichmann zum »Sonderbeauftragten« im Amt IV (Gegnerbekämpfung) des RSHA, das als Exekutivorgan die eigentliche Schaltzentrale des NS-Terrors bildete. Er war unmittelbar Amts-Chef Heinrich Müller unterstellt,[115] der wiederum über intensiven Kontakt zu Himmler verfügte. Der Gestapo-Chef verstand es, die Kompetenzbereiche seines Amtes gegenüber militärischer Abwehr und Sicherheitsdienst sukzessive weiter auszubauen. Im Laufe des Jahres 1940 gelang es ihm schließlich, auch den Bereich »Gegnerforschung«, für den als Amtsleiter im RSHA Amt II zunächst noch Six zuständig gewesen war, für sein Amt zu reservieren.[116] Alfred Six schied Mitte 1941 aus dem RSHA aus, während das ehemalige »Reich des Gegnerforschers«[117] im Amt VII in einem personell unterbesetzten Archiv-, Presse- und Auskunftsdienst endete, der für Forschungszwecke kaum noch genutzt wurde.

Als Aufgabenbereich für Eichmanns neu eingerichtetes Referat IV R (Räumung), das ab Februar 1940 laut erstem Geschäftsverteilungsplan des RSHA unter dem Zeichen IV D 4 firmierte, waren »Auswanderung und Räumung« vorgesehen.[118] Eichmann behielt auch seine Funktion als Leiter der »Zentralstellen« in Wien und Prag bei, zudem wurde ihm die Leitung der »Reichszentrale für jüdische Auswanderung« in Berlin übertragen.[119] Im Gefängnis erinnerte er sich, die »Reichszentrale« habe bis dahin »nur auf dem Papier« bestanden, was auf die mangelnden Erfolge der nationalsozialistischen Auswanderungspolitik im Jahr 1939 zurückzuführen war.[120] Allerdings war sein Spezialistentum in Auswanderungsfragen seit Ende 1939 auch nicht mehr besonders gefragt.

Eichmanns neue Aufgabe war vielmehr einer Mitteilung Heydrichs an die Befehlshaber der Sicherheitspolizei und des SD sowie die Höheren SS- und Polizeiführer (HSSPF) in Krakau, Posen, Breslau, Danzig und Königsberg zu entnehmen. Unter dem Betreff »Räumung in den Ostprovinzen« teilte er diesen am 21. Dezember 1939 mit, daß die »zentrale Bearbeitung der sicherheitspolitischen Angelegenheiten bei der Durchführung der Räumung im Osten« beschlossen worden sei.[121] Eichmann erinnerte sich später, Heydrich habe ihn im Dezember »mit der Koordinierung der Deportationstransporte«betraut.[122] »Zwei Aufgabengebiete hatte ich also zu bearbeiten, die Auswanderung und die Koordinierungsangelegenheiten im Hinblick auf die Transporte der befohlenen Räumung der neuen deutschen Ostprovinzen. Eine Tätigkeit, mit der ich praktisch am 2. Januar 1940 in Funktion trat.«[123]

Zwar fügte er relativierend hinzu, er habe keine anderen Befugnisse gehabt als die etwa 100 bis 150 anderen Referenten des Reichssicherheitshauptamtes.[124] Doch wurde er durch seine Ernennung mitten hinein in die Konkurrenzkämpfe der verschiedenen Handlungs- und Entscheidungsträger des NS-Regimes versetzt, die im Herbst 1939 ein Umsiedlungsprojekt in Gang gebracht hatten, das Eichmann selbst als das »gewaltigste Völkerwanderungsprogramm der Neuzeit« bezeichnet hat.[125] Er stand nun neben Himmler und Heydrich, wie Götz Aly formulierte, »für die immer enger werdende politisch-organisatorische Verbindung zwischen allgemeiner ›ethnischer Flurbereinigung‹ und ›Lösung der Judenfrage‹, wie sie sich nach und nach entgegen den ursprünglichen Absichten der Akteure einstellte.«[126]

In kurzer Zeit geriet er an die Front der Zielkonflikte, die sich aus der organisatorischen Verbindung von Ansiedlung der Volksdeutschen und Aussiedlung der Polen, Juden und Zigeuner aus dem deutschen Herrschaftsbereich ergaben. »Nun, die Auswanderung ging den normalen Weg«, schrieb er im Gefängnis:

»Zahlenmäßig wurde sie infolge der Kriegsläufte zwar immer geringer. Dessen ungeachtet nützte ich jede Möglichkeit, um sie im Rahmen der bestehenden Verordnungen und Erlasse zu fördern.

Die Deportationsangelegenheiten waren ein einziges großes Chaos geworden, durch das niemand mehr durchschaute. Nur Beschwerden kamen; von allen Ecken und Enden. Mit einem Wort, ich traf die miserabelsten Zustände an. Jeder hatte so seinen Privatdeportationsplan, nach dem er glaubte, für seinen Gaubereich im Sinne des ›Führerbefehls‹ als erster die Vollzugmeldung machen zu müssen. Die Provinzspitzen der neuen deutschen Ostgebiete kümmerten sich den Teufel darum, ob solches Vorgehen zu Stockungen und Schwierigkeiten im Generalgouvernement führen mußte und daß die deutsche Reichsbahn bei diesem Durcheinander ihren Fahrplan längst schon nicht mehr einhalten konnte. Und am meisten hatten darunter und mit Recht diejenigen zu klagen, die da gemäß der Befehle von höchster Stelle deportiert wurden.

Meine Aufgabe war es also, jetzt erst einmal durch Koordinierung der Transporte, diese aufgetretenen Mißstände abzustellen. [...] Wenn jemand etwas koordinieren soll, dann muß er in der Regel zuerst einmal alle an den Handlungen Beteiligten unter einen Hut bringen, um ihnen eine arbeitsmäßige Ausrichtung zu geben. Dies tat auch ich.«[127]

Besser hätte er gesagt, er versuchte sein Bestes zu tun, denn dieses Mal wollte es auch Eichmann nicht recht gelingen, Ordnung in das entstandene Chaos zu bringen. Deshalb kam er rückblickend immer wieder auf die Blockaden zurück, die seine neue Tätigkeit erschwerten. Wären ihm nicht andere Instanzen in die Quere gekommen, »dann wäre die ganze Frage im Generalgouvernement völlig unblutig gelöst worden«. Er hätte »ja nur« den Distrikt Lublin gebraucht, sagte er zu Sassen.[128] Die abgesagten Deportationen in das geplante »Judenreservat« in Nisko am San, die er als konstruktive »politische Lösung« betrachtet hatte, waren dafür das beste Beispiel. In seiner Gefängnis-Niederschrift subsumierte Eichmann daher seine gesamte Tätigkeit als Sonderreferent unter diesem einen fehlgeschlagenen Projekt und verlegte es fälschlich in das Jahr 1940.

Tatsächlich waren der Raum Lublin und das im Oktober 1939 in Zentralpolen geschaffene Generalgouvernement zu dem Zeitpunkt, als Eichmann seine Tätigkeit als Räumungsbeauftragter aufnahm, weiterhin als »Abschiebeterritorium« vorgesehen, allerdings mittlerweile in ganz anderen Dimensionen. Nach der Dreiteilung Polens hatte Himmler in seiner Funktion als »Reichskommissar für die Festigung deutschen Volkstums« am 30. Oktober angeordnet, alle Juden aus den ehemals polnischen Gebieten, alle sogenannten Kongreßpolen aus Danzig-Westpreußen und aus den übrigen »angegliederten« Gebieten (Posen, Süd- und Ostpreußen und Ostoberschlesien) eine noch unbestimmte Zahl antideutsch eingestellter Polen auszusiedeln und in einen Raum östlich der Weichsel zu bringen.[129] Eichmann bezeichnete dies später als den ersten Deportationsbefehl.[130]

Parallel dazu hatten die Akteure im Reichssicherheitshauptamt, die sich dank der Einsatzgruppen die Zuständigkeit für den geplanten Bevölkerungstransfer gesichert hatten, in aller Eile weitere Konzepte zur Realisierung des bevölkerungspolitischen Programms entwickelt.[131] Einen Tag nach Himmlers Anordnung, am 31. Oktober, wurde im RSHA Amt III (Inland-SD) die Sondergruppe III ES (Einwanderung und Siedlung) eingerichtet. Sie übernahm den Aufbau der »Einwanderer-« und »Umwandererzentralstellen« (zum Teil aus den bereits von den Einsatzgruppen gebildeten Sonderstäben) und koordinierte in Form der Festlegung von Etappenzielen den gesamten Umsiedlungsplan. Eichmanns Räumungsreferat IV R wurde dieser Koordinierungsstelle im Dezember 1939 als Exekutivinstanz beigegeben.[132] Er war für die Logistik der Umsiedlung von Polen, später auch Serben, Kroaten und Slowenen sowie für die Deportation der Juden zuständig.

Wenige Tage nach Himmlers Anordnung, am 8. November 1939, erläuterte der mit der »Zentralplanung der Ansiedlung bzw. Evakuierung« zunächst beauftragte Bruno Streckenbach[133] den zuständigen Höheren SS- und Polizeiführern bereits einen erweiterten Plan, nach dem aus dem »Altreich« beziehungsweise aus den neubesetzten Ostgebieten bis Ende Februar 1940 rund eine Million Juden und Polen zu evakuieren waren, davon aus Westpreußen 400 000 Polen einschließlich Juden.[134] Sie sollten östlich der Weichsel untergebracht werden. Rasch zeigte sich, daß diese Planungen Streckenbachs vollkommen unrealistisch waren, denn weder die Zeitvorgaben noch die Transportkapazitäten reichten für ein solches Vorhaben aus, geschweige denn waren die Absprachen über die Aufnahmegebiete der Aus- und Ansiedler weit genug gediehen. Eichmann erinnerte sich an das Chaos, das nun entstand:

»SS-Brigadeführer Streckenbach, der Befehlshaber der Sicherheitspolizei im Generalgouvernement, war mit der Zentralplanung der Ansiedlung und der Deportation im Ostraum beauftragt. Er hatte auch gemäß den ihm erteilten Weisungen die Verhandlungen mit der Reichsbahn zwecks Zurverfügungstellung von Transportzügen zu verhandeln. Dieser Besprechung zufolge sollten bis Ende Februar 1940 rund 1 Million Juden und Polen aus den neuen Ostprovinzen in das Generalgouvernement deportiert werden. Eine Zahl, welche in der Praxis infolge der auftretenden Schwierigkeiten in dem gesteckten Zeitraum auch nicht annähernd eingehalten werden konnte. Heydrich schaltete sich jetzt als Chef der Sicherheitspolizei und des SD persönlich mit in diese Angelegenheit ein und zergliederte das Gesamtvorhaben in mehrere Nahpläne; er stellte die Zuständigkeiten für Deportation und Zielstationen im Einzelnen fest. Aus welchen Orten der Abtransport erfolgt, habe der zuständige Inspekteur der Sicherheitspolizei zu bestimmen, im Auftrage des Höheren SS- u. Polizeiführers. Ebenso bestimmt dieser nach Vorschlag der Landräte, wann und wieviel Personen aus den einzelnen Kreisen abgeschoben werden. Der Befehlshaber der Sicherheitspolizei in Krakau hat im Auftrage des Höheren SS- u. Polizeiführers die Zielstationen für die Transporte bekannt zu geben. – [...]

Ehrgeiz, Geltungsbedürfnis und Machthunger feierten in diesen Wochen und Monaten Triumphe. Jeder der örtlichen Hoheitsträger war entschlossen, sein Maximum an Zuständigkeit in das Treffen zu werfen und hieraus diktatorische Rechte abzuleiten. Ein örtlicher Befehl jagte den anderen. –

Und jetzt ging es los.

Alles stürzte sich auf die Arbeit.

Jedem ging es zu langsam.

Die Zuständigkeiten überschnitten sich oft und die daraus resultierenden Schwierigkeiten wurden nicht beobachtet, denn jeden der Hoheitsträger beseelte ausschließlich lokaler Egoismus.

Ein heilloses Durcheinander war die Folge.

Falsche Zielbahnhöfe. Überbelegung der Züge. Mangelnde Nachrichtenübermittlung zwischen Absender und Transportempfänger.

Kopflosigkeit überall.

Der ganze Fahrplan kam in Unordnung.«[135]

Die Situation verschlimmerte sich noch, nachdem das Deutsche Reich am 9. November nachträglich die Region Lodz annektiert hatte – in der mehr als 500 000 Polen und 300 000 Juden lebten –, da für die urbanen baltendeutschen Umsiedler neben Posen eine weitere Großstadt zur Ansiedlung benötigt wurde.[136] Dadurch wurde das als Abschiebeterritorium vorgesehene Generalgouvernement erheblich verkleinert und wirtschaftlich geschwächt, während sich auf der anderen Seite die Zahl der Auszusiedelnden erheblich vergrößert hatte. In dieser Situation intervenierte Heydrich, der mittlerweile von Himmler mit der zentralen Planung des Umsiedlungsprogramms beauftragt worden war, und machte unmißverständlich klar, daß die Planungshoheit bezüglich der Evakuierungen von Polen und Juden aus den neuen Ostgebieten beim RSHA lag.[137]

Als er am 28. November den Höheren SS- und Polizeiführern in Krakau, Breslau, Posen und Danzig den von Eichmann erwähnten Nah- und Fernplan ankündigte, verringerte Heydrich die von Streckenbach angeordneten Deportationszahlen drastisch. Der 1. Nahplan sah vor, bis Mitte Dezember 80 000 Polen und Juden aus dem Warthegau zu deportieren, um dort Platz für 40 000 Baltendeutsche zu schaffen.[138] Der Fernplan, der die »Entjudung und Entpolonisierung der Ostprovinzen« und die Abschiebung in das Generalgouvernement projektierte, sollte auf einer weiteren von Heydrich einberufenen Besprechung festgelegt werden. In der ersten Dezemberhälfte wurden daraufhin unter chaotischen und für die Betroffenen grauenhaften Bedingungen mehr als 87 000 Polen und Juden aus dem Warthegau deportiert, das Ziel des 1. Nahplans wurde also noch übertroffen.[139]

Im Anschluß daran erfolgte Eichmanns Ernennung zum Sonderreferenten im RSHA Amt IV – um Ordnung in das entstandene Chaos und die ausgesetzten Deportationen wieder in Gang zu bringen. Am Silvesterabend 1939 kehrte er auf Dauer aus Wien nach Berlin zurück und berief sogleich für den 4. Januar 1940 eine Besprechung »wegen der Juden- und Polenevakuierung in allernächster Zukunft« ein.[140] Den Hintergrund bildete der von ihm überarbeitete 2. Nahplan, den Heydrich seinen Mitarbeitern bereits am 21. Dezember 1939 vorgestellt hatte. Anders als ursprünglich geplant war nun nicht mehr die Deportation in ein Reservat bei Lublin, sondern die Abschiebung von 600 000 Juden in alle Distrikte des Generalgouvernements vorgesehen, was auf den schon erwähnten Einspruch des Oberkommandos der Wehrmacht zurückzuführen war. Laut Aussiedlungsplan waren »männliche Juden im Alter von 18–60 Jahren in Arbeitskommandos zusammenzufassen und entsprechend einzusetzen«. Erst danach sollten 3,4 Millionen Polen, 30 000 Zigeuner und etwa ebenso viele Juden aus Wien und einigen Großstädten des Reichs und des »Protektorats« deportiert werden.[141]

Der 2. Nahplan umfaßte zwar »grundsätzlich nur die Abschiebung der Juden«, doch war die Abschiebung von Polen insoweit eingeplant, als sie »in unmittelbarem Zusammenhang mit der Einweisung von Balten- und Wolhyniendeutschen« stand.[142] Auf der von Eichmann zum 4. Januar 1940 einberufenen Konferenz erklärte er den Teilnehmern jedoch, daß 350 000 Juden, also 250 000 weniger, als Heydrich angekündigt hatte, aus den eingegliederten Ostgebieten deportiert werden sollten. Aus dem Warthegau und aus Danzig-Westpreußen mußten laut Eichmann nicht nur Juden, sondern außerdem 90 000

Polen evakuiert werden, »um für die Volksdeutschen aus Galizien und Wolhynien Raum zu schaffen«. Mit dem Beginn der »Räumungsaktion« sei nicht vor dem 25. Januar zu rechnen.[143]

Alle diese Deportationsprojekte scheiterten an Himmlers und Heydrichs zwangsläufig kollidierenden Planungen, die weder von den zuständigen Stellen am Ort noch von Eichmann zu realisieren waren. Himmler blieb bei seiner Priorität und wollte die Evakuierung von Juden und Polen vordringlich zur Ansiedlung der Volksdeutschen fortsetzen. Im Gegensatz zu Eichmanns Ankündigung vom 4. Januar sollten weiterhin allein aus dem Gau Danzig-Westpreußen 400 000 Polen möglichst schnell in den Raum Warschau-Lublin deportiert werden.[144] Zur Umsetzung dieser Pläne fehlten ihm aber die nötigen Transportkapazitäten, und mittlerweile machte sich auch zunehmender Widerstand im Generalgouvernement bemerkbar.

Bereits am 8. Januar erklärte Eichmann auf einer Besprechung im RSHA, daß »in mehreren Fällen das vom Gouvernement zugesagte Kontingent überschritten wurde und dadurch die Unterbringung drüben weitgehend erschwerte. Die Leute mußten bis zu acht Tagen in verschlossenen Eisenbahnwagen sitzen, ohne ihre Notdurft verrichten zu können. Außerdem sind bei einem Transport während der großen Kälte 100 Erfrierungen vorgekommen.« Auf Anordnung des Reichsführers SS sei die »Evakuierung sämtlicher Juden aus den ehemals polnisch besetzten Gebieten vordringlich durchzuführen.« Ein Termin könne aber noch nicht bekanntgegeben werden, da die »Verladebahnhöfe« noch nicht feststünden und die Sachbearbeiter im Generalgouvernement die »Kopfstationen« noch nicht nennen könnten. Erst dann könne mit dem Reichsverkehrsministerium ein Transportplan ausgearbeitet werden. Ausgearbeitet werde ein Fernplan, der in mehrere Nahpläne aufgeteilt werden solle. »Die zu Evakuierenden werden in die Gebiete (Distrikte) Krakau, Warschau, Lublin und Radom abgeschoben.«[145]

Dazu ist es in dem geplanten Ausmaß nicht gekommen, allerdings machte die Besprechung klar, wie chaotisch und für die Betroffenen unerträglich die Deportationen vonstatten gegangen waren, was zu Beschwerden seitens der Distriktbehörden führte. Mitte Januar lehnte die deutsche Verwaltung im Generalgouvernement nach der Ankunft der ersten Deportierten aus dem Warthegau aus wirtschaftlichen und militärischen Gründen die Aufnahme weiterer mittelloser Flüchtlinge ab.[146]

Damit war eine Blockade-Situation entstanden, die Heydrich zwang, die im 2. Nahplan angekündigte Deportation von 600000 Juden zurückstellen und eine Modifizierung der Planungen vornehmen. Nach Eichmanns Berechnungen waren zu diesem Zeitpunkt noch 150000 »Rücksiedler« unterzubringen. Im Rahmen eines »Zwischenplans« sollten nunmehr 40000 Polen und Juden ins Generalgouvernement deportiert werden, um zumindest für 20000 Baltendeutsche Platz zu schaffen.[147] Das kündigte Heydrich am 30. Januar 1940 auf einer Besprechung im RSHA an, die auch Eichmann in seinen Aufzeichnungen erwähnt. Danach sollten ab März im Rahmen des immer wieder verschobenen 2. Nahplans weitere 120000 Polen für die Wolhyniendeutschen abgeschoben werden und unmittelbar anschließend, als »letzte Massenbewegung«, die Abschiebung aller Juden aus den annektierten Gebieten und von 30000 Zigeunern aus dem Reich erfolgen.[148]

Auf diese Weise, erinnerte sich Eichmann im Gefängnis, habe man das »lokale Wohnungsübel« lösen wollen.[149] Welche Schwierigkeiten damit verbunden waren, konnte sich seiner Ansicht nach niemand vorstellen. »Die Leitung all dieser Unternehmungen«, schrieb er in den »*Götzen*«, »lag bei Stellen, welche meinem Referat übergeordnet waren. Ich hatte lediglich mit dem Reichverkehrsministerium die Fahrplanerstellung und was damit zusammenhängt zu bearbeiten, nachdem mir sowohl von den Deportierungsbehörden als auch von den Aufnahmeämtern des Generalgouvernements die hierfür notwendigen Unterlagen eingesandt wurden. Es ist dies zwar nur ein einziger Satz; aber welche Fülle von Schwierigkeiten, Arbeit und Überredungskünste, Vertröstungen und Mahnungen zur Geduld, Appellationen an die Vernunft und auch scharfes Durchgreifen zur Übelabstellung diese Tätigkeit verlangte, dies alles zeigt dieser eine Satz nicht an. Ein jeder der örtlichen Verantwortlichen wollte als erster seine Deportationsarbeiten beendet wissen; ohne jede Rücksichtnahme.

Es war ein strenger Winter; trotzdem mußten die Deportationen durchgeführt werden. Keiner der Befehlsgeber ließ etwa verlauten, diese Vorhaben bis zum Anbruch des Frühjahrs aufzuschieben; zu einer Jahreszeit etwa, welche alleine schon durch die besseren klimatischen Verhältnisse einen großen Teil vieler Schwierigkeiten in Fortfall gebracht hätte. Es ist heute leicht reden, ›der Eichmann hat die Deportationen durchgeführt. Er ist der Verantwortliche.‹«[150]

Im Rahmen des »Zwischenplans« wurden zwischen dem 10. Februar und dem 15. März 1940 insgesamt 40128 Juden und Polen aus dem Warthegau größtenteils nach Warschau deportiert, nur eine Minderheit gelangte nach Lublin. Außerdem wurden auf Wunsch Himmlers weitere 1000 deutsche Juden aus Stettin abgeschoben, um Platz für Baltendeutsche in »seegebundenen Berufen« zu schaffen, während der Beginn des 2. Nahplans neuerlich verschoben werden mußte.[151] An diese Deportationen, die aufgrund ihrer furchtbaren Umstände einiges Aufsehen erregten, erinnerte Eichmann sich später nicht mehr, darauf hingewiesen meinte er aber, er »hätte auch keinen Fehler dabei gefunden«.[152] Jedenfalls war Eichmanns Logistik im Frühjahr 1940 wie schon Mitte Oktober an den Schwierigkeiten gescheitert, die aus der »Wechselwirkung zwischen Ansetzung der Volksdeutschen und Evakuierung der Juden« entstanden.[153]

Aus seiner Sicht war dafür im konkreten Fall Hans Frank verantwortlich, der aus seinem »Reich« eine Musterkolonie machen wollte und aus bevölkerungsökonomischen Gründen bald schon auch die Deportation der eineinhalb Millionen Juden aus dem Generalgouvernement anstrebte.[154] Im Distrikt Lublin sollte ein »autonomer Judenstaat« entstehen, sagte er zu Sassen, wobei er wieder das Nisko-Projekt mit einbezog. »Das sollte eine Endlösung der Judenfrage sein. Und so kann ich heute den Polenfrank nicht freisprechen, daß er überhaupt der Initiator ist für diese gewaltige Judenvernichtung in seinem Generalgouvernement, die er ja mit seinen Befehlen und mit seinen Leuten angesetzt hat. [...] Zufolge seiner Kurzsichtigkeit und zufolge seiner krampfhaften Angst, daß jemand in seinem Befehlsbereich überhaupt herumfummeln konnte.«[155]

Frank nahm am 12. Februar 1940 an einem Treffen mit Himmler und den östlichen Gauleitern auf Görings Landsitz »Karinhall« teil und machte sich danach eine Äußerung des Chefs der Vierjahresplanbehörde zu eigen, der sich gegen die Aussiedlung »landwirtschaftliche[r] Arbeiter« aus Polen ausgesprochen hatte.[156] Er verwahrte sich gegen »wilde Umsiedlungen«, die Transporte müßten im Generalgouvernement angemeldet werden. Die Umsiedlung der Juden, hielt Frank in seinem Diensttagebuch fest, solle »planmäßig in die Wege geleitet werden«.[157] Bereits Anfang März behauptete Frank aufgrund dieser Besprechung, Göring habe den Stop der Umsiedlungen zugesagt.[158] Dazu allerdings kam es auf Drängen Franks erst am 23. März 1940 per Anordnung Görings, der alle weiteren Evakuierungen untersagte, soweit sie nicht von ihm und Frank genehmigt waren.[159]

Das Projekt eines »Judenreservats« in Lublin war damit endgültig gescheitert: an Ressourcenknappheit und Kompetenzstreitigkeiten in den Zentralstellen sowie nicht zuletzt an den Machtinteressen der regionalen Verwaltung, die sich im Generalgouvernement etabliert hatte. Himmler kam mit Frank überein, die Judendeportationen so lange aufzuschieben, bis im August die Ansiedlung der Wolhyniendeutschen abgeschlossen sei.[160] Tatsächlich wurden im Rahmen des 2. Nahplans zwischen dem 1. April 1940 und dem 20. Januar 1941 nicht wie ursprünglich von Heydrich geplant 600 000 Juden, sondern 130 000 polnische Bauern und einige Tausend Juden ins Generalgouvernement deportiert – um Platz zu schaffen für die Wolhynien- und Galiziendeutschen.[161] Wie im Oktober 1939 bei der Deportation der Juden aus Wien, Kattowitz und Mährisch-Ostrau wurde die Ansiedlung der Volksdeutschen im Frühjahr 1940 mit Priorität behandelt und die »Evakuierung« der Juden quasi ausgesetzt. Dementsprechend hieß es in einem Erlaß des RSHA vom 24. April 1940, die jüdische Auswanderung aus dem Reichsgebiet sei »auch während des Krieges zu betreiben«, ihr Abschub in das Generalgouvernement jedoch verboten.[162]

Für die jüdische Bevölkerung bedeutete dies aber keine Schonzeit, sondern hatte katastrophale Folgen. Sie war von der entstandenen Blockadesituation am härtesten betroffen, denn das Scheitern des projektierten »Judenreservats« führte dazu, daß das bereits im Dezember 1939 befohlene Ghetto in Lodz zu einer ständigen Einrichtung wurde. In der Nacht vom 30. April auf den 1. Mai 1940 wurde das Ghetto abgeriegelt, in das die Juden umsiedeln mußten, damit Wohnungen für die ankommenden Baltendeutschen zur Verfügung standen.[163]

Auch im Distrikt Warschau wurden »die vorbereitenden Arbeiten für die Bildung jüdischer Wohnbezirke [...] erneut aufgenommen«, einschließlich des zuvor unterbrochenen Aufbaus des Warschauer Ghettos.[164] Der Ausweg, den die Umsiedlungspraktiker aus der selbst geschaffenen Patt-Situation fanden, bestand in der Ghettoisierung der zuvor pauperisierten jüdischen Bevölkerung. Sie war verbunden mit der Zusage, daß die Juden aus dem Lodzer Ghetto in den nächsten fünf Monaten »vollständig beseitigt« wären – wie das geschehen sollte, blieb offen.[165] Der Chef des Distrikts Warschau entwickelte allerdings bereits im Juli eine Idee, wie er die Juden aus seinem »landwirtschaftlich und landschaftlich so ausgezeichneten Distrikt« entfernen wollte: »Ich könnte mir vorstellen«, schrieb er an den Amtschef beim Generalgouverneur, »daß die jenseits des Buga gelegenen Sümpfe ein besseres Betätigungsfeld abgeben würden«.[166]

Zum Zeitpunkt des Abbruchs der Deportationen waren etwa 128 000 Menschen aus dem Warthegau in das Generalgouvernement deportiert worden, darunter einige zehntausend Juden.[167] Im Vergleich mit seinen früheren Erfolgen als Auswanderungsspezialist mußte Eichmann seine Tätigkeit nicht zuletzt im Hinblick auf die angestrebte »Lösung der Judenfrage« als mißlungen betrachten. Der neuerliche Stop der Deportationen und Hitlers Abkehr von der »Bildung eines Judenstaats um Lublin herum«, die er im März äußerte,[168] waren aus der Sicht des Räumungsexperten im Reichssicherheitshauptamt die Ursachen seiner größten Niederlage. Noch dazu sollte er Mitte April 1940 die in Nisko am San verbliebenen Juden (ein nicht geringer Teil war vorher nach Ostgalizien geflohen) nach Mährisch-Ostrau und Wien zurückbringen lassen.[169] Es war das einzige Mal, daß ein Lager der Nationalsozialisten durch Rückführung der Insassen aufgelöst wurde.

Im März 1940 war Eichmann und war das RSHA von einer »Lösung der Judenfrage« weit entfernt. Auch Himmler konnte sein radikales Umsiedlungsprogramm vorerst nicht gegen die Interessen von Hans Frank durchsetzen und scheiterte daran, daß Göring und die Regenten am Ort aus ökonomischen Interessen das Generalgouvernement keineswegs mehr als Abschiebeterritorium für die zuvor enteigneten und ausgeplünderten Juden betrachteten. Allerdings zeichnete sich mit der Ghettoisierung der Juden auch eine Entkoppelung der sogenannten Politik der »Entjudung« von der »Entpolonisierung« ab, die für die Betroffenen zum wiederholten Male folgenreicher sein sollte, als die Umsiedlungspraktiker sie früher geplant hatten. Schon bald sollte Eichmann von den zuständigen Stellen auf die »unhaltbaren Zustände« in den Ghettos hingewiesen werden, die auf eine noch radikalere »Lösung der Judenfrage« führten. Die aus der utopischen Planung der Berliner Zentralstellen hervorgegangenen Probleme lösten immer wieder Eigeninitiativen aus, um dem selbstgeschaffenen Dilemma Herr zu werden.[170]

Im Gefängnis erinnerte sich Eichmann vor allem daran, daß der Stop der Deportationen nach Nisko nur der Anfang der Schwierigkeiten war, die er als Räumungsbeauftragter überwinden mußte. Nachträglich ließ er seinem Mißmut freien Lauf. Lieber wäre er in der Provinz geblieben, schrieb er, was jedoch offensichtlich noch ganz andere Gründe hatte. Seine Frau war verärgert und erklärte ihm entschieden, daß sie nicht nach Berlin zurückkehren wolle. Sie beide hätten eine Animosität gegen das Leben in der Großstadt gehabt, meinte Eichmann, der einem ihnen »innewohnenden Hang zum Landleben« entsprang. Er mußte allein in den »Steinhaufen« Berlin zurückkehren, wo der Blick »dauernd an hundert mal hundert Ecken anstieß« – was nicht zufällig an die von ihm angeführten Beschwerden erinnerte, die dort von allen »Ecken und Enden« an ihn herangetragen wurden.

An Wien dagegen erinnerte er stets gern, vor allem an seine morgendlichen Ausflüge auf den Kahlenberg.[171] Seine Schwärmereien für das Landleben, die »Vogelzwitscherkonzerte« und das schöne Wien waren durchaus verständlich, denn der Blick zurück nach Berlin stieß auf die immer neuen Blockaden, die sich dort vor ihm aufgetürmt hatten. Wehmütig erinnerte er sich an seine Tätigkeit beim SD in der Mitte der dreißiger Jahre, als er »allmorgendliche Zwiegespräche« mit einer Fichte gehalten habe, die seine Freude und sein Leid kannte, meistens jedoch sei es Freude gewesen.[172]

Indem er sich in seinen Aufzeichnungen ausschließlich auf das gescheiterte Nisko-Experiment bezog, wollte er deutlich machen, daß es ihm selbst nicht an »schöpferischen Ideen« gefehlt habe, die »Judenfrage« zu lösen. Das »Völkerwanderungsprogramm«, das ihm als Sonderreferent so viele Probleme bereitete, sei dagegen nicht seine Idee gewesen. So bizarr es klingt, der pflichtgetreue Eichmann meinte, von seinen Göttern vor eine unlösbare Aufgabe gestellt worden zu sein, und wenn er an dieser Bewährungsprobe scheiterte, waren sie auch dafür verantwortlich. Nach dem Fehlschlag des Nisko-Experiments galt das aus seiner Sicht ebenso für das »Judenreservat« in Lublin (beziehungsweise östlich der Weichsel), ganz besonders aber für den Mitte 1940 mit dem Frankreich-Feldzug entstandenen neuen Gesamtplan, die Juden auf die Insel Madagaskar abzuschieben.

Pläne für eine »territoriale Lösung« auf der Insel Madagaskar oder »weiter im Osten«

Obwohl kaum noch Möglichkeiten bestanden, Deutschland zu verlassen, rief Eichmann in seiner Funktion als Leiter der »Zentralstellen für jüdische Auswanderung« im März 1940 erneut die Vertreter der jüdischen Zwangsvereinigungen zu einer Besprechung nach Berlin und drohte ihnen mit »Aussiedlungen«, um die Emigration zu forcieren.[173] Die Zwangsauswanderung aus dem »Altreich«, aus Österreich und dem »Protektorat« stand weiter auf der Tagesordnung. Um diese nicht zu behindern, hatte Heydrich bereits Mitte Februar in einem Schreiben an Göring klargestellt, eine »Normalabwanderung« der Juden aus den annektierten Ostgebieten erscheine »derzeit unmöglich«.[174]

Einen Ausweg eröffnete dem in eine Sackgasse geratenen Räumungsexperten des RSHA, der in seinem Betätigungsfeld immer weiter eingeengt worden war und nicht wußte »wohin mit den Juden«, erst ein neuer utopischer Gesamtplan: die Deportation der Juden auf die französische Kolonie Madagaskar. Mit dem Beginn des Westfeldzuges und dem Einmarsch der Wehrmacht in Frankreich gewann diese Alternative im Frühsommer 1940 neue Aktualität, denn mit einer Niederschlagung Frankreichs eröffnete sich die Perspektive, auf die französischen Kolonien zugreifen zu können. Wie dringend

Eichmann diese Alternative benötigte, um die Juden aus den annektierten Ostprovinzen und dann aus dem gesamten deutschen Herrschaftsbereich zu vertreiben, war ihm noch in seiner Gefängniszelle gegenwärtig, und wieder nahm er die entscheidende Initiative für sich in Anspruch:

»Kaum war in Compiègne die Unterschriftstinte des Waffenstillstandsvertrages zwischen Deutschland und Frankreich trocken geworden«, schrieb er,

»gebar ich nach dem Fiasko von Nisko am San die Ausgrabung des alten ›Madagaskarprojektes‹. Eine Möglichkeitsverwirklichung war nunmehr gegeben. Jedenfalls arbeitete ich den Plan einmal aus. Heydrichs Ehrgeiz kam mir hierbei zustatten. Möglich, daß er sich schon als Gouverneur dieser Insel sah. Nebenbei, versteht sich, unter Beibehaltung seiner bisherigen, mächtigen Stellung.

Ich selbst konnte ja Himmler oder Hitler dieses Projekt nicht zum Vortrage bringen. [...] Und Heydrich's Verlangen, seine Finger in außenpolitische Dinge zu stecken, war allseits bekannt. Auch hier schwebte mir vor ein Protektorat. Der Anfangsstatus war mir ziemlich belanglos! Ich hatte diesbezüglich auch keinerlei Einfluß. Die Zeit nur konnte Rat und Endgültiges schaffen. Und nun aber, da Hitler seine Genehmigung zu Madagaskar erteilte, da fing das Rennen der anderen Stellen des Reiches an. Jeder beanspruchte ressortbedingte Federführung und Primat an der Bearbeitung dieses für ihn neuartigen Falles. Und eh ich mich richtig versah, hatte ich es mit zwanzig und mehr Referenten zu tun. Und ein jeder hatte sein ›wenn‹ und sein ›aber‹, so wie seine Vorgesetzten es ihm befahlen. Es kam eine Gemeinschaftsarbeit zustande, die *nicht* im Sinne der Anfangsvorstellung lag.

Aber wie gesagt, die Zeit würde Rat und den endgültigen Status erst schaffen. Mein diesbezüglicher Kummer war nicht sehr groß, denn ich persönlich gedachte die Dinge der Insel an Ort und Stelle zu steuern. Dazu hatte ich mir bereits die Genehmigung meiner Vorgesetzten erwirkt. Es wäre bestimmt *kein* Konzentrationslager geworden. Und sieben Millionen Rinder auf dieser Insel waren ein beruhigender Schatz [...], mit dem alleine man schon viel anfangen konnte. Bis hoch in das Jahr 1941 arbeitete ich an der Realisierung.

Aber der weitere Verlauf des Krieges und die politische Radikalisierung machten dem Plan durch Hitlers Gebot dann ein Ende. [...] mich packt noch heute, wie damals, ein unbändiger Zorn, wenn ich an die verdammte Kopflosigkeit, Starrköpfigkeit und Torheit unserer eigenen Machthaber von ehemals denke. Aber nicht nur diese alleine waren es.

Natürlich sind meine Projekte von damals für die Ohren aller Polen und Franzosen nicht wohlklingend. Aber man stelle sich einmal einen Dampfkessel vor, der durch unsinnige Heizmethoden über den zulässigen Atmosphärendruck weiter geheizt wird. Es wird immer weitergeschürt; der Kessel wird zerreißen, wenn sich keiner um das Ventil kümmert.

Mit dem Heizen hatte ich nichts zu tun. Auch der Dampfkessel unterstand nicht meiner Kontrolle. Jedes Ministerium hatte hier seine eigenen ›Kesselinspektoren‹ und keiner, der da gesagt hätte, daß es so nicht weiter gehen könne. Ich hatte dazu keine Möglichkeit, denn ich gehörte nicht zu dem Gremium der ›Inspektoren‹. Ich versuchte mich mit dem Ventil zu beschäftigen, um eine Ausweichmöglichkeit zu finden. Ob sie gut oder schlecht war, darüber hatte ich keine Möglichkeit zu befinden. Mir kam es darauf an, eine Explosion zu verhindern. Mochten sich dann später Berufenere als ich mit einer endgültigen Normalisierung befassen. Ein Provisorium, dies war das Maximum dessen, was ich vorschlagen und ersinnen konnte. Und außer den wenigen damaligen jüdischen Funktionären hatte ich nicht *einen* der heutigen Schreier und Wortverdreher, die mir dabei halfen.

Aber was sage ich: ›halfen‹; Schwierigkeiten und Ungelegenheiten hatte man mir bereitet. Jawohl, ich scheue mich nicht das Kind beim Namen zu nennen, denn dies war die Tatsache! [Hervorhebungen im Original, d. Verf.]«[175]

Mit dem Hinweis, er habe bis hoch in das Jahr 1941 an der Realisierung des Madagaskar-Plans gearbeitet, dem »durch Hitlers Gebot« ein Ende bereitet wurde, spielte Eichmann auf die Kriegsvorbereitungen gegen die Sowjetunion an: »Genau das, was Hitler in seinem Buch der politischen Führung des Reiches während des ersten Weltkrieges vorwarf, als Fehler, genau dies, tat er nun selbst. Und damit vernichtete er sich und sein Reich. Auch Bismarck'sche Lehren waren für ihn diesbezüglich ohne Belang. Ich weiß es noch heute, wie ich damals mit Kameraden den Pakt mit Rußland feierte; mit Bier und mit Wein, so war es der Brauch. Und ich weiß noch heute die Gefühle, die mich beherrschten, als ich von den Vorbereitungen hörte, zum Krieg gegen die Sowjets. [...].« Dann kam Eichmann auf den 22. Juni 1941 zu sprechen, den Tag des Einmarsches deutscher Truppen in die Sowjetunion: »und der 22. Juni 1941 sah uns mißmutig und unzufrieden. Aber wir gehorchten, wie der Eid es befahl.«[176]

Wieder schlossen sich nun Ausführungen über seine Rolle als Befehlsempfänger an, aus der er keinen »Ausweg« gefunden habe, und dann kam er noch einmal auf das Ende des Madagaskar-Plans zu sprechen:

»Im Juli 1941 schickte Göring, in seiner Eigenschaft als Reichsmarschall, als Beauftragter für den Vierjahresplan und als Vorsitzender des Ministerrates für die Reichsverteitigung [sic], an Heydrich eine Bestallungsurkunde, die ihn ermächtigte alle erforderlichen Vorbereitungen in organisatorischer, sachlicher und materieller Hinsicht für eine Gesamtlösung der Judenfrage im deutschen Einflußgebiet in Europa zu treffen. Er wünschte diesbezüglich in Bälde einen Gesamtentwurf vorgelegt zu erhalten. […]

Die Bemühungen Heydrichs, den europäischen Auftrag zu erhalten, hatten insoferne ihre Schwierigkeiten, als sein diesbezüglicher Nebenbuhler, der deutsche Reichsaußenminister, auf diesem Gebiete ohne jeden Zweifel seine nicht abzusprechenden federführenden Zuständigkeiten nachweisen konnte. Es hatte zwischen Heydrich und Ribbentrop[177] ohnedies schon genügend Mißtrauen gegeben, seit der Madagaskarplan wieder einmal aktuell wurde. […]

Obwohl mir aus eigener Erfahrung bekannt ist, wie sehr die Zentralinstanzen bemüht waren, auf ihrem Gebiet auch sämtliche Zuständigkeiten im Falle einer Madagaskar-Verwirklichung in ihren Hände zu behalten, so habe ich nie etwas davon gehört, daß der Chef der ›Kanzlei des Führers‹, Philipp Bouhler, zum Gouverneur dieser Insel vorgeschlagen worden wäre, noch daß irgend jemand aus der Kanzlei des Führers hier unmittelbare diesbezügliche Wünsche oder Hoffnungen hatte. Es war dieses ausschließlich ein Kampf zwischen Heydrich und Ribbentrop […].«[178]

Im Interview mit Sassen vertrat Eichmann bezüglich des Madagaskar-Plans ausnahmsweise eine Version, die sich wenig von der im Gefängnis entstandenen unterschied. Allerdings fiel sie – soweit sie bisher bekannt ist – auch weniger aussagekräftig aus, was auf sein schlechtes Erinnerungsvermögen zurückzuführen war. Seine in Argentinien formulierten Äußerungen zum Madagaskar-Plan sind zudem bisher nur anhand des Interview-Transkripts nachweisbar, denn die Tonbänder mit den entsprechenden Passagen liegen nicht vor. Zu Sassen, der ihn über seine Kompetenzen befragte und ob Erlasse von ihm »inspiriert« worden seien, sagte er demnach, das habe es »auch gegeben«, aber »nur kleine Dinge.« Wenn Sassen so wolle, dann sei auch der Madagaskar-Plan von ihm, denn er habe ihn in seiner Not Heydrich vorgeschlagen, weil er nicht mehr wußte, »wohin mit den Juden.«

Mit der Ausarbeitung des Plans habe er Erich Rajakowitsch[179] beauftragt, der mit den Experten der entsprechenden Zentralinstanzen zusammengearbeitet habe, der Kanzlei des Führers, dem Propagandaministerium und dem Auswärtigen Amt, wo er »an sich schlimmste Bedenken hätte haben müssen«.[180] Dann sei ein Ministerentwurf erstellt und über Heydrich und Himmler weitergeleitet worden, so daß die nächsten Verhandlungen auf der höheren Ebene der Minister, des Reichsführers SS und des Chefs der Sicherheitspolizei stattfinden konnten. Dieser Vorgang habe allerdings so lange gedauert, daß der Krieg die Sache überholte. »Schöpferisch« sei er auch hier nicht tätig geworden. Und dann folgte wieder die bekannte Litanei, er habe nur Adolf Böhms Idee vom »Judenstaat« aufgegriffen, wobei er wieder einmal Theodor Herzl und Adolf Böhm verwechselte.[181]

Eichmann war also wieder nicht, wie er es nannte, der »Ideengeber«. Ebensowenig darf man allerdings seiner Behauptung Glauben schenken, er habe nach dem Sieg über Frankreich den Madagaskar-Plan wieder »ausgegraben«. Die Idee einer Judenaussiedlung nach Madagaskar existierte schon im 19. Jahrhundert und wurde verstärkt nach dem Ersten Weltkrieg von Antisemiten propagiert. Sie ist seit Mitte der dreißiger Jahre und verstärkt seit Ende dieser Dekade bei verschiedenen Mitgliedern der NS-Führung nachweisbar. Im Mai 1934 tauchte sie in einem Memorandum des SD für Heydrich erstmals auf, schließlich auch bei Göring, Goebbels, Rosenberg und Hitler sowie beim Reichswirtschaftsminister Hjalmar Schacht im Rahmen seiner Londoner Verhandlungen über die Aussiedlung der Juden, die als Schacht-Rublee-Plan bekannt geworden sind.[182] Diese Planungen alarmierten um die Jahreswende 1938/39 das Auswärtige Amt und Ribbentrop, der strikt gegen den überdimensionalen Aussiedlungsplan war und Schacht durch Weizäcker mitteilen ließ, daß er seine Kompetenzen überschritten habe.[183]

Im Auftrag Heydrichs beschäftigte sich Eichmann im »Judenreferat« des SD seit März 1938 wieder mit einer überseeischen Lösung der »Judenfrage«, deren Bearbeitung er nach seiner Versetzung nach Wien an Theodor Dannecker abgeben mußte, der sich weiter mit dem Madagaskar-Projekt beschäftigte.[184] Ende 1938 war die außenpolitische Lösung der »Judenfrage« jedenfalls ein allseits bekanntes Thema und schien eine Alternative zu eröffnen, um die blockierten Wege der Zwangsauswanderung zu umgehen. Sie war auch dem Ende 1939 zum Generalgouverneur in Zentralpolen aufgestiegenen Hans Frank nicht unbekannt. Jedenfalls hatte er zunächst gar nichts gegen die Judendeportationen in sein »Königreich« einzuwenden und ging Anfang 1940 davon aus, daß der Aufenthalt der Juden dort nur vorübergehend sein werde. Er meinte, nach dem Sieg werde die Aussiedlung von Millionen Juden, »etwa nach Madagaskar«, genügend Lebensraum schaffen; die überschüssigen Polen würden weiter nach Osten, vielleicht nach Sibirien, ausgesiedelt.[185]

Gleichwohl täuschte Eichmann sich nicht, wenn er das Wiederaufleben des Madagaskar-Plans mit dem Scheitern der Reservatspläne in Polen und dem sich abzeichnenden Sieg über Frankreich in Verbindung brachte. Im Mai 1940 wurde der Plan einer Judenaussiedlung in eine afrikanische Kolonie von Himmler in einer Denkschrift über die »Behandlung der Fremdvölkischen im Osten« aufgegriffen, die er am 25. Mai Hitler vorlegte und in der er erklärte: »Den Begriff Jude hoffe ich durch die Möglichkeit einer großen Auswanderung sämtlicher Juden nach Afrika oder sonst in eine Kolonie auslöschen zu sehen.«[186]

Hitler befand diese Denkschrift für richtig, woran sich Eichmann später mißmutig erinnerte, da er meinte, dadurch habe der Führer andere Zentralstellen auf den Plan gerufen. Damit allerdings brachte er einmal mehr die Chronologie durcheinander und verharrte in den von ihm selbst konstatierten Konkurrenzkämpfen zwischen Reichssicherheitshauptamt und Auswärtigem Amt. Tatsächlich hatte sich der soeben bestellte Leiter des neuen Referats D III (»Judenangelegenheiten«) im Auswärtigen Amt, Franz Rademacher, in einem Vermerk über die Arbeiten und Aufgaben seines Referats ebenfalls die Frage gestellt: »Wohin mit den Juden?«[187] Am 3. Juni 1940 griff er in einem Memorandum den Madagaskar-Plan auf und schlug ein »Judenreservat« in Lublin (für die Ostjuden) oder Madagaskar (für die Westjuden) vor.[188] Sein Vorgesetzter Martin Luther[189], der früher das Referat »Partei« im Auswärtigen Amt geleitet hatte und ein Intimus' Ribbentrops war, leitete den Plan an den Außenminister weiter, der Zustimmung signalisierte und Rademacher mit der Aus-

arbeitung eines Plans zur »Judenfrage im Friedensvertrage« beauftragte.[190]

An dem Eifer, meint Christopher Browning zu Recht, mit dem
die NS-Führung den Madagaskar-Plan aufgriff, ließ sich das Ausmaß der Frustration ermessen, das sich bei der demographischen
Neuordnung Osteuropas in den letzten Monaten aufgestaut hatte.
Hitler und Ribbentrop erwähnten den Plan am 18. Juni gegenüber
Mussolini und seinem Außenminister Ciano, und wenige Tage später äußerte sich Hitler entsprechend gegenüber dem Oberbefehlshaber der Kriegsmarine, Admiral Raeder, der allerdings skeptisch rea-
gierte, da der Atlantik Hauptkriegsgebiet bleibe.[191] Anfang August
kam Hitler auf dem Berghof gegenüber Otto Abetz, den er an diesem Tag zum Botschafter im besetzten Frankreich ernannte, auf den
Plan zu sprechen, nach Kriegsende alle Juden aus Europa zu vertreiben, ohne allerdings das Ziel Madagaskar zu nennen.[192] (Abetz sollte,
wie Eichmann richtig erinnerte, noch eine wichtige Rolle spielen,
allerdings erst, als der Madagaskar-Plan längst nur noch als politische Scheinlösung existierte.)

Hans Frank und der Reichsstatthalter im Warthegau, Arthur
Greiser[193], waren im Juli ebenfalls über die neue Perspektive im Bilde.
Frank erfuhr am 8. Juli von Hitler persönlich von dem für ihn so
erfreulichen Madagaskar-Plan.[194] Er war begeistert, denn nun konnte
auch er hoffen, die Juden aus seinem Machtbereich abzuschieben.
Abrupt stellte er die Errichtung von Ghettos im Generalgouvernement
ein und stoppte die Arbeiten an der Warschauer Ghettomauer, mit der
seit Mai 1940 die Einschließung der Juden vorbereitet wurde.[195] Greiser
dagegen war besorgt um die für August vorgesehenen Deportationen,
er wollte die Juden (und Polen) aus seinem Herrschaftsbereich unbedingt vor dem Winter loswerden. Daher schlug er Frank die Deportation der Juden aus dem Warthegau in das Generalgouvernement als
»Zwischenlösung« vor, stieß damit jedoch nicht auf Zustimmung und
mußte nachgeben. Frank war nicht mehr bereit, weitere Juden und
Polen aufzunehmen, solange die wirtschafts- und ernährungspolitischen
Fragen in seinem »Reich« nicht geklärt waren.[196]

Das Fortbestehen dieser Blockade-Situation, die dazu führte, weder die Juden aussiedeln, noch die Polen ins Generalgouvernement

umsiedeln zu können, erklärt das in der Siegeseuphorie des West-feldzuges im Juni 1940 einsetzende Planungsfeuerwerk, in das sich alsbald Heydrich einschaltete.[197] Bereits am 24. Juni 1940 teilte der Chef der Sicherheitspolizei und des SD dem Auswärtigen Amt mit, daß seine Zuständigkeit in Fragen der Judenumsiedlung sich auch auf Madagaskar erstrecke. Das Judenproblem, so Heydrich, sei durch Auswanderung nicht zu lösen, daher werde eine »territoriale Endlö-sung« notwendig.[198]

Zu vermuten ist, daß Heydrich nach dem Treffen zwischen Ribbentrop/Hitler und Ciano/Mussolini Mitte Juni von Eichmann über die Planungen Rademachers unterrichtet wurde. Demnach hatte der Referent für »Judenangelegenheiten« im Auswärtigen Amt nach dem Zusammentreffen von Ribbentrop und Ciano die Genehmi-gung, das Referat IV D 4 im RSHA (das heißt Eichmann) über seine Vorarbeiten zu informieren.[199] Sicher ist, daß laut Auftrag Heydrichs seine Mitarbeiter im Referat IV D 4 ebenfalls wieder am Madagaskar-Plan arbeiteten. Die Behauptung Eichmanns, er habe eine rege Kor-respondenz über die Lebensbedingungen und Lebenshaltungskosten auf der Insel Madagaskar sowie nicht zuletzt über die Kosten des Transports und die Einwanderungsbestimmungen geführt, läßt sich dagegen nicht belegen.[200] Vielmehr gab Rademacher diverse Gutach-ten in Auftrag.[201] Federführend im RSHA-Referat war der mit der Materie vertraute Theodor Dannecker, doch auch Eichmann und Rajakowitsch waren intensiv beteiligt.[202]

Um die Planungshoheit bei der »Lösung der Judenfrage« zu behal-ten, setzte Heydrich wiederum seinen Experten ein. Diese Strategie hatte sich bereits bei der Errichtung der »Reichszentralstelle« als er-folgreich erwiesen, als ihm Eichmanns Erfolge bei der Zwangsaus-wanderung der Juden aus Österreich zu Hilfe kamen. Wie zuvor in Wien verstand es Heydrichs getreuer Sonderbeauftragter, eine Initia-tive anderer aufzugreifen und für eigene Zwecke zu nutzen.

Gegenüber Sassen erklärte Eichmann, er habe wiederholt versucht, »dieses ganze Problem auf politische Art zu lösen«: »Darunter verstehe ich ein gewaltloses Auseinandergehen, durch eine gesetzliche Verord-nung, die zur Scheidung des Gastes vom Wirtsvolk führt [...].« Aus diesem Gedanken sei die Idee der »Zentralstellen« und die »Sache in

Lublin« entstanden. »Und aus diesem Gedanken heraus wärmte ich das alte Herzelsche Ei wieder auf mit Madagaskar. Und zwar so, daß ich mehrere deutsche Zentralinstanzen mehrere Monate heftigst mit diesen Sachen beschäftigte. Solange habe ich da gekämpft, habe ich gerungen, und da war ich, wenn Sie wollen, nicht einmal National-sozialist gewesen, da war das Verhältnis zwischen mir und den Juden ein so verwässertes und ein so verschwommenes, daß sie zum Schluß nicht mehr sagen konnten, ist es ein Jude oder ist es ein SS Führer. Denn wir hockten ja beim selben Arbeitsband in den Zentralstellen beieinander. Das war mein Wollen, da dachte ich noch, da habe ich noch eine gewisse Initiative entwickeln können, da habe ich auch noch Gedanken gebären können, die dann auch wirklich in der Praxis ver-wirklicht werden konnten.«[203]

Eichmann brachte hier, nach bekanntem Argumentationsmuster, einige seiner Initiativen durcheinander. Keineswegs hat er den Plan einer Judenaussiedlung nach Madagaskar, wie er später glauben ma-chen wollte, gemeinsam mit den Funktionären der jüdischen Gemein-den in Wien und Prag und mit der »Reichsvereinigung« in Berlin entworfen. Vielmehr erklärte Eichmann den Vertretern der jüdischen Zwangsvereinigungen am 3. Juli 1940 bei einer Besprechung im Reichssicherheitshauptamt, daß nach dem Krieg eine »Gesamtlösung der europäischen Judenfrage« angestrebt werden müsse und unge-fähr vier Millionen Juden in einem noch nicht näher bestimmten Land angesiedelt würden. Die Vertreter der jüdischen Organisatio-nen sollten »allgemeine Gesichtspunkte« zusammenstellen, die dabei zu berücksichtigen wären. Eichmann erhoffte sich offensichtlich Planungshilfe – angeblich um unnötige Härten und Reibungen für beide Teile zu vermeiden –, und er hatte es eilig: die Niederschrift sollte schon am nächsten Tag vorliegen.[204] Die Zusammenarbeit be-stand wie immer aus dem Nutzen, den er daraus zog.

Bereits einen Tag zuvor hatte der Referent des Auswärtigen Amtes, nach Besprechungen mit der Dienststelle Himmlers und dem Innen-ministerium, seinen »Plan zur Lösung der Judenfrage« vorgelegt.[205] In seinem Entwurf hob Rademacher die dominierende Rolle der SS bei der künftigen Verwaltung des »Territoriums« hervor und stellte das einzurichtende »Großghetto« aus sicherheitspolizeilichen Gründen unter die Aufsicht eines »Polizei-Gouverneurs«.[206] Dagegen unterstellte der weitaus ausführlichere RSHA-Entwurf, der Mitte August fertig war und die Aussiedlung von vier Millionen Juden aus den Ländern im deutschen Herrschaftsbereich vorschlug, das Projekt der Leitung Heydrichs (und nicht Eichmanns, wie dieser in den »*Götzen*« behauptete) und sah die Errichtung eines Polizeistaates vor.[207]

Die Planungen verliefen parallel und keineswegs, wie Eichmanns Ausführungen glauben machen, zu Ungunsten des RSHA, das durchaus die Federführung bei der »Lösung der Judenfrage« für sich behaupten konnte.[208] Daß eine solche »Gemeinschaftsarbeit« nicht seinen Vorstellungen entsprach, wie Eichmann im Gefängnis schrieb, zeugt von den daraus entstandenen Konflikten und ist ironisch zu verstehen. Ende August entschied Ribbentrop, daß das Referat D III die »Lösung der Judenfrage« im Friedensvertrag im Einvernehmen mit den Dienststellen des Reichsführers SS bearbeiten solle.

In einem Memorandum vom 30. August 1940 hielt Rademacher daran fest, der Madagaskar-Plan des RSHA sei auf seine Anregung hin und auf der Basis seiner Vorarbeiten entstanden.[209] Wichtiger aber war, daß er bei dieser Gelegenheit das »T4-Personal« in das Projekt einbezog, also das der Kanzlei des Führers unterstellte Personal der Transportorganisation, das die Opfer der NS-»Euthanasie« in die Mordzentren transportierte. Dies war auf eine Anregung von Viktor Brack geschehen, dem Oberdienstleiter Philipp Bouhlers, der wiederum in der Kanzlei des Führers der Beauftragte für die »Aktion T4« war.[210] Am Rande sei angemerkt, daß Philipp Bouhler im Juni tatsächlich Generalgouverneur von Ostafrika werden wollte, während Eichmann in den »*Götzen*« nachdrücklich erklärte, davon nie gehört zu haben.[211] Offensichtlich erschien es Rademacher plausibel, die Erfahrungen dieser Transportorganisation zu nutzen – und zwar zur selben Zeit, als die systematische Ermordung aller jüdischen Patienten in deutschen Heil- und Pflegeanstalten einsetzte.[212] Auch bezifferte der »Judenreferent« des Auswärtigen Amtes die Zahl der zu deportierenden Juden inzwischen nicht mehr auf vier, sondern auf 6,5 Millionen, bezog also die südosteuropäischen Staaten und die Juden aus den nordafrikanischen Kolonien Frankreichs mit in den Plan ein.[213] Von sechs Millionen Menschen, die nach dem Krieg aus dem von Deutschland beherrschten europäischen Raum auf die Insel Madagaskar befördert werden sollten, ging Eichmann dann am 3. Dezember 1940 in einem Gespräch mit dem Rassereferenten im Reichsministerium des Innern, Bernhard Lösener, aus, der nach eigenen Angaben bei dieser Gelegenheit überhaupt erst von dem Plan erfuhr.[214]

Im Unterschied zu den Planungen des Frühjahrs versetzte die Verlagerung des »Judenreservats« in den außereuropäischen Raum das RSHA in die Lage, die Aussiedlung der Juden vorübergehend auf den gesamten deutschen Herrschaftsbereich in Europa auszudehnen.[215] Im Herbst 1940 schloß dies die polnischen, deutschen, österreichischen und böhmischen sowie die Juden aus Holland, Belgien und Frankreich ein, im Winter schließlich auch die Juden aus Südosteuropa. Diese Funktion, ein »Irgendwo« für die »Lösung der Judenfrage« zu bieten, erfüllte der Madagaskar-Plan bis in das Jahr 1941. Dagegen läßt sich Eichmanns auch gegenüber Sassen angedeutete Aussage nicht belegen, daß er bis in den Sommer 1941 die Evakuierung sämtlicher Juden aus Europa nach Madagaskar plante, hierfür Berater in die besetzten und befreundeten Gebiete schickte und in seinem Referat unter Beteiligung aller Instanzen Gespräche mit jeweils bis zu zwanzig Teilnehmern führte, um dieses Ziel zu verwirklichen.[216]

Die Um- und Aussiedlungsplaner warteten im Herbst 1940 vergeblich auf die Genehmigung ihrer »Territoriallösung«, deren Verwirklichung nicht nur von dem Sieg über Frankreich, sondern auch über Großbritannien abhängig war, das die Seewege beherrschte. Auf dieses Problem hatte Admiral Raeder in seinen Äußerungen gegenüber Hitler bereits angespielt. Als sich im August/September 1940 abzeichnete, daß mit einer Invasion Großbritanniens nicht zu rechnen war, lebte der Madagaskar-Plan zwar in den Akten und Äußerungen Hitlers sowie einiger der Organisatoren der Um- und Aussiedlungen noch eine ganze Weile fort, mußte aber als außereuropäische »Lösung der Judenfrage« politisch aufgegeben werden.

Die Aussichtslosigkeit des Madagaskar-Planes bedeutete einen weiteren Schritt auf dem Weg zur Radikalisierung der nationalsozialistischen Vertreibungspolitik. Trotzdem war Eichmanns Behauptung,

Madagaskar wäre bestimmt kein Konzentrationslager geworden, so illusionär wie der Plan selbst und beschönigte nachträglich ein Szenario, das man sich kaum schrecklich genug ausmalen kann. Die Deportation von 6,5 Millionen Menschen nach Madagaskar wäre für eine Vielzahl der Betroffenen einem Todesurteil gleichgekommen.

Nicht nur im Generalgouvernement und bei Greiser im Warthegau weckte der Madagaskar-Plan neue Begehrlichkeiten, diese Gebiete in nächster Zeit »judenfrei« zu machen. Auch anderswo trafen örtliche Gauleiter Vorbereitungen zur Abschiebung der Juden. Aus den nach der Niederlage Frankreichs angegliederten Provinzen Elsaß und Lothringen, die mit den Gauen Baden und Saarpfalz vereinigt worden waren, wurden zwischen Juli und September 1940 etwa 25 000 französische Staatsbürger über die Demarkationslinie vertrieben, darunter alle Juden; zwischen dem 11. und 21. November folgte die Abschiebung weiterer 60 000 Lothringer und Elsässer; am 22. und 23. Oktober wurden mit der bisher größten Deportation aus dem Reich 6 502 Juden aus Baden und Saarpfalz nach Vichy-Frankreich in Internierungslager abgeschoben. Wie Greiser im Warthegau wollten auch der Gauleiter von Ostpreußen, Erich Koch, und der Gauleiter von Wien, Baldur von Schirach, die Juden aus ihrem Herrschaftsbereich loswerden, wobei Schirach – nach einem Gespräch der östlichen Gauleiter mit Hitler am 2. Oktober 1940 – zwei Monate später von Hitler die Zustimmung erhielt, die »in dem Reichsgau Wien noch wohnhaften 60 000 Juden« ins Generalgouvernement zu deportieren.[217]

Hinzu kam, daß sich die Umsiedlungsfunktionäre, so wenig die Hoffnung auf eine schnelle »insulare Lösung« gerechtfertigt war, auf die »Rücksiedlung« weiterer 275 000 Volksdeutscher eingelassen hatten: Aus den sowjetisch annektierten Ländern Bessarabien, der Nordbukowina und aus Litauen sollten 187 779 Volksdeutsche herausgeholt werden, auf die Nachumsiedlungen aus Estland und Lettland entfielen 12 000 Menschen, auf die Südbukowina und Norddobrudscha der Abtransport von 67 170 Volksdeutschen sowie 9 732 sogenannte Streudeutsche auf Rumänien.[218]

Der Zielkonflikt, den Eichmann schon im Januar 1940 als »schwer beherrschbare Wechselwirkung zwischen Ansetzung der Volksdeutschen und Evakuierung der Juden und Polen« bezeichnet hatte, wurde immer offensichtlicher.[219] Da sich keine andere Lösung abzeichnete, hielt Eichmann zunächst am Madagaskar-Plan fest, musste im Dezember allerdings eingestehen, daß der Plan nicht mehr aktuell war. Während er am 3. Dezember in seinem Gespräch mit Lösener noch die Insel Madagaskar als Ziel der Deportationen genannt hatte, hielt er einen Tag später in einer Ausarbeitung für einen Vortrag Himmlers über Siedlungsfragen bezüglich der »Endlösung der Judenfrage« fest, die Juden würden »aus dem europäischen Wirtschaftsraum des deutschen Volkes in ein noch zu bestimmendes Territorium« abgeschoben. Dafür käme eine Zahl von 5,8 Millionen Juden in Betracht.[220]

Am 10. Dezember hielt Himmler seinen Vortrag vor den Reichs- und Gauleitern in Berlin. Er kündigte an, durch die Deportation von zwei Millionen Juden aus dem ursprünglich als Abschiebeterritorium für Polen *und* Juden vorgesehenen Generalgouvernement Platz für noch mehr Polen zu schaffen, die den volksdeutschen Umsiedlern in den eingegliederten Ostgebieten weichen müßten. Ob er einen Zielort der geplanten »Judenauswanderung« nannte, ist nicht bekannt.[221] Zu diesem Zeitpunkt hatte aber der Aufmarsch für den »Fall Barbarossa« bereits begonnen, und die Wehrmacht stellte ihre Truppen im Osten des Generalgouvernements auf.[222] Das lieferte Frank neue stichhaltige Argumente, die Aufnahme weiterer Juden und Polen aus den bereits bekannten Gründen, nämlich Überbevölkerung und Ernährungsproblemen, abzulehnen. Um so mehr stellte sich die für Eichmann entscheidende Frage, wohin die zwei Millionen Juden aus dem Generalgouvernement abgeschoben werden sollten, um Platz zu schaffen für die Polen.

Kaum eine Äußerung des ehemaligen Räumungsbeauftragten charakterisiert die im Winter 1940/41 eingetretene Situation besser als seine Klage gegenüber Sassen, zu viele Stellen hätten ihre Hand im Spiel gehabt, seien »wortgewaltig« gewesen und hätten »den radikalsten Standpunkt vertreten und durchgedrückt. [...] Und Sie wissen, wenn das nur einmal anfängt, dann zieht das Kreise, genau so, wenn ich einen Stein in einen Teich werfe.« Eine jede federführende Stelle, fuhr er fort, habe, sobald es um das »Sektörchen ›Juden‹« ging, die Sache für sich vereinnahmen wollen.[223] Im Herbst 1940 hatte sich ein weiteres Deportationsprojekt als unrealistisch erwiesen, doch schien aus jedem gescheiterten Projekt ein neues, noch größeres hervorzugehen. Die Organisatoren der Umsiedlung lösten ihre selbst geschaffenen Probleme, formulierte Götz Aly treffend, »im Sinne maximalistischer Überwindung von Zielkonflikten«.[224] Insofern waren die Zwangslagen, in die Eichmann in seiner Funktion als Deportationsspezialist immer wieder geriet, kennzeichnend für die Praxis der nationalsozialistischen Umvolkungspolitik, deren Akteure immer radikalere Zielsetzungen verfolgten, während ihr Handlungsspielraum immer geringer wurde. Ein Jahr nach dem Überfall auf Polen stand den Umsiedlungspraktikern weder ein »Reservat« noch eine Insel zur Abschiebung der Juden zur Verfügung. Die jüdische Bevölkerung war inzwischen größtenteils enteignet und lebte unter erbärmlichsten Bedingungen in Ghettos isoliert. Durch ihren Abtransport wären weder genügend noch geeignete Wohnungen und Arbeitsplätze für Volksdeutsche frei geworden.[225]

Der 3. Nahplan, den Heydrich gemeinsam mit den Umsiedlungsfachleuten entwickelte und Anfang Januar 1941 abschloß, sah die Deportation von 771 000 Polen und, wie von Hitler befohlen, 60 000 Wiener Juden vor.[226] An erster Stelle sollte er die Aussiedlung der Polen regeln, »wie und wann die Juden des Warthegaus, Ostoberschlesiens und Südostpreußens deportiert werden könnten«, blieb offen.[227] Es war ein gigantisches Projekt, um für die südosteuropäischen Volksdeutschen und für die Wehrmacht Platz zu schaffen; allein 200 000 Menschen sollten im Generalgouvernement umgesiedelt werden, um Raum für Truppenübungsplätze zu schaffen.[228] Es erlebte das gleiche Schicksal wie seine Vorgänger. Bis zum 15. März wurden 25 000 Menschen (darunter 9 000 Juden) ins Generalgouvernement abgeschoben, 225 000 weniger, als bis zum 1. Mai geplant war – danach wurden die Deportationen ausgesetzt.[229] »Aber am 15. März«, erinnerte sich Eichmann, »mußten bereits sämtliche Evakuierungstransporte aus den eingegliederten deutschen Ostgebieten, bzw. Wien, in das Generalgouvernement eingestellt werden. Die Operationsabteilungen des deutschen Generalstabes wünschten für ihre Aufmarschpläne gegen Rußland in den Bereitstellungsräumen freie Hand zu haben und durch keinerlei sonstige Transportbewegungen gestört zu werden.«[230]

Wieder setzte der Mechanismus ein, der bereits im Frühjahr zur Abriegelung des Lodzer Ghettos geführt hatte, nun beschleunigt durch die Priorität des geplanten Feldzuges gegen die Sowjetunion und die Interessen der Wehrmachtsführung, die die Ghettoisierung der jüdischen Bevölkerung im Generalgouvernement für die Zwecke des Aufmarsches nutzte.[231] Schon im Oktober und November hatten während der Vorbereitung des 3. Nahplans Gespräche zwischen den Dienststellen Himmlers und derjenigen Eichmanns zum Thema »Juden« stattgefunden. Nun kreuzten sich die von SS- und Polizeiführer Odilo Globocnik im Dezember 1940 entwickelten Vorstellungen, die arbeitsfähigen Juden im Distrikt Lublin an hierfür bestimmten Orten zur Zwangsarbeit zu verpflichten, Sümpfe urbar zu machen und Flüsse zu regulieren, mit den Interessen der Umsiedlungspraktiker.[232] Die Idee dazu hatte es bereits im Sommer gegeben. Der Referent für Judenangelegenheiten in der Regierung des Generalgouvernements hatte schon am 6. Juni 1940 vorgeschlagen, die Juden in »wirtschaftlich am wenigsten wertvolle Gebiete« abzuschieben, also gleichsam Hungerreservate für die jüdische Bevölkerung einzurichten.[233]

Seit Januar 1941 wurden Zehntausende Juden in das Warschauer Ghetto gesperrt, um Platz für die ausgesiedelten Polen zu schaffen, wodurch die Sterblichkeit im Ghetto dramatisch anstieg. Nachdem die »Wirtschaftsbilanz« des Ghettos im Juni 1941 laut eines Rationalisierungsexperten Franks vernichtend ausgefallen war, war an weitere Ghettoisierungen nicht zu denken.[234] Ohne daß sie an erster Stelle davon betroffen waren, wurde der 3. Nahplan vor allem den Juden im Generalgouvernement zum Verhängnis.

Um dieses neue Dilemma zwischen Wirtschaftlichkeit der Ghettos und Aussiedlung der Juden und Polen zu überwinden, sollten die arbeitsfähigen Juden Zwangsarbeit leisten und sollte auf diese Weise in den Ghettos des Generalgouvernements Platz geschaffen werden für arbeitsunfähige Juden – was nichts anderes hieß, als daß diese an Hunger und Mangel zugrunde gehen würden.[235] Globocnik hatte in Absprache mit der Wehrmacht gerade so im Distrikt Lublin seit dem

Sommer 1940 Erfahrungen gesammelt. Im Herbst 1940 waren Zehntausende Juden aus Warschau und dem Distrikt Radom in Globocniks Buggraben-Lagern eingesperrt und mußten als Zwangsarbeiter für die Wasserwirtschaftsinspektion, im Straßenbau und am Buggraben arbeiten.[236] Die katastrophalen Verhältnisse, insbesondere im Lager Bełzec, führten an der Jahreswende zur vorläufigen Schließung. Im Zuge der Umsiedlungen des 3. Nahplans wurde jedoch die gleiche Politik der Ghettoisierung einerseits und Abschiebung »arbeitsfähiger« Juden in Zwangsarbeitslager andererseits im Frühjahr wieder aufgenommen – um im Generalgouvernement Platz für »arbeitsunfähige« Neuankömmlinge zu schaffen.[237]

Von den Konsequenzen dieser Umsiedlungspolitik wußten auch die mit der Standortsuche für ein neues Buna-Werk beschäftigten Repräsentanten des IG-Farben-Konzerns. Seit dem Januar 1941 war ihnen bekannt, daß die Aussiedlung der einheimischen Juden und Polen aus Auschwitz und Umgebung, die sie für die Bauphase des Werkes dringend als Arbeitskräfte benötigten, deren Unterbringung in einem Konzentrationslager bedeutete.[238] Doch sie wählten gerade deshalb im Februar 1941 Auschwitz als Standort aus: Er versprach genügend Arbeitskräfte, die rücksichtslos ausgebeutet werden konnten. Und das tat die IG Auschwitz mit den Häftlingen in den nächsten vier Jahren.[239]

Von hier aus, das hat Götz Aly zu Recht hervorgehoben, »war der Schritt zum aktiven Mord an den ›unproduktiven Juden‹ nicht mehr groß, zumal die ›Beseitigung der nutzlosen Esser‹ – also die ›Aktion T4‹ – längst industriell betrieben wurde.«[240] In Ostgalizien, das Mitte des Jahres an das Generalgouvernement angegliedert wurde, sollte sich dieser Prozeß vielerorts nach gleichem Muster wiederholen, dann allerdings in Zwangsarbeitslagern und im Zeichen der dort beginnenden Vernichtung der jüdischen Bevölkerung.

Diese Details waren Eichmann, obwohl er an den Entscheidungen des Winters 1940/41 mitgewirkt hatte, zwanzig Jahre später nicht mehr präsent. Folgt man seinen Erinnerungen, so lag die Bedeutung des Madagaskar-Plans in erster Linie darin, daß er eine Möglichkeit zu bieten schien, die Blockierungen zu beseitigen, die aus der Wechselwirkung zwischen Ansiedlung und Umsiedlung entstanden waren.

Die Ankündigungen Himmlers von Anfang Dezember 1940, die Eichmann vorbereitet hatte, deuteten die neue Perspektive an, als der Madagaskar-Plan aufgegeben werden mußte. Heydrich und sein Deportationsexperte wollten die geplante »territoriale Endlösung der Judenfrage« unabhängig von dem Problem der Ansiedlung der Volksdeutschen und Aussiedlung der Polen lösen: in einem »noch zu bestimmenden Territorium«. Dann aber konnte die Antwort auf die immer wiederkehrende Frage »Wohin mit den Juden?« nur noch lauten, wie sie einige der Satrapen bereits formuliert hatten: weiter nach dem Osten, nicht mehr in den Raum Lublin, sondern an den Ostrand des Generalgouvernements, in die noch zu erobernden Ostgebiete, in Zwangsarbeitslager am Eismeer oder in die ehemals ostpolnischen Pripjet-Sümpfe.[241]

Entscheidung zur Deportation der Juden in den Osten – nach dem Krieg

Zwischen Januar und Juli 1941 wurde die »Lösung der Judenfrage« im Zuge der Vorbereitungen zum Rußlandfeldzug von Madagaskar in den Osten verlegt. Die »Möglichkeiten des Ostens« existierten, wie Götz Aly gezeigt hat, als eigenständige Perspektive. Demnach hat Heydrich neben dem 3. Nahplan einen davon unabhängigen Plan entwickelt, der das Versprechen Himmlers vom Dezember 1940 fundieren sollte, durch die Aussiedlung von Juden noch mehr Platz für Polen zu schaffen.[242] Der neue Aufgabenbereich, den Eichmann im Rahmen des veränderten Geschäftsverteilungsplans des Reichssicherheitshauptamtes im März 1941 übernahm, spricht für diese Interpretation: »Hier wurde das Kürzel für das Referat Eichmanns von ›IV D 4‹ in ›IV B 4‹ verändert.«[243]

Eichmanns Aufgabenbeschreibung lautete nun nicht mehr nur »Räumungsangelegenheiten«, sondern »Judenangelegenheiten, Räumungsangelegenheiten«, wobei seine Dienststelle wieder der Amtsgruppe »B« zugeschlagen wurde, in der er »schon vor der Gründung des RSHA im Herbst 1939 gearbeitet hatte: bei der ›Erforschung

Abbildung 1: Dr. Fritz Bauer (1903–1968), Generalstaatsanwalt in Hessen seit 1956. Er gab Israel den Aufenthaltsort von Eichmann bekannt.
(Foto: Fritz Bauer Institut)

Abbildung 2: Eichmanns Gefängniszelle.
(Foto: Israel State Archives)

Abbildung 3: Eichmann im Innenhof des Gefängnisses.
(Foto: Israel State Archives)

Abbildung 4: Der Gerichtssaal im »Haus des Volkes« in Jerusalem.
(Foto: Israel State Archives)

Abbildung 5: Eichmann vor Gericht in seinem kugelsicheren Glaskasten.
(Foto: Israel State Archives)

Abbildung 6: Eichmann vor Gericht in seinem kugelsicheren Glaskasten.
(Foto: Israel State Archives)

Abbildung 7: Eichmann studiert Akten vor Gericht in seinem Glaskasten.
(Foto: Israel State Archives)

Abbildung 8: Eichmann studiert Akten vor Gericht in seinem Glaskasten.
(Foto: Israel State Archives)

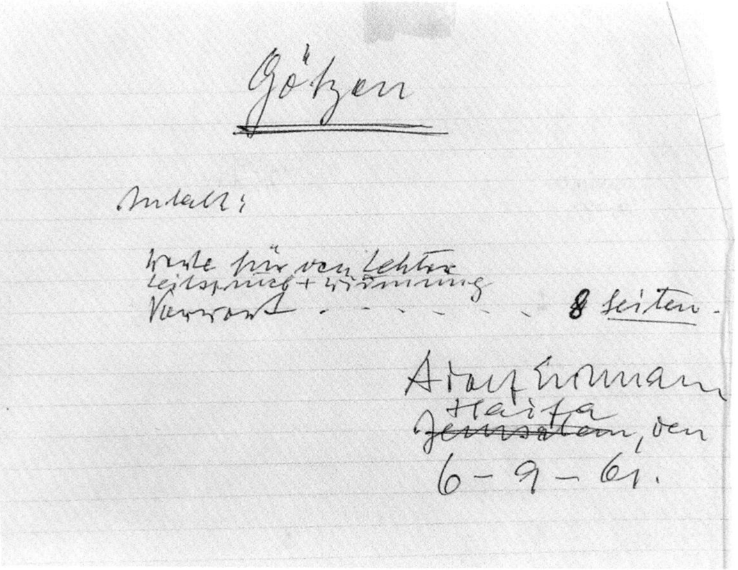

Abbildung 9: Titelseite der von Eichmann im Gefängnis in Israel verfaßten Rechtfertigungsschrift »Götzen«.

(Original: Israel State Archives)

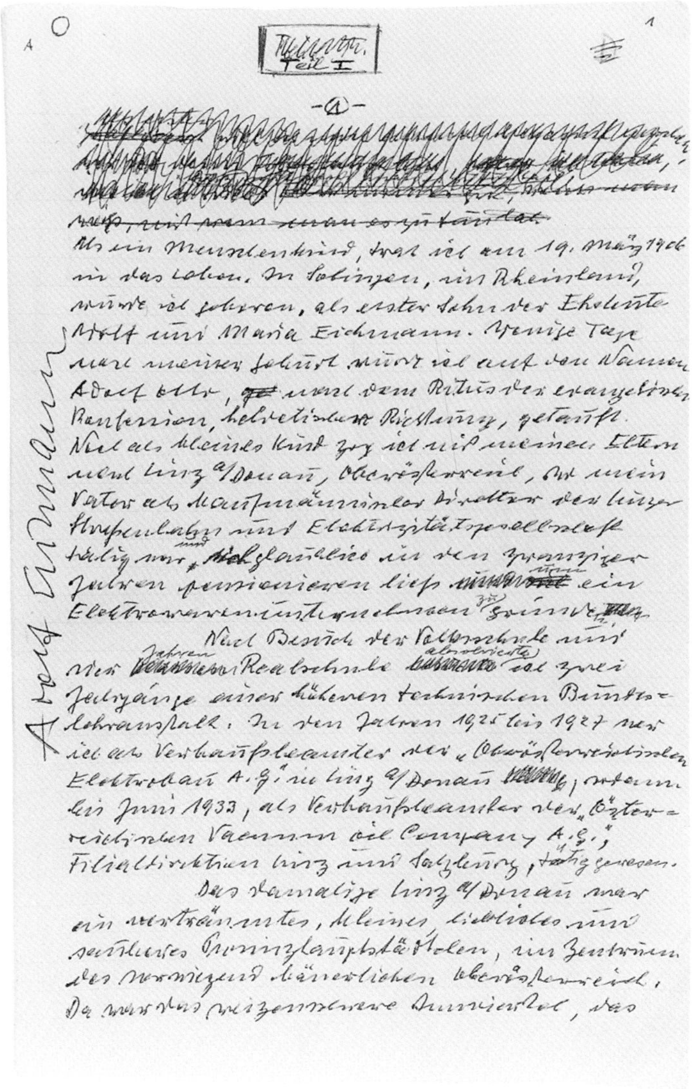

A

1

Götzen. Teil I

-1-

Als ein Menschenkind, trat ich am 19. März 1906 in das Leben. In Solingen, im Rheinland, wurde ich geboren, als erster Sohn der Eheleute Adolf und Maria Eichmann. Wenige Tage nach meiner Geburt wurde ich auf den Namen Adolf Otto, nach dem Ritus der evangelischen Konfession, helvetischer Richtung, getauft. Noch als kleines Kind zog ich mit meinen Eltern nach Linz a/Donau, Oberösterreich, wo mein Vater als kaufmännischer Direktor der Linzer Straßenbahn und Elektrizitätsgesellschaft tätig war, und glaublich in den zwanziger Jahren pensionieren ließ und ein Elektrowarenunternehmen gründete.

Nach Besuch der Volksschule und der 4 Jahren Realschule absolvierte ich zwei Jahrgänge einer höheren technischen Bundeslehranstalt. In den Jahren 1925 bis 1927 war ich als Verkaufsbeamter der „Oberösterreichischen Elektrobau A.G." in Linz a/Donau, sodann bis Juni 1933 als Verkaufsbeamter der „Österreichischen Vacuum Oil Company A.G.", Filialdirektion Linz und Salzburg, tätig gewesen.

Das damalige Linz a/Donau war ein verträumtes, kleines, liebliches und sauberes Provinzhauptstädtchen, im Zentrum des vorwiegend bäuerlichen Oberösterreich. Da war das reizendschöne Mühlviertel, das

Adolf Eichmann

Abbildung 10: Erste Seite von Eichmanns im Gefängnis verfaßten Rechtfertigungsschrift *»Götzen«*. Eichmann zeichnete jede Seite mit seinem Namen ab.

(Original: Israel State Archives)

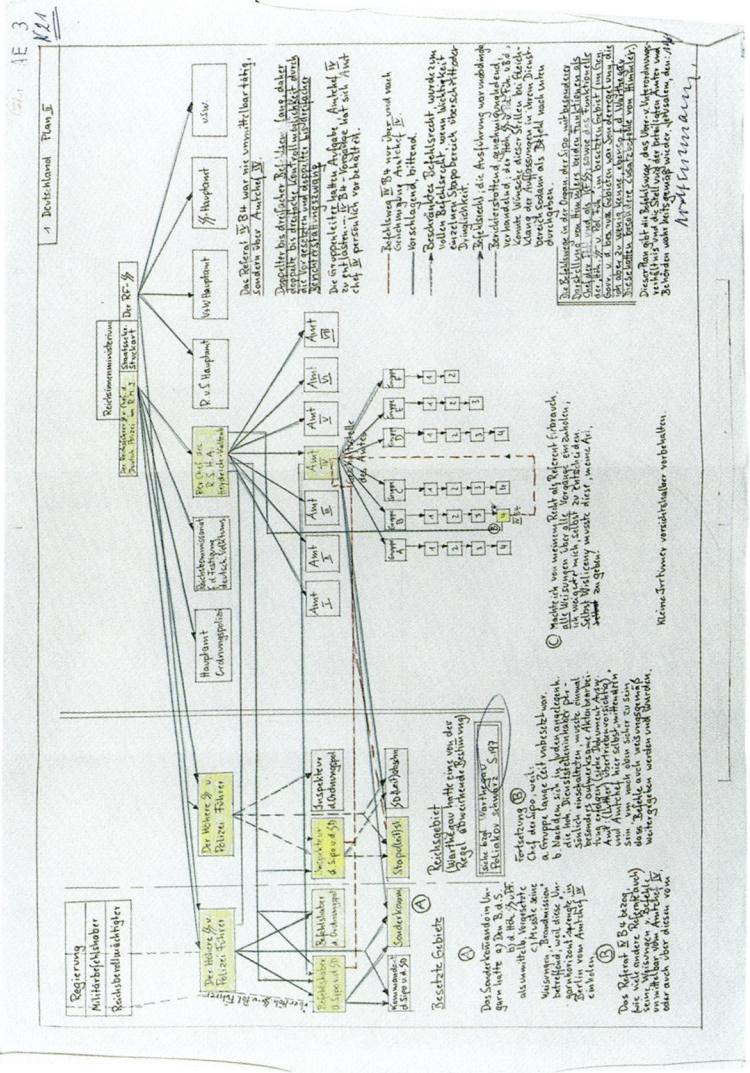

Abbildung 11: Von Eichmann im Gefängnis gezeichnete Skizze: »Die Befehls-
wege in der Organ. der Sipo mit besonderer Darstellung von Himmlers beiden Funktionen als Chef der Polizei und als RF SS«.

(Original: Israel State Archives)

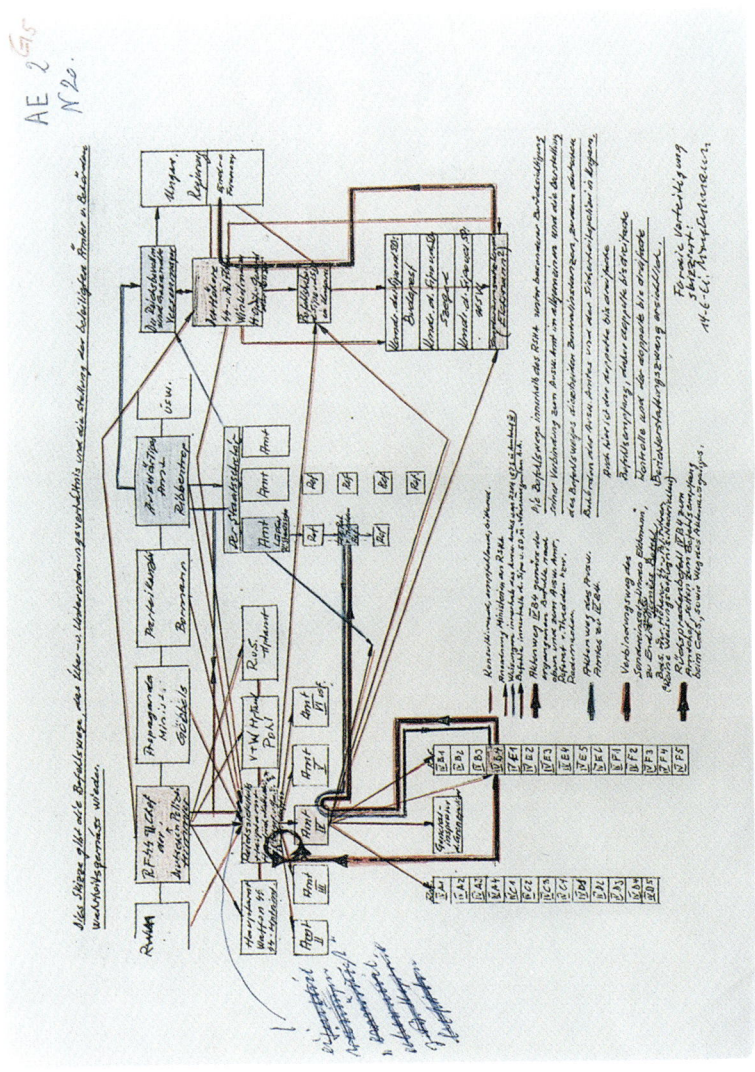

Abbildung 12: Von Eichmann im Gefängnis angefertigte Skizze: »Die Befehls-
wege innerhalb der RSHA« (Reichssicherheitshauptamt).
(Original: Israel State Archives)

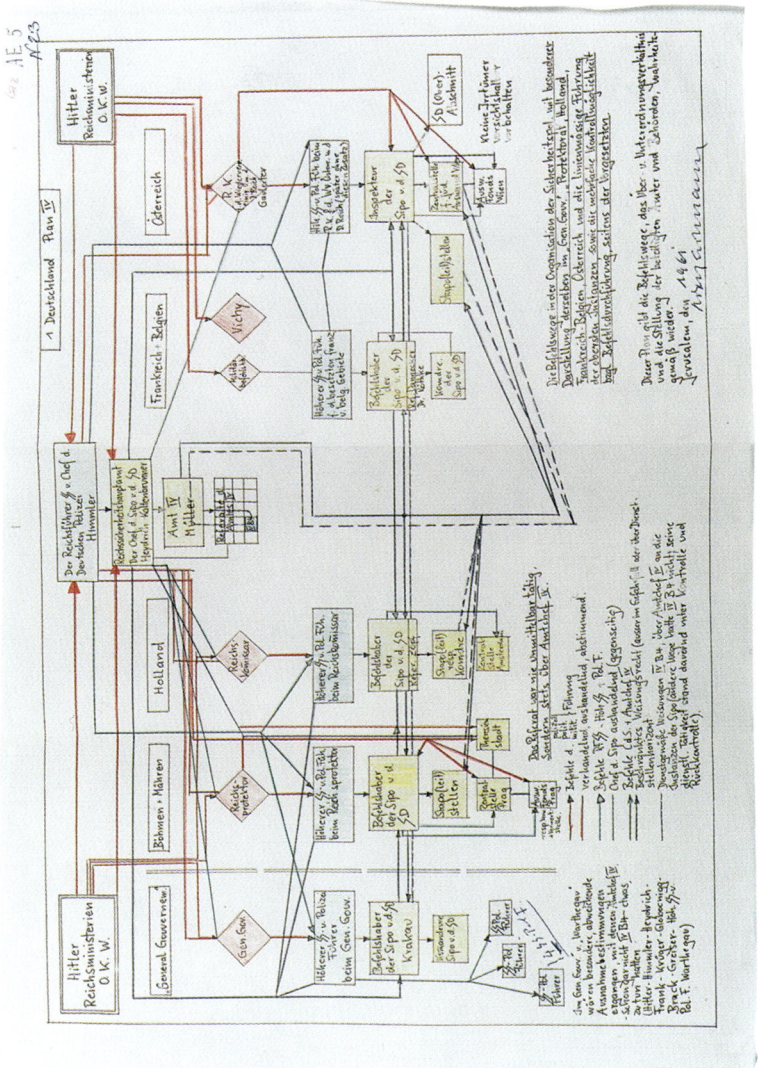

Abbildung 13: Von Eichmann im Gefängnis gezeichnete Skizze: »Die Befehls-
wege in der Organisation der Sicherheitspolizei…«
(Original: Israel State Archives)

Abbildung 14: Von links nach rechts: Robert Servatius (Eichmanns Verteidiger), Gideon Hausner (der Ankläger), im Hintergrund Eichmann mit einem Wachmann in seinem kugelsicheren Glaskasten.
(Foto: Israel State Archives)

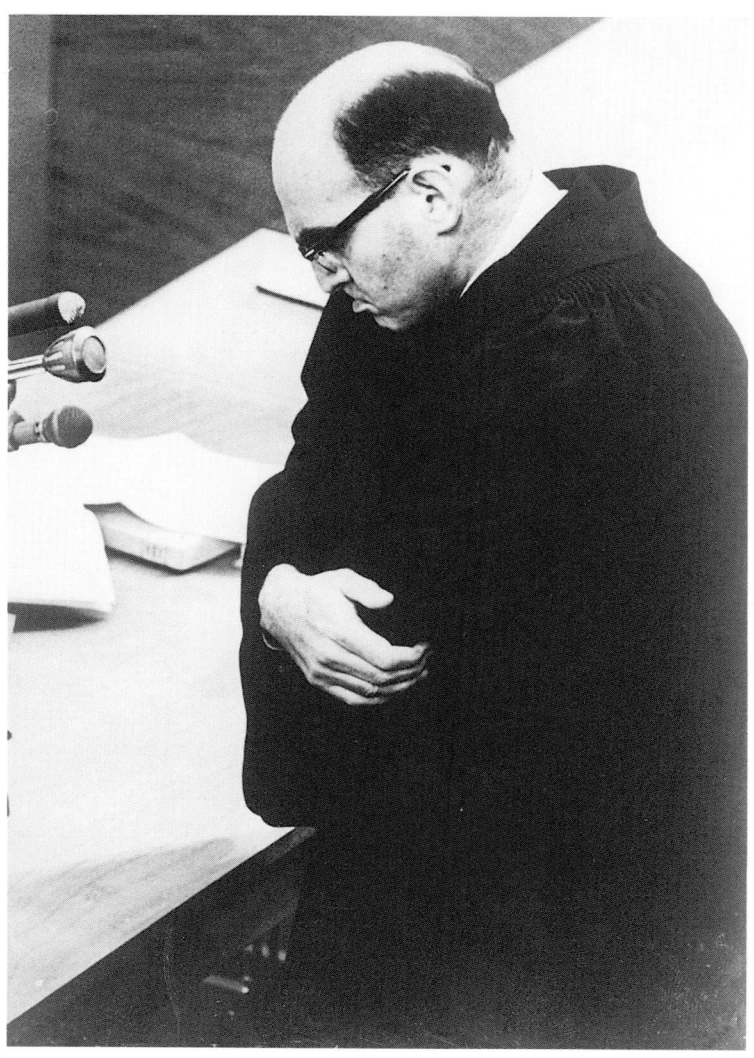

Abbildung 15: Gideon Hausner, Generalstaatsanwalt und Ankläger im
Eichmann-Prozeß.
(Foto: Israel State Archives)

Abbildung 16: Dr. Robert Servatius, Kölner Rechtsanwalt, Eichmanns Verteidiger. Er war bereits als Verteidiger bei den Nürnberger Prozessen tätig.
(Foto: Israel State Archives)

und Bekämpfung‹ religiöser und rassischer Gegner im Innern des Reiches (und in den ›deutschen Lebensgebieten‹).«[244] Vor allem aber gab es nun kein weiteres Judenreferat im RSHA mehr.[245] Aly ist zuzustimmen, daß diese Veränderung eines bürokratischen Kürzels nicht überbewertet werden sollte. Trotzdem liegt die Vermutung nahe, daß eine solche Veränderung im März 1941 einen Aufgabenwandel dokumentiert, ebenso wie im November 1941, als sein Referat nur noch unter der knappen Bezeichnung »Juden« firmierte – zu einem Zeitpunkt, als die »Endlösung« im Sinne physischer Vernichtung bereits begonnen hatte.[246]

Die Quellen für die damaligen Evakuierungspläne des RSHA sind nicht sehr zahlreich. Eine Notiz des inzwischen als »Judenberater«[247] in Paris eingesetzten Theodor Dannecker vom 21. Januar 1941 sowie eine Äußerung von Eichmann im Propagandaministerium am 20. März 1941 belegen jedoch die im Frühjahr beabsichtigte »Gesamtlösung der Judenfrage« im Osten. In seiner Notiz für Eichmann, in der es um die Einrichtung eines »Zentralen Judenamtes« in Frankreich ging, schrieb Dannecker im Januar, daß die »Judenfrage innerhalb des von Deutschland beherrschten oder kontrollierten Teils Europas« gemäß dem Willen des Führers nach dem Krieg einer endgültigen Lösung zugeführt werden solle. Heydrich habe vom Führer über Himmler bzw. durch Göring bereits den Auftrag eines »Endlösungsprojektes« erhalten und eine Ausarbeitung liege dem Führer und dem Reichsmarschall vor. Fest stehe, daß nur durch sorgfältige Vorarbeiten ein Erfolg zu gewährleisten sei. Diese wiederum müßten sich »sowohl auf die einer Gesamtabschiebung der Juden vorausgehenden Arbeiten als auch auf die Planung einer bis ins einzelne festgelegten Ansiedlungsaktion in dem noch zu bestimmenden Gebiet erstrecken.«[248]

Zwei Monate später, am 20. März 1941, teilte Eichmann bei einer Besprechung im Propagandaministerium mit, daß der Chef der Sicherheitspolizei und des SD vom Führer mit der »endgültigen Judenevakuierung« beauftragt worden sei. Er habe Hitler acht bis zehn Wochen vorher einen Vorschlag vorgelegt, der nur deshalb nicht ausgeführt worden sei, weil das Generalgouvernement *zur Zeit* nicht in der Lage sei, auch nur einen Juden oder Polen aufzunehmen.[249]

Aus den beiden Schreiben geht hervor, daß Heydrich mit Abschiebeplänen beschäftigt war, die sämtliche Juden im deutschen Herrschaftsbereich einschlossen. Seine Planungen standen im Zeichen der Kriegsvorbereitungen, denn nur der erwartete rasche Sieg über die Sowjetunion versprach genügend Raum, um in den Worten Danneckers »nach dem Kriege die Judenfrage« einer »endgültigen Lösung zuzuführen«. »Das Schicksal der europäischen Juden war,« wie Christopher Browning schreibt, »mit Deutschlands militärischem Erfolg unmittelbar verknüpft.«[250] Im Zeichen des raschen Sieges über Frankreich war der Madagaskar-Plan entstanden, aus der Erwartung eines Siegesfeldzuges im Osten ergaben sich neue Perspektiven, die den Madagaskar-Plan ablösten.

Während Dannecker – wie Eichmann im Dezember – von einem »noch zu bestimmenden Gebiet« ausging, gab letzterer in seinen Äußerungen im Propagandaministerium die Richtung der geplanten Deportationen an: »das Generalgouvernement, allgemein gesprochen – der Osten.«[251] Dafür sprechen auch Hitlers Ankündigungen zwei Tage nach dem Stop der Deportationen im Rahmen des 3. Nahplans. Am 16. März äußerte er gegenüber Hans Frank, dessen Gebiet werde als erstes »judenrein« sein, und erklärte noch am selben Tag, die Juden müßten aus Europa heraus.[252] Verbunden mit der vagen Andeutung einer möglichen »Osterweiterung« des Generalgouvernements, gab er zu verstehen, daß in absehbarer Zeit die Juden aus Franks Territorium weiter in den Osten abgeschoben werden sollten.[253]

Wenige Tage später, am 26. März 1941, notierte Heydrich über eine Besprechung mit Göring, er habe dem Reichsmarschall bezüglich der »Lösung der Judenfrage« seinen Entwurf vorgelegt. Dafür mußte Heydrich vorher einen entsprechenden Auftrag erhalten haben, was Eichmann am 20. März im Propagandaministerium mit dem Hinweis bestätigt hat, dieser sei zur Zeit noch nicht zu realisieren.[254] Am 31. Juli kam Göring dann, folgt man Eichmanns Chronologie, den Bemühungen Heydrichs nach, »den europäischen Auftrag zu erhalten«. Er beauftragte den Chef der Sicherheitspolizei und des SD mit der »Gesamtlösung der Judenfrage im deutschen Einflußgebiet«.[255]

Eichmann stellte den bekannten Auftrag Görings[256] als Konsequenz von Heydrichs Eingreifen in die Madagaskar-Planung im Juni 1940 dar. In seinem Schreiben an Ribbentrop hatte Heydrich am 24. Juni 1940 festgestellt, daß das »Gesamtproblem« – damit bezog er sich auf 3¼ Millionen Juden »unter deutscher Hoheitsgewalt« – nicht mehr durch Auswanderung zu lösen und deswegen eine »territoriale Endlösung« notwendig sei. Als die Umsiedlungen im Rahmen des 3. Nahplans wieder aufgenommen wurden, war die jüdische Bevölkerung in den annektierten Gebieten darin zwar nicht einbezogen, doch war die »territoriale Endlösung der Judenfrage« damit keineswegs aufgegeben worden.

In diesem Kontext stellte Eichmann das nach eigener Aussage von ihm selbst entworfene Schreiben, mit dem Heydrich beauftragt wurde, eine »Gesamtlösung« vorzubereiten und sie »in Form der Auswanderung oder Evakuierung einer den Zeitverhältnissen entsprechenden möglichst günstigen Lösung zuzuführen«.[257] Den Anstoß, »sich eine solche Generalbestallung zu beschaffen«, habe für Heydrich das Madagaskar-Projekt gegeben.[258] Eichmann betrachtete die »territoriale Endlösung der Judenfrage« seitdem als ein eigenständiges Projekt Heydrichs im Reichssicherheitshaupt, bis hin zur Wannseekonferenz:

»Heydrich jedenfalls trachtete seine Zuständigkeitsrechte für diese Madagaskarlösung durch eine schriftliche Versicherung der hierfür zuständigen Reichsspitze, Göring, zu erhalten und bekam sie.[259] Von der diesbezüglichen Idee Heydrichs bis zur vollzogenen Unterschrift vergingen Monate. Es ist falsch, annehmen zu wollen, daß derartige Vollmachten gewissermaßen im Schnellverfahren so zwischen Tür und Angel erledigt wurden. Heydrich mußte hier erst seinen Boden präparieren.

Wochen später erst wurde das Madagaskarprojekt durch den deutschen Botschafter in Paris, Abetz[260], der neue Vorschläge machte, endgültig zu Grabe getragen. Doch davon soll später die Rede sein, wenn ich auf Frankreich zu sprechen komme.

Aber diese Göring'sche Formulierung paßte auch auf den neuen Pariser Vorschlag, so daß sie keinerlei Änderung [das heißt die Formulierung Görings keine Änderung durch Heydrich, d. Verf.] zu erfahren brauchte. Offiziell wurde das Madagaskar-Projekt erst Anfang 1942 zu den Akten gelegt. Im Herbst 1941, genauer gesagt, ab Oktober, wurde das Deportationsprogramm, wel-

ches durch die militärischen Operationsvorbereitungen zum Feldzug gegen
Rußland unterbrochen werden mußte, von oben wieder angekurbelt und die
Wiederinangriffnahme befohlen.«[261]

Der Chef der Sicherheitspolizei und des SD, fuhr Eichmann fort,
habe erstmals Gebrauch von Görings Schreiben gemacht, als er im
November 1941 zur Wannseekonferenz einlud. »Heydrich hatte von
Göring den Auftrag, alle erforderlichen Vorbereitungen für eine Gesamtlösung der Judenfrage im deutschen Einflußgebiet in Europa zu
treffen. Als Auftakt plante er eine Besprechung mit allen Staatssekretären der in Frage kommenden Zentralinstanzen. Himmler hatte zwar
für die besetzten russischen Gebiete gemäß des Hitler-Befehles, den
ich aus Heydrichs Munde vernahm, die physische Vernichtung der
Juden bereits seit Monaten anlaufen lassen. Und eben hatte ein Spezial-
kommando im Warthegau auch schon damit angefangen. Auch
Globocnik bereitete im Generalgouvernement die Vernichtung der
Juden gemäß der Befehlsgebung Hitler-Himmler vor. Der Madagaskarplan war tot.«[262]
Für die Rolle des Madagaskar-Plans gibt es kaum eine bessere Beschreibung als sein langsamer Tod in der Erinnerung Eichmanns.
Schon zu Sassen hatte er gesagt, der Kriegsverlauf habe den Plan zu
seinem »Herzleid« beendet, gerade als der Entwurf endlich »minister-
reif« gewesen sei.[263] Danach war er nur noch eine aus zweckrationalen
Gründen aufrecht erhaltene politische Fiktion. In den »*Götzen*« ließ
Eichmann ihn »zu den Akten legen« (was im Herbst 1940 geschah),
»sterben« und »endgültig zu Grabe tragen« (mit den Vorbereitungen
zum Einmarsch in die Sowjetunion), bis er ihn endgültig für »tot«
erklärte (mit Heydrichs Einladung zur Wannseekonferenz im November 1941). Zu diesem Zeitpunkt war die Deportation der Juden aus
dem »Altreich«, aus Österreich und dem »Protektorat« wieder aufgenommen sowie die Abschiebung der Juden aus Frankreich bereits
beschlossen. Wohin genau, war noch immer nicht klar, allerdings: in
den Osten, in die besetzten Gebiete der Sowjetunion, wo im Herbst
1941 bereits Zehntausende den Einsatzgruppen zum Opfer gefallen
waren – oder nach Sibirien. So ist auch eine Äußerung Hitlers einen
Monat nach Beginn des Rußlandfeldzuges zu verstehen, der am
22. Juli 1941 gegenüber dem kroatischen Marschall Slavko Kvaternik

sagte, daß er die europäischen Staaten auffordern wolle, sich an der Entfernung der Juden zu beteiligen: »Wohin man die Juden schicke, nach Sibirien oder Madagaskar, sei ihm gleichgültig«.[264]

Wohl kaum brauchte Heydrich Ende Juli 1941 eine Bestätigung, um die seit Jahren durchgeführte Vertreibung der Juden auch künftig fortzusetzen. Er hatte als Chef der Sicherheitspolizei und des SD in den Monaten vor seiner Beauftragung durch Göring die Aufstellung der Einsatzgruppen organisiert. Der Massenmord an den russischen Juden war Ende Juli, das hielt auch Eichmann in den »Götzen« fest, bereits in vollem Gang. Christopher Browning meint allerdings, daß Hitler bereits kurz vor oder nach dem Juli 1941 Himmler und Heydrich »grünes Licht« gegeben habe, das Vernichtungsprogramm auf alle europäischen Juden auszudehnen. Demnach war der ursprüngliche Plan, nach einem raschen Sieg über die Sowjetunion mit den Massendeportationen in die besetzten Gebiete zu beginnen, bereits überholt und statt dessen die Massenvernichtung beschlossen worden. In diesem Zusammenhang meinen Browning und andere Historiker, daß die Zeugenaussagen von Rudolf Höß und vor allem von Eichmann belegen, daß dieser im Juli, spätestens aber im August von einem Befehl Heydrichs oder Hitlers zur Vernichtung der Juden erfahren habe.[265]

Höß behauptete in seinen Aufzeichnungen im Gefängnis, im Sommer 1941 von einem Führerbefehl zur »Endlösung der Judenfrage« erfahren zu haben.[266] Doch er erinnerte sich an »Vernichtungsstellen im Osten«, die zu dieser Zeit noch nicht existierten, sondern erst im Winter 1941/42.[267] Auch seine Erinnerung – auf die noch zurückzukommen sein wird –, Eichmann habe ihn wenig später in Auschwitz besucht, läßt sich nicht belegen.[268] Ebensowenig liegt ein Dokument vor, welches beweist, daß Hitler die Vernichtung der sowjetischen Juden vor oder kurz nach Beginn des Rußlandfeldzuges befohlen und diese Entscheidung dann im Herbst auf alle Juden Europas ausgedehnt hat.[269] Im Gegenteil, seine Äußerung, es sei ihm egal, ob die Juden nach Madagaskar oder Sibirien abgeschoben werden, und Eichmanns Behauptung, der Madagaskar-Plan sei im Sommer 1941 gestorben, stimmen nicht mit einer zu dieser Zeit getroffenen Entscheidung überein, alle Juden zu ermorden.

Einen solchen Befehl hat es nach Eichmanns Gedächtnis erst zu einem späteren Zeitpunkt gegeben. In seinen Äußerungen über die Ereignisse im Sommer 1941 bezog er sich immer auf die Ablösung des Madagaskar-Plans, verbunden mit dem Hinweis auf regionale Entwicklungen im Warthegau und im Generalgouvernement, die im Herbst 1941 in Massentötungen übergingen. An anderer Stelle beantwortete er die Frage Sassens, ob in höheren Parteikreisen »der Führerbefehl« (damit meinte Sassen den Befehl zur physischen Vernichtung) Anfang 1941 kein Geheimnis mehr war. Eichmann wollte sich diesbezüglich nicht auf ein Datum festlegen, erklärte aber, der Rußlandfeldzug habe zu diesem Zeitpunkt noch nicht begonnen, daher sei »um die Zeit […] doch überhaupt noch gar nicht getötet« worden.[270]

Heydrichs Beauftragung stand noch in der Kontinuität einer »territorialen Lösung der Judenfrage«. Die Perspektive, nach dem Ostfeldzug – was aus der Sicht der Um- und Aussiedlungsplaner in absehbarer Zeit hieß – mit einer »Territoriallösung« rechnen zu können, löste wie zuvor der Madagaskar-Plan Initiativen der deutschen Besatzungsbehörden in Westeuropa und der Gauleiter im »Altreich«, im »Protektorat« und den annektierten Ostgebieten aus, die Juden möglichst schnell loszuwerden. Im Jahre 1933 mochten es kühne Phantasien gewesen sein, jetzt aber, am 6. März 1941 schrieb die SS-Zeitschrift *Das Schwarze Korps*: »Heute sehen wir die Entjudung ganz Europas als Gewißheit an.« Im nachhinein ist es erschreckend, wie realitätsnah in dem Artikel das Durchgreifen eines Mechanismus beschrieben wurde, der alle Moral außer Kraft setzte: »Gestern war es noch nicht selbstverständlich, gestern war man im Denken noch nicht soweit. Und so kann man die Entwicklungen rückläufig Schritt für Schritt verfolgen, was heute selbstverständlich ist, war gestern noch Forderung, galt vorgestern gar als Utopie.«[271]

Die Initiativen zu immer radikaleren antijüdischen Maßnahmen entstanden im Laufe des Jahres 1941 parallel im Westen wie im Osten. Sie beeinflußten sich gegenseitig und führten in die Eskalation einer systematischen Vernichtungspolitik, als sie im Winter – im Osten – in den Sog des Krieges gerieten. Auch Eichmann hat in seinen Aufzeichnungen und Äußerungen auf die Parallelität der Entwicklungen in den besetzen Ländern im Westen und den eroberten Ostgebieten hingewiesen.

Sowohl gegenüber Sassen als auch in den »*Götzen*« hob er die frühzeitig beabsichtigte Deportation der Juden aus Frankreich hervor und stellte sie in den Kontext des gescheiterten Madagaskar-Plans. Zu Sassen sagte er beispielsweise, im Juli sei der Madagaskar-Plan nicht mehr aktuell gewesen, das lasse sich anhand der »ganzen Sachen in Frankreich« leicht feststellen.«[272] Die Bestrebungen, zunächst die ausländischen und dann auch die französischen Juden in den Osten abzuschieben, die zwischen dem Früh- und Spätsommer 1941 von den deutschen Besatzungsbehörden und insbesondere dem deutschen Botschafter in Frankreich ausgingen, waren aus seiner Sicht ein Reflex auf die in den Berliner Zentralstellen entstandenen Pläne. Einige der Protagonisten der Judenverfolgung im besetzten Paris waren darüber sehr wohl unterrichtet.

Eichmann bezog sich zunächst auf die ersten Monate des Jahres 1941. Er habe »gemäß einer Disposition seines Amtschefs« am 20. Mai 1941 ein Schreiben diktiert, welches auf die Anordnung Görings zurückzuführen gewesen sei.[273] Demnach wurde allen Staatspolizeistellen, den Behörden in Frankreich, den SD-Dienststellen sowie dem Auswärtigen Amt mitgeteilt, daß die Auswanderung von Juden aus dem »großdeutschen Raum« auch während des Krieges verstärkt durchzuführen sei. Da die Ausreisemöglichkeiten nur ungenügend seien, »würde eine Auswanderung von Juden aus Belgien und Frankreich diese Möglichkeiten weiterhin schmälern«, sie sei also zu verhindern. Abschließend wurde in dem Schreiben, aus dem er zitierte, auf die »zweifellos kommende Endlösung der Judenfrage« verwiesen.[274]

Damit beschrieb Eichmann zunächst eine dem Vorjahr vergleichbare Situation, als Heydrich die Auswanderung aus den annektierten Ostgebieten verboten hatte. Auch wenn es Mitte 1941 praktisch keine Auswanderungsmöglichkeit mehr gab, wurde an der Priorität der »Entjudung« des »großdeutschen Raumes« weiterhin festgehalten. Sodann trat in seinen Ausführungen wieder die Konkurrenz mit dem Auswärtigen Amt in der »Judenfrage« hervor. Eichmann wies auf die »ungeheuren Vollmachten« des deutschen Botschafters Abetz hin, der frühzeitig die Initiative zu antisemitischen Maßnahmen im besetzten

Teil Frankreichs ergriff. Abetz habe versucht, sich über das Auswärtige Amt eine Stellungnahme Himmlers zu beschaffen, daß später auch die Juden aus dem nichtbesetzten Frankreich entfernt würden.[275]

Hitler hatte die Zuständigkeit für alle politischen Fragen im besetzten und unbesetzten Teil Frankreichs dem deutschen Botschafter übertragen.[276] Vermutlich blieb Eichmann in Erinnerung, daß Abetz wie Rademacher ein Vertrauter Ribbentrops war. Der deutsche Botschafter hatte den Chef des Verwaltungsstabes und damit der Militärverwaltung, SS-Brigadeführer Werner Best[277] (den Eichmann in den »*Götzen*« nicht erwähnte), bereits Mitte August 1940 zur Einleitung antijüdischer Maßnahmen einschließlich der Deportation aller Juden aus dem besetzten Frankreich aufgefordert.[278] Abetz ließ offen, wohin die Juden deportiert werden sollten, denn diese Frage hatte ihm Hitler Anfang August 1940 nicht beantwortet. Anläßlich seiner Ernennung zum Botschafter hatte der Führer lediglich die Absicht kundgetan, nach dem Krieg alle Juden aus Europa zu vertreiben. Wie sehr die Frage seit dem Herbst 1940 auf eine Beantwortung drängte, wird daran neuerdings deutlich. Um einen Irrtum handelt es sich bei Eichmanns Behauptung, daß Abetz bereits im August 1940 Himmler einschaltete. Dazu kam es erst ein Jahr später, im September 1941. Zu diesem Zeitpunkt sagte Himmler zu, mehr als 8 600 Juden aus den französischen Lagern zu deportieren, sobald geeignete Transportmöglichkeiten vorhanden seien, um Platz zu schaffen für weitere Inhaftierungen.[279]

Der Chef des Verwaltungsstabes wußte ebenso wie Abetz von den Planungen im RSHA, und er versuchte, in der dort eingeschlagenen Richtung voranzukommen. Schon Anfang April 1941 formulierte Werner Best die Ziele der deutschen Judenpolitik in Frankreich ungewöhnlich deutlich in einem Besprechungsplan für eine Unterredung des französischen Militärbefehlshabers Otto von Stülpnagel[280] mit dem Vichy-Judenkommissar Xavier Vallat[281]. Als ehemaliger Abteilungsleiter im Reichssicherheitshauptamt verfügte Best offensichtlich über einen hohen Informationsstand: »Das deutsche Interesse«, schrieb er, »besteht in einer progressiven Entlastung aller Länder Europas vom Judentum mit dem Ziele der vollständigen Entjudung Europas.«[282]

Auch Eichmann wußte bereits von dieser Zielsetzung, behauptete aber in den »Götzen« zu seiner Entlastung, im Mai 1941 noch an der »insularen Lösung« fest gehalten zu haben. Er erklärte, seine damaligen Absichten seien nicht nur von der militärischen und politischen Lage »überholt«, sondern geradezu »torpediert« worden – im besonderen vom Legationsrat an der deutschen Botschaft, Dr. Carltheodor Zeitschel[283]. Dieser habe am 22. August 1941 »eine Aufzeichnung für den Botschafter Abetz gemacht« und erklärt,

»daß die fortschreitende Eroberung und Besetzung der weiten Ostgebiete das Judenproblem in ganz Europa in kürzester Zeit zu einer endgültigen, befriedigenden Lösung bringen könnte. Man müßte dort ein besonderes Territorium für sie abgrenzen. Durch einfache militärische Befehle könnten die Juden der besetzten Gebiete wie Holland, Belgien, Luxemburg, Norwegen, Jugoslawien, Griechenland, in Massentransporten in das neue Territorium abtransportiert werden und den übrigen Staaten nahegelegt werden, dem Beispiel zu folgen. Der Madagaskarplan sei zwar an sich nicht schlecht, dürfte aber auf unüberwindliche Transportschwierigkeiten stoßen, da die ›Welttonnage‹ zu anderen Dingen wichtiger gebraucht würde, als große Mengen von Juden auf den Weltmeeren spazieren zu fahren. [...] Er [Zeitschel, d. Verf.] schlägt dem Botschafter Abetz vor, diese Angelegenheit dem Reichsaußenminister vorzutragen, damit dieser sich mit dem bereits ernannten Minister für die Ostgebiete, Alfred Rosenberg, und dem Reichsführer SS Himmler zusammensetze, um die ganze Sache in dem von ihm vorgeschlagenen Sinn zu prüfen. Das Transportproblem der Juden in die Ostgebiete würde selbst während des Krieges durchzuführen sein. [...] Schließlich schlägt er Abetz vor, dieses Problem auch dem gerade jetzt für Judenfragen sehr empfänglichen Reichsmarschall Göring nahe zu bringen, da er sicher in seiner augenblicklichen Einstellung und nach seinen Erfahrungen des Ostfeldzuges eine starke Stütze in der Durchführung der entwickelten Idee sein könnte.«[284]

Carltheodor Zeitschel war der Verbindungsmann der deutschen Botschaft zum Sicherheitsdienst. Er war ein fanatischer Antisemit und arbeitete eng mit Eichmanns »Judenberater« beim Befehlshaber der Sicherheitspolizei und des SD, Theodor Dannecker, zusammen.[285] Gemeinsam versuchten sie auf die Militärverwaltung im besetzten Frankreich einzuwirken, um die Kompetenz für die antijüdischen Maßnahmen zu gewinnen und die Deportation der ausländischen und der französischen Juden gegenüber den französischen Behörden durchzusetzen.[286]

Ebenfalls am 22. August wandte Zeitschel sich in einem zweiten Schreiben an Max von Behr, einen Mitarbeiter von Rosenberg im Ostministerium. In den besetzten Westgebieten und insbesondere in Frankreich, schrieb er an Behr, werde man die Juden nicht los, da man nicht wisse, »wohin damit«. Es dürfte kein »allzu großes Problem sein«, meinte er (und diesen Passus hat Eichmann in seinen Aufzeichnungen im Gefängnis weggelassen), bei dieser Gelegenheit auch westeuropäische und die »in Warschau, Litzmannstadt, Lublin u.s.w. in Ghettos zusammengepferchten Juden« in diese Gebiete zu bringen.[287]

Thomas Sandkühler hat nachgewiesen, daß Zeitschels Vorschläge sehr ernst genommen und im Generalgouvernement sofort aufgegriffen wurden. Bereits kurz nach der vagen Ankündigung Hitlers vom 16. März, das Generalgouvernement möglichst schnell »judenfrei« zu machen, kam von Franks Raumordnungsreferenten der Vorschlag, die Juden in die Pripjet-Sümpfe zur Zwangsarbeit zu treiben. Damit verbunden war alsbald die Vorstellung der »Osterweiterung« des Gebiets um Galizien. Die Juden sollten vorübergehend in Ostgalizien konzentriert und dann in die Sümpfe in Weißrußland abgeschoben werden. Im Generalgouvernement freute man sich im Sommer 1941 auf die »Judenabschiebung«.[288] Am 17. Juli 1941 erklärte Frank seinen Mitarbeitern – ganz in der Logik der Entscheidungen des Vorjahres –, es werde keine Ghettobildung mehr geben, denn Hitler habe ihm am 19. Juni zugesichert, daß die Juden in absehbarer Zeit aus dem Generalgouvernement entfernt würden, das dann »Durchgangslager« werde.[289] Er hoffte allerdings vergeblich, daß Teile der Ukraine einschließlich der Pripjet-Sümpfe seinem Territorium zugeschlagen würden. Hitler verfügte am selben Tag die Angliederung des überbevölkerten Ostgalizien an das Generalgouvernement, das dadurch zwar beträchtlich, aber keineswegs in dem erhofften Sinn erweitert wurde: In Franks Machtbereich lebte nun eine halbe Million Juden mehr als vor dem Krieg.[290]

Für die »Judenpolitik« in Galizien und im ganzen Generalgouvernement war diese Entscheidung folgenreich, denn sie löste einen Radikalisierungsschub aus, der schließlich in den Massenmord überging. Frank betrachtete Ostgalizien als großes Abschiebeterritorium, denn er hielt an der Deportation der Juden aus dem Generalgouvernement fest und spekulierte weiterhin auf eine »Osterweiterung« seines Bereichs. Obwohl der »Abschieberaum« in die Pripjet-Sümpfe ihm verschlossen blieb, versuchte er, die Ostgrenze seines Reiches und damit die Aussiedlung der Juden offen zu halten, indem er auf Zeit spielte und der Distrikt deshalb monatelang nicht in das Generalgouvernement integriert wurde. Damit öffnete er einer willkürlichen Besatzungspolitik Tür und Tor, denn deren Funktionäre waren in erster Linie bemüht, die Juden aus ihren Distrikten möglichst schnell loszuwerden.[291]

Anstelle von Ghettos entstand in Galizien ein Netz von Zwangsarbeitslagern, in denen die Juden zu Tausenden starben. Diese Entwicklung entsprach dem bereits bekannten Konzept des Höheren SS- und Polizeiführers Odilo Globocnik, den Himmler im Juli bei einem Besuch in Lublin beauftragt hatte, die Besiedlung des neuen »Ostraums« durch die Errichtung neuer SS- und Polizeistützpunkte vorzubereiten. Ausgangspunkt dafür waren die Ostsiedlungspläne im Rahmen des ersten Entwurfs des »Generalplans Ost«, der Mitte Juli 1941 vorlag.[292] Globocnik gelang es, seine Kompetenzen von Lublin auf Ostgalizien auszudehnen, und er lenkte Himmlers Interesse mit Erfolg auf die Durchgangsstraße IV (DG IV), die in die Ukraine und weiter nach Südosten verlief. Die DG IV war die wichtigste Verbindung zum Südabschnitt der Ostfront und befand sich, wie Sandkühler schreibt, in »desolatem Zustand«. In diesem Punkte wurde Zeitschels Vorschlag aufgegriffen, »die Juden straßenbauend in den Osten zu führen«.[293]

Zeitschel machte in seinen Notizen vom August 1941 besonders auf die neue Stellung Alfred Rosenbergs aufmerksam, der gerade zum »Minister für die besetzten Ostgebiete« ernannt worden war. Rosenberg hatte jedoch ganz andere Gründe als Zeitschel anzuführen und sah in der Deportation der Juden eine Vergeltungsmaßnahme für die Ende August von sowjetischer Seite angekündigte Umsiedlung von 400 000 Wolgadeutschen nach Sibirien.[294] Deshalb vertrat er wenig später gegenüber Hitler die gleiche Meinung wie Zeitschel: Am 14. oder 15. September erreichte den Führer sein Vorschlag, »alle Juden Zentraleuropas« nach Osten zu deportieren.[295] Entscheidend war zum damaligen Zeitpunkt, daß er diesen Anlaß aufgriff, um ebenfalls eine radikale Lösung vorzuschlagen und die Abschiebung der Juden Zentraleuropas in die Ostgebiete zu verlangen.

In den seit September zum Ausbau der DG IV in großer Zahl errichteten Zwangsarbeitslagern herrschten katastrophale Zustände, die Zehntausende Todesopfer forderten. Globocniks Terrorsystem, das aus wirtschaftlichen und militärischen Gründen die massenhafte Deportation der Juden mit der Ausnützung ihrer Arbeitskraft verband, lief von vornherein auf physische Vernichtung hinaus. Es implizierte wie im Jahr zuvor in den Buggraben-Lagern die Liquidierung der »arbeitsunfähigen« Häftlinge, die verhungerten, an den in den Lagern herrschenden Krankheiten zu Grunde gingen oder erschossen wurden. Die DG IV, die auch als »Straße der SS« bekannt wurde, sei eine »Schwundstufe« des Pripjet-Projekts gewesen, stellte Sandkühler fest, und das »letzte Relikt« der »territorialen Endlösung«.[296]

In Frankreich führten die Bemühungen der beteiligten Stellen zur Abschiebung der Juden in eben dieser Zeit zum Erfolg. Noch während Zeitschel seine beiden Aufzeichnungen niederschrieb, ließen mehr als 2000 französische Polizeibeamte unter der Leitung deutscher Offiziere in Paris Tausende Juden inhaftierten und in Konzentrationslager abtransportieren. Eichmann überging in seiner Gefängnis-Niederschrift den Zeitraum zwischen Mitte Mai und August 1941, in dem die deutsche Militärverwaltung die Deportation der ausländischen und anschließend der französischen Juden durchsetzte. Durch gute Zusammenarbeit mit den lokalen Behörden sei in Frankreich alles »herrlich und ohne jede Schwierigkeiten« vor sich gegangen, sagte er zu Sassen.[297]

Zur Freude des Juden- und Räumungsexperten im RSHA hatten die aus unterschiedlichen Interessen der regionalen, zivilen und militärischen Machtträger resultierenden politischen Initiativen zu Konflikten geführt hatten, und diese wirkten sich als Katalysator der »Judenevakuierungen« aus dem besetzten Frankreich aus. Dort hatte die deutsche Militärverwaltung zu Beginn des Jahres 1941 versucht, am Prinzip der Kollaboration festzuhalten und in Zusammenarbeit mit den französischen Behörden eine Verschärfung der antijüdischen

Maßnahmen durchzusetzen. Diese Überstellung der Verantwortung entsprach dem Prinzip der deutschen »Aufsichtsverwaltung« und war die Generallinie Werner Bests und der Militärverwaltung.[298] Nachdem im April der Versuch gescheitert war, über das auf Drängen Danneckers eingerichtete »Zentrale Judenamt« auch die Deportation der französischen Juden in Gang zu bringen, entstand für die deutschen Besatzungsbehörden ein Problem der Kompetenzverteilung.[299] Der Beauftragte des Chefs der Sicherheitspolizei und des SD, Helmut Knochen[300], der keine Exekutivbefugnisse besaß, drängte darauf, selbständig tätig werden zu können.[301] Bereits Ende Februar waren Abetz und Zeitschel von der deutschen Botschaft mit dem »Judenberater« Dannecker übereingekommen, auf den Militärbefehlshaber einzuwirken, »dem SD Vollmachten zur Inhaftierung aller Juden zu geben«.[302]

Mit diesem Versuch stießen sie bei Stülpnagel zunächst auf Ablehnung, da er seine Machtbefugnisse angetastet sah, doch fühlte dieser sich nun seinerseits gedrängt, die Verwaltungsabteilung zu einer Verschärfung der Judenpolitik anzuhalten.[303] Die Militärverwaltung stand damit vor dem Dilemma, einerseits eine radikalere Politik gegen die Juden durchsetzen zu müssen, die im Hinblick auf das deutschfranzösische Verhältnis in der für die nahe Zukunft erwarteten Nachkriegszeit möglichst nach den Methoden der »Aufsichtsverwaltung« durchzuführen war. Andererseits sollte dabei die alleinige Kompetenz bei der Militärverwaltung liegen, ohne die enge Zusammenarbeit mit der Botschaft und dem Beauftragten des Befehlshaber der Sicherheitspolizei zu gefährden.[304]

Durch diese Situation entstand ein Beschleunigungsfaktor, der im Sinne des Deportationsspezialisten Eichmann wirkte. Letztlich zogen nun alle beteiligten Stellen an einem Strang. Bereits Mitte Mai 1941 wurden mehr als 3700 ausländische Juden interniert. Mitte August ließ der Militärbefehlshaber auf Vorschlag des Beauftragten des Chefs der Sicherheitspolizei und des SD eine große Razzia der französischen Polizei ansetzen, bei der auch französische Juden verhaftet wurden.[305] Den gesuchten Anlaß boten die Demonstrationen französischer Kommunisten gegen den Einmarsch deutscher Truppen in die Sowjetunion. Während dieser Razzien lösten zwei Attentate auf Angehörige der Wehrmacht am 21. August eine zweite Welle der Verfolgung aus, bei der 4323 Juden in das Lager Drancy verschleppt wurden. Beide Razzien hatte Dannecker, was Eichmann in seinen Aufzeichnungen nicht erwähnte, dem Militärbefehlshaber vorgeschlagen, und sie fanden unter der Aufsicht dieses »Judenberaters« statt.[306]

Aus der Sicht der Deutschen forderten die Attentate »Vorbeuge- und Sühnemaßnahmen«. Daraufhin unterzeichnete Werner Best am 23. August den »Geiselerlaß«, in dem es hieß: »Bei der Auswahl der Personen, deren Erschießung vorgeschlagen wird, ist darauf zu achten, daß sie möglichst dem Kreis angehören, aus dem der Täter oder der mutmaßliche Täter stammt.«[307] Der Erlaß war insofern folgenschwer, als seine Anwendung wenig später weit über die Sanktionierung polizeilicher Maßnahmen gegen Widerstandsgruppen und die Verhängung von »Sühnemaßnahmen«, wie die von Hitler und dem Oberkommando des Heeres geforderten »Geiselerschießungen«, hinausging.

Wer als Täterkreis betrachtet wurde, war bereits am 23. August, nach einem weiteren Attentat, in der *Pariser Zeitung* nachzulesen: der bolschewistisch-jüdische Feind, dem »die loyale Haltung der Pariser Bevölkerung ein Dorn im Auge« sei.[308] Den Verantwortlichen in Stülpnagels Stab lieferte der Erlaß das benötigte Signal für den Übergang von den »Sühnemaßnahmen« zur Deportation der Juden. Die Beteiligten zogen sich dabei auf das Argument zurück, die Massenverhaftung von Juden werde in der Bevölkerung weniger Ablehnung hervorrufen als Maßnahmen gegen nichtjüdische Franzosen. Gegenüber den Zentralstellen in Berlin konnte die Militärverwaltung auf diese Weise auch ohne »Geiselerschießungen« die geforderten »harten Maßnahmen« nachweisen. Dagegen fürchteten Stülpnagel und Abetz, dieses Vorgehen würde einen Stimmungsumschwung in der französischen Bevölkerung auslösen und dadurch erst die Voraussetzungen für eine Widerstandsbewegung schaffen.[309]

Die Razzien vom 20. bis 23. August 1941 und die ersten »Geiselerschießungen« waren der Beginn einer harten Repressionspolitik in Frankreich, die zwischen Oktober und Dezember eskalierte. Sie durchbrach die Vorbehalte der Vichy-Regierung gegen die Inhaftierung von Juden mit französischer Staatsangehörigkeit.[310] Dannecker und Knochen waren auch daran nicht unbeteiligt, denn sie hatten mit Zustimmung Heydrichs Anfang Oktober Sprengstoffanschläge auf sieben Synagogen in der Pariser Region inszeniert, um die judenfeindliche Stimmung in der Bevölkerung weiter anzuheizen – was Eichmann ebenfalls überging, obwohl er diese Ereignisse unbedingt gekannt haben muß. Schließlich forderte Stülpnagel, nachdem ihm die Hintergründe bekannt geworden waren, vergeblich die Absetzung Knochens, also des unmittelbaren Dienstvorgesetzten von Dannecker in Frankreich.[311]

Stülpnagels Kritik an der Vorgehensweise des RSHA löste einen Monat später ein Schreiben Heydrichs aus, das als ein weiterer Beleg dafür gelten kann, daß die Deportation der europäischen Juden im September 1941 beschlossene Sache war. Der Chef der Sicherheitspolizei und des SD schrieb Anfang November an das OKH, er habe die Pariser »Anschläge« (von Anfang Oktober) erst in dem Moment gebilligt, »als auch von höherer Stelle mit aller Schärfe das Judentum als der verantwortliche Brandstifter in Europa gekennzeichnet wurde, der endgültig aus Europa verschwinden muß«.[312]

Eichmanns positive Erinnerungen an die Durchsetzung der Deportationen aus Frankreich waren damit verbunden, daß dort alle beteiligten Stellen gedrängt hatten, die Transporte in Gang zu setzen. Doch war seine Behauptung, der Beauftragte des Chefs der Sicherheitspolizei und des SD habe auf dieses »Drängeln« nur reagieren und es entsprechend an das RSHA weiterleiten müssen, nur die halbe Wahrheit.[313] Das Engagement Danneckers, sein Pochen auf die Razzien und die Internierung der französischen Juden, die Sprengstoffanschläge von Anfang Oktober, die Knochen mit Billigung Heydrichs ausführen ließ, um den Militärbefehlshaber zu weiteren Verhaftungen zu veranlassen,[314] all das erwähnte Eichmann nicht, obwohl das Räderwerk nur deshalb so »herrlich und ohne Schwierigkeiten« funktioniert hatte.

Statt dessen schob er die Verantwortung für diese Vorgänge auf den deutschen Botschafter Abetz ab. Dieser hatte am 16. September eine Unterredung mit Hitler[315] und mit Himmler, von dem er die besagte Zusage erhielt, alle in Frankreich in Lagern internierten Juden nach dem Osten zu deportieren, »sobald dies die Transportmittel zulassen«.[316] Damit war Mitte September in Frankreich – zur selben Zeit, als im Generalgouvernement die »Vernichtung durch Arbeit« einsetzte – eine wichtige Vorentscheidung gefallen: »Es war der erste konkrete Schritt zu einer ›Endlösung der Judenfrage‹ in einem von den Deutschen besetzten westeuropäischen Gebiet.«[317] Christian Gerlach führt die Ankündigung der Deportation der französischen Juden als Beweis dafür an, daß im September/Oktober 1941 »der Übergang zum Völkermord an Juden oder der Beginn seiner Vorbereitung in mehreren besetzten Ländern und Regionen deutlich erkennbar« war.[318]

Das RSHA und Eichmanns »Judenberater« hatten auf die Deportationen genauso gedrängt wie Abetz und Zeitschel seitens der deutschen Botschaft und waren beim Militärbefehlshaber schließlich auf Unterstützung gestoßen. Dieser wollte die Deportation der Juden als Abschreckungsinstrument gegen bewaffnete Anschläge der kommunistischen Widerstandsbewegung bzw. als »Sühnemaßnahme« einsetzen. Ohne Skrupel instrumentalisierte er die geplante Deportation der Juden »in den Osten« für seine Zwecke.[319] Am 8. Oktober 1941 teilte Zeitschel dem Beauftragten des Chefs der Sicherheitspolizei und des SD die besagte Zusage Himmlers mit – »zu Händen Danneckers«, fügte Eichmann in seinen Aufzeichnungen zutreffend hinzu.[320] Damit sei »die Befehlsgebung zur Deportation von Juden aus Frankreich erreicht« gewesen, die Polizei »hatte zu gehorchen«.[321] »Kein Dezernent im Reichsverkehrsministerium hätte sagen können, wir haben keine Züge, die Transportlage erlaubt es nicht. Alles zusammen war ein bürokratisches Räderwerk, in dem ein Rädchen in das andere greift.«[322] Die »Triebwellen« seien Abetz und Ribbentrop, Dr. Zeitschel und ferner Himmler und Heydrich gewesen.[323]

Im Dezember 1941 war die jüdische Bevölkerung bereits vorrangiges Opfer der Terrormaßnahmen im besetzten Frankreich. Der Militärbefehlshaber ordnete als Sühnemaßnahme für Anschläge massenhafte Verhaftungen von »Juden, Kommunisten und Anarchisten« an, »die dem Täterkreis nahestehen« – was eine dehnbare Formulierung war.[324] Entgegen Eichmanns späteren Behauptungen ließ sich die geplante Deportation der Juden dann doch mangels Transportmittel nicht so rasch durchführen wie beabsichtigt. Dies teilte Eichmanns Vorgesetzter Müller am Heiligabend des Jahres 1941 dem Beauftragten des Chefs der Sicherheitspolizei und des SD für Belgien und Frankreich mit.[325] Trotz der Bemühungen Bests und der Militärbeamten, die seit Dezember an der Vorbereitung zur ersten Deportation in das Konzentrationslager Auschwitz beteiligt waren, und trotz der Eile Danneckers, der deshalb in den folgenden Wochen mehrfach in Berlin beim RSHA drängelte, mußte der Transport einige Male verschoben werden.[326]

Am 4. oder 6. März 1942, das Datum ist unklar, fand schließlich eine Besprechung der Judenreferenten in Berlin unter Leitung Eichmanns statt. Wieder nutzte Dannecker die Gelegenheit und drängte, der französischen Regierung die Abschiebung mehrerer Tausend Juden anzukündigen, diesmal mit Erfolg.[327] Am 11. März erfuhr er von Eichmann, daß Heydrich die Deportation von insgesamt 6 000 Juden genehmigt hatte; als Termin für den Transport war der 23. März vorgesehen. Eichmann hatte auch Rademacher im Auswärtigen Amt benachrichtigt, allerdings Bedenken erst gar nicht abgewartet, sondern Dannecker bereits vorher über Heydrichs Zustimmung informiert.[328] Am 27. März 1942 verließ der erste Transport mit 1 112 Juden französischer und ausländischer Staatsangehörigkeit, Deportierten aus Drancy und Compiègne, Frankreich in Richtung Auschwitz. Dannecker übernahm die Aufsicht über den Zug, der drei Tage später in Auschwitz ankam.[329] Die Entscheidung dazu war ein halbes Jahr vorher gefallen, zehn Tage bevor der Befehl zum Bau von Auschwitz-Birkenau erging,[330] das zum damaligen Zeitpunkt noch als Kriegsgefangenenlager für zunächst 50 000 sowjetische Soldaten gedacht war, jedoch wenig später seinen mörderischen Zweck erfüllte. Von den mit dem ersten Transport aus Frankreich nach Auschwitz Deportierten überlebte keiner den Krieg.

Es habe keinen vorgefaßten, bis in alle Einzelheiten ausgearbeiteten Plan Heydrichs gegeben, erklärte Eichmann auf eine entsprechende Frage von Sassen. Doch wenn man darunter »die laufenden Bemühungen um die Lösung der Judenfrage verstehe, die ja in einzelne Komplexe einzuteilen« sei, »dann muß ich es allerdings bejahen«. Zu den »Komplexen« zählte er der Reihenfolge nach die Auswanderung, dann als deren »2. Teil« noch einmal einen »krampfhafte[n] Versuch einer Bildung eines jüdischen Territoriums Madagaskar und später im Distrikt Lublin«, die alle gescheitert seien, schließlich »die übrigen Konzentrierungen«, die »mit den großen Verschickungen in die KZ« endeten.[331] Auf dem Höhepunkt des Rußlandfeldzuges wurden die Weichen zu dieser »Endlösung« im Herbst 1941 gestellt. Indes nicht in den besetzten Gebieten der Sowjetunion, sondern in Polen fand die systematische Ausrottung im Großen statt. In den Distrikten Galizien und Lublin im Generalgouvernement sowie im Warthegau setzte der systematische Mord im Winter 1941/42 ein: die »physische Vernichtung« der Juden.

»Physische Vernichtung« der Juden – im Krieg

Der Herbst 1941 sei ein Wendepunkt gewesen, urteilte Eichmann im Gefängnis, denn er habe erkennen müssen, daß eine »politische Lösungsmöglichkeit« – womit er die Reservatpläne meinte – nur eine »Wahnvorstellung« gewesen sei.[332] Eichmann scheint sich der aus maßlosen, utopischen Zielsetzungen entstandenen Eskalation der Politik in die Gewalt bewußt gewesen zu sein. Die Entscheidungen, die zwischen Mitte September und Mitte Oktober 1941 auf dem Höhepunkt des Rußlandfeldzuges fielen, können als Marksteine für die mörderische Entwicklung der nationalsozialistischen »Judenpolitik« gelten. Eichmann fand hierfür eine durchaus treffende Beschreibung mit der Bemerkung, daß ein Stein, wenn er ins Wasser geworfen wird, immer weitere Kreise zieht. Von verschiedenen Stellen an der Peripherie und in der Zentrale ihres Herrschaftsbereichs erreichten Himmler, Heydrich und Hitler die Bestrebungen, die Judendeportationen wieder aufzunehmen, im September und Oktober kreuzten sie sich im Zentrum der Macht.

Das allen gemeinsame Ziel war, die Juden aus »ihrem« Territorium in den Osten zu vertreiben, in die besetzten Gebiete der Sowjetunion. Um sie noch einmal zusammenzufassen: Die Initiativen kamen aus dem Distrikt Lublin von Globocnik, der mittlerweile in Galizien in Kooperation mit dem örtlichen SS- und Polizeiführer ein mörderisches Zwangsarbeitslagersystem aufbaute, von Rosenberg als Leiter des Reichsministeriums für die besetzten Ostgebiete und generell von Himmler und den Planern des »Generalplans Ost«, die 31 Millionen Menschen umsiedeln wollten. Aus dem besetzten Frankreich erreichten Berlin entsprechende Anträge aus den Reihen des diplomatischen Korps von Abetz und Zeitschel sowie von Dannecker, dem »Judenberater« des von Eichmann geleiteten Referats im RSHA. Im »Altreich«, in der »Ostmark«, im »Protektorat« und in den annektierten Ostgebieten taten die Gauleiter und Reichsstatthalter ein Übriges. Mitte September wurde schließlich Hitler in Gesprächen mit Himmler, Ribbentrop, Abetz und dem Rosenberg-Mitarbeiter Bräutigam über diese Bestrebungen und Anträge informiert.[333] Danach änderte sich die Konstellation tiefgreifend.

Die Entscheidungen fielen in dieser Zeit kurzfristig. Nur einen Monat zuvor, am 15. August, hatte Eichmann erneut an einer großen Besprechungsrunde im Propagandaministerium teilgenommen. Die Konferenz fand offensichtlich in angespannter Atmosphäre statt. Goebbels drängte auf die Deportation der 70000 Berliner Juden, und es wurde verabredet, die Lebensmittelrationen für nicht arbeitende Juden zu reduzieren, was Staatssekretär Gutterer mit den Worten kommentierte: »Am besten wäre es, diese überhaupt totzuschlagen.«[334] Eichmann dagegen mußte – wie im März – erklären, der Führer habe die Deportation der Juden aus dem »Altreich« nach einem entsprechenden Antrag Heydrichs während des Krieges abgelehnt. Allerdings »ließe dieser jetzt einen Vorschlag ausarbeiten, der auf Teilevakuierungen der größeren Städte ziele«.[335] Dieser Zusatz kündigte den Übergang zu einer neuen Politik an, die aus den Initiativen der zentralen und peripheren Instanzen des Staats- und Parteiapparats und dem Drängen der regionalen Hoheitsträger hervorgegangen war.

Immer wieder brachten sie Eichmann in Bedrängnis, der keinen Abschieberaum zur Verfügung hatte. Seine Reaktion auf eine Anfrage des Auswärtigen Amtes wegen der Abschiebung von 8000 serbischen Juden war insofern symptomatisch. Im Generalgouvernement und in Rußland könnten nicht einmal die deutschen Juden untergebracht werden, erklärte er Rademacher am 13. September telefonisch und schlug vor, die Juden zu erschießen. Einen Monat später meldete die Wehrmacht dem Auswärtigen Amt und Eichmanns »Judenberater« in Belgrad bereits den Vollzug: Inzwischen waren alle männlichen Juden ermordet worden, die zurückgebliebenen Frauen, Kinder und alte Leute sowie 1500 Zigeuner sollten später in den Osten abgeschoben werden.[336] Sie wurden in einem Lager interniert und ab März 1942 zu Tausenden in einem Gaswagen ermordet.[337]

»Nun, ich habe nie eine solche Äußerung getan«, stellte Eichmann im Gefängnis fest, »sie ist von Rademacher frei erfunden. Ich hätte dazu auch gar keine Befugnis gehabt. Wegen viel geringerer Angelegenheiten wurden zwischen dem Reichssicherheitshauptamt und dem Auswärtigen Amt und umgekehrt, Hunderte von Schreiben gewechselt. Ja, mit einer ausgesprochenen bürokratischen Pedanterie darauf geachtet, gegenseitige Stellungnahmen stets säuberlich bei den Akten, gemäß den bürokratischen Vorschriften, zu haben.«[338] Doch Rademacher hatte am Rande seiner Aufzeichnung für Luther notiert: »Eichmann schlägt Erschießen vor.«[339]

Die Juden zu erschießen war zu diesem Zeitpunkt im besetzten Rußland bereits an der Tagesordnung. Am selben Tag, an dem die Besprechung im Propagandaministerium stattfand, ließ sich Himmler auf einer Inspektionsreise in die besetzten Gebiete in Minsk eine Massenexekution vorführen. Nach dieser Demonstration der grauenhaften Erschießungspraxis ordnete er an, ein »humaneres Tötungsverfahren« zu entwickeln, das die Nerven der Täter weniger belastete.[340] Arthur Nebe[341], der Chef der Einsatzgruppe B, unternahm zunächst einen Versuch an Geisteskranken mit Dynamit in einem Bunker. Anschließend kamen die Beteiligten auf die Idee, Motorabgase zu verwenden. In einer Anstalt für Geisteskranke in der Nähe von Mogilew, die Himmler am 15./16. August ebenfalls besichtigte, wurden am 18. September von einem Chemiker des Kriminaltechnischen Instituts in Berlin, Albert Widmann, Abgase in einen zugemauerten Raum geleitet und mindestens zwanzig Kranke umgebracht.[342] Nebe war als Chef des Reichskriminalpolizeiamtes Widmanns Vorgesetzter und hatte den Versuch angeordnet.[343] Daraus ging schließlich der Einsatz »fahrbarer Gaskammern« hervor, bei denen die Auspuffgase in den Kastenaufbau von Lastwagen umgeleitet wurden.[344] Sie wurden ab Ende November 1941 eingesetzt.

Das Schicksal, das Staatssekretär Gutterer als Vorsitzender der Besprechung im Propagandaministerium den Juden Mitte August zudachte, nahm zur selben Zeit im besetzten Rußland längst seinen Lauf. Himmler hatte bereits vor der Erschießungsaktion vom 15. August, die der anwesende Höhere SS- und Polizeiführer Rußland-Mitte, Erich von dem Bach-Zelewski[345], später als die »Geburtsstunde der Gaskammer« bezeichnet hat, zugestimmt, die Morde auf Frauen, Kinder und alte Menschen auszudehnen.[346] Bis zum Jahresende wurden in den besetzten sowjetischen Gebieten (ohne Ostgalizien) 800 000 Juden ermordet; der Schwerpunkt lag zwischen September und November 1941.[347] Mogilew war im Herbst/Winter 1941 als ein Zentrum der Vernichtung der Juden vorgesehen, das erst zu den Akten gelegt wurde, als erwiesen war, daß die Ausrottung auf polnischem Boden stattfinden würde.[348]

Man mag es kaum noch so bezeichnen, aber es war Zufall, daß der Vergasungsversuch in Mogilew an dem Tag durchgeführt wurde, an dem Hitler der Deportation der Juden aus dem »Altreich« und dem »Protektorat« in die annektierten westpolnischen Gebiete zustimmte.[349] »Der Führer wünscht«, schrieb Himmler an Arthur Greiser im Warthegau, »daß möglichst bald das Altreich und das Protektorat von Westen nach dem Osten von Juden geleert und befreit werden. Ich bin daher bestrebt, möglichst noch in diesem Jahr die Juden des Altreichs und des Protektorats zunächst einmal als erste Stufe in die vor zwei Jahren neu zum Reich gekommenen Ostgebiete zu transportieren, um sie im nächsten Frühjahr noch weiter nach dem Osten abzuschieben. Ich beabsichtige, in das Litzmannstädter Ghetto, das, wie ich hörte, an Raum aufnahmefähig ist, rund 60 000 Juden des Altreichs und des Protektorats für den Winter zu verbringen.«[350]

Das war der Beginn der neuen Politik, die Eichmann in den kommenden Wochen realisierte. Zuerst sollten die Juden aus Wien, Prag und Berlin deportiert werden. Die »Teilevakuierungen« aus den Großstädten, von denen Eichmann im August im Propagandaministerium gesprochen hatte, waren also genehmigt worden. Endlich konnte der Deportationsspezialist des RSHA damit beginnen, den Befehl zu erfüllen, der Heydrich im Juli 1941 aufgetragen worden war: Alle Juden aus dem deutschen Herrschaftsbereich sollten »in den Osten« deportiert werden. Er entfaltete emsige Betriebsamkeit und erwirkte bereits am 29. September 1941 in einer Sitzung im Reichsinnenministerium den Abtransport von 20000 Juden und 5000 Sinti und Roma aus Österreich.[351]

Eines der nicht ganz klaren Motive für den Beschluß, die Juden und Zigeuner nach Lodz abzuschieben, lag sicher darin, daß Eichmanns Mitarbeiter in Lodz bereits in der Technik der Massendeportationen geübt waren. Der Weitertransport aus dem Warthegau in das »noch zu bestimmende Territorium« im Osten war jedoch aufgrund des Vormarsches der Armee unmöglich, denn es gab keine freien Transportkapazitäten. Um so überraschender war die Entscheidung, denn die geplante Abschiebung widersprach auf der ganzen Linie der nationalsozialistischen Germanisierungspolitik und dem zwei Jahre lang vergeblich verfolgten Ziel der Siedlungsplaner, die annektierten westpolnischen Gebiete von Juden »frei zu machen«. Diesen Zielkonflikt hat Hans Heinrich Wilhelm hervorgehoben und gemeint, er ließe sich nur aufheben, »wenn die Verschickung der Juden nach dem Osten zugleich als ihr Untergang programmiert war«.[352]

Wie furchtbar die Logik dieses Gedankens auch erscheint, er existierte und ging aus der Praxis der Umsiedlungsplaner hervor. Im Juli 1941 hatte der Leiters des SD-Abschnitts Posen, Rolf-Heinz Höppner, in einem Brief an Eichmann die Möglichkeit erstmals formuliert, die Juden zu ermorden. Höppner, der zugleich Chef des Amtes für Volkstumsfragen im Warthegau war,[353] schlug darin vor, die nicht arbeitsfähigen Juden des Warthegaus durch »irgendein schnell wirksames Mittel zu erledigen«.[354]

In einem weiteren Schreiben an Eichmann ging Höppner am 3. September von umfangreichen Deportationen in die besetzten Gebiete der Sowjetunion nach Kriegsende aus und meinte, dadurch werde die »Judenfrage« endgültig gelöst.[355] In seinem Memorandum schlug er eine Neuorganisation der »Umwandererzentralstelle« vor, um abgesehen von den Plänen zur »Lösung der Judenfrage« auch die Aussiedlung der »Fremdvölkischen« zu gewährleisten. Deren Aufnahme in den Gebieten der Sowjetunion hielt Höppner ohne die vorher notwendigen »grundlegenden Entscheidungen« für »Phantasterei«. Er wollte sich Klarheit darüber verschaffen, was mit den ausgesiedelten »Volksteilen« geschehen sollte und »ob das Ziel darin besteht, ihnen ein gewisses Leben für dauernd zu sichern, oder ob sie völlig ausgemerzt werden sollen«.[356] Höppner forderte in seinem Brief eine Grundsatzentscheidung, ob die Deportationen den Tod vieler Millionen Menschen bedeuteten oder nicht, wobei die erbetene Antwort auf seine Frage alle »unerwünschten Volksteile« einschloß, voran die Juden Europas.[357]

Eichmann antwortete Höppner erst am 29. September 1941, und zwar am selben Tag, an dem durch sein Zutun die endgültige Entscheidung fiel, 20000 Juden und 5000 Zigeuner in den Warthegau nach Lodz abzuschieben. Wie anläßlich der Besprechungen, die im März und August im Propagandaministerium stattgefunden hatten, erklärte er, daß mit einer Wiederaufnahme der »Evakuierung« von Polen und Juden in das Generalgouvernement *zur Zeit* nicht gerechnet werden könne. Für Deportationen in die besetzten sowjetrussischen Gebiete müsse eine bessere Transportlage abgewartet werden, diese Perspektive bestand also weiterhin.[358] Damit war Höppners Frage nicht beantwortet, Eichmann machte ihm aber indirekt eine wichtige Mitteilung: Die Ausmerzung der Juden im Warthegau konnte nur im Gau selbst stattfinden.

Götz Aly hat ähnlich, aber weniger dezidiert darauf hingewiesen, wie bemerkenswert der Brief an Höppner war: »Rechtfertigend beschrieb Eichmann, wie sich der alte Konflikt mit der Regierung des Generalgouvernements um die Genehmigung jeder einzelnen Umsiedlung – jener berühmte ›unmögliche Zustand‹ – wieder entfaltet hatte«.[359] Es ist anzunehmen, daß dem Deportationsspezialisten im voraus klar war, daß die Zustimmung zur Deportation eines Teils der deutschen Juden nach Lodz, genau dorthin, wo ihre Aussiedlung mit Nachdruck verlangt wurde, massive Proteste auslösen mußte.

Im Gefängnis erinnerte sich Eichmann, daß er kurz bevor er den Befehl zu den Deportationen erhielt, von einer Reise zu SS- und Polizeiführer Globocnik in Lublin zurückgekehrt sei, bei der er die Vorbereitungen zur »Judentötung« gesehen habe. Von den Erschießungen der Einsatzgruppen in den besetzten russischen Gebieten hatte er nach eigenen Worten gelesen. Wenngleich er damals nicht angenommen habe, daß den deutschen Juden »das gleiche Schicksal zugedacht wurde«, schrieb Eichmann, schickte er die Transporte aus dem Reich nicht in die besetzten sowjetischen Gebiete, sondern in das »Großghetto Litzmannstadt« (Lodz), wo »von solchen Dingen überhaupt noch keine Rede war«. Dies sei das einzige Mal gewesen, daß in einem Deportationsbefehl – was angeblich eine Konzession an das Reichsverkehrsministerium war – nicht eine, sondern zwei »Zielstationen« genannt wurden, er habe also wählen können.[360]

Da Eichmann wußte, daß die Juden, die im Herbst 1941 nach Lodz deportiert werden sollten, nicht sofort ermordet wurden, sollte seine Aussage in Israel eine Rechtfertigung sein, mit der er sich wieder einmal als »Lebensretter« darzustellen versuchte. Himmler hatte als Ziel der Transporte das Ghetto Lodz genannt, und wohl kaum hätte er einen Befehl des Reichsführers SS mißachtet. Vergleichbare Äußerungen über die Deportation der deutschen Juden sind im übrigen ebenfalls von anderen NS-Tätern überliefert, denen es offenbar größere Schwierigkeiten bereitete, die Juden aus dem eigenen Kulturkreis zu ermorden, als die Ostjuden. Mit dazu beigetragen hat, daß die Besatzer die jüdische Bevölkerung in Polen ausgeplündert und in überfüllten, von Krankheiten und Seuchen geplagten Ghettos und Lagern konzentriert hatten, wo die Menschen unter ärmlichsten Bedingungen eher starben als leben konnten. Auf diese Weise war dafür gesorgt, daß die antisemitischen Vorurteile der Täter mehr als befriedigt wurden. Insofern war allerdings auch der Unterschied zwischen Lodz und den besetzten Gebieten in der Sowjetunion nicht besonders groß. Die Beteiligten müssen bei ihren Plänen die Tatsache einkalkuliert haben, die Höppner in seinem Brief an Eichmann im Juli bereits ausgesprochen hatte. Eine Vielzahl der Deportierten würde den strengen Winter im Ghetto nicht überleben.[361]

Die Lebensbedingungen im Ghetto waren auch Eichmann bekannt, der in der zweiten Septemberhälfte nach Lodz fuhr, um die Deportationen in den Warthegau vorzubereiten.[362] Wie zu erwarten war, stießen seine Absichten dort bei der Ghettoverwaltung, beim Regierungspräsidenten und bei Wehrmachtsstellen auf Widerspruch, die sich darum an den Reichsführer SS wandten. Regierungspräsident Friedrich Uebelhör wies auf die Seuchengefahr in dem überfüllten Ghetto hin, das kein »reines Dezimierungs-Ghetto« sei. Die Gestapo arbeite an einer Umgestaltung des Ghettos in ein »Arbeits-« und ein »Versorgungsghetto«, schrieb er Himmler und kritisierte dabei Eichmann, der keine Zustimmung von den örtlichen Behörden erhalten habe. Uebelhör befürchtete ebenso wie die Wehrmachtsstellen eine Störung der »kriegswichtigen Fertigung«, die im Ghetto von jüdischen Zwangsarbeitern geleistet wurde.[363]

Doch Himmler und Heydrich wehrten alle Beschwerden ab und stellten sich vor ihren Deportationsspezialisten, der auf Befehl gehandelt habe. Die alternative »Endlösung der Judenfrage«, die Eichmann gegenüber Höppner nicht beim Namen nannte, lag nicht »im Osten«. Sie ergab sich aus dem Zweck der Reorganisation des Ghettos. Diese sollte dazu dienen, die arbeitsfähigen Juden am Leben zu erhalten, während der Tod aller anderen Ghettoinsassen einkalkuliert war. Während sich die einen zu Tode arbeiteten und durch die grassierenden Krankheiten und Seuchen rasch »arbeitsunfähig« wurden, erfroren und verhungerten die anderen, zuerst die Alten und Kinder.

Noch während der Vorbereitungen zu den Abschiebungen in das überfüllte Lodzer Ghetto, die schließlich am 15. Oktober mit der Deportation von 5 002 Juden aus Wien einsetzten, wurde Anfang Oktober die ursprüngliche Absicht erweitert und die »Evakuierung« von 88 000 tschechischen Juden geplant.[364] Als Ziel war nun nicht mehr der Warthegau vorgesehen, sondern je 25 000 Juden sollten nach Riga und Minsk deportiert werden, in die von den Besatzern als »Reichskommissariat Ostland« bezeichneten, eroberten Teile der Sowjetunion. Diese Entwicklung sprach Heydrich in seiner neuen Funktion als »Stellvertretender Reichsprotektor« am 10. Oktober auf einer Konferenz in Prag in Gegenwart Eichmanns an. Die Besprechung galt hauptsächlich der »Lösung der Judenfrage im Protektorat und teilweise im Altreich«.[365]

Heydrich wies auf die Schwierigkeiten der Evakuierungen nach Lodz hin, bei denen »vorläufig noch Rücksicht auf die Litzmannstädter Behörden genommen werden« müsse. Zugleich machte er den Anwesenden den neuen Auftrag unmißverständlich klar: »Da der Führer wünscht, daß noch Ende d. J. möglichst die Juden aus dem deutschen Raum herausgebracht sind, müssen die schwebenden Fragen umgehend gelöst werden. Auch die Transportfrage darf dabei keine Schwierigkeit bedeuten.« Die 50 000 »lästigsten Juden«, deren Deportation zunächst vorgesehen war, sollten die Einsatzgruppenchefs Nebe und Rasch[366] »in die Lager für kommunistische Häftlinge [...] mit hineinnehmen«; dies sei bereits von SS-Sturmbannführer Eichmann eingeleitet worden. Weder in Minsk noch in Riga gab es Lager für kommunistische Gefangene, diese wurden ausnahmslos erschossen.[367] Insofern kann kein Zweifel bestehen, daß dieses Schicksal auch den 50 000 tschechischen Juden zugedacht war beziehungsweise den einheimischen Juden, die für sie »Platz machen« mußten. Die im »Protektorat« Zurückbleibenden sollten in zwei Ghettos konzentriert werden, in Theresienstadt und in einem jüdischen Dorf in Mähren, wo sie in »Arbeits- und Versorgungslagern« bis zum Weitertransport in »östliche Gebiete« bereits »stark dezimiert« würden.[368]

Wenn die »Evakuierungen« nach Lodz noch mit der Vorstellung eines »natürlichen Todes« der Ghettobewohner verbunden waren, läßt sich dies von den Deportationen nach Minsk und Riga nicht mehr behaupten. Eichmanns Deportationszüge rollten von nun an zu den Stätten der gewollten Vernichtung aller Juden. Dem Spezialist für Deportationen blieb diese Entwicklung nachhaltig in Erinnerung, denn er erhielt in dieser Zeit von seinem Amtschef Müller mehrfach Befehle zu Inspektionsreisen nach Minsk (im Reichskommissariat Ostland), Lemberg (im Distrikt Galizien), Chelmno (im Warthegau) und Bełzec (im Distrikt Lublin). Dort wurden Massentötungen durch Gas entweder gerade geplant, hatten bereits begonnen oder setzten kurz darauf ein. Zwar machte Eichmann darüber später immer wieder unterschiedliche Aussagen, denn er konnte sich an Orte und Daten nicht mehr erinnern oder verwechselte sie. Der Grund dafür lag aber nicht darin, daß er etwas verschweigen wollte, sondern stand im Zusammenhang mit der ausdrücklich erklärten Entscheidung, die Juden zu ermorden.

Seiner Tätigkeit als Deportationsspezialist verlieh das eine neue Dimension, die ihm sehr schnell ins Bewußtsein drang, als er die entstehenden Vernichtungszentren besichtigte. Was er dort zu sehen bekam, schockierte ihn und löste bei ihm tiefes Selbstmitleid aus. Doch da ihn seine »Götter« dorthin befohlen hatten, gehorchte er. Sich zu distanzieren, war ihm nicht möglich, statt dessen betäubte er seine Eindrücke mit Alkohol und haderte mit seinen »Göttern«. Eichmanns Sicht auf diesen Zeitabschnitt, den er als Wendung in seiner Karriere als Deportationsspezialist empfunden hat, unterschied sich im Gefängnis kaum von seinen Äußerungen gegenüber Sassen. Die Inspektionsreisen zu den Vernichtungsstätten im Osten machten ihm klar, daß seine Transportzüge die »Endlösung« bedeuteten.

Eine der ersten Ausrottungsaktionen sah Eichmann auf einer Inspektionsreise nach Minsk, wohin die Juden aus dem »Protektorat« laut Ankündigung Heydrichs vom 10. Oktober abgeschoben werden sollten. Er wurde Zeuge einer der Massenexekutionen durch das dortige Einsatzkommando, von der ihm besonders in Erinnerung blieb, daß eine Mutter mit ihrem kleinen Kind auf dem Arm erschossen wurde. Er konnte den Anblick nicht ertragen. Auf dem Rückweg nach Berlin habe er anstelle des Rotweins, der ihm sonst seine Tätigkeit erträglich machte, Schnaps getrunken.[369]

Wann genau Eichmann sich in Minsk aufhielt, läßt sich nicht rekonstruieren. Im Verhör in Israel sprach er von September oder Oktober. Demnach kann er eine der unzähligen Erschießungen der Einheiten der »Einsatzgruppe B« bzw. der Exekutionskommandos der Polizei gesehen haben, die seit August im Ghetto und in der Nähe von Minsk Tausende einheimische Juden erschossen, Männer, Frauen und Kinder.[370] Eine dieser Exekutionen hatte sich Himmler am 15. August vorführen lassen. Gleichwohl ist es unwahrscheinlich, daß Eichmann ausschließlich zur Besichtigung einer Massenexekution nach Minsk geschickt wurde. Wie zuvor in Lodz gehörte es zu seiner Funktion als Deportationsexperte, sich auch um die Ankunft der Transporte mit den zwangsverschickten Juden aus dem »Protektorat« und »Altreich« zu kümmern.

Eichmanns Aussage im Prozeß in Jerusalem, er sei im Winter 1941/42 in Minsk gewesen, legt dies ebenfalls nahe. Im November wurden die Deportationen dorthin unterbrochen, was dem RSHA-Spezialisten in die Quere kam, da er sein Kontingent noch nicht erledigt hatte. Einen Tag vor der Abfahrt des ersten Transports aus Hamburg, der am 8. November abging, fand im Ghetto eine der sogenannten »Judenaktionen« statt.[371] Da Eichmann sich an eine Massenerschießung erinnerte, der Tausende zum Opfer fielen, kann er auch in der ersten Novemberhälfte in der Nähe von Minsk eine der »Aktionen« gesehen haben, durch die Platz für die erwarteten Deportierten geschafft werden sollte. Daran schließlich mußte dem Deportationsspezialisten in erster Linie gelegen sein – um seine Züge weiter in Gang halten zu können.

An den Aufenthalt in Minsk mag sich sodann ein weiterer Auftrag Eichmanns angeschlossen haben, auf den Thomas Sandkühler hingewiesen hat.[372] Demnach reiste er von Minsk weiter nach Lemberg im Distrikt Galizien, wo ihm ein Massengrab der sogenannten »Todesbrückenaktion« vorgeführt wurde. Heydrich und Eichmann planten, »Räumungskontingente« aus Österreich und dem »Protektorat« nicht nur in den besetzten Osten und nach Lodz, sondern auch nach Lemberg zu verschleppen. In Lemberg wurden deshalb die Juden ab November 1941 in »jüdische Wohnviertel« gesperrt. Das Ghetto sollte in ein »Arbeits- und Versorgungslager« unterteilt werden. Auch hier war also vorgesehen, daß die einen im »Versorgungslager« zu Tausenden starben, während die anderen »straßenbauend in den Osten« geführt wurden.

In Lemberg wurde die doppelte Absicht grauenhafte Wirklichkeit. Bereits bei den »Umsiedlungen« ins Ghetto wurden Tausende alte und kranke Menschen, Frauen und Kinder erschossen. Sandkühler hat zu Recht auf die zu gleicher Zeit bestehenden Planungen zur Errichtung eines Vernichtungslagers in Lemberg hingewiesen, für das sich der dortige Distriktarzt Wilhelm Dopheide stark machte.[373] Während Eichmann Aufnahmemöglichkeiten für die Transporte mit den nicht-polnischen Juden suchte, setzte in der Zivilverwaltung sogleich die Suche nach »Entlastungs«-Möglichkeiten ein. Dopheide hatte deswegen Kontakt zur Berliner »T4«-Zentrale aufgenommen, und zwar zur selben Zeit, als dort die Vorbereitungen zur Errichtung von Vernichtungszentren – in Mogilew und Riga sowie in Bełzec und Chelmno – in Gang gekommen waren.[374]

Wenn sich Eichmann im Oktober/November in Minsk und Lemberg aufhielt, um die Ankunft von Deportationstransporten vorzubereiten, muß er auch von den Plänen erfahren haben, in Lemberg und in Mogilew, dem zweihundert Kilometer östlich von Minsk gelegenen Sitz des Höheren SS- und Polizeiführers Bach-Zelewski, Vernichtungslager einzurichten. Die »Evakuierung« der deutschen, österreichischen und tschechischen Juden in den Osten löste einen Mechanismus aus, der Eichmann vertraut war. An den angekündigten Zielorten kam es unverzüglich zu Ghettoisierungen und zum Aufbau von Konzentrations- und Zwangsarbeitslagern der SS in der jeweiligen Region, um Platz für die Neuankommenden zu schaffen. Das damit verbundene System der »Vernichtung durch Arbeit« wurde in der zweiten Jahreshälfte 1941 in extenso ausgebaut und zugleich die Schwelle zum Massenmord überschritten. In Mogilew wurde die Anwendung von Motorabgasen zur Vernichtung der Juden im September erprobt, in Riga und Lemberg wollten die Zivilverwaltungen im Oktober/November bereits Vergasungsanlagen errichten. Wieder einen Monat spät begannen Angehörige der Sicherheits- und Schutzpolizei im Warthegau, in einem extra dafür geschaffenen Vernichtungslager in Chelmno, die einheimischen Juden mit Hilfe von Giftgas zu töten.

Eichmann waren die Planungen des Ostministeriums zur Einrichtung eines Vernichtungslagers in der lettischen Hauptstadt Riga, die am 1. Juli 1941 von deutschen Truppen besetzt worden war, genauso bekannt.[375] Im Gefängnis schrieb er zwar, nie über »solche Dinge« verhandelt zu haben. »Auf diese Art« habe sich »die Literatur in den letzten 1½ Jahrzehnten dieser Sache angenommen«, so daß man dann lesen könne: »›Vorschlag Eichmann, Vergasung der Juden, u. ä. m.‹ So also kommen Märchen zustande.«[376] Ein Schreiben des Sachbearbeiters für Rassefragen im Ostministerium, Erhard Wetzel[377], an den Reichskommissar »Ostland«, Hinrich Lohse[378], bestätigt jedoch, daß er in den Vorgang einbezogen war.

Am 25. Oktober nahm Wetzel zu einem Bericht Lohses bezüglich der »Lösung der Judenfrage« Stellung. Darin hieß es, der Oberdienstleiter von der Kanzlei des Führers (und für die Verwaltung des »Euthanasie«-Programms zuständige) Viktor Brack habe erklärt, bei der Herstellung der »erforderlichen Unterkünfte sowie der Vergasungsapparate mitzuwirken«, die ins »Ostland« geliefert werden sollten.

Lohse solle auch das entsprechende Personal bei Brack anfordern, Eichmann sei mit diesem Verfahren einverstanden: »Nach Mitteilung von Eichmann sollen in Riga und Minsk Lager für Juden geschaffen werden, in die evtl. auch Juden aus dem Altreich kommen. Es werden zur Zeit aus dem Altreich Juden evakuiert, die nach Litzmannstadt, aber auch nach anderen Lagern kommen sollen, um dann später im Osten, soweit arbeitsfähig, in Arbeitseinsatz zu kommen.« Nach Sachlage bestünden »keine Bedenken, wenn diejenigen Juden, die nicht arbeitsfähig sind, mit den Brackschen Hilfsmitteln beseitigt werden«.[379]

Eichmann behauptete in den »*Götzen*«, das Schreiben Wetzels sei nach dem Krieg ebenso gefälscht worden wie Rademachers Notiz »Eichmann schlägt Erschießen vor«.[380] Beides konnte er nicht beweisen. Damit war einerseits offen ausgesprochen, daß die nicht-arbeitsfähigen Juden ermordet werden sollten, und andererseits, daß die Perspektive der »territorialen Endlösung der Judenfrage« in den besetzten Gebieten der Sowjetunion noch immer existierte. Im Gegensatz zur »insularen Lösung« Madagaskar, die noch bis in den Sommer 1942 in Äußerungen unter anderem von Goebbels und Hitler auftauchte,[381] sorgten allerdings der Krieg und die immer ungewisser werdende Aussicht auf ein »noch zu bestimmendes Territorium im Osten« für ein rasches, weitaus schrecklicheres Ende dieser »Lösung«.

Eichmann konnte die Deportationen nach Minsk und Riga aufgrund von Widerständen seitens der örtlichen Zivilverwaltung und der Militärbefehlshaber zunächst nicht in dem geplanten Ausmaß durchführen. Wie in Lodz plädierte die Zivilverwaltung für weiter östlich gelegene Zielorte, während die Wehrmachtsstellen im Zuge der bevorstehenden Entscheidungsschlacht um Moskau die eingetretene Versorgungskrise nicht durch die Bereitstellung von Transportmitteln zur Umsiedlung der Juden verschärfen wollten.[382] Wieder protestierten Wehrmachtsstellen gegen die Liquidierung einheimischer jüdischer Facharbeiter, die dringend benötigt wurden. Diese waren in Riga bereits kurz nach dem Einmarsch der Wehrmacht zu Tausenden den Pogromen und Exekutionen zum Opfer gefallen, die Eichmanns früherer Vorgesetzter Walter Stahlecker als Chef der Einsatzgruppe A gemeinsam mit lettischen Antisemiten anstiftete. In

Minsk errichtete die 4. Armee ein riesiges Kriegs- und Zivilgefangenenlager und pferchte 140 000 Menschen auf engstem Raum zusammen. Gemeinsam mit der Einsatzgruppe B wurde täglich massenweise erschossen.[383] Der Mord an der Zivilbevölkerung wurde, wie bereits erwähnt, im August von Einheiten der SS übergangslos fortgesetzt, und laufend wurden im Ghetto Minsk Razzien durchgeführt.

Ähnlich wie in den Auseinandersetzungen um die Deportationen nach Lodz setzten sich Heydrich und sein Deportationsexperte auch diesmal durch. Die Offensive gegen Moskau blieb Anfang Dezember endgültig stecken, so daß die Hoffnung auf Abschiebung der Transporte weiter nach Osten illusorisch geworden war. Vorgesehen war laut Heydrichs Ankündigung in Prag vom 10. Oktober, die Juden in die Lager der Einsatzgruppen zu verschleppen, was Eichmann bereits eingeleitet habe. Zwar wurde in Riga kein Vernichtungslager mit stationären Gaskammern errichtet, doch noch während Eichmanns Transporte mit den Juden aus Zentraleuropa eintrafen, wurden im Dezember Gaswagen zur Einsatzgruppe B nach Minsk und nach Riga zur Einsatzgruppe A gefahren, deren Mordaktionen nun beispiellose Ausmaße erreichten.[384]

Bis Anfang 1942 gelang es Eichmann, 37 Transporte in das »Ostland« zu verschicken: 25 000 Juden nach Riga, 5000 nach Kaunas (Litauen) und 7000 nach Minsk. Als »Zielort« für die 5000 Menschen, die Mitte November in Kaunas ankamen, war ursprünglich Riga vorgesehen. In Kaunas wurden sie innerhalb von zwei Tagen im Fort IX vom Einsatzkommando 3 ermordet, Männer, Frauen und 327 Kinder.[385] In Riga wurde das Ghetto zu gleicher Zeit »leergeräumt«. Am 30. November wurden 4000 Juden erschossen, darunter auch die Deportierten, die am gleichen Tag aus Berlin angekommen waren. Nach dem »Rigaer Blutsonntag« sollen insgesamt noch mehr als 21 000 Juden umgebracht worden sein, um Platz zu schaffen für die Transporte aus Zentraleuropa.[386] Welches Schicksal sie im Ghetto und einem separat errichteten Barackenlager erwartete, ist dem »Gesamtbericht« der Einsatzgruppe A von Ende Februar 1942 zu entnehmen. »Etwa 70-80% sind Frauen und Kinder sowie alte, arbeitsunfähige Personen. Die Sterblichkeitsziffer steigt ständig, auch infolge des außergewöhnlich harten Winters.«Aufgrund der Seuchengefahr »wurden ansteckend erkrankte Juden unter dem Vorwand, in ein jüdisches Altersheim oder Krankenhaus verbracht zu werden, ausgesondert und exekutiert.«[387] Aus einem Bericht über die Lage der Juden in Weißruthenien geht hervor, daß die 7 000 Juden im Minsker Ghetto das gleiche Schicksal erlitten. Darin hieß es, daß 1 800 Männer »arbeitsfähig« seien: »Weit über 900 dieser arbeitsfähigen Männer sind jedoch zur Zeit nicht einsatzfähig, da sie infolge der Unterernährung krank sind.«[388]

Es bestand ein »gewaltiger Unterschied«, schrieb Eichmann in den »*Götzen*«, zwischen »Hörensagen«, dienstlichen Berichten und selbst mit angesehenen Greueltaten.[389] Diese gewannen im Winter 1941/42 in seinem Tätigkeitsbereich immer mehr Raum. Er erinnerte sich nicht genau an den Monat, jedenfalls erhielt er nach seinen Inspektionsreisen nach Mink und Lemberg – also vermutlich im November – den Befehl, in den Warthegau zu fahren. Zu Sassen sagte Eichmann, daß Heydrich ihn in den Warthegau geschickt habe, kurz nachdem er ihm mitgeteilt hatte, »daß Globocnik den Auftrag bekommen habe, die Juden zu töten und in den Panzergräben, die von den Russen aufgeworfen worden waren, einzubuddeln.«[390] Wo das nun war, wisse er nicht mehr, jedenfalls sei es nicht sehr weit weg von »Litzmannstadt« gewesen, wo nach Auskunft seines Vorgesetzten Müller Juden vergast worden seien oder vergast würden.[391] Er sei dann nach »Litzmannstadt« gefahren, zur Gestapo-Leitstelle, und von dort an einen Ort, wo »irgendwelche Heinis« 100 oder auch 1 000 Juden in Autobusse verluden und mit Auspuffgasen töteten. Dies sei »so um die Zeit Herbst 41« gewesen.[392]

Eichmann kann damit nur das Lager Chelmno gemeint haben. Im Prozeß erklärte er, anhand der Literatur rekonstruieren zu können, daß Müller ihn im Winter 1941/42 nach Kulmhof (Chelmno) schickte.[393] Es war möglicherweise seine erste Inspektionsreise in ein Vernichtungslager. In den »*Götzen*« schrieb er, sein Amtschef habe ihm im Januar 1942 den Befehl gegeben, zum Bericht über die Tötung der Juden in Gaswagen nach Kulmhof zu fahren:[394]

»Es muß Januar 1942 gewesen sein, daß mir Müller den Befehl gab, nach Kulm[hof] bei Posen zu fahren und ihm Bericht über die dort in Durchführung befindlichen Tötungen an Juden zu machen. Ich muß sagen, daß meine

Besorgnisse, Furchtbares zu sehen, diesmal nicht so arge waren als im vergangenen Herbst. Wenngleich ich in den Berichten, die innerhalb des Reichssicherheitshauptamtes als Geheimumlauf zirkulierten, viel und laufend von Erschießungen im Osten inzwischen gelesen hatte. Aber ich hatte es nicht angeordnet, ich hatte es nicht zu bearbeiten, ich konnte es auch nicht beeinflussen oder abstellen; ich konnte es mir nicht einmal als Wirklichkeit so richtig vorstellen, denn ich hatte es auch noch nie gesehen. Einen Augen- oder Tatzeugen hatte ich nicht gesprochen. Ich wurde also, im damaligen Warthegau angekommen, von einem Beamten der dortigen Staatspolizeistelle nach Kulm[hof] gelotst.

Was ich allerdings jetzt dort zu sehen bekam, dies war das Grauen schlechtweg. [...] Und meine Vorstellung, ich könnte ähnlich gut davonkommen wie letzten Herbst bei Lublin, wurde durch die gräßlichste Wirklichkeit, die ich je sah, gewandelt. Ich sah nackte Juden und Jüdinnen in einen geschlossenen Omnibus ohne Fenster einsteigen. Die Türen wurden zugemacht und der Motor angelassen.

Das Auspuffgas entströmte aber nicht in's Freie, sondern in das Innere des Wagens. Ein Arzt im weißen Kittel machte mich auf ein Guckloch beim Fahrersitz aufmerksam, wodurch man in das Innere des Wagens sehen konnte und forderte mich auf, den Vorgang anzusehen.

Das konnte ich nicht mehr. Mir fehlten auch die Worte, meine Reaktion zu diesen Dingen wiederzugeben, denn es war alles zu unwirklich. Ich glaube, daß ich mich selbst in jenem Augenblick gar nicht mehr bewußt unter Kontrolle hatte. Ich war auch nicht fähig gewesen, den Befehl Müllers, die Zeit der Tötung zu stoppen, durchzuführen. Ich hatte darauf vergessen gehabt; und wäre auch physisch nicht fähig dazu gewesen. Dann setzte sich dieser Omnibus in Bewegung. Ich selbst wurde zu einer Art Waldwiese gefahren und als ich dort ankam, bog auch schon dieser Omnibus ein, er fuhr an eine ausgehobene Grube; die Türe wurde aufgemacht und heraus purzelten Leichen; in die Grube hinein. Eine über die andere. Das war ein schauriges Inferno. Nein, es war ein Superinferno. Eben sah ich sie noch lebendig. Nun waren sie samt und sonders tot. Und dann sprang ein Zivilist in die Grube, kontrollierte die Münder und brach mit einer Zange die Goldzähne aus. –

Wenn ein Mensch plötzlich vor eine Sache gestellt wird, die er sich in seiner Grauenhaftigkeit auch nicht im Ungefähren vorher hatte ausmalen können, trotzdem er mit einigen Worten auf ungeheure Geschehen vorbereitet wird und sich mit üblen Vorstellungsbildern bereits herumzuplagen hatte, dann tritt ein Zustand ein, der von einem Nichtpsychologen nur sehr schwer wiedergegeben werden kann.

Ich weiß noch, daß ich mich in die Haut meines Handrückens zwicken mußte, um festzustellen, daß ich wach bin, daß das, was ich sehe, Wahrheit ist, und daß ich nicht nur träume.

Ich kann mich erinnern, als man mich an jenem Maiabend in Buenos Aires überfallen hatte, dreißig Meter von meiner Wohnung entfernt, Füße und Hände zusammenband und mich mit einem Personenwagen auf eine Quinta brachte, in einen Pyjama steckte und mich mit den Füßen an ein Bett fesselte, nachdem mir die Augen verbunden waren; da zwickte ich mich ebenfalls in die Haut meines Handrückens, um festzustellen, was nun eigentlich das ist, träume ich, oder hat sich das, was ich mir eben einbilde, wirklich zugetragen.

So ähnlich erging es mir auch damals. Ich selber hatte mit den Dingen nichts zu tun. Meine mir befohlene Aufgabe war, nur zu sehen und darüber zu berichten. Ich weiß nicht, ob wenn man mit solchen Dingen als Befehlender oder Ausführender zu tun hat, ebenfalls solche Art Lähmungserscheinungen oder Einbildungen Platz greifen, aber mein Realitätsbewußtsein war irgendwie völlig verändert. Es kam einem Hin- und Herklettern vom noch Denkbaren zum Unwirklichen gleich; eine verschobene Welt, in der ich nur Wellen sah, auf denen sich alles bewegte.

Aber dann fällt mir plötzlich ein, na mußt doch mal kontrollieren, ob dies alles Wahrheit ist; der Zwickschmerz bestätigt's dann. Es ist merkwürdig und erstaunlich, in welche Situationen ein Mensch kommen kann, und fürchterliche Vorstellungskomplexe beherrschten mein Wachsein und verließen mich selbst nicht im Schlafe [...]. Ob nicht auch mangelnde Zivilcourage mit einer der Gründe waren, daß man dies alles mitmachen konnte; dies frug mich einer der Richter, während des Prozesses gegen mich. Dies ist richtig und träfe auch zu und ich sagte ihm etwa, Zivilcourage habe das deutsche Offizierskorps nicht gekannt. Es ist wahr; und das Wort selbst besagt es ja förmlich schon.

Pflicht, Befehlserfüllung, Gehorsam und Treue! Aber Zivilcourage kam im Dienstreglement nirgends vor. Es ist eigentlich sehr bedauerlich muß ich sagen.

Ich fuhr nach Berlin.

Ich hatte nur Müller zu berichten. Nach der Meldung sagte ich ihm, ich bäte um eine andere Dienstverwendung, dafür sei ich nicht der richtige Mann. Rein nervlich halte ich solches nicht aus; das sei keine politische Lösung! Diesmal antwortete er mir: Der Soldat an der Front kann sich auch nicht aussuchen, wo er gerne kämpfen möchte. Er hat doch seine Pflicht zu tun, wo man ihn hinstellt. –

Kamen mir bislang schon öfter Bedenken, ob das Tun der Götter selbst bei größter Nachsicht noch als Götterhandeln zu bezeichnen wäre, dann hatte ich als der Weisheit letzter Schluß mir stets noch sagen können, mit Ausnahme der Flammen vom 10. November 1938 hast Du ja noch gar nichts von all dem Greuel gesehen. Es sind alles Berichte. Teils waren es Hörensagenberichte, teils freilich dienstliche Berichte. Aber zwischen dem Buchstaben und dem Bild war es eben ein gewaltiger Unterschied. Besonders dann, wenn man – wie ich – damit ja dienstlich gar nicht befaßt ist. Und auch Müller hatte es nicht befohlen; auch er hätte es nicht abzustellen vermocht. [...]

Jetzt aber diente ich Götzen; dies wurde mir klar.«[395]

Es läßt sich nicht beweisen, daß Eichmann seine »Pflicht« zu schwer wurde und er um Versetzung bat, weil er eine andere »politische Lösung« angestrebt hatte. Der Spezialist für Deportationen enttäuschte auch seine ihm zu »Götzen« gewordenen »Götter« nicht und tat, was sie von ihm verlangten, ohne daß sein Arbeitseifer dabei nachließ. Im Warthegau löste das Eintreffen seiner Deportationstransporte den gleichen Mechanismus aus wie in Riga und Minsk. An allen »Zielorten« wurden die Deportierten in Ghettos eingewiesen und – vorläufig – zur Zwangsarbeit verpflichtet. Im November/Dezember begannen SS-Einheiten, obwohl sie anders als diejenigen in Riga und Minsk noch nicht an die massenhafte Ermordung von Männern, Frauen und Kindern »gewöhnt« waren, auch in der Nähe von Lodz zuvor »ausgesonderte«, »arbeitsunfähige« Juden in Gaswagen zu ermorden. An alle »Zielorte« der Transporte mit deutschen, österreichischen und tschechischen Juden und Zigeunern wurden Ende 1941/Anfang 1942 Gaswagen gebracht.[396]

In Chelmno, siebzig Kilometer westlich von Lodz, gingen Sicherheitspolizei und Schutzpolizei noch einen Schritt weiter und errichteten das erste stationäre Lager mit Gaswagen. Eichmann besichtigte im Winter 1941/42, wann genau läßt sich nicht feststellen, dieses erste nationalsozialistische Vernichtungslager. Für die Morde wurde das »Sonderkommando Lange« eingesetzt, das 1939/40 und im Sommer 1941 die Patienten psychiatrischer Anstalten in den eingegliederten polnischen Gebieten auf die gleiche Weise ermordet hatte.[397] Eichmanns Gehilfen waren im Warthegau nicht nur mit Massendeportationen vertraut, auch die Technik des Massenmords war ihnen längst bekannt. Lange und sein Sonderkommando, Angehörige der Staatspolizeistelle Posen, betrieben seit Dezember im Lager drei

Gaswagen, in denen im Dezember zuerst die Juden aus den Gemeinden in der Umgebung ermordet wurden.

Mitte Januar begannen die Deportationen aus Lodz. Unter den Opfern befanden sich gleich zu Anfang die 5000 Zigeuner, die Eichmann abgeschoben hatte. Sie litten an Flecktyphus, der sich unter den katastrophalen Bedingungen im »Zigeunerlager« rasch ausgebreitet hatte.[398] Auf die grauenhafte Weise, die Eichmann beschrieben hat, wurden im Januar 1942 in vierzehn Tagen 10003 Juden ermordet, bis Ende April weitere 34073, ihnen folgten bis Mitte Mai 11680 und im September 15858. Unter ihnen waren 15000 Juden aus Deutschland, Österreich und der Tschechoslowakei. Die Morde wurden 1943 und 1944 fortgesetzt, die Mehrheit der Opfer stammte aus den Ghettos im Warthegau. Am Ende waren mindestens 152000 Menschen umgebracht worden. Sie wurden in einem nahegelegenen Wald in Gruben geworfen, später verbrannt.[399]

Die Morde im Vernichtungslager Chelmno, die Eichmann gesehen hat, waren der Beginn der systematischen physischen Vernichtung der Juden. Der Ausbau der Mordmaschinerie wurde im Distrikt Lublin zur selben Zeit fortgesetzt, wieder unter der Schreckensherrschaft des Höheren SS- und Polizeiführers Odilo Globocnik. In Bełżec, jener kleinen Stadt im südöstlichen Teil des Distrikts, wo er 1940 bereits Zwangsarbeitslager zwischen dem deutschen und dem sowjetisch besetzten Teil Polens errichtet hatte, wurde im November mit dem Bau eines Vernichtungslagers begonnen.[400]

Wie bereits erwähnt, gehörte der Höhere SS- und Polizeiführer zu denjenigen, die im Herbst 1941 erneut die Initiative ergriffen, um die Juden loszuwerden. Ebenso wie Generalgouverneur Frank wollte er die jüdische Bevölkerung des Generalgouvernements in die besetzten Ostgebiete abschieben.[401] Das war jedoch, wie Eichmann immer wieder erklären mußte, nicht möglich. Diese Auskunft erhielt auch Frank bei einem Aufenthalt im Ostministerium bei Rosenberg in Berlin am 13. Oktober. Ähnliche Wünsche seien bereits von der Militärverwaltung in Paris an ihn herangetragen worden, sagte Rosenberg, er sehe aber »im Augenblick [...] noch keine Möglichkeit«. Für die Zukunft erklärte er sich jedoch bereit, die »Judenemigration nach dem Osten zu fördern«.[402] Rosenberg, der wußte, daß Heydrich drei

Tage vorher die Deportation von 50 000 tschechischen Juden, den »lästigsten«, in das »Ostland« (also »sein Territorium«) angekündigt hatte, gab Frank die gleiche Antwort, wie Eichmann sie indirekt Höppner gegeben hatte.

Einen Tag später führte Globocnik in einem Gespräch mit Himmler die Entscheidung zur Errichtung des Vernichtungslagers Bełzec herbei.[403] Zweifellos wirkte auch der frühe Beginn des Massenmords in Galizien auf das Generalgouvernement zurück. Anfang Oktober hatte dort die Ermordung der ostgalizischen Juden begonnen.[404] Die deutlich radikalere Gangart der antijüdischen Politik im Generalgouvernement, die Globocnik und Frank seit Mitte Oktober einschlugen, dokumentierte auch die Einführung der Todesstrafe für das Verlassen der Ghettos, die eine Menschenjagd auf Juden eröffnete, die sich außerhalb der Ghettos bewegten. Das Lager Bełzec wurde in nur drei Kilometer Entfernung von der Distriktgrenze errichtet. Mit der Fertigstellung sollte die systematische »Endlösung der Judenfrage« auch im Distrikt Galizien aufgenommen werden.[405]

Ab Ende November 1941 traf das Personal der »T 4«-Organisation in Lublin ein. Anders als in Chelmno, wo etwa 80 bis 100 Mann der Sicherheitspolizei und des Schutzpolizeikommandos die Lagermannschaft bildeten, setzten in Bełzec an erster Stelle die Spezialisten der Massentötung der Patienten aus den Heil- und Pflegeanstalten ihr grausames Handwerk fort. Zu ihnen zählte auch der erste Kommandant der SS-Mannschaft des Lagers, Obersturmführer Christian Wirth, der in der zweiten Dezemberhälfte ankam.[406] Im Gefängnis erinnerte sich Eichmann, daß er Wirth auf seiner Dienstreise angetroffen hatte. Offensichtlich war der Deportationsspezialist auch in Bełzec wieder als einer der Ersten zur Stelle. Er brachte seine Dienstreise nach Bełzec wie zuvor die Vergasung in Chelmno mit dem Befehl zur »physischen Vernichtung« der Juden in Verbindung, als er zu Sassen sagte:

»Das ist doch, ich sage Ihnen, das Wort, was mir Heydrich sagte, Globocnik und der Führer, also der Führer hat den Befehl gegeben der physischen Vernichtung, ich hörte zum ersten Mal das Wort. [...] Ich weiß es zu genau, weil das Wort habe ich zum ersten Mal gehört. [...] Bitte, allein das Wort ist ja schon, wenn Sie's zum ersten Mal hören, ist ja, wenn es geheißen hätte: hat die Vernichtung der Juden angeordnet [...]. Aber ›physische Vernichtung‹, das ist ja eine, das kam mir eben ungeheuerlich vor, ja. Und da fiel das Wort ›Panzergräben‹, ja, daß Globocnik den Auftrag bekommen hätte, – ich glaube sogar beim Reichsführer, aber ich will mich nicht festlegen [...] – die Panzergräben dazu auszunutzen. Sehen Sie, das besagt an sich, daß die Panzergräben, die russischen Panzergräben in unserem Besitz gewesen sind. Es muß also nach dem Rußlandfeldzug gewesen sein. Und das weiß ich auch, es war nach Rußland erst, die ganze Sache, nach Rußland.«[407]

Im Gefängnis schrieb Eichmann, daß er von Hitlers Befehl zur völligen Vernichtung der Juden Europas im Herbst 1941 durch einen Befehl Heydrichs erfahren habe, den er mit folgenden Worten wiedergab: »Der Führer hat die physische Vernichtung der Juden befohlen. Globocnik hat vom Reichsführer seine diesbezüglichen Weisungen erhalten. Er soll demnach dazu die Panzergräben benützen. Ich möchte wissen, was er macht und wie weit er gekommen ist. Fahren Sie zu ihm und berichten Sie mir über das, was Sie gesehen und gehört haben.‹« Damit sei er entlassen gewesen. »Ich mußte mir erst einmal den Begriff »*physische* Vernichtung« [Hervorhebung im Original, d. Verf.] ordentlich durch den Kopf gehen lassen, um die ganze Bedeutung ermessen zu können. [...] Etwas Unbekanntes, Neues, Ungewohntes, bisher Nichtgehörtes mußte ich verdauen. Ein Blitz aus dem eben noch fröhlichen Geplauder mit dem Adjutanten.

Obwohl Heydrich ruhig sprach; nicht das üblich Nervös-Laute, das ihn sonst auszeichnete. Donnerwetter, sagte ich nur, dies ist allerhand. Und mit diesen Gedanken stieg ich ein Stockwerk höher, um mich bei Müller zu melden. Ich teilte ihm den erhaltenen Befehl mit, aber er schien ihn schon zu kennen, denn seine Bemühungen galten dem Unterschreiben des Marschbefehles, den sein Adjutant für mich schon ausgestellt hatte. Ich fuhr los.«[408] In Lublin, schrieb Eichmann, sei er von Globocnik empfangen worden, der ihm einen seiner Adjutanten zur Verfügung stellte, mit dem er weiterfuhr.[409]

»Nach etwa zwei Stunden Fahrt, es mögen auch nur anderthalb Stunden gewesen sein, kamen wir zu einer Waldlichtung, an der zur rechten Straßenseite ein Bauernhäuschen stand. Dort hielt der Wagen.

Wir wurden von einem Ordnungspolizisten mit aufgekrempelten Hemds-
ärmeln, offenbar bei der Arbeit selbst mit Hand anlegend, empfangen. Die
Art seiner Stiefel und der Schnitt seiner Reithose deutete auf einen Offizier.
Bei der Vorstellung wußte ich, daß ich es mit einem Hauptmann der
Ordnungspolizei zu tun hatte. Der Name ist mir in den Nachkriegsjahren
lange Zeit entfallen gewesen. Erst durch die Literatur erinnerte ich mich wieder. Sein Name war Wirth.

Meine Vorstellungsbilder waren traumhaft schrecklich gewesen und die
Wirkung machte sich in innerer und sicher auch äußerer Beklemmung bemerkbar. [...]

Besagter Hauptmann Wirth also führte uns auf einen kleinen Waldweg
zur linken Seite der Straße und da standen unter Laubbäumen zwei kleinere
Bauernhäuser. Ich kann mich nicht mehr mit Sicherheit erinnern, ob dort im
Augenblick unseres Besuches gearbeitet wurde, aber Wirth erklärte uns seinen Auftrag.

Demzufolge hatte er sämtliche Fenster und Türen hermetisch zu verschlie-
ßen. In die Räume würden nach Arbeitsbeendigung Juden kommen, welche
durch die Auspuffgase eines russischen U-Boot-Motors, die in diese Räume
geleitet würden, getötet werden.

Das war alles, was er zu sagen hatte.

Von Panzergräben war nichts zu sehen. Juden oder Leichen sah ich keine.
Und ich muß sagen, ich fühlte mich sehr erleichtert; denn das Hören und
Sprechen ist stets etwas anderes als Tun oder Sehen. Dies wird jedermann mir
bestätigen. Und das alte Soldatensprichwort, daß nichts so heiß gegessen wird,
als es gekocht wurde, beruhigte mich doch sehr, und ich weiß heute noch,
daß mir auf der Rückfahrt in der Entspannung der Nerven der Rotwein und
die Zigaretten besonders bekömmlich waren. Denn wenn ich es damals rück-
schauend betrachtete, was wurde im Laufe der Jahre nicht schon alles befohlen und dann widerrufen. Ich nahm das Vergasen einfach nicht ernst.«[410]

Eichmanns Ausführungen machen es schwer, seinen Aufenthalt bei
Globocnik zu datieren, und auch das Sassen-Interview gibt keine
weiteren Aufschlüsse.[411] Er erinnerte sich, daß Wirth bereits im Lager war, sowie an eine Probevergasung. Die ersten Ermordungen mit
Zyklon B wurden von Wirth im Februar 1942 in einer kleinen Ba-
racke ausgeführt.[412] Diese könnte mit dem von Eichmann erwähnten Bauernhaus identisch sein, allerdings wurde ein sowjetischer Pan-
zer-Motor (Eichmanns U-Boot-Motor) erst Anfang März 1942
erstmals zu diesem Zweck eingesetzt.[413] Demnach wäre Eichmann
in der ersten Märzhälfte des Jahres 1942 in Bełzec gewesen.

Im Prozeß war er nicht einmal sicher, ob er damals nicht in Treblinka oder Sobibor gewesen sei, also in einem der beiden anderen Vernichtungslager im Lubliner Distrikt, die zwischen März und Juli 1942 errichtet wurden, um die Mordkapazitäten zu steigern.[414] Vollends verwirrend ist, daß er im Prozeß meinte, es wäre Spätsommer oder Herbst gewesen, denn er erinnerte das Bauernhaus in einem Wald, der noch im Laub gestanden habe.[415] Das Lager Bełżec wurde aber auf einem Sandhügel erbaut, vierhundert Meter vom Bahnhof entfernt.[416] Offensichtlich brachte Eichmann seine Dienstreisen nach Chelmno und Bełżec immer wieder durcheinander. Gegenüber Sassen behauptete er, Heydrich habe ihn nach Chelmno geschickt, nachdem Globocnik den Befehl erhalten hatte, die Juden zu töten. Hier wird eher die Version der Gefängnis-Niederschrift zutreffen, er fuhr demnach auf Befehl Heydrichs nach Bełżec. Da er dort keine Leichen sah, behauptete Eichmann, nahm er das Vergasen einfach nicht ernst. War er also zuerst in Bełżec und dann in Chelmno? Oder nahm er die von Chelmno mitgenommenen Eindrücke vom Massenmord in Gaswagen tatsächlich so wenig ernst?

Eichmanns Aussagen sind nur mit größter Vorsicht zu behandeln. An anderer Stelle behauptete er, bereits von Vorbereitungen zur »Judentötung« in Globocniks Distrikt gewußt zu haben, als er den Befehl erhielt, die deutschen Juden nach Lodz zu deportieren. Dennoch lassen sich einige wichtige Hinweise erschließen. Eichmann wurde nach der Entscheidung, die Juden aus Zentraleuropa zu deportieren, von Müller an die geplanten »Zielorte« geschickt, um die Ankunft der Transporte vorzubereiten. Mit diesem Auftrag fuhr er im Oktober/November 1941 nach Lodz, Minsk und Lemberg. An den jeweiligen »Zielorten« setzte mit der Ankündigung, daß die Juden aus Zentraleuropa »evakuiert« würden, verstärkt die Dezimierung der einheimischen Juden durch Zwangsarbeit und Massenerschießungen ein. Eichmann rechnete mit dieser gewaltsamen »Lösung der Judenfrage« bereits Ende September 1941, als er die Deportationen nach Lodz vorbereitete. Im gleichen Monat schlug er Rademacher vor, die serbischen Juden zu erschießen. In Minsk wurde er dann selbst Zeuge einer der Massenerschießungen.

Im November stimmte Eichmann dem Einsatz von Gaswagen zur Ermordung der Rigaer Juden zu und erfuhr in Lemberg von Plänen zur Errichtung eines Vernichtungslagers. Zu diesem Zeitpunkt war die Entscheidung zur »physischen Vernichtung« der Juden bereits gefallen. Er erhielt den Befehl zu Inspektionsreisen in die ersten Vernichtungszentren, die seit November ausgebaut wurden, und fuhr Anfang 1942 nach Chelmno und Bełzec.

Folgt man Eichmann, dann fiel die Entscheidung zur »physischen Vernichtung« nicht in Form eines Befehls, alle Juden Europas zu ermorden. Die Juden Zentraleuropas wurden vielmehr zunächst von den Mordaktionen ausgenommen. In Eichmanns Worten war Himmlers Zustimmung zur Ermordung der osteuropäischen Juden identisch mit dem Befehl zur »physischen Vernichtung«. Diese erwirkte Globocnik, der darin von Frank unterstützt wurde, Mitte Oktober 1941, als Himmler der Errichtung des ersten der drei Konzentrationslager der sogenannten »Aktion Reinhardt« im Generalgouvernement zustimmte.[417] Eichmann erfuhr von dem Befehl durch Heydrich, dieser wiederum bekam ihn von Himmler, der Hitlers Zustimmung eingeholt hatte.

In Bełzec erprobten Wirth und seine Helfershelfer seit Dezember 1941 die Techniken zur Forcierung der Massenvernichtung. Ab Mitte März 1942 setzten sie Gaskammern ein, zunächst zur Vernichtung der jüdischen Bevölkerung des Generalgouvernements, später wurde das Mordprogramm erweitert. Bełzec war das erste Lager mit fest installierten Gaskammern, in denen nach offiziellen Angaben mindestens 600 000 Menschen ermordet wurden; neuere Forschungen gehen von bis zu einer Million Todesopfer aus. Die Leichen wurden in Panzergräben geworfen, Ende 1942 exhumiert und auf riesigen Rosten aus Eisenbahnschienen verbrannt.[418] Die letzten Morde der »Aktion Reinhardt« fanden im Oktober 1943 statt. In Bełzec, Sobibor und Treblinka wurden 1,75 Millionen Juden aus Polen und aus anderen europäischen Ländern umgebracht.[419]

Eichmann war von Anfang an in das Vernichtungsprogramm einbezogen. Die Stätten der Vernichtung, an die er die Opfer deportierte, waren ihm frühzeitig aus eigener Anschauung bekannt. Gleiches gilt für die Methoden des Massenmords. »Zu welcher Zeit nun die

Judenvernichtung begann«, schrieb der Kommandant des KZ Auschwitz, Rudolf Höß, in seinen Aufzeichnungen im Gefängnis, »vermag ich nicht mehr anzugeben. Wahrscheinlich noch im September 1941, vielleicht aber auch erst im Januar 1942.« Höß erinnerte sich genauso wenig an Daten wie Eichmann.[420] Stellt man beider Aussagen und Aufzeichnungen in den Kontext der vorhandenen Dokumente, so erfolgte der Übergang zur Massenvernichtung durch Gas im Oktober 1941. Weder Höß noch Eichmann behandelte diese Tötungsmethode als Ausweichmöglichkeit oder Übergangslösung, sondern sie betrachteten sie als Alternative, da die Abschiebung der Juden in die weiten Gebiete »des Osten« aufgrund der Engpässe des Kriegsverlaufs nicht möglich war.

Eichmann hielt sich im Herbst bzw. Winter 1941/42 mehrere Male bei Höß im KZ Auschwitz auf, wobei sich keiner seiner Besuche genau datieren läßt. Bei seinem ersten Besuch, so erinnerte Höß, habe ihn Eichmann mit der Tötung der Juden durch Gaswagen bekannt gemacht, »wie sie bisher im Osten durchgeführt wurde.« Eichmann sei gekommen, kurz nachdem Himmler ihn beauftragt habe, in Auschwitz Vernichtungsanlagen einzurichten, weil die »bestehenden Vernichtungsstellen im Osten« nicht ausreichen, jetzt aber alle »erreichbaren Juden [...] während des Krieges ohne Ausnahme zu vernichten« seien.[421]

Keine seiner Aussagen läßt sich jedoch belegen. Eichmann erinnerte sich daran später überhaupt nicht. Vielmehr behauptete er, im »Hochfrühjahr« 1942 erstmals in Auschwitz gewesen zu sein, wo er blühende Gärten gesehen habe. Müller habe ihn nach Auschwitz geschickt, um nachzusehen, was Höß »treibt«, der die Leichen der Ermordeten mangels ausreichender Krematorien auf großen Eisenrosten verbrannte; dies sei aber erst seit dem Sommer 1942 geschehen. Die Unwahrheiten, die Höß nach dem Krieg über ihn verbreitet habe, meinte Eichmann, seien erbärmlich.[422] Es bleibt unklar, wer von beiden näher an der Wahrheit argumentierte. Jedenfalls erhielt Eichmann im Winter 1941/42 den Befehl, seinem Amtschef auch über die Vorbereitungen zur Massentötung beim Ausbau des Vernichtungslagers Auschwitz-Birkenau zu berichten. Seit Oktober wurden dort kleinere Gruppen von Juden in einer Gaskammer ermordet.[423]

Wie wohl kaum ein anderer Funktionär seines Ranges im Reichssicherheitshauptamt verfügte Eichmann am Ende der Periode zwischen September 1941 und Januar/Februar 1942 aus eigener Anschauung und Mitwirkung über detaillierte Kenntnisse des geplanten Vernichtungssystems. Die Weichen hierfür wurden Ende 1940 gestellt, als die nationalsozialistischen Volkstumsplaner dazu übergingen, die »Endlösung der Judenfrage« in die besetzten Gebiete der Sowjetunion zu verlegen. Die Aussicht auf einen raschen Sieg im Rußlandfeldzug setzte eine Spirale der Gewalt in Gang, die in den Morden der Einsatzgruppen und der Entscheidung des Frühherbstes 1941 kulminierten, die Juden bis zum Ende des Jahres abzuschieben. Frühzeitig stellten die Vertreter der Militär- und Zivilverwaltung im besetzten Frankreich diese Forderung. Nachdem die »Evakuierung« der Juden und Polen im Frühjahr 1941 wegen des Aufmarsches gegen die Sowjetunion gestoppt werden mußte, setzten gleich nach dem Einmarsch der deutschen Truppen die Initiativen ein, die Deportationen wieder aufzunehmen.

Vor vierzig Jahren hat Albert Wucher in seinem Dokumentarbericht über die »Endlösung der Judenfrage« den Wendepunkt des Sommers 1941 hervorgehoben. Es war eben kein Zufall, daß Göring sich Ende Juli 1941 gedrängt sah, Heydrich mit einem Gesamtentwurf zu beauftragen: »Der große Einschnitt lag beim Beginn des Rußlandfeldzuges im Frühsommer 1941. Mit dem Angriff auf die Sowjetunion brachen alle Dämme, wurden die Nazi-Dämonen vollends frei. Was jetzt geschah, war hemmungsloses Hineinschlittern in die große Vernichtungsaktion, war improvisierte Endlösung – bis man schließlich Anfang 1942 die systematische Ausrottung des Judentums in Angriff nahm.«[424]

Der Zeitraum zwischen dem 1. September 1939, dem deutschen Einmarsch in Polen, und der Wannsee-Konferenz am 20. Januar 1942 wird heute als die entscheidende Epoche in der Chronologie des Entwicklungsprozesses hin zur »Endlösung der Judenfrage« angesehen, mithin dem Krieg als Voraussetzung der Eskalation einer beispiellosen Gewaltpolitik die kapitale Rolle zugemessen.[425] Jenseits der generell betonten Rationalität und des bürokratischen Ablaufs der Geschehnisse hat erst der Krieg die Gewalt über das bereits zuvor in sechs Jahren nationalsozialistischer Herrschaft erreichte Maß hinaus befördert. In der Euphorie des erwarteten Sieges fiel die Entscheidung, die Juden Zentraleuropas in die annektierten Ostgebiete und nach Weißrußland zu deportieren. Der Kriegsverlauf und der stekkengebliebene Vormarsch auf Moskau stoppten im November endgültig die Pläne, die Juden aus dem deutschen Herrschaftsbereich weiter »in den Osten« abzuschieben. Ganz im Gegensatz zu der Erwartung, daß der Feldzug gegen die Sowjetunion etwa vier bis fünf Monate – also bis November – dauern würde, mußte Hitler gewahr werden, daß es sich hierbei um eine Illusion handelte.[426]

Den Aussiedlungsplanern blieb das »unbestimmte Territorium« in der Sowjetunion als Abschieberaum versperrt. Es war nicht ihre Sache, einmal Begonnenes abzubrechen und die Deportationen auf unbestimmte Zeit zu verschieben. Es mußte also eine Alternative gesucht werden. Himmler, Heydrich und Eichmann fanden sie mit Unterstützung ihrer Statthalter ab Oktober 1941 in Polen. Im Generalgouvernement und in Ostoberschlesien begann im November die physische Vernichtung der Juden mit dem Aufbau der ersten Vernichtungslager mit fest installierten Gaskammern. Im Warthegau und in den besetzten sowjetischen Gebieten wurden im November/Dezember noch Gaswagen eingesetzt, in Galizien war dies geplant. Die systematische Vernichtung setzte dann im März 1942 im Generalgouvernement ein, mit der »Aktion Reinhardt« und der Ermordung der Juden aus Bełzec, Lublin und Lemberg.[427]

Die Monate August, September und Oktober 1941 waren eine Übergangsphase. Im November war die »Endlösung« im Sinne der physischen Vernichtung beschlossene Sache. Deshalb erinnerte Eichmann die Wannsee-Konferenz als den Beginn der »eigentlichen Tötungsgeschichten«. Da war der Vernichtungswille bereits so eingefleischt, urteilte Albert Wucher, »daß er schier automatisch dort zur Tat schritt, wo sich Gelegenheit bot«. Die Wannsee-Konferenz diente unter anderem dazu, »System in die Methoden zu bringen und die vereinzelten Aktionen zum großen Schlage zu koordinieren«.[428] Mit der Vorbereitung dazu begann Eichmann im November 1941, indem er Heydrich mit umfangreichem Zahlenmaterial ausstattete. Am 20. Januar 1942 präsentierte Heydrich die Ergebnisse der Planungen den Staatssekretären und SS-Offizieren, die er zur Konferenz in die Villa am Großen Wannsee eingeladen hatte.[429] Die Teilnehmer der Besprechung brauchten nur noch die von Heydrich und seinen Leuten entwickelte Lösung nachzuvollziehen. Staatssekretär Dr. Bühler, der Vertreter von Generalgouverneur Frank, tat genau das und erklärte, die Lösung der Judenfrage liege »federführend« beim Chef der Sicherheitspolizei und des SD. Aus dem Generalgouvernement müßten 2½ Millionen Juden entfernt werden, die Mehrzahl sei »überdies […] arbeitsunfähig«. Das Transportproblem spiele hier keine Rolle, ebenso wenig »arbeitseinsatzmäßige Gründe«. Staatssekretär Bühler hatte nur eine Bitte: »die Judenfrage in diesem Gebiet so schnell wie möglich zu lösen«.[430]

Eichmanns Stichwort, der Hauptsatz im Wannsee-Protokoll, den er selbst festhielt und damit seine künftige Aufgabe protokollierte, lautete: »Im Zuge der praktischen Durchführung der Endlösung wird Europa vom Westen nach Osten durchgekämmt.«[431] Ohne große Differenzen, sondern im Gegenteil in großer Übereinstimmung in der Zielsetzung planten die Teilnehmer der Konferenz die Organisation und Vollstreckung eines Massenmords, der in der Geschichte der Menschheit kein Beispiel kennt.

Er habe das Protokoll auf dieser Sitzung geführt, schrieb Eichmann in den »Götzen«, zu der »die sachbearbeitende, federführende Prominenz« sich »zur Beschlußfassung« versammelt hatte.[432] Die eigene Beteiligung an der Vorbereitung der Konferenz schob er beiseite, obwohl sie Heydrich wieder einmal sehr nützlich war. »Was immer seine Vorgesetzten im Reichssicherheitshauptamt Eichmann an Aufgaben übertrugen – Befehle von Himmler, Heydrich oder seinem direkten Vorgesetzten, Gestapochef Müller –, für die strikteste Ausführung sorgte stets Adolf Eichmann. Seiner Dienststellung nach ein kleiner, unbekannter Referent; seinem Dienstrang nach gewiß kein Prominenter der Nazi-Hierarchie. Und doch ein Hauptdrahtzieher, dessen unheimliche und anonyme Macht in einem feinverästelten, mit unerbittlicher Konsequenz arbeitenden Apparat lag, den man ihm zu dirigieren erlaubte.«[433]

Die Technokraten und Bürokraten der »Endlösung« begannen, die ihrer ideologischen Überzeugung zugrunde liegenden Prämissen mit unfaßbarer Brutalität in die Tat umzusetzen. Sie waren von der Notwendigkeit und Richtigkeit ihres Tuns überzeugt und keine bloßen Handlanger. In dem Moment, als ihre Weltanschauung politische Wirklichkeit werden konnte, waren sie zwar wiederholt von der Realität des Machbaren eingeholt worden und im Ungewissen über ihre Zukunft. Die Ideologie diente ihnen bald nur noch als Legitimation angeblich rationalen Handelns. Das war jedoch ihr hauptsächlicher Zweck: Sie diente ihnen dazu, ein beispielloses, jahrelanges Morden zu rechtfertigen.

Unter den Bedingungen des Krieges und der Ausschaltung aller Kontroll- und Sanktionsmechanismen kulminierten die ohnehin destruktiven Tendenzen des verbrecherischen und korrupten Systems in einer politischen Gewaltlösung. Deren Entscheidungsabläufe und ihre praktische Umsetzung bestimmten subalterne Bürokraten wie Adolf Eichmann, überzeugte Nationalsozialisten und rabiate Antisemiten: »gewissenhafte Werkzeuge der Gewissenlosigkeit«.[434]

»Ich war kein normaler Befehlsempfänger, dann wäre ich ein Trottel gewesen, sondern ich habe mitgedacht, ich war ein Idealist gewesen.«

Adolf Eichmann und die Banalität des Bösen

Die Anklageschrift gegen Adolf Eichmann, die der israelische Generalstaatsanwalt Gideon Hausner am 21. Februar 1961 einreichte, umfaßte fünfzehn Punkte.[1] Acht Anklagepunkte behandelten Verfolgungsmaßnahmen des NS-Regimes gegen die Juden, vier einzelne Maßnahmen gegen andere Opfer der nationalsozialistischen Vernichtungspolitik und drei Eichmanns Mitgliedschaft in Organisationen, die der Internationale Gerichtshof in Nürnberg als verbrecherisch eingestuft hatte: Sicherheitsdienst, Schutzstaffel und Geheime Staatspolizei.[2] Elf Monate nach seiner Entführung, am 11. April 1961, wurde der Strafprozeß gegen Eichmann in Jerusalem eröffnet.[3] Nach der Verlesung der Anklage gab der Beschuldigte in allen Punkten eine gleichlautende Antwort: »Im Sinne der Anklage nicht schuldig.«[4]

Eichmann wurde am 15. Dezember 1961 zum Tode verurteilt. Seine Berufungsklage gegen Schuldspruch und Strafe scheiterte, das Oberste Gericht bestätigte am 29. Mai 1962 die Entscheidung des Jerusalemer Bezirksgerichts. Drei Tage später wurde Eichmann gehenkt. Seine Asche wurde außerhalb der israelischen Hoheitsgewässer über das Mittelmeer verstreut. Es war das erste und letzte Mal, daß in Israel die Todesstrafe verhängt wurde.

»In welchem Sinne meinte er denn, schuldig zu sein?«, fragte Hannah Arendt in ihrem Prozeßbericht.[5] Wenigstens bei der Beantwortung dieser Frage blieb Eichmann der Nachwelt nichts schuldig. Er hat seine Replik in Hunderten von Stunden zunächst in seinem Asylland Argentinien und später beim Verhör in Israel auf Tonband gesprochen. In seiner Gefängniszelle hat er sie noch mehrmals umgeschrieben und auf Tausenden von Seiten neu formuliert. Wie später im Auschwitz-Prozeß hätten viele, vor allem die Überlebenden, ein Schuldbekenntnis als Erlösung empfunden. Diese Hoffnung, das offenbaren Eichmanns Äußerungen in Argentinien, war von vornherein vergebens.

Überzeugt von der Rechtmäßigkeit seines Handelns hatte Eichmann dem ehemaligen SS-Offizier Sassen lange vor dem Prozeß erklärt: »Wenn es gelingen würde, ein Gremium von Juden und auch Nichtjuden aufzustellen, die nun eine jede Arbeitsminute der Zeit, in der ich als Referent römisch IV B 4 tätig war, in der ich als Leiter, als Führer des Einsatzkommandos Eichmann in Ungarn tätig war, in der ich als Leiter der Zentralstelle für jüdische Auswanderung in Wien tätig war, in der ich als Sachbearbeiter und später Referent im Amt VII tätig war, wenn die also das gesamte Arbeitsleben vom Jahr 1934 bis 1945 gründlich durchhecheln würden und hier sachlich bleiben würden, dann will ich Ihnen etwas sagen: Dann müßte mich ein solches Gremium, das zusammentreten soll, um mich zu verurteilen, müßte mich freisprechen, weil während meiner Amtsführung hat es keine Willkür gegeben, in meinem Dezernat, in meiner Dienststelle. Wo ich solche […] antraf, habe ich aber unverzüglich und unbarmherzig durchgegriffen.«[6] Das war Eichmanns Credo: »unnötige Härten« vermieden und mit der »nötigen Härte« durchgegriffen zu haben, wenn es der Dienst an der Sache erforderte.

Zu Recht hat Götz Aly den Sonderreferenten für die Räumung der annektierten Ostprovinzen in eine Reihe mit Himmler und Heydrich »für die immer enger werdende politisch-organisatorische Verbindung zwischen allgemeiner ›ethnischer Flurbereinigung‹ und ›Lösung der Judenfrage‹« gestellt.[7] Im Jahr 1939 unterstand ihm bereits die gesamte Zwangsauswanderung der Juden aus den von Deutschland beherrschten Gebieten. Eichmann selbst erkannte zwei Wendepunkte in seiner Karriere als »Judenreferent«: die Versetzung zur Gestapo ins Reichssicherheitshauptamt im Dezember 1939 und das

Auswanderungsverbot für Juden ab Oktober 1941. Beide waren für ihn mit einem gravierenden Aufgabenwandel verbunden. Als Sonderreferent Heydrichs gewann er Exekutivbefugnisse hinzu, die weit über seine bisherige Zuständigkeit für die Auswanderung der Juden hinausreichten. Die neue Aufgabe erforderte Flexibilität und Ideenreichtum, denn Eichmann agierte im Zentrum der Machtkämpfe zwischen den Volkstumsplanern und ihren peripheren, mehr oder weniger mächtigen Statthaltern. Deren Um- und Aussiedlungspläne kamen sich in die Quere und machten dem Räumungsspezialisten die Erfüllung seiner Befehle schwer bis unmöglich.

Das stets drohende Scheitern setzte den gewissenhaften Bürokraten immer neu unter Druck, die vermeintlichen Zwangslagen zu überwinden und eine neue, radikalere Lösungsmöglichkeit durchzusetzen. Den eigenen Übereifer, den er zur Überwindung der Blockaden an den Tag legte, wollte der ehemalige »Räumungsbeauftragte« später herunterspielen, indem er den Eindruck zu erwecken versuchte, er habe für die Verfolgten immer nur das Beste gewollt. Schließlich wäre er gern »Reichskommissar der jüdischen Angelegenheiten« geworden, sagte er zu Sassen.[8] Als Madagaskar als mögliches Abschiebeterritorium geplant war, sah Eichmann sich bereits als »Gouverneur« des Inselreservats. Im nachhinein rechtfertigte er sich damit, an der Austreibung der Juden und der »Reservatsidee« bis Ende 1941 festgehalten zu haben. Daran ist auch nicht zu zweifeln, doch entwickelte Eichmann seine damit verbundenen Ideen nicht zum Wohle der Verfolgten, sondern einzig und allein, um den Abschiebeplänen seiner vorgesetzten Dienstherren nachzukommen.

Als Eichmann seine Aufgabe als Deportationsspezialist antrat, wußte er noch nicht, wohin er die Juden aus dem deutschen Herrschaftsbereich letzten Endes abschieben würde. Klarheit über das »Wohin« gewann er ab dem Herbst 1941 etappenweise: zunächst als er die ersten Transporte mit deutschen Juden in das Lodzer Ghetto in Gang setzte, dann nachdrücklicher auf einer Dienstreise nach Minsk, wo er zum ersten Mal eine Massenerschießung sah, schließlich erfuhr er von geplanten Vergasungen in Lemberg und in Riga und besichtigte in Chelmno das erste Vernichtungslager. Seit November 1941 wußte Eichmann, daß die »Endlösung der Judenfrage« im Krieg »physische Vernichtung« hieß. Die Auswanderung wurde Juden ab Ende Oktober 1941 verboten, während Eichmanns Aufgabenbereich im Reichssicherheitshauptamt noch einmal eine neue Bezeichnung erhielt. Im November 1941 ernannte Himmler ihn zum SS-Obersturmbannführer, seine Zuständigkeit lautete fortan einfach: »Juden«.

Eichmanns einzige Aufgabe bestand nun darin, die Juden Europas in die Vernichtungslager zu transportieren. Diese Wendung seiner Karriere blieb ihm nachhaltig in Erinnerung. Den Maßstab seines Erfolgs oder Mißerfolgs bildete fortan die Zahl der deportierten Juden, die ihm rückblickend als Gedächtnisstütze diente. An die »Evakuierung« der Juden aus Dänemark, die an der mangelnden Kollaboration der dänischen Verwaltung in der »Judenfrage« fast gescheitert war, konnte er sich kaum noch entsinnen. Aus demselben Grund war ihm die Deportation der Juden aus Norwegen nicht im Gedächtnis geblieben: »Man muß schon entschuldigen,« sagte er, »wenn ich mich schon oft nur sehr vage an 20 000 oder 30 000 Juden erinnern kann, daß ich mich dann an 1 000 oder 2 000 wohl gar nicht mehr erinnere.«[9]

Im Gefängnis fiel der Versuch, sich von dem Verbrechen freizusprechen, jämmerlicher aus: Denn es war keine leichte Aufgabe, die Juden zu Tausenden in den Tod zu befördern. Eichmann meinte wahrhaftig, einen letzten Rest an Selbstbehauptung bewiesen zu haben, da er unter den Befehlen seiner Vorgesetzten genügend zu leiden hatte. »Es wird mir nie erklärlich werden«, klagte er, »warum Müller mich mit einer sturen Gleichförmigkeit in jener Zeit von Ort zu Ort der Tötungen schickte, obgleich er meine jeweilige Verfassung nach Rückkehr zur Berichterstattung kannte. Obgleich er wußte, daß mit eben derselben Sturheit meinerseits die Bitte um Transferierung kam, obzwar auch ich wußte, daß mit eben derselben Automatik nicht darauf eingegangen wurde.«[10]

Die Dienstreisen in das Konzentrationslager Auschwitz, die er 1944 zur Vorbereitung der Deportation Hunderttausender ungarischer Juden unternahm, betrachtete Eichmann noch im nachhinein als Zumutung. Diesen seinen letzten großen »Sonderauftrag« hatte er jedoch ab dem Frühsommer 1944 mit verbissener Entschlossenheit erledigt. Zwischen Mitte Mai und Anfang Juli ließ er mehr als 437 000 Juden nach Auschwitz transportieren, am Ende des Jahres waren drei

Viertel der ungarischen Juden ermordet.[11] Er fuhr von Budapest nach Auschwitz, um die Ankunft der Transporte selbst vorzubereiten. Dort klagte der Lagerkommandant über Schwierigkeiten, eine so große Zahl auf einmal zu »verarbeiten«. Einige der Transporte mußten tagelang bewacht werden, bevor die Insassen in die Gaskammer getrieben werden konnten. Eichmann sorgte daraufhin dafür, daß keine Selektionen mehr stattfanden und die Ankommenden sofort vergast wurden.[12] Er habe den Eindruck gehabt, klagte er später Sassen sein Leid, daß der Lagerkommandant »sich ein Vergnügen daraus machte, einem Schreibtischhengst hier diese Zustände zu zeigen, die ihm Tag für Tag zugemutet werden.«[13] Was der ehemalige Deportationsspezialist über seine Tätigkeit in Ungarn zu sagen hatte, waren offensichtliche Lügen.[14]

Zwischen dem Überzeugungstäter Eichmann und dem Erfüllungsgehilfen seiner »Götter« Hitler, Himmler und Heydrich bestand jedoch kein Gegensatz. Die »politische Lösung«, die er anstrebte, war nie zum Schutz der Verfolgten gedacht, sondern immer nur dazu da, diesen »Gegner« loszuwerden, so wie es seiner Funktion als Referent für »Juden- und Räumungsangelegenheiten« entsprach. So sehr Eichmann sich auch bemühte, sich als »Lebensretter« darzustellen: nie hat auch nur ein Jude unter seinem Schutz gestanden, weder in den »Zentralstellen für jüdische Auswanderung« noch in dem geplanten »Judenreservat« noch im Konzentrationslager Theresienstadt. Zuerst wollte er sich ihrer durch Zwangsauswanderung entledigen, dann unter den elenden Bedingungen in einem »Reservat« in Polen oder auf der Insel Madagaskar, schließlich in den Sümpfen in Weißrußland oder in Sibirien – zum Schluß, indem er sie einfach in den Tod transportierte. Zu Sassen sagte er: »Ich war kein normaler Befehlsempfänger, dann wäre ich ein Trottel gewesen, sondern ich habe mitgedacht, ich war ein Idealist gewesen.«[15]

Ganz ohne Erinnerung an die eigene Initiative bei der Erfüllung seiner vielfältigen Pflichten war der Angeklagte, der in Jerusalem vor Gericht gestellt wurde, also nicht. Sein Prozeß beschäftigte die Weltöffentlichkeit in einem Maße wie seit den Nürnberger Prozessen kein anderes Gerichtsverfahren gegen führende Repräsentanten des NS-Regimes. Die deutsche Bundesregierung veröffentlichte vor Prozeßbeginn ein Bulletin, das mit biblischem Vokabular das Verbrechen, das »aller Überlieferung zuwider« war, in die Vergangenheit verbannen sollte. Schließlich habe das deutsche Volk »selbst dem Henker seinen Blutzoll entrichten müssen« und vermöge »sich selbst nur zu gut in die Lage der Opfer Eichmanns zu versetzen«. Der Tenor des bemerkenswerten Bulletins, das die Zerstörung deutscher Städte und den sinnlosen Tod deutscher Soldaten im Feldzug gegen die Sowjetunion beklagte, zeugte vom Ausmaß der Verdrängung.

Mit keinem Wort wurde die nationalsozialistische Vernichtungspolitik und die tägliche Routinearbeit erwähnt, die Eichmann und seine Gehilfen leisteten, um den Massenmord in Gang zu halten. Statt dessen hieß es, das von diesem Staat verbreitete Grauen habe »gerade in der Anonymität des vom Menschlichen entblößten Apparats« bestanden: »Man wußte nicht um seinen Mechanismus, aber jeder hatte das Gefühl, daß neben der herkömmlichen Exekutive etwas anderes wuchs, das unkontrollierbar in fürchterlicher Eigengesetzlichkeit fernab vom Leben des Volkes und doch allgegenwärtig wirkte.«[16]

Der holländische Schriftsteller Harry Mulisch meinte, man könne die Wirkung Eichmanns nur auf seine Unsichtbarkeit zurückführen. Dem »Satansbild«, das die Presse von ihm entworfen habe, ließe sich eher theologisch als psychologisch näherkommen: »Plötzlich ist Eichmann jetzt sichtbar geworden – zu allem theologischen Überfluß ausgerechnet in Jerusalem: Bethlehem und Golgatha sind von den Dächern aus sichtbar. Jeder beschäftigt sich mit dieser Tatsache, fast niemand wagt darüber zu schreiben.«[17] Fünfzehn Jahre nach Beendigung des Krieges beherrschten die Gefühle die Auseinandersetzung mit der nationalsozialistischen Vergangenheit. »Gierig wartet die Welt auf etwas«, schrieb Heinrich Böll im gleichen Tenor, »das sie schon lange weiß, seit fast zwanzig Jahren gewußt hat. Diese Gier wird nichts heilen, wird nichts klären, was nicht am Wort geheilt und geklärt werden könnte, an jenem Wort, das in Jerusalem vor Gericht steht: Befehl.«[18]

Bereits zehn Jahre vorher erreichte die dann berühmteste Prozeßbeobachterin Hannah Arendt ein zorniger Brief ihres Ehemanns Heinrich Blücher, nachdem er Karl Jaspers *Schuldfrage* gelesen hatte.[19] Der Philosoph Jaspers hielt eine »Selbstdurchhellung als Volk in geschichtlicher Besinnung« und als deren Voraussetzung eine persönliche »Selbstdurchhellung« für unabdingbar. »Wir Deutschen besinnen uns alle, wenn auch in noch so verschiedener, ja entgegengesetzter Weise, auf unsere Schuld oder Nichtschuld. Wir alle tun es«, schrieb er, »Nationalsozialisten und Gegner des Nationalsozialismus. Wenn ich ›wir‹ sage, so meine ich die Menschen, mit denen ich mich zunächst – durch Sprache, Herkunft, Situation, Schicksal – solidarisch weiß. Ich will niemanden anklagen, wenn ich ›wir‹ sage.«[20]

Dagegen wandte sich Blücher vor allen anderen und meinte, bei aller Treffsicherheit sei Jaspers Kritik »trotz aller Schönheit und Noblesse« nicht über »ein verdammtes und verhegeltes, christlich-pietistisch-muckerisches nationalisierendes Gewäsch« hinausgekommen. Von der Erbsünde angefangen habe das fortwährende Lamentieren über Schuld jedoch immer nur dazu gedient, die Verantwortung abzuschieben: »Dieses ganze ethische Reinigungsgebabbel bringt Jaspers dahin, sich solidarisch in die deutsche Volksgemeinschaft sogar mit den Nationalsozialisten zu begeben statt in die Solidarität mit den Entwürdigten.«[21]

Die Rolle des Sprechers für die ermordeten Juden nahm im Eichmann-Prozeß der israelische Generalstaatsanwalt Hausner ein. Die Wurzeln des Bösen würde auch dieser Prozeß nicht bloßlegen, erklärte er in seiner Eröffnungsrede. Dies sei eine Aufgabe für Historiker, Psychologen und Soziologen. Den Hintergrund zu erhellen, betrachtete er als die notwendige Anstrengung, um das gemessen an den Maßstäben »normalen« Menschenverstandes vielleicht unerklärbare Verbrechen aufzuklären.[22] Die Überlebenden schilderten im Prozeß die Vollstreckung des Massenmordes in den Vernichtungslagern, in die Eichmanns Deportationszüge seit März 1942 ohne Unterlaß rollten. Es war eine ungeheure Kraftanstrengung, die von ihnen gefordert wurde und die sie sich abverlangten, um das Schicksal der Verfolgten der Anonymität zu entreißen.

Mehr als hundert Zeugen sagten vor Gericht aus, die meisten kannten den Deportationsspezialisten nicht von Angesicht zu Angesicht. Persönlich kennengelernt hatten ihn allerdings die Funktionäre der jüdischen Zwangsorganisationen, die ihm helfen mußten, zuerst die

Austreibung und dann die Deportationen in die Vernichtungslager »reibungslos« durchzuführen. Für sie war Eichmann keine »anonyme Macht«. Gnadenlos hatte er die Verfolgten für seine eigenen Zwecke eingesetzt und dabei Angst und Schrecken verbreitet.

Im Anschluß an den Prozeß prägte Hannah Arendt in ihrem Bericht über *Eichmann in Jerusalem* den Begriff von der »Banalität des Bösen«. Das Buch wurde sofort zum Gegenstand heftiger Kontroversen: War das kriminelle Verhalten der Täter stärker auf ideologische Motive oder auf gesellschaftliche Ursachen und die Deformierung der Menschen durch ein verbrecherisches System zurückzuführen?[23] Der Dualismus, den Arendt aufgeworfen hatte, bestand in dem krassen Gegensatz zwischen der Banalität, die sie Eichmann und den vielen anderen »gewöhnlichen« Tätern scheinbar zuschrieb, und dem monströsen Verbrechen, das die Zeugen im Prozeß geschildert hatten, ein Verbrechen, dessen Ungeheuerlichkeit im bürokratisch vorbereiteten und gewissenhaft betriebenen Massenmord bestand.

Arendt hatte in ihrem Urteil über Eichmann auf seine Unfähigkeit hingedeutet, selbständig zu denken. »Ob er nun in Argentinien oder in Jerusalem seine Memoiren schrieb, ob er zu dem verhörenden Polizeibeamten sprach oder vor Gericht – was er sagte, war stets das gleiche, und er sagte es stets mit den gleichen Worten. Je länger man ihm zuhörte, desto klarer wurde einem, daß diese Unfähigkeit, sich auszudrücken, aufs engste mit einer Unfähigkeit zu *denken* verknüpft war. Das heißt hier, er war nicht imstande, vom Gesichtspunkt eines anderen Menschen aus sich irgend etwas anderes vorzustellen [Hervorhebung im Original, d. Verf.].«[24]

Für Arendt war Eichmann der subalterne Bürokrat: »ein durchschnittlicher, ›normaler‹ Mensch, der weder schwachsinnig noch eigentlich verhetzt, noch zynisch ist«. »Außer einer ganz ungewöhnlichen Beflissenheit, alles zu tun, was seinem Fortkommen dienlich war«, schrieb sie, habe er überhaupt keine Motive gehabt. »Und auch diese Beflissenheit war an sich keineswegs kriminell, er hätte bestimmt niemals einen Vorgesetzten umgebracht, um an dessen Stelle zu rücken. Er hat sich nur, um in der Alltagssprache zu bleiben, *niemals vorgestellt, was er eigentlich anstellte* [Hervorhebung im Original, d. Verf.].«[25]

Der israelische Historiker Yaacov Lozowick hat darin jüngst in seiner Studie über *Hitlers Bürokraten* eine abgrundtiefe Ironie der Geschichte gesehen. Der Prozeß gegen Eichmann habe den Überlebenden eine Stimme verliehen und verdeutlicht, daß sie sich selbst im Zustand absoluter Ohnmacht und Entwürdigung »als eigenständig denkende Wesen betrachteten, fähig, moralische Entscheidungen zu treffen.« Arendt dagegen habe »den übermächtigen SS-Offizier und Mörder Eichmann jeglicher Entscheidungsfreiheit« entkleidet und ihn »als bloßes Objekt« eingestuft. Sie habe uns glauben machen wollen, meint Lozowick, »im Geiste seien wir alle Komplizen: also darauf läuft es hinaus, die Gnade der Umstände.«[26]

In der Tat ist Arendts Schuldspruch über den unselbständigen Bürokraten und nicht Hausners Anklage gegen Eichmann als »Verkörperung des satanischen Prinzips« in die Geschichtsbücher eingegangen.[27] Darin liegt jedoch weder eine Ironie der Geschichte, noch hat Arendt die Opfer Eichmanns verspottet. Für sie war es wie für alle Prozeßbeobachter nahezu unvorstellbar, daß Eichmann viele Hunderttausend Menschen in den sicheren Tod geschickt hatte, ohne das geringste Bewußtsein der Rechtswidrigkeit seiner Taten. Nur eins hätte ihm ein schlechtes Gewissen bereitet, »wenn er den Befehlen nicht nachgekommen wäre und Millionen von Männern, Frauen und Kindern nicht mit unermüdlichem Eifer und peinlichster Sorgfalt in den Tod transportiert hätte.«[28] Sich damit abzufinden, schrieb Arendt, sei nicht ganz einfach. Genau das hatte der ehemalige Deportationsspezialist aber gegenüber Sassen gesagt: »Ich kann alles auf mich nehmen, nur keine Stockungen im Fahrplan, denn dann werde ich verantwortlich gemacht für andere Stockungen des Reichsbahnnetzes.«[29]

Die heftige Abwehr, die Arendts Urteil entgegenschlug, war in erster Linie eine Reaktion darauf, daß sie Eichmann, der während des Prozesses wiederholt erklärte hatte, nie ein Antisemit gewesen zu sein, anscheinend geglaubt hatte.[30] Arendt kam zu der Schlußfolgerung, der Angeklagte sei »noch nicht einmal ein Fall von wahnwitzigem Judenhaß, von fanatischem Antisemitismus oder von besonderer ideologischer Verhetzung« gewesen.[31] Vor allem aus der Perspektive der Opfer war das unerträglich. Ein Individuum wie Eichmann mußte ein überzeugter Antisemit sein, denn er hatte kein Unrecht darin gesehen, die Juden in den Tod zu schicken, und zeigte auch im Prozeß keine Reue.

Tatsächlich hat Arendt die Unselbständigkeit Eichmanns eher noch unterschätzt, denn dieser hat sich zweifelsfrei dazu bekannt, ein fanatischer Nationalsozialist gewesen zu sein. Er hat die nationalsozialistische Ideologie zu seiner Religion erhoben. Daher rührte zu einem erheblichen Teil die Gewissenhaftigkeit und Arroganz, mit der er seine Pflicht erfüllte. Auch wenn er sich später wegen seiner untergeordneten Stellung im Reichssicherheitshauptamt als bedeutungsloses »Referentrl« bezeichnete: seine Vorgesetzten hatten ihn zum Deportationsspezialisten befördert, weil er sich zuvor in eifriger Pflichterfüllung hervorgetan hatte und sie ihm die Umsetzung dieser sehr zentralen Aufgabe zutrauten. Bei der Ausführung seiner »Zuständigkeiten« war Eichmann keineswegs unbedacht vorgegangen, sondern hatte im Gegenteil mit großem Eifer eigene Ideen entwickelt und verfolgt. Sowohl gegenüber Sassen als auch in den *»Götzen«* hat er denn auch keine falsche Bescheidenheit gezeigt und ebenso wehleidig wie stolz über die Schwierigkeiten berichtet, die er aus dem Weg geräumt hatte, um die Aufgabe zu erfüllen, die er seinen »Göttern« schuldig war.

Eichmann war nicht nur der »Hanswurst«, als den Arendt ihn tituliert hat.[32] Sein vollkommen übertriebener Nationalismus und seine antisemitischen Motive sind als Antriebkräfte für sein Handeln nicht zu unterschätzen. Im Interview mit Sassen hat er dies am überzeugendsten deutlich gemacht. Seinem Fanatismus und selbst diagnostizierten »Berserkertum«, dem Haß auf die Juden und alle »Reichsfeinde«, entsprach ein vollkommen pervertiertes Verantwortungsbewußtsein, mit dem er noch in der Endphase des Krieges mit Ingrimm die Vernichtung der ungarischen Juden vorantrieb.

Gleichwohl ist Arendt die Widersprüchlichkeit der Aussagen Eichmanns im Prozeß nicht entgangen. »Dies ist schwer zu glauben, aber es ist nicht völlig unmöglich, daß Sie ungefähr die Wahrheit sagten«, erklärte sie und fuhr dann einschränkend fort, »in dem uns vorgelegten Beweismaterial findet sich einiges, nicht sehr vieles, das zweifelsfrei gegen Ihre Darstellung in Fragen des Gewissens, der Motivation und des Schuldbewußtseins bei den von Ihnen begangenen Verbrechen spricht.«[33] Allerdings gingen die möglicherweise nichtverbrecherische Natur des Innenlebens von Eichmann, seine Motive oder die verbrecherischen Neigungen seiner Umgebung das Gericht gar nichts an, sondern nur seine »wirklichen Taten«, und da blieb als Tatsache bestehen, daß er mithalf, »die Politik des Massenmordes auszuführen, und also diese Politik aktiv unterstützt [hatte].«[34]

»Denn wenn Sie sich auf Ihren Gehorsam berufen«, lautete Arendts Urteilsspruch, »so möchten wir Ihnen vorhalten, daß die Politik ja nicht in der Kinderstube vor sich geht und daß im politischen Bereich des Erwachsenen das Wort Gehorsam nur ein anderes Wort ist für Zustimmung und Unterstützung. So bleibt also nur übrig, daß Sie eine Politik gefördert und mitverwirklicht haben, in der sich der Wille kundtat, die Erde nicht mit dem jüdischen Volk und einer Reihe anderer Volksgruppen zu teilen, als ob Sie und Ihre Vorgesetzten das Recht gehabt hätten, zu entscheiden, wer die Erde bewohnen soll und wer nicht. Keinem Angehörigen des Menschengeschlechts kann zugemutet werden, mit denen, die solches wollen und in die Tat umsetzen, die Erde zusammen zu bewohnen. Dies ist der einzige Grund, daß Sie sterben müssen.«[35] Selten ist zur damaligen Zeit nachdrücklicher als in diesem Urteil die alles andere als pragmatische Überzeugung beim Namen genannt worden, mit der die Juden und andere verfolgte Gruppen ausnahmslos ermordet werden sollten. Arendt erkannte, daß diesem Verbrechen nicht mit der biblischen Schöpfungsgeschichte und dem Wissen um Gut und Böse, das zum Wesen des Menschen zählt, beizukommen war.[36] Nicht die Erbsünde und nicht das Menschengeschlecht saßen »gleichsam unsichtbar mit auf der Anklagebank«.[37]

In einem Vortrag hat sie später festgehalten, mit welchem Entsetzen sie Dinge sagen hörte wie: »Jetzt wissen wir, daß in jedem von uns ein Eichmann steckt, oder: Liegt es nicht am modernen Leben, daß wir alle bloße Rädchen in irgendeiner Maschinerie geworden sind?«[38] Es ging ihr keineswegs darum, die Täter mit dem Hinweis auf die Gnade der Umstände zu exkulpieren. Arendt konfrontierte die Gesellschaft mit der unfaßbaren Gnadenlosigkeit, mit der die Vollstrecker der »Endlösung« vorgegangen waren, eine Gnadenlosigkeit, die sich darin spiegelte, daß sie auch später kein schlechtes Gewissen gezeigt hatten. Sie habe gespürt, erklärte sie, »daß der große Vorteil eines Gerichtsverfahrens darin besteht, daß in diesem Rahmen das ganze Gerede vom Rädchen im Getriebe unsinnig ist und man gezwungen ist, alle diese Fragen von einem anderen Blickwinkel aus zu betrachten.«

Für Arendt stand ein Mensch aus Fleisch und Blut vor Gericht, mit einer »individuellen Geschichte, einem immer einmaligen Gemisch von Eigenschaften, Besonderheiten, Verhaltensweisen und Lebensumständen.«[39] Der Eichmann-Prozeß wäre »völlig uninteressant gewesen«, erwiderte sie ihren Kritikern, »wenn er nicht das Rädchen oder den Sachbearbeiter des Referats IV B 4 im Reichssicherheits-Hauptamt in einen Menschen verwandelt hätte.«[40] Nicht allein das Leid der Opfer, sondern vor allem das verantwortliche Handeln der Täter wurde durch den Prozeß gegen Eichmann der Anonymität entrissen.

Im Vorwort zur Buchausgabe ihres Prozeßberichts formulierte Arendt den einzigen Zweck jeden Gerichtsverfahrens, indem sie auf den Untertitel ihres Buches verwies, über den sich »ein echter Streit« erheben könne. Sowohl das Gerichtsverfahren als auch die Person des Angeklagten warfen »Probleme allgemeiner Natur« auf, schrieb sie, doch »in dem Bericht selbst kommt die mögliche Banalität des Bösen nur auf der Ebene des Tatsächlichen zur Sprache, als Phänomen, das zu übersehen unmöglich war.«[41] Nicht Eichmann als Symbol, sondern das Individuum Eichmann stand vor Gericht.

Die Mißverständnisse, die sich aus dem Untertitel ergaben, resultierten aus seiner Zweideutigkeit. Viele ihrer Kritiker unterstellten Arendt, bewußt und unbewußt, sie hätte das Individuum Eichmann und demzufolge auch seine Taten als »banal« charakterisiert – was in der Tat eine Bagatellisierung des furchtbaren Leids der Opfer gewesen wäre. Weder den Menschen noch sein Handeln stellte Arendt jedoch als »banal« hin, sondern sie stellte die Frage nach dem Gewissen. Für sie war die Lektion, die man in Jerusalem lernen konnte, die beunruhigende Erfahrung, daß »Realitätsferne und Gedankenlosigkeit in einem mehr Unheil anrichten können als alle die dem Menschen vielleicht innewohnenden bösen Triebe zusammengenommen.«[42] Sie durchschaute, daß Eichmann, indem er ausschließlich auf sein Handeln auf Befehl rekurrierte, sich als gehorsamer Diener höherer Gewalten aus der Verantwortung stehlen wollte. Diese Haltung hatte er so sehr verinnerlicht, daß ihm seine höheren Autoritäten und »Gesetze« noch im Angesicht des Todes als Legitimation seines Handelns dienten. Ganz im Gegensatz zu Eichmanns Credo hielt Arendt es jedoch für unzulässig, die persönliche Verantwortung unter der Diktatur von den Menschen auf das System zu verlagern, auch wenn man, hob sie hervor, »das System nicht völlig außer Acht lassen kann.«[43]

Diese Auffassung vertrat auch H. G. Adler, Überlebender des Konzentrationslagers Theresienstadt, der sich zu gleicher Zeit mit Eichmanns Rechtfertigungsversuchen beschäftigt hat. Im Unterschied zu Arendt berücksichtigte Adler das Sassen-Interview und bezeichnete es als ein »historisches und psychologisches Dokument von beträchtlicher Bedeutung«, da es den ganzen Adolf Eichmann enthülle.[44] Die bedingungslose Hingabe an den Befehl erzeuge als katastrophalste Folge die Preisgabe der Verantwortung, urteilte Adler, »die sich einmal als Flucht aus der Verantwortung, dann aber auch als Verwandlung der Verantwortung zeigt.« Im Rahmen des Befehlssystems einer hierarchischen Organisation, in welcher der Diensteid als gültiger sakraler Akt das Gewissen ausschließlich an den Befehlsgeber bindet, bestand die »dehumanisierte, neue Verantwortung«, die Eichmann aufgetragen war, in der vollkommenen Ausführung des Befehls.[45]

»Von Eichmann bleibt seine ›Zuständigkeit‹ übrig. Die Zuständigkeit kann er – so verlangt es zumindest dann der vitale Selbstschutz – sehr gering ansetzen. Ihr gegenüber ist alles andere ›Unzuständigkeit‹, die dem in so viele Schuld verstrickten Individuum schließlich den einzigen Halt gewährt. Die Unzuständigkeit wird die Salvierung für den konsequenten Nihilisten. Er verantwortet dann nichts mehr als den engen Bereich seiner Zuständigkeit, den er aber nur als Befehlsempfänger verantwortet, und zwar bloß jenem gegenüber, dem er sich durch seinen Diensteid verpflichtet hat.«[46] Im Rahmen eines von allem Menschlichen entblößten Systems, darauf verwies Adler, »ist von Eichmann selbst nichts übriggeblieben. Oder doch, etwas ist geblieben: der zwar nicht präzis definierte, doch aus dem organisatorischen Wirrwarr herauszuschälende Funktionsträger, der im Befehl seine umrissene Aufgabe hat.«[47]

Hannah Arendt und H. G. Adler ist es gelungen, die bei nahezu allen NS-Verbrechern nach dem Krieg anzutreffende Flucht aus der Verantwortung in »Unzuständigkeiten« exakt zu analysieren. Die Verbrechen brauchten sie nicht zu belasten, denn sie hatten »nichts mehr zu denken gehabt«, zitierte Adler aus dem Sassen-Interview.[48] Sooft Eichmann mit der Vernichtung der Juden konfrontiert wurde, sooft war er »nicht zuständig«. Dem Kommandanten des Konzentrations- und Vernichtungslagers Auschwitz erklärte er auf dessen Beschwerde über die grauenhafte »Art der Verladung« (Eichmann) der Juden aus Ungarn: »Ja bitte, dafür bin ich nicht zuständig.« Mehr könne er ihm dazu auch nicht sagen.[49] Seien es die Tötungen durch Gas, die Einrichtung der Vergasungsstätten, die medizinischen Versuche in Auschwitz, Eichmanns Erklärung war immer dieselbe, er habe mangels Zuständigkeit »nichts damit zu tun gehabt«.[50]

Über seine Verantwortung für die Transporte in die Vernichtungslager befragt, erklärte Eichmann im Verhör in Israel ebenso, er habe mit den Tötungen nichts zu tun gehabt, denn er habe ja nicht selbst getötet und der Plan stamme nicht von ihm. Der Beihilfe sei er »selbstverständlich schuldig«, urteilte er über sich selbst, »das ist völlig klar, das habe ich ja schon mal gesagt – insoferne kann ich mich auch nicht entziehen der Verantwortung, Herr Hauptmann, und es wäre widersinnig, wenn ich das versuchen wollte, denn nach einer juristischen Auffassung bin ich selbstverständlich [...] der Beihilfe schuldig – das sehe ich selbst ein.«[51]

»Selbstverständlich« war er nur der Beihilfe schuldig, »selbstverständlich« hatte er nichts mit dem Plan zu tun, »selbstverständlich« sah Eichmann das ein. Immer endete er mit der gleichen Erklärung. Angefangen bei Hitler, der den Befehl zur Vernichtung gegeben habe, über Himmler, Heydrich und Müller war allein die Führungsspitze des Reiches für den systematischen Mord an den Juden verantwortlich. Sein Gewissen hatte er an die Staatsführung abgegeben. »Wahrlich, ich diente den Göttern aus freien Stücken; wahrlich ich opferte ihnen zuliebe viel«, bemitleidete er sich selbst im Gefängnis.[52]

Von seinen »Göttern« enttäuscht, versuchte er seine Schwäche in Charakterstärke zu verwandeln, ohne zu merken, daß er immer wieder in die gleiche Rolle zurückverfiel, von der er doch eigentlich freigesprochen werden wollte. Sein Verteidiger habe ihn vor dem Kreuzverhör nach seinem »Schuldigkeitsgefühl« gefragt, schrieb er, und darauf habe er geantwortet: »Wo *keine Verantwortung,* da ist auch *keine Schuld.* [...] Zur höheren Sicherheit bedient sich die Staatsführung eines bindenden Mittels. *Des Eides.* Die *Verantwortung* aber, das Gewissen, muß die *Staatsspitze* haben. [...] Bei einer guten Staatsführung hat der Untergebene, der Befehlsempfänger, Glück; bei einer schlechten Unglück. *Ich hatte* kein Glück. Denn: Das damalige Staatsoberhaupt gab den Befehl zur Vernichtung der Juden [Hervorhebungen im Original; d. Verf.].«[53]

Eichmanns mit Erstaunen quittierte Äußerung in Jerusalem, daß die Judenvernichtung »eines der kapitalsten Verbrechen innerhalb der Menschheitsgeschichte« darstelle,[54] war insofern eine leere Phrase. Sie kam ihm bezeichnenderweise erst vor Gericht in den Sinn, nicht ganz unähnlich in der Diktion dem Bekenntnis zur »Gesamtverantwortung« des ehemaligen Generalbauinspekteurs und Hitlerfreundes Albert Speer vor dem Nürnberger Gerichtshof.[55] Nur daß letzterer, nach einem während des Prozesses gezeigten Dokumentarfilm über das Einrücken der amerikanischen Truppen in die Konzentrationslager, von seinem Anwalt auf die Falle hingewiesen wurde, die er sich damit gestellt hatte. Er legte Speer, dessen bis dahin unerschütterliches »gutes Gewissen« angesichts der Leichenberge ins Wanken geriet und der seither in einem Todesurteil keine Ungerechtigkeit mehr erblickte, nahe, »sich nicht immer hervortun zu wollen«.[56]

Eichmann jedoch verließ das Gefühl seiner Schuldlosigkeit nicht. Sein Gewissen rührte sich nicht angesichts der Filmaufnahmen aus den Konzentrations- und Vernichtungslagern, die während des Prozesses in Jerusalem gezeigt wurden und die er mit einer der ihm eigenen Wortschöpfungen als »Lebensauslöschungsfelder«[57] bezeichnete. Er konnte sich vom Standpunkt eines anderen Menschen aus wirklich nichts vorstellen. Im Gegenteil, das »Volk der Juden«, das er als SD-Angehöriger erforscht und über das er Denkschriften angefertigt hatte, das er vermeintlich so gut kannte, versetzte ihn bis zum Schluß in Verwunderung.

»Ehrlich, diese Juden sind ein erstaunliches Volk«, bekräftigte er im Gefängnis ein letztes Mal sein Mißtrauen. »Ich hatte, als man mich nach Israel brachte, an nichts anderes, als an einen physisch und psychisch scheußlichen Verlauf der Dinge geglaubt; daß ich bis heute noch nicht einmal *ein* [Hervorhebung im Original; d. Verf.] schlechtes Wort, etwa auch nur eine Verbalinjurie, an den Kopf geschmissen bekam, erstaunt mich immer mehr und macht mich sprachlos; und dies, bei dieser Anklage! Und Propaganda! [...] Ein Beispiel: meine Hausschuhe (Sommerhausschuhe) sind etwas defekt gewesen. Ich bekam heute ein paar neue »Reiseschuhe«. [...] Es sind Kleinigkeiten; aber erstaunlich. [...] Ich bin allerdings ein vorsichtiger Mensch, denn die Vorsicht ist eine Tugend, daher mache ich die Einschränkung: so ist es bis heute.«[58]

Die »gewissermaßen schiere Gedankenlosigkeit – etwas was mit Dummheit keineswegs identisch ist«, die Arendt dem Angeklagten Eichmann attestierte, ist angesichts solcher Äußerungen kaum zu bestreiten. Zwar unterschätzte Arendt den Fanatismus Eichmanns, doch sie machte deutlich, daß der Hinweis auf die mörderischen Seiten einer Ideologie – oder eben die verbrecherischen Motive einer Person – nicht ausreicht, um die Mechanismen zu erklären, die bei Eichmann und den vielen anderen jegliches Schuldbewußtsein ausschalteten und sie in blindem Gehorsam zu Vollstreckern einer beispiellosen Verfolgungs- und Vernichtungspolitik werden ließ. Ihrer Meinung nach hatte sich im Dritten Reich eine allgemein akzeptierte »Aura systematischer Verlogenheit« herausgebildet,[59] die die kalte und zynische, ungehemmte Gewaltbereitschaft erklärte, mit der die Protagonisten der nationalsozialistischen Gewaltpolitik und ihre Helfershelfer zu millionenfachem Mord übergingen.

Der integrierende Bestandteil des verbrecherischen Systems, in dem Eichmann bis zuletzt handelte und dachte, war nicht die ideologische Indoktrinierung, sondern die Zerstörung jeglicher normativer Grundlagen menschlichen Zusammenlebens. »Wenn er sicher sein wollte, daß er nicht log«, meinte Arendt, brauchte Eichmann sich »nur in eine nicht zu ferne Vergangenheit zurückzuversetzen, als zwischen ihm und seiner Umwelt vollkommene Übereinstimmung herrschte, weil 80 Millionen Deutsche gegen die Wirklichkeit und ihre Faktizität durch genau die gleichen Mittel abgeschirmt gewesen waren, von denen Eichmanns Mentalität noch 16 Jahre nach dem

Zusammenbruch bestimmt war – durch die gleiche Verlogenheit und Dummheit und durch die gleichen Selbsttäuschungen.«[60]

Arendt erkannte, daß es extreme Situationen gibt, in denen die größere Stärke darin liegt, sich die eigene Schwäche und Ohnmacht einzugestehen und zuzugeben, die Verantwortung für die Welt nicht übernehmen zu können. Der totale Zusammenbruch der ehrenwerten Gesellschaft lehrte, »daß es sich bei denen, auf die unter Umständen Verlaß ist, nicht um jene handelt, denen Werte lieb und teuer sind und die an moralischen Normen und Maßstäben festhalten; man weiß jetzt, daß sich dies über Nacht ändern kann, und was davon übrig bleibt, ist die Gewohnheit, an irgend etwas festzuhalten.«[61] Nur wenigen aber gelingt es, die eigene Unterstützung zu verweigern, wo sie unter Berufung auf Gehorsam gefordert wird, das war die Lektion, die Arendt aus dem Eichmann-Prozeß zog.

Unter dem Druck des Prozesses wollte Eichmann sich von der eigenen Person mit der absonderlichen Formel von der »Erscheinungsform Mensch«[62] distanzieren. »Alles, alles, was auf dem Gebiet der Lösung der Judenfrage nach dem Verbot der Auswanderung lag«, hatte er Sassen erklärt, sei auf einen »grundsätzlichen Befehl« des Führers geschehen. Und um deutlich zu machen, daß er für den nun folgenden Massenmord keine Verantwortung hatte, sprach Eichmann von sich selbst in der dritten Person: »Hier gab es keine schöpferische Tätigkeit des Dezernenten mehr.«[63] Am Ende blieb Eichmann nur sein Gehorsam. Bis zum Tod war er nicht bereit, der Treueverpflichtung gegenüber seinen »Göttern« abzuschwören, und daher glaubte er auch bis zum Schluß, der einzige Ausweg aus seinem Dilemma wäre Selbstmord gewesen.

Anmerkungen

Vorgeschichte – Eichmanns Entführung (S. 16–42)

1 Vgl. Isser Harel, *The House on Garibaldi Street. The Capture of Adolf Eichmann*. London 1975, S. 19ff.

2 Vgl. Tom Segev, *The Seventh Million. The Israelis and the Holocaust*. New York 1994 (Orig. hebräisch 1991), S. 325: Nach Segev ist Isser Harel die nahezu einzige Quelle für die Geschichte des Mossad. Als er zu Beginn der fünfziger Jahre die Verantwortung für den Geheimdienst übernahm, erklärte er, daß Eichmann an oberster Stelle auf der Suchliste stand, zusammen mit Mengele. Aber die Suche nach Nazi-Verbrechern, so Segev, hatte nicht die höchste Priorität; der israelisch-arabische Konflikt und die Organisation der Masseneinwanderung waren dringender, so daß Harels Aktivitäten sich auf die Aufdeckung von Spionen, Terroristen und Gegnern der Ben Gurion-Mapai-Regierung richteten. Harel schrieb in seinem Buch über die Gefangennahme von Eichmann, daß Fritz Bauer den Hinweis auf Eichmann gab, während der Mossad augenscheinlich nicht aktiv nach ihm suchte. Ein Kapitel in den autobiographischen Veröffentlichungen von Harel lautet: »Warum haben wir Mengele nicht gefangen?« Die Frage, ob Mengele trotz der israelischen Bemühungen entkommen konnte, oder weil diese so gering waren, wird jedoch nicht wirklich beantwortet.

3 Interview der Verf. mit Isser Harel, Tel Aviv, 14. 1. 1997, Fritz Bauer Archiv (FBA), Frankfurt am Main. Ich danke Antje Naujoks (Jerusalem), die als Dolmetscherin dieses Interview begleitete.

4 Tuviah Friedmann, *The Hunter*. London 1961; ders. (Hg.), *Die »Ergreifung Eichmanns«. Dokumentarische Sammlung*. Haifa 1971; ders., *Die Korrespondenz zwischen der Zentralen Stelle in Ludwigsburg und der Dokumentation in Haifa beweist die erfolgreiche Zusammenarbeit der Verhaftung und vor Gerichtstellung in Deutschland von Tausenden Nazi-Kriegsverbrechern*. Haifa 1993.

5 Simon Wiesenthal, *Recht, nicht Rache*. Frankfurt am Main, Berlin 1988; ders., *Doch die Mörder leben*. München, Zürich 1967.

6   Interview der Verf. mit Isser Harel, Tel Aviv, 14. 1. 1997, FBA. Alan Levy, *Die Akte Wiesenthal*. Wien 1995, S. 131.

7   Ebd., S. 132.

8   Fritz Bauer, »Im Namen des Volkes«, in: Ders., *Die Humanität der Rechtsordnung. Ausgewählte Schriften.* Hg. v. Joachim Perels und Irmtrud Wojak. Frankfurt am Main, New York 1998, S. 77–90, hier S. 81.

9   Levy, *Die Akte Wiesenthal*, S. 132ff.; vgl. auch S. 200f.: Levy erwähnt Fritz Bauer im Kontext der Entführung Eichmanns nicht, schreibt allerdings an späterer Stelle, daß Wiesenthal »dem deutschen Juden und Eichmann-Jäger Dr. Fritz Bauer« einen Kontakt vermittelt habe, der zu dem KZ-Arzt Josef Mengele hätte führen können. Bauer habe nach Aussage Wiesenthals den Fehler begangen, diese Kontaktperson zu verhören, anstatt sie beschatten zu lassen.

10   Stan Lauryssens, *De fatale vriendschappen van Adolf Eichmann*. Leuven 1998, S. 30f.

11   Albert Wucher, *Eichmanns gab es viele. Ein Dokumentarbericht über die Endlösung der Judenfrage*. München, Zürich 1961, S. 9.

12   Vgl. ebd.

13   Lauryssens, *De fatale vriendschappen*, S. 236.

14   Darauf hat ebenfalls Lauryssens ebd. hingewiesen.

15   Ebd.

16   Karin Orth, *Die Konzentrationslager-SS. Sozialstrukturelle Analysen und biographische Studien*. Göttingen 2000, S. 264ff. sowie Michael Wildt, »›Götzendämmerung‹. Das Reichssicherheitshauptamt im letzten Kriegsjahr«, in: *Sozialwissenschaftliche Informationen,* Jg. 24 (1995), H. 2, S. 101–108.

17   Karin Orth, »SS-Täter vor Gericht. Die strafrechtliche Verfolgung der Konzentrationslager-SS nach Kriegsende«, in: *»Gerichtstag halten über uns selbst…«. Geschichte und Wirkung des ersten Frankfurter Auschwitz-Prozesses.* Hg. im Auftrag des Fritz Bauer Instituts v. Irmtrud Wojak. Frankfurt am Main 2001 (Jahrbuch zur Geschichte und Wirkung des Holocaust), S. 43–60. Dazu auch Stephan Linck, »›Festung Nord‹ und ›Alpenfestung‹. Das Ende des NS-Sicherheitsapparates«, in: Gerhard Paul, Klaus Michael Mallmann (Hg.), *Die Gestapo im Zweiten Weltkrieg. ›Heimatfront‹ und besetztes Europa*. Darmstadt 2000, S. 569–595, hier S. 574ff.

18   Vgl. Linck, »›Festung Nord‹ und ›Alpenfestung‹«, S. 578ff., über die Untergebenen von Ernst Kaltenbrunner, die nach Alt-Aussee flüchteten. Ebenso Rena Giefer, Thomas Giefer, *Die Rattenlinie. Fluchtwege der Nazis. Eine Dokumentation.* 3. Aufl., Weinheim 1995, 62ff., die darauf hin-

deuten, daß der hessische Generalstaatsanwalt Fritz Bauer – unabhängig von Simon Wiesenthal – in den fünfziger Jahren aus Österreich Hinweise erhielt, daß Eichmann sich in Argentinien aufhielt.

19 Vgl. Zvi Aharoni, Wilhelm Dietl, *Der Jäger. Operation Eichmann. Was wirklich geschah.* Stuttgart 1996, S. 71.

20 Adolf Eichmann, *»Götzen«,* Aufzeichnungen im Gefängnis in Israel, datiert 6.9.1961, Israel State Archive (ISA), Jerusalem, Abschrift, 676 S., hier S. 541.

21 Vgl. Aharoni, Dietl, *Der Jäger,* S. 72ff. und 75ff.

22 Robert Pendorf, *Mörder und Ermordete. Eichmann und die Judenpolitik des Dritten Reiches.* Hamburg 1961, S. 139. Aharoni, Dietl, ebd., S. 82.

23 Gitta Sereny, *Am Abgrund: Gespräche mit dem Henker. Franz Stangl und die Morde von Treblinka.* Überarbeitete Neuausgabe, München, Zürich 1995 (Orig. 1974), S. 377. Dazu auch Ernst Klee, *Persilscheine und falsche Pässe. Wie die Kirchen den Nazis halfen.* Frankfurt am Main 1991, S. 25.

24 Sereny, ebd., S. 379f. Sereny verweist in diesem Zusammenhang auf Eichmanns österreichischen Akzent, der es schwer mache, sich vorzustellen, daß Pater Anton Weber dieses Märchen glauben konnte – »außer er *wollte* [Hervorhebung v. Sereny, d. Verf.] es eben glauben«; ebd. (Anm. 2).

25 Aharoni, Dietl, *Der Jäger,* S. 84.

26 Klaus Eichmann wurde 1936 in Berlin geboren, sein Bruder Horst Adolf im Januar 1940 in Wien und Dieter Helmut im März 1942 in Prag.

27 Aharoni, Dietl, ebd., S. 103.

28 Vgl. Pendorf, *Mörder und Ermordete,* S. 140 und 144; Aharoni, Dietl, ebd., S. 106.

29 Vgl. Harel, *The House on Garibaldi Street,* S. 26. Im Interview mit Willem Sassen in Argentinien erklärte Eichmann, daß er davon ausgehe, nicht mehr gesucht zu werden; vgl. Sassen-Interview, Transkript, Bundesarchiv (BArch), Eichmann-Prozeß, Unterlagen Servatius, All. Proz. 6/95, Bd. 3, S. 28. Über den Bau des eigenen Hauses vgl. Eichmann, *»Götzen«,* Aufzeichnungen im Gefängnis, ISA Jerusalem, S. 632ff.

30 Aharoni, Dietl, *Der Jäger,* S. 106; Lauryssens, *De fatale vriendschappen,* S. 56 und 64; Holger M. Meding, *Flucht vor Nürnberg? Deutsche und österreichische Einwanderung in Argentinien 1945–1955.* Köln, Weimar, Wien 1992, S. 215.

31 Meding, *Flucht vor Nürnberg?,* S. 211, schreibt, daß der Konzern 13 deutsche Nachkriegsemigranten beschäftigte.

32 Ebd., S. 214.

33 Aharoni, Dietl, *Der Jäger,* S. 100ff.

34 Lauryssens, *De fatale vriendschappen,* S. 68f.

35 (o. A.), »Eichmann's Ghost Writer. A Dutch friend in the Argentine«, in: *Wiener Library Bulletin,* Vol. XV (1961), Nr. 1, S. 2.

36 Lauryssens, *De fatale vriendschappen,* S. 75.

37 Ebd., S. 78f.

38 Ebd., S. 79f.

39 Ebd., S. 12.

40 Ebd., S. 14.

41 Anthony Mertens wurde 1915 in Grathem geboren und war bereits auf dem Gymnasium mit Sassen befreundet. Beide studierten an der Katholischen Universität von Nijmegen. Mertens entwickelte sich zum faschistischen Rädelsführer der katholischen Studenten in Nijmegen und schloß sich der Partei von Arnold Meijer an; vgl. ebd. S. 75f.

42 Ebd., S. 16ff. Darunter befanden sich unter anderem Leo van Overveldt, der vier Jahre an die deutsche Wehrmacht Fahrräder geliefert hatte, Edward von der Beeck, Wiel van de Rande, Ammat Bockaert und Karl Breyer.

43 Ebd., S. 19ff. und 38. Am 27. Mai 1947 landete Sassen in Dublin mit einem Paß auf den Namen Jack Jansen; dort soll er sich am Aufbau der EXIMORG (EXport en IMport ORGanisation) beteiligt haben, einer Scheinhandelsfirma, deren Konten dazu dienten, Nazis außer Landes zu helfen; vgl. ebd. S. 22 und 25.

44 Ebd., S. 56.

45 Ebd., S. 55.

46 Vgl. Meding, *Flucht vor Nürnberg?,* S. 268: Als Chefredakteur der *Freien Presse* in Buenos Aires hatte von Oven die Federführung der meinungsführenden Zeitung der deutschen Kolonie in Argentinien übernommen, die er selbst als nationalsozialistisches Blatt bezeichnete. Nach Lauryssens, *De fatale vriendschappen,* S. 53, soll Sassens geschätztester Freund der Antisemit Johannes von Leers gewesen sein, der 1933 das Buch *Juden sehen Dich an* publizierte und ebenfalls nach Argentinien flüchtete; vgl. ebd., S. 54.

47 Meding, *Flucht vor Nürnberg?,* S. 252.

48 Ebd., S. 260f.

49 Ebd., S. 261.

50 Ebd., S. 258 und 261.

51 Lauryssens, *De fatale vriendschappen,* S. 66f.

52 Ebd., S. 128. Eine der Aufnahmen läßt sich auf ein Datum wenige Tage nach dem Einmarsch israelischer Truppen in Ägypten datieren, also nach dem 29. Oktober 1956; vgl. ebd., S. 134. – Einen Nebenschau-

platz dieses Vorhabens stellte Amsterdam dar, denn Sassen bat 1955 seinen alten Freund Mertens, für ihn Recherchen aufzunehmen und die inzwischen zum Thema »Endlösung der Judenfrage« publizierten Bücher zu besorgen. Mertens, der glaubte, daß Eichmann in Syrien lebte oder tot war, entwickelte sich daraufhin zu einem fanatischen Rechercheur, der allerdings ebenfalls in Geldnot geriet. Als Mertens durch einen Zufall herausfand, daß Eichmann in Argentinien lebte und ihm der Hintergrund des großen Interesses seines Freundes an Material über Eichmann klar wurde, beschloß er ebenfalls, eigene Wege zu gehen. Er bot Alfred Hitchcock an, ein Drehbuch für einen Film über die Jagd auf Eichmann zu schreiben, dieser aber lehnte im Oktober 1956, offenbar unter Hinweis auf zu viele anstehende Projekte, dankend ab; vgl. ebd., S. 95–121.

53 Ebd., S. 209.

54 Ebd., S. 153f.

55 Ebd., S. 128. Auch Eichmann verwies im Prozeß auf seinen Verleger Fritsch; vgl. State of Israel, Ministry of Justice, *The Trial of Adolf Eichmann. Record of Proceedings in the District Court of Jerusalem*. Vol. IV. Jerusalem 1993, S. 1665 (künftig zitiert: *The Trial of Adolf Eichmann*). Rudolf Mildner war vorher Chef der Gestapo in Kattowitz und als solcher Leiter der Politischen Abteilung in Auschwitz und hatte Tausende Juden deportieren und ermorden lassen; vgl. Ulrich Herbert, *Best. Biographische Studien über Radikalismus, Weltanschauung und Vernunft. 1903–1989*. 3. Aufl., Bonn 1996, S. 367.

56 Eichmann, »*Götzen*«, Aufzeichnungen im Gefängnis, ISA Jerusalem, S. 545f.

57 Friedmann, *Die »Ergreifung Eichmanns«*, o. S., Brief von Lothar Hermann an Friedmann, 2.6.1971.

58 Vgl. ebd.; Hermann schrieb an Friedmann, er sei 69 Jahre alt und seit 1947 vollständig erblindet, außerdem sei er »Volljude« – was eine Reaktion auf Pressemeldungen war, ein »fast erblindeter Halbjude« habe Eichmann ausfindig gemacht.

59 Ebd.

60 Brief von Lothar Hermann an Fritz Bauer, 25.6.1960, Archiv der sozialen Demokratie (AdS), Bonn, Nachlaß Fritz Bauer.

61 Interview der Verf. mit Isser Harel, Tel Aviv, 14.1.1997. Nach Harel, *The House on Garibaldi Street*, S. 33, hatte Hermann sich schon an den Vorgänger von Fritz Bauer gewandt, d. h. der hessische Generalstaatsanwalt müßte bereits vor April 1956 über Eichmanns Aufenthaltsort informiert gewesen sein.

62 Vgl. Harel, *The House on Garibaldi Street*, S. 21.

63 Ebd.; in der englischen Ausgabe erwähnt Harel den Namen Georg August Zinn noch nicht, wohl aber in der mit dem gleichen Titel erschienenen hebräischen Ausgabe (Tel Aviv 1990) seines Buches. Liza Lott (Frankfurt am Main) danke ich für die Übersetzung aus dem Hebräischen.

64 Aharoni, Dietl, *Der Jäger*, S. 121.

65 Vgl. die hebräische Ausgabe von Isser Harel, *Das Haus in der Garibaldistraße*. Tel Aviv 1990.

66 Aharoni, Dietl, *Der Jäger*, S. 122.

67 Ebd., S. 123f.

68 Postkarten von Fritz Bauer an seine Ehefrau Anna Maria Bauer Petersen in Kopenhagen: 17. März 1958, Dan Hotel, Tel Aviv; 1. April 1958, Sharon Hotel, Herzliya; Privatbesitz von Anna Maria Bauer Petersen.

69 Aharoni, Dietl, *Der Jäger*, S. 125.

70 Das Bundesamt für Verfassungsschutz (BfV), Köln, gab im Mai 2000 vier dort archivierte Aktenstücke der Korrespondenz zwischen dem BfV und dem Auswärtigen Amt frei, die sich mit der Person Eichmann befassen. Die Korrespondenz umfaßt den Zeitraum zwischen dem 11. April 1958 und dem 9. Juni 1960. – Vgl. Schreiben des BfV an das Auswärtige Amt, Verschlußsache (VS)-Vertraulich, 11.4.1958.

71 Schreiben des Auswärtigen Amtes an das BfV, 4.7.1958.

72 Schreiben des BfV an das Auswärtige Amt, VS-Vertraulich, 21.8.1958.

73 Schreiben des BfV an das Auswärtige Amt, 9.6.1960.

74 Hebräische Ausgabe von Harel, *Das Haus in der Garibaldistraße*, S. 50.

75 Ebd.

76 Friedmann, *Die Korrespondenz*, o. S., Brief an Oberstaatsanwalt (OStA) Schüle, 13.7.1959.

77 Ebd.

78 Ebd., Brief von OStA Schüle an Friedmann, 4.8.1959.

79 Ebd.

80 Vgl. Tuviah Friedmann, *We shall never forget. An Album of Photographs, Articles and Documents.* Haifa 1965, S. 123.

81 Hebräische Ausgabe von Harel, *Das Haus in der Garibaldistraße*.

82 Friedmann, *Die Korrespondenz*, o. S., Brief von OStA Schüle an Friedmann, 26.10.1959.

83 Friedmann, *Die »Ergreifung Eichmanns«*, o. S., Brief von Hermann an Friedmann, 17.10.1959.

84 Friedmann, *Die Korrespondenz*, o. S., Brief von Hermann an Friedmann, 5.11.1959, sowie von Friedmann an Hermann, 28.11.1959.

85 Vgl. Friedmann, *Die »Ergreifung Eichmanns«*, o. S.: Hermann schrieb am 27. April 1960 an Friedmann, ihm sei die Art und Weise nicht klar, wie Friedmann den Fall behandelte, insbesondere der Zeitverlust. Er verstehe auch nicht, warum Friedmann jetzt nach einem Ausweg suche, die Belohnung sicherzustellen, wo er doch vorher genau wußte, daß diese für den Fall, daß sie bezahlt werden müßte, auch vorhanden sei. Inzwischen seien sechs Monate vergangen, und er sei ohne Nachrichten geblieben, vielleicht habe man auch wenig Wert auf die von ihm zur Verfügung gestellten Tatsachen gelegt. Am 26. Mai 1960 schrieb Hermann, er habe soeben im *Argentinischen Tageblatt* vom 24. Mai gelesen, daß Eichmann verhaftet worden sei. Entweder müsse die Notiz falsch sein, oder aber Friedmann und anderen Personen sei es gelungen, ihn ausfindig zu machen. Falls er den Tatbestand zu seinen Gunsten klären könne, werde er das Institut zur Zahlung der Belohnung »zur Rechenschaft ziehen«. Ein Jahr später folgte ein weiterer Brief Hermanns: Friedmann habe nun seit Ende 1959 nicht den Mut aufgebracht, an ihn zu schreiben; er habe die vereinbarte Diskretion gebrochen und seinen Namen preisgegeben, womit er auch sein Leben in Gefahr gebracht habe und ihm großer Schaden entstanden sei. Er werde gegen Friedmann mit juristischen Mitteln vorgehen, wenn dieser nicht sein Versprechen sehr bald einlöse. Am 15. Mai 1961 antwortete Friedmann, einen Preis zur Ergreifung habe keine offizielle Stelle ausgesetzt. Die Dokumentationsstelle in Haifa habe dazu nicht das Geld gehabt. Damit war Hermann in einer Situation, die er schon kannte, denn Friedmann schrieb weiter, er wolle glauben, daß seine Informationen richtig waren, doch das müsse er beweisen, um eine Belohnung zu bekommen. – Nach vergeblichen Briefen von Hermann an Ben Gurion und einigen weiteren Schreiben von Friedmann an Hermann, die besagen, daß dieser Hermann in bezug auf die Belohnung offenbar nicht die Wahrheit gesagt hatte, endete der Schriftwechsel über zehn Jahre nach der Entführung. Am 27. April 1971 schrieb Friedmann, daß ihn die israelischen Sicherheitskräfte damals ausgeschaltet hätten, und präsentierte seine neue Version, die fälschlich lautete, erst jetzt habe sich herausgestellt, daß Hermann den entscheidenden Hinweis gegeben habe, und nun müsse ihm auch die Belohnung in Höhe von 10 000 US-Dollar ausgezahlt werden.

86 Friedmann, *Die Korrespondenz*, o. S., Brief von OStA Schüle an Friedmann, 13. 11. 1959.

87 Aharoni, Dietl, *Der Jäger*, S. 127. – Postkarten Bauers an seine Ehefrau Anna Maria Bauer Petersen in Kopenhagen ist zu entnehmen, daß er

1958/59 mindestens viermal nach Israel flog, zweifellos immer um die Auffindung und Festnahme Eichmanns bemüht: Die Postkarten wurden verschickt aus Herzliya, undatiert (1958), sowie dreimal aus Tel Aviv, 14. (Monat unleserlich) 1958, 17.3.1958 und 3.12.1959; Privatbesitz von Anna Maria Bauer Petersen.

88 Friedmann erwähnt die Pressemeldung in einem Brief an OStA Schüle, 24.12.1959; vgl. Friedmann, *Die Korrespondenz*, o. S.

89 Hebräische Ausgabe von Harel, *Das Haus in der Garibaldistraße*, S. 59.

90 Lauryssens, *De fatale vriendschappen*, S. 179f.

91 Ebd., S. 207; Lauryssens ist der Meinung, daß die Agenten durch von Leers auf Sassen stießen.

92 Ebd., S. 208.

93 Nach Lauryssens, ebd., S. 246, wurde der amerikanisch-ungarische Autor Ladislas Farago, ein ehemaliger Mitarbeiter des CIA und Autor einiger Spionageromane, als Zwischenhändler eingeschaltet. Er soll versucht haben, Sassen zum Verkauf der Bänder zu überreden. Die israelische Regierung habe Sassen die Bezahlung von 20 000 US-Dollar, die er gefordert habe, unmittelbar angeboten. Doch Sassen sei vorsichtig geworden, weil seine Frau und Kinder sich in Buenos Aires nicht mehr sicher fühlten.

94 Aharoni, Dietl, *Der Jäger*, S. 127.

95 Hannah Arendt, *Eichmann in Jerusalem. Ein Bericht von der Banalität des Bösen*. München 1964, S. 43.

96 Ebd.

97 Ebd., S. 28 und 34.

98 Ebd.

99 Idith Zertal, »From the People's Hall to the Wailing Wall: A Study in Memory, Fear and War«, in: *Representations* 69 (Winter 2000), S. 96–126, hier S. 103.

100 Ebd.

101 Arendt, *Eichmann in Jerusalem*, S. 34; Zertal, »From the People's Hall to the Wailing Wall«, 104f.

102 Hanna Yablonka, »Nazi-Prozesse und Holocaust-Überlebende. Israel 1950–1967«, in: *»Gerichtstag halten über uns selbst...«. Geschichte und Wirkungsgeschichte des ersten Frankfurter Auschwitz-Prozesses*. Hg. im Auftrag des Fritz Bauer Instituts v. Irmtrud Wojak, Frankfurt am Main 2001 (Jahrbuch 2001 zur Geschichte und Wirkung des Holocaust), S. 277–292.

103 Gerald L. Posner, John Ware, *Mengele. Die Jagd auf den Todesengel*. 1. Aufl., Berlin 1993, S. 172.

104 Vgl. Segev, *The Seventh Million*, S. 325, mit Bezug auf: Michael Bar-Zohar, *Ben-Gurion*. Vol. III, Tel Aviv 1978, S. 1374: Am 6. Dezember 1959 informierte Harel Generalstaatsanwalt Haim Cohn über die neuen Nachrichten von Bauer, und gemeinsam gingen sie zu Ben Gurion. Sie teilten ihm mit, daß Bauer die deutschen Behörden informieren und einen Auslieferungsantrag stellen werde, wenn Israel nicht handele. Ben Gurion schrieb am 6.12.1959 in sein Tagebuch: »I suggested asking him not to tell anyone and not to ask for his extradition, but to give us his address. If it turns out that he is there, we will catch him and bring him here. Isser will take care of it.«

105 Interview der Verf. mit Haim Cohn, Jerusalem, 7.1.1997.

106 Ebd.

107 Arendt, *Eichmann in Jerusalem*, S. 42.

108 Am 1. Februar 1960 schrieb Theodor Heuss an F. Shinnar im Hinblick auf seine Israel-Reise, die für Ende April 1960 geplant war; am 23. April schickte er vor seiner Abreise die vor der Universität Jerusalem geplante Rede mit der Bitte, ihn wissen zu lassen, »wo eine Andeutung in der Gefahr eines Mißverständnisses steht, wo Sie eine Verdeutlichung oder eine Ergänzung für wünschenswert halten.« Vgl. Council of Jews from Germany, Secretary Jerusalem, 1950–1984, Central Zionist Archives (CZA), Jerusalem, J 109, 122: Shinnar/Blum.

109 Hebräische Ausgabe von Harel, *Das Haus in der Garibaldistraße*, S. 51.

110 Der Biograph Ben Gurions, Shabtai Tevet, hat mich dankenswerter Weise auf dieses Dokument hingewiesen und mir die entsprechenden Passagen übersetzt.

111 AdS Bonn, Nachlaß Fritz Bauer.

112 Harel, *Das Haus in der Garibaldistraße*, S. 290.

Eichmanns Memoiren (S. 43–88)

1 Vgl. die Datierung in Adolf Eichmann, »*Götzen*«, Aufzeichnungen im Gefängnis in Israel, datiert 6.9.1961, Israel State Archive (ISA) Jerusalem, Abschrift, 676 S. Eine persönliche Vorbemerkung Eichmanns zu seinem Manuskript ist datiert auf den 10.9.1961.

2 Am 27. Februar 2000 wurde die frühere Entscheidung aufgehoben und eine Abschrift für das Verfahren »Irving *versus* Lipstadt« in London zur Verfügung gestellt (siehe oben: Vorwort).

3 Eichmann, »*Götzen*«, Aufzeichnungen im Gefängnis, ISA Jerusalem, S. 156.

4 Harry Mulisch, *Strafsache 40/61. Eine Reportage.* Köln 1962.

5 Am 1.8.1999 begann *Die Welt* unter dem Titel »Leichen, Leichen, Leichen« mit dem Abdruck von »*Meine Memoiren*«. Die Fortsetzungen erschienen im August und September 1999.

6 Albert Speer, *Erinnerungen.* Berlin 1969; Gitta Sereny, *Das Ringen mit der Wahrheit. Albert Speer und das deutsche Trauma.* München 1995.

7 Martin Broszat (Hg.), *Rudolf Höß. Kommandant in Auschwitz. Autobiographische Aufzeichnungen.* 16. Aufl., München 1998 (Orig. 1958).

8 Broszat, »Einleitung«, in: Ders. (Hg.), *Rudolf Höß,* S. 7–30, hier S. 9: Die Aufzeichnungen umfassen 237 beidseitig beschriebene Blätter.

9 Ebd., S. 10.

10 Ebd., S. 10f.

11 Vgl. in diesem Kontext Broszat über Höß, ebd., S. 27. Vgl. Albert Wucher, *Eichmanns gab es viele. Ein Dokumentarbericht über die Endlösung der Judenfrage.* München, Zürich 1961, S. 196ff.

12 Vgl. Broszat (Hg.), *Rudolf Höß,* S. 237–259, hier S. 238ff.

13 Schreiben von Eichmann an Servatius, 8.6.1961, Bundesarchiv (BArch), Eichmann-Prozeß, Unterlagen Servatius, All. Proz. 6/254.

14 Vgl. die Einlassungen zu den »Sassen-Memoiren« von Servatius, 6 S., Jerusalem 9.6.1961, ebd.

15 »Lebenserinnerungen« Eichmanns in Form von Befragungen durch den Journalisten Sassen (Transkription der 67 Tonbänder, Ablichtung der im Prozeß vorgelegten Fassung mit handschriftlichen Korrekturen Eichmanns, 798 S., 17 Bde., mit Korrekturen Eichmanns zu den Bdn. 6, 7, 9–26, 31–39, 48–67.), BArch, Unterlagen Servatius, All. Proz. 6/95-111 – Im Nachlaß Eichmann im Bundesarchiv, N 1497, befinden sich die Tonbänder, Audio- und DAT-Kassetten (Ton 1367, 6–1 – 6–10), die von einem Schweizer Verlag Anfang des Jahres 2000 an das Bundesarchiv abgegeben wurden. Ausgewertet wurden die Überspielungen auf Audiokassetten (K) und DAT-Kassetten (DAT). Die Beschriftung mit römischen Ziffern (I–X) wird hier für die Belege übernommen und jeweils um die Ziffer des Zählwerks des Abspielgerätes bzw. bei den DAT-Kassetten um die Minutenangabe ergänzt (z. B.: K I, 12 oder DAT IX, 12:40).
   Es handelt sich um 10 Tonbänder (insges. 29,5 Std.), 20 Audiokassetten (insges. 32 Std.) und 21 DAT-Kassetten (insges. 32 Std.). Die Audio- und DAT-Kassetten stimmen weitgehend überein. Da einige Tonbänder mehrfach überspielt wurden und offensichtlich bereits in Argentinien Kopien angefertigt wurden, reduziert sich der Ertrag für

die Forschung. Beim Abhören der Kassetten (K und DAT) wurden die erkennbaren Wiederholungen von der Verf. notiert. Danach liegen schätzungsweise 25 Stunden der Originalaufnahme vor, einschließlich der Ausschnitte aus den Tonbändern 68–74, die bisher unbekannt waren. Insgesamt ist die Identifikation der Bandnummern nur selten anhand der Transkription möglich, da Sassen nur einige wenige Male beim Überspielen die Nummer vorab auf Band gesprochen hat. – Den Hinweis auf Tonband 73 vgl. BArch, Nachlaß Eichmann, N 1497, K X/C, 50.

16 Vgl. »Eichmann's Ghost Writer. A Dutch Friend in the Argentine«, in: *Wiener Library Bulletin*, Vol. XV (1961), Nr. 1, S. 2: Nach Angaben des Korrespondenten der *Kölnischen Rundschau* in Amsterdam verkaufte Sassen die »Eichmann-Story« für 50 000 US-Dollar an das US-Magazin.

17 Willem Sassen, Comodoro Rivadavia, 16.7.1962 an Generalstaatsanwalt (GStA) Dr. Fritz Bauer, Frankfurt am Main, Landesarchiv (LA), Berlin, Nr. 76, B Rep. 057-01.

18 Holger M. Meding, *Flucht vor Nürnberg? Deutsche und österreichische Einwanderung in Argentinien 1945–1955*. Köln, Weimar, Wien 1992, S. 153.

19 Nachlaß Eichmann, BArch, N 1497, K VIII/A, 423ff.; Gerald Reitlinger, *Die Endlösung. Hitlers Versuch der Ausrottung der Juden Europas 1939–1945*. 5. Aufl., Berlin 1979 (Orig. London 1953); Léon Poliakov, Joseph Wulf, *Das Dritte Reich und die Juden*. Berlin 1955; dies., *Das Dritte Reich und seine Diener*. Berlin 1956.

20 Dieter Wisliceny (1911–1948), seit 1934 Mitglied der SS und des SD, dort kurze Zeit Vorgesetzter Eichmanns im Judenreferat II 112. Später »Judenberater« Eichmanns für die Slowakei (Aug. 1940–1944), Griechenland (Febr. 1943–Juni 1943), Ungarn (1944) und maßgeblich an den Deportationen beteiligt. Zeuge der Anklage im Nürnberger Prozeß, danach Auslieferung an die Tschechoslowakei, 1948 zum Tode verurteilt und gehenkt.

21 BArch, Nachlaß Eichmann, N 1497, K VIII/A, 534ff.

22 Ebd., K VIII/A, 392ff.

23 State of Israel, Ministry of Justice, *The Trial of Adolf Eichmann. Record of Proceedings in the District Court of Jerusalem*. Vol. IV. Jerusalem 1993, S. 1664f. (künftig zitiert: *The Trial of Adolf Eichmann*).

24 Ebd., S. 1665.

25 So auch die Zusammenstellung »Betrifft: Urheberrecht Adolf Eichmann. Veröffentlichung LIFE, USA«, 26./27.11.1960, 8 S., in den Unterlagen von Servatius (und vermutlich von diesem verfaßt), BArch, Eichmann-Prozeß, All. Proz. 6/253.

26 Vgl. Sassens Brief an Fritz Bauer (wie Anm. 17).

27 Ebd.

28 Stan Lauryssens, *De fatale vriendschappen van Adolf Eichmann*. Leuven 1998, S. 226ff.

29 Ebd.

30 Ebd.

31 »Eichmann tells his own damning Story«, in: *LIFE*, Chicago (28.11.1960 und 5.12.1960); »Eichmann tells his own damning Story«. Part I: »I transported them to the Butcher«, in: *LIFE International*, No. 1, Vol. 30, January 9th, 1961, S. 9–19 sowie Part II: »To sum it all up, I regret nothing«, in: *LIFE International*, No. 3, Vol. 30, February 13th, 1961, S. 76–82.

32 Lauryssens, *De fatale vriendschappen*, S. 229.

33 Rudolf Aschenauer (Hg.), *Ich, Adolf Eichmann. Ein historischer Zeugenbericht*. Leoni am Starnberger See 1980. Rudolf Aschenauer (1914–1983), Verteidiger bei den Nürnberger Prozessen, verteidigte etliche ehemalige Wehrmachtsoffiziere und -soldaten, unter anderen den Chef der Einsatzgruppe D, SS-Gruppenführer Otto Ohlendorf, und setzte sich für eine Generalamnestie ein. Vgl. Rudolf Aschenauer, *Zur Frage einer Revision der Kriegsverbrecherprozesse*. Nürnberg 1949. Zu Aschenauer vgl. Norbert Frei, *Vergangenheitspolitik. Die Anfänge der Bundesrepublik und die NS-Vergangenheit*. München 1996, S. 162ff.

34 Aschenauer (Hg.), *Ich, Adolf Eichmann*, S. 13.

35 Ein Teil der von Eichmann korrigierten Abschrift befindet sich einschließlich einer Kopie der »Reinschrift« unter dem Material, das mit den Tonbändern an das Bundesarchiv abgegeben wurde.

36 Aschenauer (Hg.), *Ich, Adolf Eichmann*, S. 13.

37 Vgl. die Liste der Dokumente in: *The Trial of Adolf Eichmann*, Vol. VI (1994), T/48: Accused handwritten comments on the article in *LIFE* (B06-1423); *The Trial of Adolf Eichmann*, Vol. I (1992), p. 161, T/49, T/50, T/51: Supplementary comments on the article in *LIFE*; *The Trial of Adolf Eichmann*, Vol. I (1992), p. 163. Die BO6-Signatur bezeichnet die Akte im Office 06.

38 Hannah Arendt, *Eichmann in Jerusalem. Ein Bericht von der Banalität des Bösen*. München 1964, S. 77.

39 Christina Große, *Der Eichmann-Prozeß. Zwischen Recht und Politik*. Frankfurt am Main 1995, S. 51.

40 Korrektur Eichmanns vom 15.12.1960, ISA Jerusalem, Eichmann Trial, Box 3038, S. 1.

41 Große, *Der Eichmann-Prozeß*, S. 51.

42 Brief Robert Servatius an Veronika Eichmann, Buenos Aires, 28.11.1960, BArch, Unterlagen Servatius, All. Proz. 6/253.

43 Große, *Der Eichmann-Prozeß*, S. 51. Große zitiert als Beleg für Servatius' Schock ausschließlich Pressemeldungen, nämlich *United Press International (UPI)* (30.11.1960) und den *Generalanzeiger* (3.12.1960), sowie bzgl. der vertraglichen Vereinbarung zwischen Eichmann und Sassen einen Brief von Servatius an Veronika Eichmann vom 29.12.1960.

44 Ebd., S. 52, nach der Abschrift einer von Veronika Eichmann unterzeichneten Vereinbarung vom 5.6.1960 in den Unterlagen von Servatius, BArch, All. Proz. 6/253.

45 Ebd., S. 52f.

46 Vgl. die Zusammenfassung und Klarstellung über die Urheberrechte und die Veröffentlichung in *LIFE*, vermutlich von Rechtsanwalt Robert Eichmann (dem Bruder), 26.11.1960, in: BArch, All. Proz. 6/253, zitiert nach Große, *Der Eichmann-Prozeß*, S. 52f.

47 Ebd., S. 53.

48 Ebd., S. 54, Brief von Servatius an Robert Eichmann, 30.11.1960.

49 Ebd., S. 55ff.

50 Vgl. Schreiben der Anklagebehörde an Servatius vom 5.6.1961, BArch, Unterlagen Servatius, All. Proz. 6/254, fol. 1.

51 *The Trial of Adolf Eichmann*, Vol. III (1993), S. 1338. Die Zitate aus dem Protokoll sind der deutschsprachigen Simultanübersetzung des Prozesses entnommen. Ursprünglich sollte der Prozeß auf Hebräisch geführt werden, eine Absicht, welche die Richter dann aufgaben; seit dem Kreuzverhör verständigten sie sich mit dem Angeklagten in deutscher Sprache. Die Simultanübersetzung war nicht ganz genau, Sinnfehler wurden jedoch von den Prozeßbeteiligten, insbesondere den Richtern, korrigiert. Das Protokoll liegt in der Yad Vashem Library (YVL), Jerusalem, Bezirksgericht Jerusalem, Strafakt 40/61, Y-II-2d, hier: Protokoll der 72. Sitzung, 9.6.1961, S. Y1–Z1.

52 *The Trial of Adolf Eichmann*, Vol. III (1993), S. 1324 und Protokoll der 72. Sitzung, 9.6.1961, YVL Jerusalem, Y-II-2d, S. AA1. Dort erklärt GStA Hausner auch, daß die Interviews 1956 begonnen wurden; das Datum läßt sich aber nicht exakt belegen. Hausner hatte eine Vergleichsliste der Aussage im Office 06 und des Sassen-Dokuments angelegt.

53 *The Trial of Adolf Eichmann*, Vol. III (1993), S. 1328 und Protokoll der 72. Sitzung, 9.6.1961, YVL Jerusalem, Y-II-2d, S. Cc1.

54 *The Trial of Adolf Eichmann*, ebd., S. 1327 und YVL Jerusalem, ebd., S. Ee1.

55 *The Trial of Adolf Eichmann*, ebd. und YVL Jerusalem, ebd., S. Ff1.

56 Ebd.

57 Ebd. – Letztlich spielte die Frage, ob Argentinien – mit dem kein Rechts-hilfeabkommen bestand – der Einvernahme des Zeugen Sassen in Israel zustimmen würde, eine untergeordnete Rolle.

58 *The Trial of Adolf Eichmann*, Vol. III (1993), S. 1328 und Protokoll der 72. Sitzung, 9.6.1961, YVL Jerusalem, Y-II-2d, S. Gg1. Im Hebräischen, so Hausner nach der Simultanübersetzung, laute dieses Sprichwort: »Geht der Wein hinein, geht die Wahrheit hinaus.«

59 *The Trial of Adolf Eichmann*, ebd. und Protokoll der 73. Sitzung, 12.6.1961, YVL Jerusalem, Y-II-2d, S. F1.

60 *The Trial of Adolf Eichmann*, ebd., S. 1339 und YVL Jerusalem, ebd.

61 *The Trial of Adolf Eichmann*, ebd., S. 1353 und Protokoll der 74. Sitzung, 12.6.1961, YVL Jerusalem, Y-II-2d, S. Ee1.

62 *The Trial of Adolf Eichmann*, ebd., S. 1365ff. und Protokoll der 75. Sitzung, 20.6.1961, YVL Jerusalem, Y-II-2d, S. H1.

63 Eichmann, »*Götzen*«, Aufzeichnungen im Gefängnis, ISA Jerusalem, S. 589.

64 BArch, Nachlaß Eichmann, N 1497, K X/C (Forts.). + D, 28ff.

65 Ebd., K VII/B (Forts.), 24.

66 Sassen-Interview, Transkript, BArch, Unterlagen Servatius, All. Proz. 6/98, Bd. 20, S. 120.

67 BArch, Nachlaß Eichmann, N 1497, DAT 1747 / IX B Forts. + C, 24:10.

68 Sassen-Interview, Transkript, BArch, Unterlagen Servatius, All. Proz. 6/99, Bd. 24, S. 207.

69 Ebd., BArch, Unterlagen Servatius, All. Proz. 6/95, Bd. 1, S. 5.

70 Ebd, BArch, Unterlagen Servatius, All. Proz. 6/102, Bd. 36, S. 332 und 334.

71 Ebd., BArch, Unterlagen Servatius, All. Proz. 6/102, Bd. 35, S. 327f.

72 Doron Rabinovici, *Instanzen der Ohnmacht. Wien 1938–1945. Der Weg zum Judenrat*. Frankfurt am Main 2000, S. 29.

73 Ebd., S. 28f.; Francis R. Nicosia, *Hitler und der Zionismus*. Leoni am Starnberger See 1989.

74 BArch, Nachlaß Eichmann, N 1497, K VII/B, 472.

75 Ebd., K VII/B, 450ff.

76 Ebd., K IX/C (Forts.) + D, 114ff.

77 Ebd., 122f.

78 Ebd., 348ff., 360, 387.

79 Sassen-Interview, Transkript, BArch, Unterlagen Servatius, All. Proz. 6/102, Bd. 36, S. 329.

80 Ebd.

81 Vgl. Protokoll der 72. Sitzung, 12.6.1961, YVL Jerusalem, Y-II-2d, S. Ee1.

82 Sassen-Interview, Transkript, BArch, Unterlagen Servatius, All. Proz. 6/95 und 6/97, Bd. 1, S. 6 sowie Bd. 15, S. 117.

83 Shlomo Aaronson, *Reinhard Heydrich und die Frühgeschichte von Gestapo und SD.* Stuttgart 1971, S. 204. Das Zitat stammt aus einem »Bericht über den Stand der Arbeiten der Abtlg. II 112 (des Sicherheitsdienstes, d. Verf.) in der Bekämpfung des Judentums« vom 18.8.1936, BArch, R 58/991.

84 Ebd.

85 Sassen-Interview, Transkript, BArch, Unterlagen Servatius, All. Proz. 6/97, Bd. 15, S. 117.

86 Vgl. dazu Ian Kershaw, *Hitler. 1936–1945.* Stuttgart 2000, S. 214 (Hitlers Reichstagsrede vom 30.1.1939).

87 Werner Jochmann (Hg.), *Adolf Hitler. Monologe im Führerhauptquartier 1941–1944. Die Aufzeichnungen Heinrich Heims.* Hamburg 1980, S. 106. Dazu Kershaw, *Hitler,* S. 649.

88 Kershaw, ebd., S. 467 und 649.

89 Sassen-Interview, Transkript, BArch, Unterlagen Servatius, All. Proz. 6/104, Bd. 44, S. 402.

90 *The Trial of Adolf Eichmann,* Vol. I (1992), S. 163, Dokument T 51: Supplementary comments on the article in *LIFE,* 15.12.1960, S. 1 und S. 8 (Microfiche).

91 Ebd., S. 1, 16.12.1960.

92 Einwendungen von Servatius zu den »Sassen-Memoiren«, 6 S., Jerusalem, 9.6.1961, BArch, Unterlagen Servatius, All. Proz. 6/254.

93 Dies läßt sich bisher nicht verifizieren. Hausner führte die Tonbänder in seinem Buch über den Prozeß später als Beleg für einige Liebschaften Eichmanns an (»They are recorded on tapes marked in his handwriting: ›This tape is for information only‹.«); vgl. Gideon Hausner, *Justice in Jerusalem.* London 1955, S. 29.

94 BArch, Nachlaß Eichmann, N 1497, K X/C (Forts.), 692ff.

95 Vgl. BArch, Nachlaß Eichmann, N 1497, DAT 1747 / X/C (Forts.) + D, 6:44ff. und K X/C (Forts.), 408ff. und 692ff., K X / C (Forts.)+D, ab 0ff.; vgl. Sassen-Interview, Transkript, BArch, Unterlagen Servatius, All. Proz. 6/110, Bd. 67, S. 715.

96 BArch, Nachlaß Eichmann, N 1497, DAT 1747 / X/C (Forts.) + D, 16:30ff.

97 *The Trial of Adolf Eichmann,* Vol. VI (1994), S. 2460 (N 100, N 101, N 102).

98 Ebd., S. 2392f. (T 48, T 49, T 50, T 51).

99 Die Tonbänder der Befragung durch Hauptmann Avner Less befinden sich im Israelischen Staatsarchiv. Das gleiche gilt im übrigen auch für einen Teil der rund 200 Stunden Filmmaterial, das noch von dem Prozeß erhalten geblieben ist. Inzwischen befindet sich der komplette Bestand des Filmmaterials im Stephen Spielberg Jewish Film Archive in Jerusalem.

100 *The Trial of Adolf Eichmann. Statement made by Adolf Eichmann to the Israel Police prior to his Trial in Jerusalem.* Vol. VII (1995) und Vol. VIII (1995), S. 782f.

101 Arendt, *Eichmann in Jerusalem,* S. 267.

102 Ebd.

103 Lauryssens, *De fatale vriendschappen,* S. 258.

104 Quentin Reynolds, Ephraim Katz, Zwy Aldouby, *Minister of Death. The Adolf Eichmann Story.* New York 1960, S. 16.

105 Adolf Eichmann, »*Meine Memoiren*«, ISA Jerusalem, Eichmann Trial, Box 3038, S. 1.

106 In die Akten des Office 06 der israelischen Polizei gingen diese »*Memoiren*« als Dokument B06/1492 ein. Auch die Abschrift (128 S.) des Manuskripts (bis Seite 114, der Rest fehlt), die in der Kopfzeile das Übergabedatum »16.6.1960, S. 1 / Maschine: Lange« führt, wurde zugänglich gemacht. Warum sie nicht vollständig in die Prozeßdokumentation aufgenommen wurde, ist nicht ersichtlich. Auf die von Eichmann in der Handschrift gestrichenen Passagen wird in der Abschrift nicht hingewiesen. Die handschriftliche Fassung von 128 Seiten einschließlich der von Eichmann gestrichenen Passagen ist ebenfalls auf Mikrofiches im Rahmen der Edition des englischsprachigen Prozeßprotokolls zugänglich gemacht worden. Bei genauerem Hinsehen stellt man fest, daß die vorhandenen Abschriften (nämlich die im Israelischen Staatsarchiv aufbewahrten und die in der Prozeßdokumentation dokumentierten) nicht identisch sind und es sich bei der auf Mikrofiche veröffentlichten Abschrift nicht um eine wortgetreue Wiedergabe des handschriftlichen »*Memoiren*«-Textes handelt. Der Vergleich zeigt, daß die ersten beiden Seiten nicht mit dem Original übereinstimmen: Die zweite Seite der Abschrift, deren oberer Teil nicht abgefilmt wurde, enthält Überschneidungen mit der ersten Seite und liefert zugleich den Anschlußsatz an die dritte Seite; der Text wurde aus nicht ersichtlichen Gründen gekürzt. Vgl. *The Trial of Adolf Eichmann,* Vol. VI (1994), S. 2392 (T/44).

107 Robert Pendorf, *Mörder und Ermordete. Eichmann und die Judenpolitik des Dritten Reiches.* Hamburg 1961, S. 7 (Vorwort).

108 Ebd.; vgl. das Interview der Verf. mit dem ehemaligen Generalstaatsanwalt Haim Cohn in Jerusalem, 7. 1. 1997, der die Erklärung ebenfalls für völlig wertlos hielt und meinte, es sei besser, gar nicht nach ihrem Zustandekommen zu fragen.

109 Vgl. »Erklärung« Adolf Eichmann, Mai 1960 (Kopie des handschriftlichen Textes), ISA Jerusalem, Eichmann-Trial, Box 3038.

110 Eichmann, »*Götzen*«, Aufzeichnungen im Gefängnis, ISA Jerusalem, S. 545.

111 Pendorf, *Mörder und Ermordete*, S. 20.

112 Hannah Arendt, »Vorrede«, in: Dies., *Eichmann in Jerusalem*, S. 9–25, hier S. 10.

113 Handschriftl. Text Eichmanns: *Meine Feststellungen zur Angelegenheit »Judenfragen und Maßnahmen der nationalsozialistischen Deutschen Reichsregierung zur Lösung dieses Komplexes in den Jahren 1933–1945«*, 69 S., BArch, Unterlagen Servatius, All. Proz. 6/95-111.

114 Arendt, »Vorrede«, S. 11.

115 Mulisch, *Strafsache 40/61*, S. 139. Warum Mulisch von 200 Manuskriptseiten schreibt, ist nicht klar, jedenfalls bezog er sich auf den von Eichmann »*Meine Memoiren*« betitelten Text.

116 Ebd., S. 140.

117 Ebd.; vgl. Adolf Eichmann, »*Meine Memoiren*«, (maschinenschriftl. Transkript), in: State of Israel, Ministry of Justice, *The Trial of Adolf Eichmann. Microfiche Copies of the Exhibits Submitted by the Prosecution and Defence*. Vol. IX, Jerusalem 1995, Dok. T/44 (Mikrofiche), S. 3f.

118 H. G. Adler, »Adolf Eichmann oder die Flucht aus der Verantwortung«, in: *Tribüne*, Jg. 1 (1962), H. 2, S. 122–134, hier S. 133.

119 Vgl. im Originaltext: Eichmann, »*Meine Memoiren*«, ISA Jerusalem, Eichmann-Trial, Box 3038, S. 4.

120 Mulisch, *Strafsache 40/61*, S. 140.

121 Vgl. Uwe Naumann, »Nachwort«, in: Heinar Kipphardt, *Bruder Eichmann. Schauspiel und Materialien*. Reinbek bei Hamburg 1986, S. 215.

122 Heinar Kipphardt, *Joel Brand und andere Theaterstücke*. Reinbek bei Hamburg, 1988. Vgl. Joel Brand, *Adolf Eichmann. Fakten gegen Fabeln*. München, Frankfurt am Main 1961; Alex Weissberg, *Die Geschichte von Joel Brand*. Köln, Berlin 1956.

123 Naumann, »Nachwort«, S. 217.

124 Ebd.

125 Kipphardt, *Bruder Eichmann*, S. 85. Hier wird das Manuskript erwähnt.

126 Deutsches Literaturarchiv/Schiller-Nationalmuseum, Marbach am Nekkar, Nachlaß Heinar Kipphardt.

127 Vgl. Thomas Mann, »Bruder Hitler«, in: Thomas Koebner (Hg.), »*Bruder Hitler«. Autoren des Exils und des Widerstands sehen den Führer des Dritten Reiches.* München 1989, S. 24–31 (im Original 1939).

128 Mann, »Bruder Hitler«, S. 27f.

129 Kipphardt, *Bruder Eichmann*, S. 33f.; vgl. Eichmann, »*Meine Memoiren«,* (wie Anm. 117), S. 2f.

130 Kipphardt, ebd., S. 33.

131 Naumann, »Nachwort«, S. 222.

132 Vgl. Eichmann, »*Meine Memoiren«,* (wie Anm. 117), S. 128.

133 *The Trial of Adolf Eichmann*, Vol. I (1992), S. 161.

134 Eichmann, »*Meine Memoiren«,* (wie Anm. 117), S. 127.

135 Vgl. die Datierung in Eichmann, »*Götzen«,* Aufzeichnungen im Gefängnis Israel, ISA Jerusalem, S. 3.

136 *The Trial of Adolf Eichmann*, Vol. V (1994), S. 1973.

137 So erwähnt Eichmann am Ende des Manuskripts, es sei Mitte August, d. h. eine Woche nach dem Beginn des Plädoyers durch Hausner, begonnen worden. Vgl. Eichmann, »*Götzen«,* Aufzeichnungen im Gefängnis, ISA Jerusalem, S. 544.

138 Ebd., S. 12.

139 Ebd., S. 9, 12, 184f., 206 u. a.

140 Ebd., S. 5.

141 Ebd., S. 645 und 648.

142 Ebd., S. 589.

143 Ebd., S. 597.

144 Vgl. Eichmann an Servatius, 2.3.1961: »Persönliche Betrachtungen anläßlich Überreichung der Anklageschrift am 1. März 1961«, BArch, Unterlagen Servatius, All. Proz. 6/165.

145 Eichmann, »*Götzen«,* Aufzeichnungen im Gefängnis, ISA Jerusalem, S. 23 und 602, auch S. 22, 28, 117, 192, 205, 533, 600.

146 Ebd., S. 548.

147 Ebd., S. 545f.

148 Vgl. im folgenden Besprechungsniederschrift von Dieter Wechtenbruch für Robert Servatius über seine Besuche bei Eichmann am 18. und 21.12.1961, BArch, Unterlagen Servatius, All. Proz. 6/191, fol. 1.

149 Vgl. Klaus Drobisch, »Die Judenreferate des Geheimen Staatspolizeiamtes und des Sicherheitsdienstes der SS 1933–1939«, in: *Jahrbuch für Antisemitismusforschung*, 2 (1993), S. 230–254, hier S. 245.

150 Eichmann, »*Götzen«,* Aufzeichnungen im Gefängnis, ISA Jerusalem, S. 113ff.

151 Ebd., S. 315ff.

152 Ebd., im Inhaltsverzeichnis, S. 7.

153 Ebd. S. 68.

154 Ebd., S. 577ff.

155 Ebd., S. 8.

156 Ebd., S. 382–386.

157 Ebd., S. 447–529.

158 Vgl. Eichmann in seinen Aufzeichnungen für Servatius, 11.3.1961: »Zu den Unwahrheiten Wislicenys«, BArch, Unterlagen Servatius, All. Proz. 6/165. Eichmann bezog sich dabei auf Poliakov, Wulf, *Das Dritte Reich und die Juden*, S. 97, wo es heißt: »Um so stärker drang Eichmann auf restlose Durchführung der Deportation und der Vernichtung.«

159 Protokoll der 106. Sitzung, 21.7.1961, YVL Jerusalem, Y-II-2d, S. Kk1.

160 Eichmann, »*Götzen*«, Aufzeichnungen im Gefängnis, ISA Jerusalem, S. 20ff.

161 Broszat, »Einleitung«, in: Ders. (Hg.), *Rudolf Höß*, S. 19.

162 Eichmann, »*Götzen*«, Aufzeichnungen im Gefängnis, ISA Jerusalem, S. 20.

163 Eichmann, »*Meine Memoiren*«, (wie Anm. 117), S. 1ff.

164 Eichmann, »*Götzen*«, Aufzeichnungen im Gefängnis, ISA Jerusalem, S. 24.

165 BArch, Nachlaß Eichmann, N 1497, K IX/C (Forts.) + D, Nr. 104ff.

166 Broszat, »Einleitung«, in: Ders. (Hg.), *Rudolf Höß*, S. 21.

167 Ebd., S. 24.

168 Ebd.

169 Vgl. BArch, Nachlaß Eichmann, N 1497, DAT 1747 / IX, 15:18ff. und K X / B (Forts.) + C, ab 409ff.

170 Eichmann, »*Götzen*«, Aufzeichnungen im Gefängnis, ISA Jerusalem, S. 200ff. Sassen-Interview, Transkript, BArch, Unterlagen Servatius, All. Proz. 6/95, Bd. 3, S. 32.

171 Auch Höß hatte das erklärt, vgl. Broszat, »Einleitung«, in: Ders. (Hg.), *Rudolf Höß*, S. 25.

172 Eichmann, »*Götzen*«, Aufzeichnungen im Gefängnis, ISA Jerusalem, S. 599.

173 Ebd., S.14f. »Leichen, Leichen, Leichen, Erschossene, Vergaste, Leichen, die im Verbrennungsstadium waren und Blutfontänen, die aus den Massengräbern nach oben drückten. Ein Inferno, eine Hölle, und ich wußte oft nicht, bin ich schon wahnsinnig oder ist es doch alles nicht wahr«, schrieb Eichmann in »*Meine Memoiren*« über seine Besichtigungen in Treblinka, Minsk und Auschwitz, deren Zeitpunkt er nicht mehr rekonstruieren konnte. Dazu verhalfen ihm erst die Dokumente, die ihm im

Gefängnis vorgelegt wurden. Eichmann, »*Meine Memoiren*«, (wie Anm. 117), S. 108f.

174 *Das Protokoll des Prozesses gegen die Hauptkriegsverbrecher vor dem Internationalen Militärgerichtshof (IMG) Nürnberg 14. November 1945 – 1. Oktober 1946.* Berlin 1999 (Digitale Bibliothek, Bd. 20), PS-1919, S. 3235f.

175 Eichmann, »*Götzen*«, Aufzeichnungen im Gefängnis, ISA Jerusalem, S. 25.

176 Broszat, »Einleitung«, in: Ders. (Hg.), *Rudolf Höß*, S. 21.

177 Joachim Fest, *Speer. Eine Biographie.* Berlin 1999, S. 473; Sereny, *Das Ringen mit der Wahrheit*, S. 813; Erich Goldhagen, »Albert Speer, Himmler and the Secrecy of the Final Solution«, in: *Midstream,* Vol. XVII (1971), No. 8, S. 43–50.

178 Fest, *Speer*, S. 472f.

179 Ebd., S. 473.

180 Ebd.

181 Ebd.; das Zitat Speers bei Sereny, *Das Ringen mit der Wahrheit*, S. 817.

182 Vgl. Hans Mommsen, »Die Realisierung des Utopischen: Die ›Endlösung der Judenfrage‹ im Dritten Reich«, in: *Geschichte und Gesellschaft*, Jg. 9 (1983), H. 3, S. 381–420.

183 Fritz Bauer, *Auf der Suche nach dem Recht.* Stuttgart 1966, S. 198. Dazu Ilse Staff, »Fritz Bauer (1903–1968). ›Im Kampf um des Menschen Rechte‹«, in: Kritische Justiz (Hg.), *Streitbare Juristen. Eine andere Tradition.* Baden-Baden 1988, S. 440–450, hier S. 447.

»*Damals konnte ich noch Lösungsversuche schöpferisch gebären*«

Adolf Eichmann und die »Endlösung der Judenfrage«, 1938–1941 (S. 89–190)

1 Bundesarchiv (BArch), Nachlaß Eichmann, N 1497, DAT 1747 / I A, 30:44ff.

2 Ebd., DAT 1747 / VIII B, 23:40ff.

3 Ebd.

4 Theodor Herzl, *Der Judenstaat.* Neudr. der Erstausgabe von 1896, Augsburg 1986.

5 Franz Rademacher, 1906 geboren, war von Mai 1940 bis April 1943 im Auswärtigen Amt Leiter des Referats »Judenangelegenheiten« (DIII). Er

studiere Jura und trat 1933 in die NSDAP ein. In seiner Funktion war Rademacher eine Scharnierstelle zwischen dem Auswärtigen Amt und dem Referat Eichmanns und insofern zwischen den deutschen Auslandsmissionen und Eichmanns »Judenberatern« in den besetzten und verbündeten Ländern. 1943 ließ er sich zur Marine versetzen. 1952 wegen Beihilfe zum Mord verurteilt, flüchtete er 1953 nach Syrien. 1966 kehrte er nach Deutschland zurück, wurde zu fünf Jahren Freiheitsentzug verurteilt und starb 1973, bevor das Berufungsverfahren abgeschlossen war.

6 Magnus Brechtken, »*Madagaskar für die Juden«. Antisemitische Idee und politische Praxis 1885–1945*. München 1998 (Studien zur Zeitgeschichte. Hg. v. Institut für Zeitgeschichte, Bd. 53), S. 234 (Anm. 50 unter Verweis auf International Military Tribunal (IMT), Vol. XIII, Washington 1952, S. 444) sowie S. 260 und 262.

7 Adolf Eichmann, »Götzen«, Aufzeichnungen im Gefängnis in Israel, datiert 6. 9. 1961, Israel State Archive (ISA) Jerusalem, Abschrift, 676 S., hier S. 597f.

8 Ebd., S. 172.

9 Ebd., S. 150f.

10 Dazu vor allem Yehuda Bauer, *Freikauf von Juden? Verhandlungen zwischen dem nationalsozialistischen Deutschland und jüdischen Repräsentanten 1933–1945*. Frankfurt am Main 1994, S. 75ff.: »Feinde mit einem gemeinsamen Interesse«.

11 Vgl. Lutz Hachmeister, *Der Gegnerforscher. Die Karriere des SS-Führers Franz Alfred Six*. München 1998, S. 186f.

12 Herbert Hagen, geboren 1913, war seit 1937 Leiter des Judenreferats (II 112) im SD. 1939 wurde er als Referent in das Amt VI SD-Ausland versetzt. Er wurde 1940 nach Frankreich versetzt und zum Kommandeur der Sicherheitspolizei in Bordeaux ernannt, 1942 wurde er Referent des Höheren SS- und Polizeiführers in Paris. 1980 zu einer 12jährigen Haftstrafe verurteilt. – Herbert Hagen unternahm im September/Oktober 1937 mit Eichmann eine Palästinareise, die sich jedoch als Fehlschlag erwies. In den Jahren 1939–1940 war Hagen, den eine enge persönliche Beziehung mit Eichmann verband, der eigentliche Motor der SD-Judenpolitik; vgl. Hachmeister, *Der Gegnerforscher*, S. 185ff.

13 Vgl. über Eichmanns Tätigkeit in Wien insbesondere Hans Safrian, *Eichmann und seine Gehilfen*. Frankfurt am Main 1995 (Orig. Wien 1993), S. 36ff.

14 Klaus Drobisch, »Die Judenreferate des Geheimen Staatspolizeiamtes und des Sicherheitsdienstes der SS 1933–1939«, in: *Jahrbuch für Antisemitismusforschung*, 2 (1993), S. 230–254, hier S. 245.

15 Franz Alfred Six (1909–1975), Promotion zum Dr. phil. 1934, Habil. 1936. Six gehörte seit 1935 hauptamtlich zum SD und wurde im gleichen Jahr in die SS übernommen; seit 1937 Abteilungsleiter im SD Hauptamt. Im September 1939 wurde er Chef des Amtes II im RSHA, ab 1. Januar 1941 Chef des Amtes VII (weltanschauliche Forschung). Im Juni und Juli 1941 war er Kommandeur des »Vorkommandos Moskau« der Einsatzgruppe B, ab 1. September 1942 Leiter der kulturpolitischen Abteilung des Auswärtigen Amtes. Six wurde 1948 vom Militärgericht II der USA zu 20 Jahren Freiheitsstrafe verurteilt und 1952 entlassen.

16 Hachmeister, *Der Gegnerforscher*, S. 195 (BArch R 58/613).

17 Ebd.

18 Safrian, *Eichmann und seine Gehilfen*, S. 38f.

19 Eichmann, *»Götzen«*, Aufzeichnungen im Gefängnis, ISA Jerusalem, S. 82f.

20 Safrian, *Eichmann und seine Gehilfen*, S. 39 (Brief Eichmanns an Herbert Hagen, Wien 8.5.1938, BArch, R 58/982, fol. 20).

21 Eichmann, *»Götzen«*, Aufzeichnungen im Gefängnis, ISA Jerusalem, S. 88f.

22 Ebd., S. 86.

23 Safrian, *Eichmann und seine Gehilfen*, S. 41 (Entwurf des Aktionsprogramms zur Gründung der »Zentralstelle«, unsigniert, undatiert, Yad Vashem, Jerusalem, O 30/9-4); Hachmeister, *Der Gegnerforscher*, S. 196.

24 Franz Walter Stahlecker, geboren 1900, wurde im März 1942 von sowjetischen Partisanen getötet. Er war seit 1932 Mitglied der NSDAP und seit 1934 Leiter der Politischen Polizei in Württemberg. 1938 war er Leiter des SD-Oberabschnitts Wien und wurde 1939 zum Befehlshaber der Sicherheitspolizei (BdS) und des SD im »Protektorat Böhmen und Mähren« ernannt, ab Mai 1940 zum BdS in Norwegen. Ab Juni 1941 bekleidete er das Amt des Befehlshabers der Einsatzgruppe A und rückte im Herbst 1941 in die Stellung des BdS im Reichskommissariat Ostland auf.

25 Safrian, *Eichmann und seine Gehilfen*, S. 46.

26 Sassen-Interview, Transkript, Bundesarchiv (BArch), Unterlagen Servatius, All. Proz. 6/95, Bd. 1, S. 9. – Während des Eichmann-Prozesses erschienen die Erinnerungen von Bernhard Lösener (1890–1952), »Rassereferent« im Reichsministerium des Innern von 1933–1943«, in denen er einen Besuch bei Eichmann in der Wiener »Zentralstelle« schilderte; vgl. Bernhard Lösener, »»Das Reichsministerium des Innern und die Judengesetzgebung. Aufzeichnungen von Dr. Bernhard Lösener. Hg.

von Walter Strauß«, in: *Vierteljahrshefte für Zeitgeschichte,* Jg. 9 (1961), H. 3, S. 262–313, hier S. 292. Lösener erinnerte sich an die Korridore und Büros voller verängstigter jüdischer Menschen, als er mit Eichmann die Auswandererzentrale besichtigte: »Der Ausdruck berechtigter Todesangst war auf jedem Gesicht zu lesen.«

27 Vgl. Bauer, *Freikauf von Juden?,* S. 84ff.

28 Doron Rabinovici, *Instanzen der Ohnmacht. Wien 1938–1945. Der Weg zum Judenrat.* Frankfurt am Main 2000, S. 184ff.

29 Ebd., S. 187ff.

30 BArch, Nachlaß Eichmann, N 1497, DAT 1747 / IX D, 211ff.

31 Eichmann, *»Götzen«,* Aufzeichnungen im Gefängnis, ISA Jerusalem, S. 93.

32 Sassen-Interview, Transkript, BArch, Unterlagen Servatius, All. Proz. 6/103, Bd. 40, S. 372.

33 BArch, Nachlaß Eichmann, N 1497, DAT 1747 / IX D, 240ff.

34 Eichmann, *»Götzen«,* Aufzeichnungen im Gefängnis, ISA Jerusalem, S. 90ff.

35 Safrian, *Eichmann und seine Gehilfen,* S. 43 (II-112, F 112 1, Hg/pi, an I-112, 12.9.1938, BArch, R 58/486, fol. 6); Hachmeister, *Der Gegnerforscher,* S. 197; vgl. Gabriele Anderl, »Die ›Zentralstellen für jüdische Auswanderung‹ in Wien, Prag und Berlin – ein Vergleich«, in: *Tel Aviver Jahrbuch für deutsche Geschichte,* Jg. 23 (1994), S. 275–299.

36 Reinhard Heydrich, geboren 1904, war bis 1931 Nachrichtenoffizier bei der Marine. Er wurde von Himmler mit dem Aufbau des Sicherheitsdienstes (SD) beauftragt, war seit 1934 Leiter der Geheimen Staatspolizei (Gestapo) und seit 1936 der Sicherheitspolizei (Sipo). 1939 übernahm er die Leitung des Reichssicherheitshauptamtes (RSHA). Im September 1941 wurde er von Hitler zum Stellvertretenden Reichsprotektor für Böhmen und Mähren ernannt. Heydrich starb am 4. Juni 1942 an den Folgen eines Attentats.

37 Safrian, *Eichmann und seine Gehilfen,* S. 57, Anm. 1 (RFSS Sicherheitsdienst, Blitztelegramm, SD-Hauptamt 71 014, 11.11.1938, II-1 an SD-Führer des SS-Oberabschnitts Donau, z. Hdn. v. SS-Staf. Stahlecker, i.V. gez. SS-Sturmbannführer Ehrlinger, BArch R 58/486, fol. 28).

38 Hermann Göring, geboren 1893, wurde nach der »Machtergreifung« von Hitler zum Reichskommissar für die Luftfahrt ernannt, er war seit April 1933 Innenminister von Preußen, seit März 1935 Oberbefehlshaber der Luftwaffe und seit 1936 Verantwortlicher für den Vierjahresplan. 1939 wurde er zu Hitlers Nachfolger ernannt und 1940 Reichsmarschall des Großdeutschen Reiches. 1945 entließ Hitler ihn aus seinen

Ämtern, schloß ihn aus der Partei aus und ernannte Admiral Dönitz zu seinem Nachfolger. Göring, der zu den Angeklagten des Nürnberger Prozesses gehörte, beging im Oktober 1946 in seiner Zelle Selbstmord.

39 Safrian, *Eichmann und seine Gehilfen*, S. 46f.

40 Heinrich Müller (1900–1945), von Beruf Flugzeugmonteur, war seit 1936 Leiter der Abteilung II-1 (Gegnerbekämpfung) des Gestapohauptamtes. Von 1939–1945 war Müller, der 1937 zum SS-Obersturmbannführer ernannt wurde, Chef des Amtes IV (Gestapo) im RSHA. Vgl. Andres Seeger, *»Gestapo Müller«. Die Karriere eines Schreibtischtäters*. Berlin 1996.

41 Seeger, *»Gestapo Müller«*, S. 105f.; vgl. Bauer, *Freikauf von Juden?*, S. 83, der annimmt, daß Eichmann bereits im Januar 1939 von Müller mit der Leitung beauftragt wurde, dies geschah aber erst im Dezember des Jahres.

42 Kurt Lischka, geboren 1909, Jurist, kam 1935 zum Geheimen Staatspolizeiamt und war bis Dezember 1939 Leiter der »Reichszentralstelle«, danach bis 1940 Leiter der Gestapo-Stelle Köln. Im November 1940 wechselte er nach Paris (zum Beauftragten des Chefs der Sicherheitspolizei und des SD) und war dann bis September 1943 stellv. Kommandeur der Sipo und des SD in Paris. Danach war er bis 1945 im RSHA Amt IV Leiter des Referats »Protektorat Böhmen und Mähren«. 1950 in Frankreich in Abwesenheit zum Tode verurteilt, 1980 in Köln zu zehn Jahren.

43 Zit. nach: Drobisch, »Die Judenreferate«, S. 243 (BArch, R 58/991, Bl. 71).

44 Aufzeichnung Hagens vom 25.5.1939, Zentrale Stelle der Landesjustizverwaltungen, CCXXIV-18, zit. nach Claudia Steur, *Theodor Dannekker. Ein Funktionär der ›Endlösung‹«.* Essen 1997 (Schriften der Bibliothek für Zeitgeschichte – Neue Folge. Hg. v. Gerhard Hirschfeld, Bd. 6.), S. 27f.

45 Vgl. im folgenden Hachmeister, *Der Gegnerforscher*, S. 189ff.

46 Safrian, *Eichmann und seine Gehilfen*, S. 47.

47 Vgl. Hachmeister, *Der Gegnerforscher*, S. 198. Anderl, »Die ›Zentralstellen‹«, S. 280 schreibt korrekt, daß die »Reichszentralstelle« am 1.2.1940 in das Eichmann-Referat IV D 4 eingegliedert wurde. Es liegt kein Dokument vor, welches die vielfach anzutreffende Behauptung bestätigt, daß Eichmann im Oktober mit der Leitung der »Reichszentrale« beauftragt wurde. Der vom Inspekteur der Sicherheitspolizei und des SD in Wien gezeichnete, undatierte Personalbericht Eichmanns für das Jahr 1939 weist ihn als »Leiter der Reichszentrale« aus, allerdings ohne Angabe eines Datums; vgl. »Personal-Bericht« des Adolf Eichmann, (ohne

Datum) 1939, BArch/Berlin Document Center BDC, SSO, 367. In Eichmanns im Gefängnis angefertigten Notizen findet sich der Hinweis, er sei im Oktober von Prag nach Berlin versetzt worden; vgl. State of Israel, Ministry of Justice, *The Trial of Adolf Eichmann. Microfiche Copies of the Exhibits Submitted by the Prosecution and Defence*. Vol. IX. Jerusalem 1995, T/43, p. 5: Notes Recorded by the Accused in his Cell. 30. Mai – 19. Dez. 1960 (B06-1491, Vol. I, p. 161). In der Forschungsliteratur variieren die Angaben erheblich: Eichmann wird bereits im Januar 1939 als Leiter der »Reichszentrale« genannt, andere gehen davon aus, daß er das Amt im Oktober 1939 oder im Dezember 1939 übernahm. H. G. Adler hat früh auf dieses ungelöste Problem aufmerksam gemacht. Vgl. ders., *Der verwaltete Mensch. Studien zur Deportation der Juden aus Deutschland*. Tübingen 1974, S. 15. Er nimmt an, daß Eichmann Mitte Dezember 1939 Leiter der »Reichszentrale« wurde, im Rahmen seiner »Ernennung« zum Sonderreferenten im Reichssicherheitshauptamt. Diese Argumentation scheint schlüssig, da mit der Geschäftsführung der »Reichszentrale« der Chef der Gestapo (Amt IV des RSHA) beauftragt war, dessen Geschäftsbereich Eichmanns neue Tätigkeit zugeordnet war. In seiner Gefängnis-Niederschrift »Götzen«, ISA Jerusalem, S. 134f., erinnert sich Eichmann ebenfalls, daß seine Berufung zum Sonderreferenten und die Übernahme der Leitung der »Reichszentralstelle« zusammenfielen; er habe Kurt Lischka als Leiter der »Reichszentrale« abgelöst.

48 Vgl. Peter Longerich, *Politik der Vernichtung. Eine Gesamtdarstellung der nationalsozialistischen Judenverfolgung*. München, Zürich 1998, S. 223 und 231.

49 Vgl. über Eichmanns Tätigkeit in Prag Jaroslava Milotová, »Die Zentralstelle für jüdische Auswanderung in Prag. Genesis und Tätigkeit bis zum Anfang des Jahres 1940«, in: *Theresienstädter Studien und Dokumente*, (1997), S. 7–30.

50 »Personal-Bericht« des Adolf Eichmann, (ohne Datum) 1939, BArch/BDC, SSO, 367.

51 Heinrich Himmler, geboren 1900, seit 1929 Leiter der SS und 1935 Chef der Politischen Polizei Bayerns, seit 1936 Reichsführer SS (RFSS) und Chef der deutschen Polizei und seit 1939 Reichskommissar für die Festigung deutschen Volkstums, 1943 Reichsinnenminister und 1944 Befehlshaber des Ersatzheeres. Himmler verübte am 23. Mai 1945 Selbstmord.

52 Erlaß des Reichsführers SS und Chefs der Deutschen Polizei, 27.9.1939, gedruckt in: Reinhard Rürup (Hg.), *Gestapo, SS und Reichssicherheits-*

hauptamt auf dem »Prinz-Albrecht-Gelände«. Eine Dokumentation.
4. Aufl., Berlin 1987, S. 71. Vgl. Michael Wildt, »Radikalisierung und
Selbstradikalisierung 1939. Die Geburt des Reichssicherheitshauptamtes aus dem Geist des völkischen Massenmords«, in: Gerhard Paul, Michael Mallmann (Hg.), *Die Gestapo im Zweiten Weltkrieg.* Darmstadt
2000, S. 11–41, hier S. 14f.

53 Wildt, ebd., S. 15; vgl. Hachmeister, *Der Gegnerforscher,* S. 208f.

54 Seev Goshem, »Nisko – Ein Ausnahmefall unter den Judenlagern der SS«,
in: *Vierteljahrshefte für Zeitgeschichte,* Jg. 40 (1992), H. 1, S. 95–106, hier
S. 95, behauptet, Eichmann habe die »Aussiedlung« von Juden im September 1939 »in eigener Regie« gestartet. Den Plan eines »Judenreservats« hat jedoch Anfang 1939 u. a. Alfred Rosenberg entwickelt, vgl.
Philippe Burrin, *Hitler und die Juden. Die Entscheidung für den Völkermord.* Frankfurt am Main 1993 (Original 1989), S. 73.

55 Wildt, »Radikalisierung und Selbstradikalisierung«, S. 15f. und 22 (unter Verweis auf: Richtlinien für den auswärtigen Einsatz der Sicherheitspolizei und des SD, undatiert, August 1939, BArch, R 58/241).

56 Dieter Pohl, »Die Ermordung der Juden im Generalgouvernement«, in:
Ulrich Herbert (Hg.), *Nationalsozialistische Vernichtungspolitik 1939–
1945. Neue Forschungen und Kontroversen.* Frankfurt am Main, S. 98–
121, hier S. 99.

57 Ebd.

58 Vgl. Martin Broszat, *Nationalsozialistische Polenpolitik 1939–1945.* Stuttgart 1961.

59 Helmut Krausnick, Hans-Heinrich Wilhelm, *Die Truppe des Weltanschauungskrieges. Die Einsatzgruppen der Sicherheitspolizei und des SD 1938–
1942.* Stuttgart 1981, S. 70; am 18. September, nach dem Einmarsch
sowjetischer Truppen in Ostpolen, erging der Befehl des Generalquartiermeisters, den polnischen und jüdischen Flüchtlingen, die über San,
Weichsel und Narew nach Osten geflüchtet sind, »den Rückweg nach
Westpolen zu verwehren.«

60 Safrian, *Eichmann und seine Gehilfen,* S. 73 (Zitat: Gestapo, Grenzpolizeikommissariat Mähr. Ostrau, 19.9.1939, an Reg. Rat Hermann, Brünn,
Dokumentationsarchiv des österreichischen Widerstands (DÖW) – Akt
17072/a).

61 Thomas Sandkühler, »*Endlösung« in Galizien. Der Judenmord in Ostpolen und die Rettungsinitiativen von Berthold Beitz 1941–1944.* Bonn 1996,
S. 26.

62 Safrian, *Eichmann und seine Gehilfen,* S. 73 (Vermerk Eichmann, Berlin
29.9.1939, betr.: Gebiet der Einsatzgruppe I, DÖW – Akt 17072/a).

63 Eichmann, »*Götzen*«, Aufzeichnungen im Gefängnis, ISA Jerusalem, S. 128ff.

64 Sassen-Interview, Transkript, BArch, Unterlagen Servatius, All. Proz. 6/103, Bd. 43, S. 389.

65 BArch, Nachlaß Eichmann, N 1497, DAT 1747 / I A, 30:44ff.

66 Vgl. Karl Heinz Roth, »›Generalplan Ost‹ – ›Gesamtplan Ost‹: Forschungsstand, Quellenprobleme, neue Ergebnisse«, in: Mechthild Rössler, Sabine Schleiermacher (Hg.), *Der »Generalplan Ost«. Hauptlinien der nationalsozialistischen Planungs- und Vernichtungspolitik*. Berlin 1993, S. 25–95, hier S. 32, Anm. 51 (Protokoll der Sitzung vom 21.9.1939, BArch, R 58/825, Bl. 26ff.).

67 Schnellbrief Heydrichs an die Chefs der Einsatzgruppen, 21.9.1939, Berlin, in: Jüdisches Historisches Institut Warschau (Hg.), *Faschismus – Getto – Massenmord. Dokumentation über Ausrottung und Widerstand der Juden in Polen während des Zweiten Weltkrieges*. Berlin 1962, S. 37– 41, hier S. 38.

68 Alfred Rosenberg, geb. 1893, seit 1921 Herausgeber des *Völkischen Beobachter*; versuchte sich als NS-Chefideologe zu profilieren; 1933 Leitung des Außenpolitischen Amtes der NSDAP; seit 17.7.1941 Reichsminister für die besetzten Ostgebiete. Er wurde in Nürnberg zum Tode verurteilt und 1946 hingerichtet.

69 Hans Günther Seraphim (Hg.), *Das politische Tagebuch Alfred Rosenbergs 1934/35 und 1939/40*. Göttingen 1956, S. 98f.

70 Sandkühler, »*Endlösung*« in Galizien, S. 27.

71 Zit. nach: Longerich, *Politik der Vernichtung*, S. 254 (Amtschefbesprechung v. 29.9.1939, Protokoll, BArch, R 58/825).

72 Von einer »volklichen Flurbereinigung« sprach Hitler am 1.10.1939 gegenüber dem italienischen Außenminister; zit. nach: Longerich, ebd., S. 255.

73 Zit. nach: Longerich, ebd.; vgl. Götz Aly, Susanne Heim, *Vordenker der Vernichtung. Auschwitz und die deutschen Pläne für eine neue europäische Ordnung*. Frankfurt am Main 1991, S. 125; Hitlers Rede ist gedruckt in: Max Domarus, (Hg.), *Hitler. Reden und Proklamationen 1932–1945*. Bd. 2 (Untergang 1939–1945). Würzburg 1963, S. 1377ff., hier S. 1383 und 1391.

74 Götz Aly, »*Endlösung*«. *Völkerverschiebung und der Mord an den europäischen Juden*. Tübingen 1974, S. 38.

75 Aly, ebd., S. 38ff. und 46ff.; Christopher Browning, »Die nationalsozialistische Umsiedlungspolitik und die Suche nach einer ›Lösung der Judenfrage‹ 1939–1941«, in: Ders., *Der Weg zur »Endlösung«. Entscheidungen und Täter*. Bonn 1998, S. 13–36, S. 18.

76 Josef Wagner, geboren 1889 in Algringen (Lothringen), wurde nach dem Hitler-Attentat vom 20. Juli 1944 verhaftet und vermutlich von SS-Bewachern ermordet. Er gehörte 1922 zu den Gründern einer NSDAP-Ortsgruppe in Bochum und war 1928 Mitglied des Reichstags; im Oktober 1928 wurde er Gauleiter von Westfalen und seit Dezember 1934 Oberpräsident und Gauleiter von Schlesien. 1941 wurden ihm seine Ämter wegen dezidiert kirchlicher Einstellung entzogen, er wurde am 12. Oktober 1942 aus der NSDAP ausgeschlossen und seit Herbst 1943 unter Gestapo-Überwachung gestellt.

77 Zit. nach Adler, *Der verwaltete Mensch*, S. 128. Auf den Aktenvermerk Eichmanns vom 6.10.1939 haben Browning, »Die nationalsozialistische Umsiedlungspolitik«, S. 18 und Longerich, *Politik der Vernichtung,* S. 256 hingewiesen (Sammlung Gestapo-Akten Mährisch-Ostrau, Yad Vashem 053/87). Der Vermerk ist gedruckt in: Rat der jüdischen Gemeinden in den böhmischen Ländern und Zentralverband der jüdischen Gemeinden in Prag (Hg.), *Nazidokumente sprechen*. Prag o. J., o. S.

78 Zu den Deportationen aus Ostoberschlesien vgl. Sybille Steinbacher, »*Musterstadt« Auschwitz. Germanisierungspolitik und Judenmord in Ostoberschlesien*. München 2000, S. 114.

79 Safrian, *Eichmann und seine Gehilfen*, S. 73; Browning, »Die nationalsozialistische Umsiedlungspolitik«, S. 18; Longerich, *Politik der Vernichtung*, S. 252.

80 Wildt, »Radikalisierung und Selbstradikalisierung«, S. 25f.

81 Browning, »Die nationalsozialistische Umsiedlungspolitik«, S. 19; Aly, »*Endlösung*«, S. 63.

82 Longerich, *Politik der Vernichtung*, S. 256 (Aktenvermerk Eichmann, 6.10.1939, Yad Vashem, 053/87); vgl. Jonny Moser, »Nisko. The First Experiment in Deportation«, in: *Simon Wiesenthal Center Annual* 2 (1985), S. 1–30, hier S. 4.

83 Longerich, ebd., S. 257; dazu auch Steur, *Dannecker*, S. 30.

84 Über Theodor Dannecker, geboren 1913 in Tübingen, der die Deportation der Juden aus verschiedenen von Deutschland besetzten Ländern gemeinsam mit Eichmann organisierte und vermutlich im Dezember 1945 Selbstmord verübte, vgl. Steur, *Dannecker*.

85 Safrian, *Eichmann und seine Gehilfen*, S. 74f.; Steur, *Dannecker*, S. 30.

86 Aly, »*Endlösung*«, S. 65.

87 Safrian, *Eichmann und seine Gehilfen*, S. 74ff.

88 Vgl. Sassen-Interview, Transkript, BArch, Unterlagen Servatius, All. Proz. 6/108, Bd. 57, S. 578. – Vermerk der »Zentralstelle« Wien, 17.10.1939, nach dem Gauleiter Bürckel nach einer Unterrichtung durch Eichmann

»mehr als froh« gewesen sei, »daß die geplante Umsiedlung der Juden in Baracken nicht stattzufinden braucht«. Grund für Bürckels Freude waren die damit »pro Kopf« einzusparenden Kosten; Yad Vashem, 053/86, zit. nach: Longerich, *Politik der Vernichtung*, S. 650.

89 Safrian, *Eichmann und seine Gehilfen*, S. 79; Steur, *Dannecker*, S. 32.

90 Safrian, ebd., S. 79f.; Rabinovici, *Instanzen der Ohnmacht*, S. 207 (für Rabinovici ist das Nisko-Projekt nicht nur die »Generalprobe zur Deportation«, sondern er spricht zu Recht vom Auftakt zum Ende der jüdischen Gemeinde Wiens); Longerich, *Politik der Vernichtung*, S. 258.

91 Die Zahlengaben über die im Rahmen des Nisko-Experiments deportierten Juden differieren: Aly, *»Endlösung«*, S. 64, geht von insgesamt 2 500, Steinbacher, *»Musterstadt Auschwitz«*, S. 114, von etwa 3 000 Deportierten aus.

92 BArch, Nachlaß Eichmann, N 1497, DAT 1747 / I A, 24:14ff.

93 Hans Frank, geboren 1900 in Karlsruhe, trat 1923 in die NSDAP ein. Er war Jurist und von 1939–1945 Generalgouverneur in Polen. Er wurde vom Internationalen Militärgerichtshof in Nürnberg zum Tode verurteilt und hingerichtet.

94 BArch, Nachlaß Eichmann, N 1497, DAT 1747 / I A, 23:04ff.

95 Steur, *Dannecker*, S. 33, vertritt ganz ebenso wie Bauer, *Freikauf von Juden?*, S. 89, die Auffassung, der Nisko-Plan sei an Hans Frank gescheitert, während Safrian, *Eichmann und seine Gehilfen*, S. 80, meint, fehlende Transportmöglichkeiten seien die Ursache gewesen, da die Interessen der Wehrmacht Priorität gehabt hätten.

96 Longerich, *Politik der Vernichtung*, S. 249. Burrin, *Hitler und die Juden*, S. 79, weist zurecht darauf hin, daß die Verwaltung im Generalgouvernement in dieser Zeit erst im Entstehen begriffen war.

97 Aly, *»Endlösung«*, S. 62 (*Reichsgesetzblatt (RGBl.)* 1939/I, S. 2077f.).

98 BArch, Nachlaß Eichmann, N 1497, DAT 1747 / I A, 23.18ff.

99 Aly, *»Endlösung«*, S. 39ff.; Browning, »Die nationalsozialistische Umsiedlungspolitik«, S. 19f.

100 Browning, ebd.

101 Wilhelm Keitel, geboren 1882, war seit Februar 1938 Chef des Oberkommandos der Wehrmacht. Keitel war tief verstrickt in die verbrecherische Kriegsführung des NS-Regimes und wurde vom Nürnberger Gerichtshof zum Tode verurteilt und hingerichtet.

102 Roth, »›Generalplan Ost‹ – ›Gesamtplan Ost‹«, S. 33.

103 Longerich, *Politik der Vernichtung*, S. 259.

104 Eichmann, *»Götzen«,* Aufzeichnungen im Gefängnis, ISA Jerusalem, S. 160.

105 Ebd., S. 161; Eichmann versuchte, auch das Nisko-Projekt in ein Interesse der Verfolgten zu verwandeln, indem er die Funktionäre der Kultusgemeinde zu Mitverantwortlichen machte.

106 Ebd.

107 Ebd., S. 162f.

108 BArch, Nachlaß Eichmann, N 1497, DAT 1747 / I A, 34:27ff. und 39:39ff.

109 Eichmann, »Götzen«, Aufzeichnungen im Gefängnis, ISA Jerusalem, S. 149.

110 Zur Gründung des RSHA vgl. Wildt, »Radikalisierung und Selbstradikalisierung«; zum Amt IV (Gestapo), Gerhard Paul, »›Kämpfende Verwaltung‹. Das Amt IV des Reichssicherheitshauptamtes als Führungsinstanz der Gestapo«, in: Gerhard Paul, Michael Mallmann (Hg.), *Die Gestapo im Zweiten Weltkrieg.* Darmstadt 2000, S. 42–81.

111 Der Chef der Sicherheitspolizei und des SD, 5.7.1939, BArch, R 58/826, zit. nach: Paul, ebd., S. 44.

112 Hachmeister, *Der Gegnerforscher*, S. 221.

113 Sassen-Interview, Transkript, BArch, Unterlagen Servatius, All. Proz. 6/100, Bd. 28, S. 1.

114 Eichmann, »Götzen«, Aufzeichnungen im Gefängnis, ISA Jerusalem, S. 595.

115 Ebd., S. 145.

116 Paul, »›Kämpfende Verwaltung‹«, S. 47 (BArch, R 58/840).

117 Zitat: Hachmeister, *Der Gegnerforscher*, S. 215.

118 Aly, »Endlösung«, S. 104, Anm. 25 (BArch, R 58/840, Bl. 281).

119 Vgl. S. 101 in diesem Band.

120 Eichmann, »Götzen«, Aufzeichnungen im Gefängnis, ISA Jerusalem, S. 135.

121 Safrian, *Eichmann und seine Gehilfen*, S. 89 (Der Chef der Sicherheitspolizei und des SD, 21.12.1939, betr.: Räumung in den Ostprovinzen, BArch, R 58/276, fol. 246).

122 Eichmann, »Götzen«, Aufzeichnungen im Gefängnis, ISA Jerusalem, S. 135.

123 Ebd., S. 145.

124 Ebd. – Am 1. März 1941 bestand die Organisation des RSHA aus 180 Referaten; vgl. Rürup (Hg.), *Gestapo, SS und Reichssicherheitshauptamt*, S. 72f.

125 Eichmann, »Götzen«, Aufzeichnungen im Gefängnis, ISA Jerusalem, S. 155.

126 Aly, »Endlösung«, S. 103.

127 Eichmann, »*Götzen*«, Aufzeichnungen im Gefängnis, ISA Jerusalem, S. 152ff.

128 Sassen-Interview, Transkript, BArch, Unterlagen Servatius, All. Proz. 6/ 108, Bd. 57, S. 578. Eichmann meint hier das Nisko-Projekt, gibt aber erneut fälschlich Generalgouverneur Hans Frank die Schuld an seinem Scheitern.

129 Safrian, *Eichmann und seine Gehilfen*, S. 87; Longerich, *Politik der Vernichtung*, S. 262.

130 Eichmann, »*Götzen*«, Aufzeichnungen im Gefängnis, ISA Jerusalem, S. 131.

131 Roth, »›Generalplan Ost‹ – ›Gesamtplan Ost‹«, S. 33.

132 Ebd., S. 34.

133 Bruno Streckenbach war Befehlshaber der Sicherheitspolizei und des SD im Generalgouvernement; er wurde nach dem Krieg in der UdSSR zu 25 Jahren Haft verurteilt und 1955 entlassen.

134 Longerich, *Politik der Vernichtung*, S. 263.

135 Eichmann, »*Götzen*«, Aufzeichnungen im Gefängnis, ISA Jerusalem, S. 132ff..

136 Aly, »*Endlösung*«, S. 127ff.

137 Roth, »›Generalplan Ost‹ – ›Gesamtplan Ost‹«, S. 34.

138 Aly, »*Endlösung*«, S. 69.

139 Ebd., S. 70; Roth, »›Generalplan Ost‹ – ›Gesamtplan Ost‹«, S. 35. Der Fernplan wurde bisher nicht aufgefunden, es liegt jedoch ein Fernplan-Entwurf vor, vermutlich aus der 2. Novemberhälfte 1939 (BArch, R 69/ 1146); gedruckt in: »›Generalplan Ost‹ und der Mord an den Juden. Der ›Fernplan der Umsiedlung in den Ostprovinzen‹ aus dem Reichssicherheitshauptamt vom November 1939«, ediert von Karl Heinz Roth, in: *1999*, Jg. 12 (1997), H. 2, S. 50–71.

140 Aly, »*Endlösung*«, S. 75; Eichmann, »*Götzen*«, Aufzeichnungen im Gefängnis, ISA Jerusalem, S. 145.

141 Ebd., S. 73f. (Anordnung Heydrichs zur »Räumung der Ostprovinzen«, 21.12.1939, Archiv der Hauptkommission zur Untersuchung der hitleristischen Verbrechen, Warschau (AGK), UWZ/L/5, Bl. 83) und S. 110.

142 Ebd., S. 77 (Anordnung des Höheren SS- und Polizeiführers in Posen, Koppe: Räumung der Ostprovinzen, hier: Umsiedlung der Juden vom 14.1.1940).

143 Ebd., S. 75.

144 Ebd. S. 76f.

145 Vermerk über eine Besprechung im RSHA unter der Leitung von Eichmann, betr. den Beginn der Vertreibung und deren Fortsetzung, 8.1.1940,

gedruckt in: Kurt Pätzold (Hg.), *Verfolgung, Vertreibung, Vernichtung. Dokumente des faschistischen Antisemitismus 1933 bis 1942.* Frankfurt am Main 1984, S. 256f.

146 Aly, *»Endlösung«*, S. 78f. (Vermerk über eine Besprechung zwischen Hans Ehlich und Adolf Eichmann am 17.1.1940, BArch, ZR 890 A 2, Bl. 218–220).

147 Ebd.

148 Jüdisches Historisches Institut Warschau (Hg.), *Faschismus – Getto – Massenmord*, S. 51.

149 Eichmann, *»Götzen«*, Aufzeichnungen im Gefängnis, ISA Jerusalem, S. 155.

150 Ebd., S. 155ff.

151 Aly, *»Endlösung«*, S. 89 und 97f.

152 Sassen-Interview, Transkript, BArch, Unterlagen Servatius, All. Proz. 6/103, Bd. 43, S. 390.

153 Ebd., S. 79 (Besprechung Ehlich/Eichmann, wie Anm. 146).

154 Götz Aly, *»›Judenumsiedlung‹. Überlegungen zur politischen Vorgeschichte des Holocaust«*, in: Ulrich Herbert (Hg.), *Nationalsozialistische Vernichtungspolitik 1939–1945. Neue Forschungen und Kontroversen.* Frankfurt am Main, S. 67–97, hier S. 81.

155 Sassen-Interview, Transkript, BArch, Unterlagen Servatius, All. Proz. 6/108, Bd. 57, S. 579.

156 Vgl. Werner Präg, Wolfgang Jacobmeyer (Hg.), *Das Diensttagebuch des deutschen Generalgouverneurs in Polen. 1939–1945.* Stuttgart 1975, S. 109–111 (Aufzeichnung Franks über die Besprechung bei Göring am 12.2.1940).

157 Ebd.

158 Browning, *»Die nationalsozialistische Umsiedlungspolitik«*, S. 23.

159 Vgl. Pätzold (Hg.), *Verfolgung, Vertreibung, Vernichtung*, S. 262.

160 Präg, Jacobmeyer (Hg.), *Diensttagebuch*, S. 158 (5.4.1940) und 204 (19.5.1940).

161 Aly, *»Endlösung«*, S. 90.

162 Pätzold (Hg.), *Verfolgung, Vertreibung, Vernichtung*, S. 262f.

163 Aly, *»›Judenumsiedlung‹«*, S. 80.

164 Vgl. Auszug aus einem Bericht des Leiters der Abteilung Umsiedlung beim Gouverneur des Distrikts Warschau, Schön, über das Warschauer Ghetto, Warschau, 20. Januar 1941, in: Jüdisches Historisches Institut Warschau (Hg.), *Faschismus – Getto – Massenmord*, S. 109.

165 Aly, *»›Judenumsiedlung‹«*, S. 80; Aly zitiert eine Äußerung des Regierungspräsidenten von Lodz vom Sommer 1941.

166 Chef des Distrikts Warschau an den Chef des Amtes beim Generalgouverneur, 3.7.1940, zit. nach: Longerich, *Politik der Vernichtung*, S. 657, Anm. 232.

167 Ebd., S. 270.

168 Steur, *Dannecker*, S. 33 (in Bezug auf die Aufzeichnung über eine Unterredung Hitlers mit Colin Ross, Akten zur Deutschen Auswärtigen Politik (ADAP), Serie D, Bd. 8, Nr. 716); Burrin, *Hitler und die Juden*, S. 82.

169 Sassen-Interview, Transkript, BArch, Unterlagen Servatius, All. Proz. 6/103, Bd. 43, S. 390. Eichmann erinnerte, er habe die Juden »nach Jahresfrist« zurück oder in das KZ Theresienstadt bringen lassen müssen.

170 Dazu Christopher Browning, »Nazi Ghettoization Policy in Poland 1939–1941«, in: *Central European History,* Jg. 19 (1986), S. 343–368.

171 Eichmann, *»Götzen«*, Aufzeichnungen im Gefängnis, ISA Jerusalem, S. 137f.

172 Ebd., S. 139.

173 Safrian, *Eichmann und seine Gehilfen*, S. 93.

174 Anordnung Heydrichs vom 19.2.1940, zit. nach: Aly, *»Endlösung«*, S. 86.

175 Eichmann, *»Götzen«*, Aufzeichnungen im Gefängnis, ISA Jerusalem, S. 163ff.

176 Ebd., S. 168ff.

177 Joachim von Ribbentrop, geboren 1893, war von 1938–1945 Reichsaußenminister. Er wurde 1946 vom Nürnberger Gerichtshof zum Tode verurteilt und hingerichtet.

178 Eichmann, *»Götzen«*, Aufzeichnungen im Gefängnis, ISA Jerusalem, S. 208ff.

179 Erich Rajakowitsch, Jurist, war Leiter der »Zentralstelle für jüdische Auswanderung« in den Niederlanden. Er bekleidete den Rang eines SS-Obersturmführers im RSHA. 1965 wurde er in Österreich wegen seiner Beteiligung an den Deportationen zu mehrjähriger Haft verurteilt.

180 Sassen-Interview, Transkript, BArch, Unterlagen Servatius, All. Proz. 6/101, Bd. 31, S. 275f.

181 Ebd., S. 277.

182 Vgl. Michael Wildt, *Die Judenpolitik des SD 1935–1938. Eine Dokumentation.* München 1995 (Schriftenreihe der Vierteljahrshefte für Zeitgeschichte, Bd. 71), S. 66 (Memorandum des SD-Amtes IV/2 an Heydrich, 24.5.1934); Hans Jansen, *Der Madagaskar-Plan. Die beabsichtigte Deportation der europäischen Juden nach Madagaskar.* München 1997, S. 201.

183 Jansen, ebd., S. 274f.

184 Steur, *Dannecker*, S. 35; Jansen, ebd., S. 228ff., der irrtümlich schreibt, Theodor Dannecker sei mit Eichmann nach Wien versetzt worden.

185 Vorlage für den nationalitätenrechtlichen Ausschuß der Akademie für Deutsches Recht, unsigniert, Januar 1940, zit. nach: Raul Hilberg, *Die Vernichtung der europäischen Juden*. Bd. 1. Frankfurt am Main 1991 (Orig. 1961), S. 216.

186 Vgl. »Denkschrift Himmlers über die Behandlung der Fremdvölkischen im Osten (Mai 1940). Mit einer Vorbemerkung von Helmut Krausnick«, in: *Vierteljahrshefte für Zeitgeschichte,* Jg. 5 (1957), H. 2, S. 194–198, hier S. 197; dazu Brechtken, »*Madagaskar für die Juden*«, S. 225.

187 Aufzeichnung »Gedanken über die Arbeiten und Aufgaben des Ref. D III«, 3. 6. 1940, zit. nach: Jansen, *Der Madagaskar-Plan*, S. 321ff. Rademacher hatte an diesem Tag mit dem außenpolitischen Redakteur des Propagandablattes *Der Stürmer*, Paul Wurm, über die »Judenfrage« diskutiert. Dieser hatte ein Jahr zuvor in einem Artikel unter dem Titel »Wohin mit den Juden« geschrieben: »Unsre Antwort auf die obige Frage lautet: Madagaskar.« Wurm beriet Rademacher auch in den folgenden Monaten bei der Ausarbeitung der Pläne. Vgl. ebd., S. 324 und 339.

188 Christopher Browning, *The Final Solution and the German Foreign Office. A Study of Referat III D of Abteilung Deutschland.* New York 1978, S. 35; Brechtken, »*Madagaskar für die Juden*«, S. 228.

189 Martin Luther, geboren 1896, war von 1940 bis 1943 Leiter der Abteilung »Deutschland« des Auswärtigen Amtes. Er war direkter Vorgesetzter Rademachers, also des »Judenreferats« im Auswärtigen Amt. Er wurde 1943 im Rahmen eines Komplotts gegen Außenminister Ribbentrop verhaftet und in das Konzentrationslager Sachsenhausen gebracht. Luther starb kurz nach Kriegsende 1945.

190 Browning, *The Final Solution*, S. 37; Brechtken, »*Madagaskar für die Juden*«, S. 233.

191 Browning, »Die nationalsozialistische Umsiedlungspolitik«, S. 27.

192 Steur, *Dannecker*, S. 46 (nach ADAP, Serie D, Bd. 10, Nr. 345, S. 399).

193 Arthur Greiser, 1897 in Posen geboren, war Marineoffizier im Ersten Weltkrieg, seit 1928 SA- und NSDAP-Mitglied. Er wurde am 21.10. 1939 Gauleiter und Reichsstatthalter des Reichsgaus Wartheland. Greiser wurde von einem polnischen Gericht zum Tode verurteilt und 1946 gehenkt.

194 Jansen, *Der Madagaskar-Plan*, S. 333; Brechtken, »*Madagaskar für die Juden*«, S. 238.

195 Aly, »*Endlösung*«, S. 135; Browning, »Die nationalsozialistische Umsiedlungspolitik«, S. 28.

196 Browning, ebd., S. 28; Aly, ebd., S. 163ff. zitiert ausführlich die Besprechung am 31.7.1940 in Krakau, die die gegenseitige Blockade der Umsiedlungsfunktionäre verdeutlicht und von Frank protokolliert wurde.

197 Brechtken, »*Madagaskar für die Juden*«, S. 230.

198 Heydrich an Ribbentrop, 24.6.1940, Politisches Archiv des Auswärtigen Amts (PAA), Inland II g 177, zit. nach: Longerich, *Politik der Vernichtung*, S. 275.

199 Brechtken, »*Madagaskar für die Juden*«, S. 263.

200 Ebd., S. 234f.; die Akten, die als Beleg dienen könnten, sind verschollen oder eben nie entstanden.

201 Jansen, *Der Madagaskar-Plan*, S. 330ff.

202 Vgl. Schreiben von Dannecker an Rademacher über die Planungen des RSHA, 5.8.1940, PAA, Inland IIg 177, zit. nach: Longerich, *Politik der Vernichtung*, S. 276.

203 Sassen-Interview, Transkript, BArch, Unterlagen Servatius, All. Proz. 6/107, Bd. 54, S. 544.

204 Brechtken, »*Madagaskar für die Juden*«, S. 234f., unter Verweis auf eine Aktennotiz Eichmanns betr. Rücksprache im Reichssicherheitshauptamt von Jakub Edelstein und Franz Weidmann (Prag), Josef Löwenherz (Wien), Paul Eppstein (Berlin), 3.7.1940. Dazu ders., »Apologie und Erinnerungskonstruktion – Zum zweifelhaften Quellenwert von Nachkriegsaussagen zur Geschichte des Dritten Reiches. Das Beispiel Madagaskar-Plan«, in: *Jahrbuch für Antisemitismusforschung*, 9 (2000), S. 234–252, hier S. 241.

205 Brechtken, »*Madagaskar für die Juden*«, S. 231ff.; der Entwurf Rademachers vom 2.7.1940 (betr.: Plan zur Lösung der Judenfrage«) ist gedruckt in: Rolf Vogel, *Ein Stempel hat gefehlt. Dokumente zur Emigration deutscher Juden*. München 1977, S. 314–316.

206 Browning, *The Final Solution*, S. 40f.; Brechtken, ebd., S. 231; Steur, *Dannecker*, S. 37, übergeht diesen Aspekt.

207 Jansen, *Der Madagaskar-Plan*, S. 341ff.

208 Longerich, *Politik der Vernichtung*, S. 276; ausführlich Brechtken, »*Madagaskar für die Juden*«, S. 246ff.

209 Brechtken, ebd., S. 259.

210 Aly, »*Endlösung*«, S. 144.

211 Ebd., S. 143.

212 Ebd., S. 189ff.

213 Longerich, *Politik der Vernichtung*, S. 276 und 287. Tatsächlich notierte Martin Luther nach der Lektüre des RSHA-Plans, er wolle die Frage der

Juden in Italien, Bulgarien und Rumänien behandelt wissen; vgl. Brecht-ken, »*Madagaskar für die Juden*«, S. 253 (mit Bezug auf eine undatierte Notiz Luthers, nach dem 15.8.1940, Punkt 5, PAA, Inland IIg 177, 198).

214 Lösener, »Das Reichsministerium des Innern und die Judengesetzge-bung«, S. 296f.

215 Longerich, *Politik der Vernichtung*, S. 277.

216 So Jansen, *Der Madagaskar-Plan*, S. 348 mit Bezug auf Rudolf Aschen-auer (Hg.), *Ich, Adolf Eichmann. Ein historischer Zeugenbericht.* Leoni am Starnberger See 1980, S. 170–174 und Jochen von Lang (Hg.), *Das Eichmann-Protokoll. Tonbandaufzeichnungen der israelischen Verhöre.* Wien 1991, S. 25–65 (Eichmann über das Madagaskar-Projekt). Eichmann kann in diesem Punkt kein Glauben geschenkt werden, da er das Mada-gaskar-Projekt in Israel zu seiner Rechtfertigung einsetzte.

217 Jansen, ebd., S. 282ff.; Browning, »Die nationalsozialistische Umsied-lungspolitik«, S. 29f.

218 Aly , »*Endlösung*«, S. 167.

219 Ebd., S. 168.

220 Ebd., S. 198 (Materialsammlung Himmlers zum »Vortrag über Sied-lung«, BArch, NS 19/3979).

221 Ebd., S. 200.

222 Ebd., S. 201.

223 Sassen-Interview, Transkript, BArch, Unterlagen Servatius, All. Proz. 6/107, Bd. 54, S. 555.

224 Aly, »*Endlösung*«, S. 131.

225 Ebd., S. 203.

226 Ebd., S. 203 und 230.

227 Ebd., S. 203.

228 Ebd., S. 233.

229 Ebd., S. 225.

230 Eichmann, »*Götzen*«, Aufzeichnungen im Gefängnis, ISA Jerusalem, S. 208.

231 Aly, »*Endlösung*«, S. 236; Sandkühler, »*Endlösung*« in Galizien, S. 45.

232 Aly, ebd., S. 257.

233 Rundschreiben des Referenten für Judenangelegenheiten in der Regie-rung des Generalgouvernements, Dr. Gottong, 6.6.1940, zit. nach: Pät-zold (Hg.), *Verfolgung, Vertreibung, Vernichtung*, S. 264.

234 Aly, »*Endlösung*«, S. 257.

235 Ebd., S. 267f.

236 Sandkühler, »*Endlösung*« in Galizien, S. 48.

237 Ebd., S. 49. Zu den Ghettoisierungen im Distrikt Lublin im Frühjahr auch Bogdan Musial, *Deutsche Zivilverwaltung und Judenverfolgung im Generalgouvernement. Eine Fallstudie zum Distrikt Lublin 1939–1944.* Wiesbaden 1999, S. 135.

238 Bernd C. Wagner, *IG Auschwitz. Zwangsarbeit und Vernichtung von Häftlingen des Lagers Monowitz 1941–1945.* München 2000, S. 52.

239 Ebd. 52f.

240 Aly, »*Endlösung*«, S. 268.

241 Ebd., S. 273ff.; Sandkühler, »*Endlösung*« in Galizien, S. 134.

242 Aly, ebd., S. 201ff. und 268.

243 Ebd., S. 104.

244 Ebd., S. 105.

245 Ebd.

246 Ebd.

247 Die Bezeichnung »Judenberater«, ein Kürzel für »Berater für Judenfragen«, fand erstmals im August 1940 Verwendung und wurde auf eine kleine Gruppe Funktionäre angewandt, die dem von Eichmann geleiteten Judenreferat des RSHA unterstanden und seit September 1940 im Ausland eingesetzt wurden, »um die dort lebenden Juden zu isolieren und zu internieren. Seit 1942 gehörte auch die Deportation der Juden in die Vernichtungslager zu ihren Aufgaben.« Vgl. Claudia Steur, »Eichmanns Emissäre. Die ›Judenberater‹ in Hitlers Europa«, in: Gerhard Paul, Klaus Michael Mallmann (Hg.), *Die Gestapo im Zweiten Weltkrieg. ›Heimatfront‹ und besetztes Europa.* Darmstadt 2000, S. 403–436, hier S. 403. Claudia Steur weist darauf hin, daß eine Studie über die Gruppe der ›Judenberater‹ noch zu den Desiderata der Forschung gehört; vgl. Steur, *Dannecker*, S. 45.

248 Das Schreiben ist gedruckt in: Steur, *Dannecker*, S. 185ff.; Steur, S. 49 stellt das Schreiben in den Kontext des Madagaskar-Plans, der zu diesem Zeitpunkt jedoch bereits eine Schimäre war. Dazu Longerich, *Politik der Vernichtung*, S. 287. Yaacov Lozowick, *Hitlers Bürokraten. Eichmann, seine willigen Vollstrecker und die Banalität des Bösen.* Zürich, München 2000, S. 229ff. stellt das Schreiben in Zusammenhang mit der Entscheidung zur Ermordung der europäischen Juden.

249 Adler, *Der verwaltete Mensch*, S. 152f.; dazu, ders., *Der Weg zur »Endlösung«*, S. 67–104, hier S. 77; Aly, »*Endlösung*«, S. 269.

250 Browning, »Jenseits von ›Intentionalismus‹ und ›Funktionalismus‹«, S. 81.

251 Zitat nach Aly, »*Endlösung*«, S. 269.

252 Longerich, *Politik der Vernichtung*, S. 290; dazu Browning, »Jenseits von ›Intentionalismus‹ und Funktionalismus‹«, S. 76ff.

253 Vgl. Browning, ebd., S. 80, in Übereinstimmung mit Aly, »Endlösung«, S. 195–203 und S. 268–279. Browning wendet sich vor allem gegen die Meinung von Richard Breitmann, der behauptet hat, der neben dem 3. Nahplan entwickelte Evakuierungsplan Heydrichs sei bereits auf einen Hitlerbefehl zur Ermordung aller Juden Europas zurückzuführen, die Entscheidung zur »Endlösung« demnach bereits Anfang 1941 gefallen. Vgl. Richard Breitmann, *Der Architekt der »Endlösung«. Himmler und die Vernichtung der europäischen Juden.* Paderborn 1996, S. 203 und 324.

254 Aly, ebd., S. 271.

255 Eichmann, »*Götzen*«, Aufzeichnungen im Gefängnis, ISA Jerusalem, S. 208.

256 *Der Prozeß gegen die Hauptkriegsverbrecher vor dem Internationalen Militärgerichtshof in Nürnberg. 14. November 1945 bis 1. Oktober 1946* (IMG). Bd. XXVI, Nürnberg 1947f., S. 11f.

257 Sassen-Interview, Transkript, BArch, Unterlagen Servatius, All. Proz. 6/103, Bd. 43, S. 393: »[…] das Schreiben an Göring habe zweifellos ich entworfen, da gab es kein anderes, […].«

258 Ebd., S. 423.

259 Möglicherweise verwechselte Eichmann Heydrichs Schreiben an Ribbentrop vom Juni 1940 mit der Beauftragung Heydrichs durch Göring vom Juli 1941. Dies ändert jedoch nichts an der Kontinuität, in die er Heydrichs Bemühungen stellte.

260 Otto Abetz, geboren 1903, war von Beruf Zeichenlehrer. Er war seit 1934 als Frankreichreferent in der Reichsjugendführung der Hitlerjugend tätig und wechselte 1935 in die Dienststelle Ribbentrop. Ab März 1940 war er Gesandter im Auswärtigen Amt und hielt sich ab Juni 1940 als Vertreter des Auswärtigen Amtes beim Militärbefehlshaber in Frankreich auf. Seit August 1940 war er Botschafter in Paris. Mit Nachdruck verfocht er die Politik der deutsch-französischen Kollaboration. Nach dem Krieg wurde Abetz 1949 in Paris zu 20 Jahren Haft verurteilt, von denen er fünf Jahre verbüßte. 1958 starb er bei einem Verkehrsunfall.

261 Eichmann, »*Götzen*«, Aufzeichnungen im Gefängnis, ISA Jerusalem, S. 210f.

262 Ebd., S. 217; vgl. Sassen-Interview, Transkript, BArch, Unterlagen Servatius, All. Proz. 6/103, Bd. 43, S. 393: Eichmann bestätigt, daß Görings Beauftragung Heydrichs mit allen die »Endlösung« betr. Fragen in den Kontext des Madagaskarplans zu stellen ist.

263 Sassen-Interview, Transkript, BArch, Unterlagen Servatius, All. Proz. 6/95, Bd. 1, S. 15.

264 Longerich, *Politik der Vernichtung*, S. 427 (ADAP, Serie D, Bd. 13,2, Anh. III, S. 835ff.).

265 Christopher R. Browning, *Fateful Months. Essays on the Emergence of the Final Solution.* Revised Edition. New York, London 1991, S. 22. Vgl. entsprechend Christopher R. Browning, *Judenmord. NS-Politik, Zwangsarbeit und das Verhalten der Täter.* Frankfurt am Main 2001. Siehe auch Safrian, *Eichmann und seine Gehilfen*, S. 126, Anm. 4–7 zur älteren Forschungsdiskussion und den Aussagen von Eichmann und Höß.

266 Martin Broszat (Hg.), *Rudolf Höß. Kommandant in Auschwitz. Autobiographische Aufzeichnungen.* 16. Aufl., München 1998 (Orig. 1958), S. 186.

267 Ebd., S. 237.

268 Ebd., S. 238ff.

269 Longerich, *Politik der Vernichtung*, S. 425; Burrin, *Hitler und die Juden*, S. 115.

270 BArch, Nachlaß Eichmann, N 1497, DAT 1747 / DAT A + B, 16:09ff.

271 Pätzold (Hg.), *Verfolgung, Vertreibung, Vernichtung*, S. 284f.

272 Sassen-Interview, Transkript, BArch, Unterlagen Servatius, All. Proz. 6/104, Bd. 46, S. 427.

273 Vgl. das Dokument in: Adler, *Der verwaltete Mensch*, S. 29.

274 Zitat ebd.; Eichmann, »*Götzen*«, Aufzeichnungen im Gefängnis, ISA Jerusalem, S. 323f.

275 Eichmann, ebd., S. 320.

276 Vgl. dazu Ulrich Herbert, *Best. Biographische Studien über Radikalismus, Weltanschauung und Vernunft 1903–1989.* Bonn 1996, S. 253.

277 Werner Best, geb. 1903, war Jurist und trat 1930 in die NSDAP ein. 1931 Urheber der sogenannten Boxheimer Dokumente zur Vorbereitung eines Umsturzversuchs. 1935 wurde er bei der Gestapo in Berlin tätig und stieg zum Chef des Amtes Verwaltung und Recht im Hauptamt der Sicherheitspolizei auf. Von September 1939 bis Juni 1940 leitete er das Amt II des Reichssicherheitshauptamtes. 1940 wurde er Verwaltungschef beim Militärbefehlshaber in Frankreich, ab November 1942 Reichsbevollmächtigter in Dänemark. Er wurde 1949 in Dänemark zum Tode verurteilt, begnadigt und 1951 entlassen. In der BRD wurde er Berater des Stinnes-Konzerns. Eine erneute Anklage gegen ihn blieb im Jahr 1972 aus Gesundheitsgründen folgenlos.

278 Vgl. Ahlrich Meyer, *Die deutsche Besatzung in Frankreich 1940–1944. Widerstandsbekämpfung und Judenverfolgung.* Darmstadt 2000, 18f.; Longerich, *Politik der Vernichtung*, S. 435.

279 Vgl. Ulrich Herbert, »Die deutsche Militärverwaltung in Paris und die Deportation der französischen Juden«, in: Ders. (Hg.), *Nationalsoziali-*

stische Vernichtungspolitik 1939–1945. Neue Forschungen und Kontroversen. Frankfurt am Main 1998, S. 170–208, hier S. 201; Meyer, ebd., S. 73.

280 Otto von Stülpnagel, geboren 1878 in Berlin, General der Infanterie (1932), war vom 25.10.1940 – 31.1.1942 Militärbefehlshaber in Frankreich. Nach Kriegsende wurde er verhaftet und an Frankreich ausgeliefert; vor Beginn seines Prozesses nahm er sich am 6.2.1948 das Leben.

281 Xavier Vallat, geb. 1891, war 1941/42 Koordinator der antijüdischen Politik der Vichy-Regierung. Seine politische Karriere war durch die militant nationalistische, katholische und autoritäre Bewegung der *Action Française* geprägt, er gehörte zum rechtsextremen Flügel des Parlaments. Im März 1941 ernannte ihn Marschall Pétain zum Leiter des »Generalkommissariat für Judenfragen«. Vallat, der sowohl antideutsch wie antijüdisch eingestellt war, versuchte die antisemitische Politik der Besatzungsmacht den Franzosen nutzbar zu machen. Er wurde im Mai 1942 aus dem Amt gedrängt. Nachdem er 1947 zu zehn Jahren Haft verurteilt worden war, wurde er zwei Jahre später wieder entlassen.

282 Besprechungsplan Bests für Stülpnagel, 4.4.1941, gedruckt in: Serge Klarsfeld, *Vichy-Auschwitz. Die Zusammenarbeit der deutschen und französischen Behörden bei der ›Endlösung der Judenfrage‹ in Frankreich.* Nördlingen 1989 (Schriften der Hamburger Stiftung für Sozialgeschichte des 20. Jahrhunderts, Bd. 9), S. 366ff.; dazu Herbert, »Die deutsche Militärverwaltung in Paris und die Deportation«, S. 196.

283 Carltheodor Zeitschel, geb. 1893, war seit 1940 Legationsrat in der politischen Abteilung der Pariser Botschaft. Er kam 1945 bei einem Bombenangriff ums Leben.

284 Eichmann, »*Götzen*«, Aufzeichnungen im Gefängnis, ISA Jerusalem, S. 325f. Vgl. Safrian, *Eichmann und seine Gehilfen*, S. 109; das Schreiben ist gedruckt in: Klarsfeld, *Vichy-Auschwitz*, S. 367f.

285 Einen Tag vor dem erwähnten Schreiben hatte er Abetz den Vorschlag gemacht, Hitler und Ribbentrop die Idee zu unterbreiten, alle Juden unter deutscher Herrschaft sterilisieren zu lassen; vgl. Steur, *Dannecker*, S. 48.

286 Ebd.

287 Safrian, *Eichmann und seine Gehilfen*, S. 109.

288 *Die Tagebücher von Joseph Goebbels. Sämtliche Fragmente. Aufzeichnungen 1924–1941.* Teil I (4 Bde.). München, New York, London, Paris 1987, S. 705 (so Frank gegenüber Goebbels am 20.6.1941).

289 Präg, Jacobmeyer (Hg.), *Diensttagebuch*, S. 386.

290 Vgl. Thomas Sandkühler, »Judenpolitik und Judenmord im Distrikt Galizien«, in: Ulrich Herbert (Hg.), *Nationalsozialistische Vernichtungspolitik 1939–1945. Neue Forschungen und Kontroversen.* Frankfurt am Main 1998, S. 122–147, hier S. 129.

291 Ebd., S. 129f.

292 Roth, »›Generalplan Ost‹ – ›Gesamtplan Ost‹«, S. 60f.

293 Sandkühler, *»Endlösung« in Galizien*, S. 132.

294 Vgl. Peter Witte, »Zwei Entscheidungen in der ›Endlösung der Judenfrage‹: Deportationen nach Lodz und Vernichtung in Chelmno«, in: *Theresienstädter Studien und Dokumente* (1995), S. 38–68, hier S. 46f.

295 Steur, *Dannecker*, S. 61; Steur meint, der Vorschlag Rosenbergs könnte auf das Schreiben von Zeitschel (und Dannecker) vom 22. August 1941 zurückzuführen sein; nicht ersichtlich ist, warum sie hier Dannecker als Mitautor des Schreibens erwähnt.

296 Sandkühler, *»Endlösung« in Galizien*, S. 142.

297 Sassen-Interview, Transkript, BArch, Unterlagen Servatius, All. Proz. 6/95, Bd. 5, S. 50.

298 Meyer, *Die deutsche Besatzung in Frankreich*, S. 20.

299 Herbert, »Die deutsche Militärverwaltung in Paris und die Deportation«, S. 196f; ders., *Best*, S. 308, über Werner Bests gegenüber Zeitschel geäußerte Enttäuschung, daß der »unangenehme Teil, nämlich die Durchführung der Ausweisung«, nun doch an der Militärverwaltung hängenbleibe.

300 Helmut Knochen, 1910 geboren, studierte Geschichte und Anglistik, promovierte und arbeitete anschließend als Lehrer und Journalist. Er trat 1932 in die NSDAP ein und 1936 in die SS, seit 1936 war er Mitarbeiter des SD. Im September 1940 wurde er Leiter der Dienststelle der Sicherheitspolizei und des SD in Paris, 1942 wurde er zum Befehlshaber der Sicherheitspolizei und des SD in Frankreich und Belgien befördert. Nach der Befreiung Frankreichs wurde Knochen zur Leibstandarte Adolf Hitler der Waffen-SS versetzt. Er wurde 1946 von einem englischen Militärgericht zum Tode verurteilt, jedoch im Oktober 1946 an Frankreich ausgeliefert und dort 1954 abermals zum Tode verurteilt. Die Strafe wurde 1958 in eine lebenslängliche Haftstrafe umgewandelt, 1962 wurde er begnadigt und nach Deutschland zurückgeschickt, wo er als Versicherungsmakler tätig wurde.

301 Herbert, *Best*, S. 253.

302 Herbert, »Die deutsche Militärverwaltung in Paris und die Deportation«, S. 197.

303 Ebd.

304 Ebd.
305 Ebd., S. 198; Meyer, *Die deutsche Besatzung in Frankreich*, S. 21 und 59.
306 Steur, *Dannecker*, S. 58.
307 Meyer, *Die deutsche Besatzung in Frankreich*, S. 60.
308 Ebd., S. 61.
309 Ebd., S. 61 und S. 69; Telegramm von Abetz an Ribbentrop, 25.10.1941, teilw. gedruckt in: Ludwig Nestler, Friedel Schulz (Hg.), *Die faschistische Okkupationspolitik in Frankreich (1940–1944). Dokumentenauswahl und Einleitung*. Berlin 1990 (Reihe: Europa unterm Hakenkreuz), S. 180f.
310 Herbert, *Best*, S. 310.
311 Steur, *Dannecker*, S. 59f.
312 Steur, ebd., S. 61, verweist auf das Schreiben von Heydrich an das OKH, 6.11.1941, gedruckt ebd., S. 192ff.; Burrin, *Hitler und die Juden*, S. 145.
313 Eichmann, *»Götzen«*, Aufzeichnungen im Gefängnis, ISA Jerusalem, S. 328.
314 Steur, *Dannecker*, S. 64 und 66.
315 Herbert, »Die deutsche Militärverwaltung in Paris und die Deportation«, S. 201, Anm. 66. Vgl. Peter Witte u. a. (Hg.) *Der Dienstkalender Heinrich Himmlers 1941/42*. Hamburg 1999 (Hamburger Beiträge zur Sozial- und Zeitgeschichte. Hg. v. der Forschungsstelle für Zeitgeschichte in Hamburg. Quellen, Bd. 3), S. 211.
316 Eichmann, *»Götzen«*, Aufzeichnungen im Gefängnis, ISA Jerusalem, S. 327; vgl. Meyer, *Die deutsche Besatzung in Frankreich*, S. 73; Herbert, »Die deutsche Militärverwaltung in Paris und die Deportation«, S. 201.
317 Witte, »Zwei Entscheidungen in der ›Endlösung der Judenfrage‹«, S. 49.
318 Christian Gerlach, »Die Wannsee-Konferenz, das Schicksal der deutschen Juden und Hitlers Grundsatzentscheidung, alle Juden Europas zu ermorden«, in: *Werkstatt Geschichte,* 18 (1997), S. 7–44, hier S. 10.
319 Vgl. dazu Meyer, *Die deutsche Besatzung in Frankreich*, S. 73.
320 Vgl. Eichmann, *»Götzen«*, Aufzeichnungen im Gefängnis, ISA Jerusalem, S. 327; Steur, *Dannecker*, S. 38.
321 Eichmann, ebd., S. 328.
322 Ebd., S. 329.
323 Ebd.
324 Meyer, *Die deutsche Besatzung in Frankreich*, S. 23. Am 15. Januar 1942 weigerte sich Stülpnagel in einem Schreiben an das OKH, die Massenerschießungen über eine begrenzte Zahl hinaus weiter durchzuführen; er bestätigte den Repressionskurs und schlug vor, als Vergeltungsmaß-

nahme eine gewisse Anzahl Kommunisten und Juden zu deportieren. Dieses Schreiben führte zu seiner Ablösung; vgl. ebd., S. 23f., unter Verweis auf MBF an OKH GenStdH Gen.Qu., 15.1.1942, BArch (Militärarchiv), RW 35/536.

325 Lozowick, *Hitlers Bürokraten*, S. 234 meint, das RSHA habe die Deportationen ausbremsen wollen, die wiederum Stülpnagel auf den Weg bringen wollte. Das RSHA war jedoch mit seinen Plänen an der – wie Lozowick selbst schreibt – während der Weihnachtszeit schwierigeren Transportlage gescheitert; Stülpnagels Deportationsabsichten waren durchaus im Sinne des RSHA.

326 Herbert, »Die deutsche Militärverwaltung in Paris und die Deportation«, S. 203.

327 In der Literatur wurde diese Besprechung bisher auf den 4.3.1942 datiert, so bei Steur, *Dannecker*, S. 71 und Herbert, »Die deutsche Militärverwaltung in Paris und die Deportation«, S. 202; Leni Yahil, *Die Shoa. Überlebenskampf und Vernichtung der europäischen Juden.* München 1998, S. 471f.; ebenso bei Raul Hilberg, *Die Vernichtung der europäischen Juden.* Bd. 2, Frankfurt am Main 1991 (Orig. 1961), S. 669, der fälschlicherweise annimmt, die Besprechung habe in Paris stattgefunden. Lozowick, *Hitlers Bürokraten*, S. 235, weist darauf hin, daß die Besprechung am 6. März 1942 im RSHA in Berlin stattgefunden hat, wobei er auf ein Telegramm Eichmanns an den Befehlshaber der Sicherheitspolizei und des SD in Belgien und Frankreich betr. die Deportation von 6000 Juden nach Auschwitz verweist. In dem Telegramm vom 12.3.1942 bezieht sich Eichmann auf die Besprechung mit Dannecker am 4.3.1942, vgl. *The Trial of Adolf Eichmann,* Vol. IX (1995), Dokument T-407. Allerdings liegen auch zwei Schreiben Danneckers vor, in denen er die Besprechung beide Male auf den 4.3.1942 datiert, nämlich ein Vermerk vom 10.3.1942, »bezug Tagung der Judenreferenten im RSHA-IV B 4 am 4.3.1942«, sowie ein von ihm an das RSHA-IV B 4 gerichtetes Schreiben bzgl. der Deportation der Juden nach Auschwitz, in dem er ebenfalls auf die »Tagung« in Berlin Bezug nimmt; vgl. ebd., T-404 und T-403. Sowohl Eichmanns wie Danneckers Schreiben sind dokumentiert in: Klarsfeld, *Vichy-Auschwitz*, S. 374ff.

328 Lozowick, *Hitlers Bürokraten*, S. 235f.

329 Vgl. Meyer, *Die deutsche Besatzung in Frankreich*, S. 25; Lozowick, ebd., S. 237. Herbert, »Die deutsche Militärverwaltung in Paris und die Deportation«, S. 193, datiert den ersten Transport falsch auf den 23.3.1942 (S. 193) sowie auf den 24.3.1942 (S. 203); ebenso bereits in Herbert, *Best*, S. 305 (23.3.1942) und S. 312 (24.3.1942). Dazu Danuta

Czech, *Kalendarium der Ereignisse im Konzentrationslager Auschwitz-Birkenau 1939–1945*. Reinbek bei Hamburg 1989, S. 193.

330 Vgl. Steinbacher, *»Musterstadt« Auschwitz*, S. 239: Der Befehl erging am 26. September 1941.

331 Sassen-Interview, Transkript, BArch, Unterlagen Servatius, All. Proz. 6/100, Bd. 27, S. 239.

332 Eichmann, *»Götzen«*, Aufzeichnungen im Gefängnis, ISA Jerusalem, S. 189.

333 Witte, »Zwei Entscheidungen in der ›Endlösung der Judenfrage‹«, S. 47ff.

334 Ebd., S. 42; Vermerk von Lösener für Reichsinnenminister Frick vom 18.8.1941, gedruckt in: Lösener, »Das Reichsministerium des Innern und die Judengesetzgebung«, S. 303.

335 Ebd.

336 Safrian, *Eichmann und seine Gehilfen*, S. 112ff.; vgl. Walter Manoschek, *»Serbien ist judenfrei.« Militärische Besatzungspolitik und Judenvernichtung in Serbien 1941/42*. München 1993 (Beiträge zur Militärgeschichte, Bd. 38), S. 102–108.

337 Manoschek, ebd., S. 169ff.

338 Eichmann, *»Götzen«*, Aufzeichnungen im Gefängnis, ISA Jerusalem, S. 419f.

339 NG-Dokument 3354, zit. nach: Manoschek, *»Serbien ist judenfrei«*, S. 104.

340 Ralf Ogorreck, *Die Einsatzgruppen und die »Genesis der Endlösung«*. Berlin 1996, S. 182.

341 Arthur Nebe, geb. 1894 in Berlin, Kriegsfreiwilliger im Ersten Weltkrieg, seit 1920 im Polizeidienst. Seit 1933 Mitglied der NSDAP und der SS, 1933 Kriminalrat im Gestapa, 1936 Übernahme von der SA in die SS, 1937 Reichskriminaldirektor. Von 1939–1944 Chef des Amtes V (Verbrechensbekämpfung, identisch mit dem Reichskriminalpolizeiamt). Leiter der Einsatzgruppe B von Juni bis November 1941. Er tauchte 1944 wegen Verbindungen zu den Widerstandskämpfern des 20. Juli unter. Im März 1945 vom Volksgerichtshof verurteilt und hingerichtet.

342 Eugen Kogon, u. a. (Hg.), *Nationalsozialistische Massentötungen durch Giftgas. Eine Dokumentation*. Frankfurt am Main 1983, S. 81; Aly, *»Endlösung«*, S. 342.

343 Aly, ebd., 342f.

344 Mathias Beer, »Die Entwicklung der Gaswagen beim Mord an den Juden«, in: *Vierteljahrshefte für Zeitgeschichte*, Jg. 35 (1987), H. 3, S. 403–418.

345 Erich von dem Bach-Zelewski, geb. 1899, 1930 zur NSDAP, 1931 zur SS, von 1932–1944 Mitglied des Reichstags. Beteiligung an den Morden des »Röhm-Putsches«. 1938 HSSPF im SS-Oberabschnitt Süd-Ost, 1941 HSSPF im Bereich der Heeresgruppe Mitte, seit 1943 Chef der »Bandenkampfverbände«. 1944 kommandierender General bei der Niederschlagung des Warschauer Ghettoaufstandes. In Nürnberg Zeuge der Anklage, 1949 Verurteilung zu zehn Jahren Arbeitslager durch eine deutsche Spruchkammer, 1962 zu lebenslanger Haft verurteilt.

346 Ogorreck, *Die Einsatzgruppen*, S. 182, datiert einen zentralen Befehl Himmlers auf den 15. August 1941; vgl. dagegen Christian Gerlach, »Die Ausweitung der deutschen Massenmorde in den besetzten sowjetischen Gebieten im Herbst 1941. Überlegungen zur Vernichtungspolitik gegen Juden und sowjetische Kriegsgefangene«, in: Ders., *Krieg, Ernährung, Völkermord. Forschungen zur deutschen Vernichtungspolitik im Zweiten Weltkrieg*. Hamburg 1998, S. 10–84, hier S. 66f.

347 Gerlach, ebd.

348 Aly, »*Endlösung*«, S. 342ff., hat auf die Pläne zur Errichtung eines Vernichtungszentrums in Mogilew hingewiesen.

349 Witte, »Zwei Entscheidungen in der ›Endlösung der Judenfrage‹«, S. 52. Aly, »›Judenumsiedlung‹«, S. 93f., meint, daß Hitlers Entscheidung zur Deportation der deutschen Juden ein oder zwei Tage vorher gefallen ist; vgl. Witte, u. a. (Hg.), *Dienstkalender,* S. 213, Anm. 57: Am 17. September 1941 hatte Himmler ein Gespräch mit Ribbentrop, von dem er erfahren haben kann, daß Hitler (der am Nachmittag mit Ribbentrop zusammengetroffen war) die Deportation der deutschen, österreichischen und tschechischen Juden genehmigt hatte.

350 Schreiben Himmlers an Greiser, 18.9.1941 (BArch NS 19/2655); gedruckt in: Peter Longerich, *Die Ermordung der europäischen Juden. Eine umfassende Dokumentation des Holocaust 1941–1945*. München, Zürich 1989, S. 157.

351 Ebd.

352 Krausnick, Wilhelm, *Die Truppe des Weltanschauungskrieges*, S. 583.

353 Witte, u. a. (Hg.), »Einleitung«, in: dies. (Hg.), *Dienstkalender*, S. 54.

354 Schreiben Höppners an Eichmann vom 16.7.1941; gedruckt in: Longerich, *Die Ermordung der europäischen Juden*, S. 74f.; dazu Kogon, u. a. (Hg.), *Nationalsozialistische Massentötungen*, S. 110ff., die das Schreiben in den Kontext der Errichtung des Vernichtungslagers Chelmno stellen.

355 Aktenvermerk Höppners vom 2.9.1941 (BArch, Dokumentationszentrale Berlin, ZR 890 A 2, 622 A 7), zit. nach: Roth, »›Generalplan Ost‹ – ›Gesamtplan Ost‹«, S. 39.

356 Ebd.

357 Aly, »*Endlösung*«, S. 339.

358 Ebd., S. 350f.

359 Ebd., S. 351.

360 Eichmann, »*Götzen*«, Aufzeichnungen im Gefängnis, ISA Jerusalem, S. 211ff.

361 Browning, »Jenseits von ›Intentionalismus‹ und ›Funktionalismus‹«, S. 99.

362 Safrian, *Eichmann und seine Gehilfen*, S. 118.

363 Ebd., S. 117f.

364 Aly, »*Endlösung*«, S. 356. Longerich, *Politik der Vernichtung*, S. 434, weist darauf hin, daß Hitler am 6. Oktober 1941 forderte, die Juden aus dem Protektorat zu entfernen, »und zwar nicht erst ins Generalgouvernement, sondern gleich weiter nach Osten«.

365 Niederschrift über eine Sicherheitspolizei-Besprechung in Prag, 10.10.1941; gedruckt in: Longerich, *Die Ermordung der europäischen Juden*, S. 172ff.

366 Emil Otto Rasch, Dr. Dr., geb. 1891, starb während des Nürnberger Einsatzgruppenprozesses 1948 im Gefängnis. 1931 zur NSDAP, 1933 zur SS, Befehlshaber der Sicherheitspolizei und des SD in Königsberg, seit 1941 Chef der Einsatzgruppe C.

367 Aly, »*Endlösung*«, S. 356.

368 Ebd.; aus diesem Plan entstand das Ghetto »Theresienstadt«.

369 Eichmann, »*Götzen*«, Aufzeichnungen im Gefängnis, ISA Jerusalem, S. 199f.

370 Safrian, *Eichmann und seine Gehilfen*, S. 141ff.

371 Ebd., S. 142. Safrian bezieht sich auf Eichmanns Aussage im Prozeß, im September oder Oktober 1941 in Minsk gewesen zu sein.

372 Sandkühler, »*Endlösung« in Galizien*, S. 155ff.

373 Ebd. S. 159.

374 Sandkühler, »*Endlösung« in Galizien*, S. 159f.; vgl. Dieter Pohl, *Nationalsozialistische Judenverfolgung in Ostgalizien 1941–1944. Organisation und Durchführung des Massenverbrechens*. München 1996, S. 174, Anm. 209; Kogon, u. a. (Hg.), *Nationalsozialistische Massentötungen*, S. 87ff.

375 Sandkühler, ebd., S. 135f.; Kogon u. a. (Hg.), ebd.

376 Eichmann, »*Götzen*«, Aufzeichnungen im Gefängnis, ISA Jerusalem, S. 216.

377 Erhard Wetzel, geboren 1903, Jurist, 1933 in die NSDAP eingetreten. Seit Oktober 1941 Rassereferent im Reichsministerium für die besetzten Ostgebiete und an der Diskussion um den »Generalplan Ost« betei-

ligt. 1950 in den sog. Waldheim-Prozessen verurteilt, ohne daß seine Tätigkeit genau bekannt war. 1955 in die BRD überstellt, arbeitete bis 1958 als Ministerialrat im niedersächsischen Innenministerium.

378 Hinrich Lohse (1896–1964), 1933 Oberpräsident von Schleswig Holstein, 1939 Reichsverteidigungskommissar, seit November 1941 Reichskommissar »Ostland«, 1948 zu zehn Jahren Haft verurteilt, 1951 aus gesundheitlichen Gründen entlassen.

379 Das Schreiben ist gedruckt in: Helmut Krausnick, »Judenverfolgung«, in: Ders., u. a. (Hg.), *Anatomie des SS-Staates*. Bd. 2, München 1979, S 235–366, hier S. 337f.

380 Eichmann, »*Götzen*«, Aufzeichnungen im Gefängnis, ISA Jerusalem, S. 216.

381 Brechtken, »*Madagaskar für die Juden*«, S. 280f.

382 Krausnick, Wilhelm, *Die Truppe des Weltanschauungskrieges*, S. 585.

383 Safrian, *Eichmann und seine Gehilfen*, S. 140ff.

384 Ebd., S. 145.

385 Ebd., S. 153. Das Einsatzkommando 3 ermordete bis zum 9. Februar 1942 in Litauen 138 272 Menschen, darunter Kommunisten, Partisanen, Geisteskranke, Polen und 136 421 Juden. Die Zahl der ermordeten Kinder betrug 34 464; vgl. Krausnick, Wilhelm, *Die Truppe des Weltanschauungskrieges*, S. 605f.

386 Safrian, ebd.

387 Zit. nach: Krausnick, Wilhelm, *Die Truppe des Weltanschauungskrieges,* S. 586.

388 Bericht von SS-Obersturmführer Kurt Burkhardt, zit. ebd. – Bis zum 1. Februar 1942 ermordete die Einsatzgruppe A in Lettland 35 238 Juden, in Weißruthenien 41 828; vgl. ebd., S. 607.

389 Eichmann, »*Götzen*«, Aufzeichnungen im Gefängnis, ISA Jerusalem, S. 182–184.

390 Damit kann Eichmann die Zwangsarbeitslager der Durchgangsstraße 4, allerdings auch das Vernichtungslager Bełzec gemeint haben.

391 Sassen-Interview, Transkript, BArch, Unterlagen Servatius, All. Proz. 6/95, Bd. 3, S. 30.

392 Ebd., S. 31.

393 *The Trial of Adolf Eichmann.* Vol. IV (1993), S. 1560.

394 Eichmann, »*Götzen*«, Aufzeichnungen im Gefängnis, ISA Jerusalem, S. 179ff.

395 Ebd., S. 184.

396 Safrian, *Eichmann und seine Gehilfen,* S. 155.

397 Longerich, *Politik der Vernichtung*, S. 451. Peter Klein hat darauf hin-

gewiesen, daß das Lager bereits im Juli 1941 geplant wurde, und zwar auf Initiative von Gauleiter Greiser. Die Quellen lassen aber keine sicheren Schlüsse zu, daß die Beteiligung der Zivilverwaltung für die Entstehung des Lagers ausschlaggebend war. Vgl. Peter Klein, »Die Rolle der Vernichtungslager Kulmhof (Chelmno), Bełzec und Auschwitz-Birkenau in den frühen Deportationsvorbereitungen«, in: Dittmar Dahlmann, Gerhard Hirschfeld (Hg.), *Lager, Zwangsarbeit, Vertreibung und Deportation. Dimensionen der Massenverbrechen in der Sowjetunion und in Deutschland 1933–1945*. Essen 1999, S. 459–481, hier S. 475f.; vgl. Kogon, u. a. (Hg.), *Nationalsozialistische Massentötungen*, S. 110ff.

398 Safrian, *Eichmann und seine Gehilfen*, S. 122.

399 Kogon, u. a. (Hg.), *Nationalsozialistische Massentötungen*, S. 132. Die Zahlen basieren auf den statistischen Angaben der Ghettoverwaltung. Nach Schätzungen in Polen wurden in Chelmno 300 000 Menschen vergast.

400 Yitzhak Arad, *Bełzec, Sobibor, Treblinka. The Organisation Reinhard Death Camps*. Bloomington-Indianapolis 1987, S. 24.

401 Longerich, *Politik der Vernichtung*, S. 452f.

402 Ebd., S. 452; Sandkühler, »*Endlösung« in Galizien*, S. 136.

403 Witte, u. a. (Hg.), *Dienstkalender*, S. 233, Anm. 35, 13. 10. 1941.

404 Pohl, *Nationalsozialistische Judenverfolgung in Ostgalizien*, S. 139.

405 Ebd., S. 150; Kogon, u. a. (Hg.), *Nationalsozialistische Massentötungen*, S. 170.

406 Longerich, *Politik der Vernichtung*, S. 455 und S. 708, Anm. 169; Michael Tregenza, »Bełzec – Das vergessene Lager des Holocaust«, in: »*Arisierung« im Nationalsozialismus. Volksgemeinschaft, Raub und Gedächtnis*. Hg. im Auftrag des Fritz Bauer Instituts von Irmtrud Wojak und Peter Hayes, Frankfurt am Main/New York 2000 (Jahrbuch 2000 zur Geschichte und Wirkung des Holocaust), S. 241–268, hier S. 262f., Anm. 33; Kogon, u. a. (Hg.), *Nationalsozialistische Massentötungen*, S. 153f.

407 BArch, Nachlaß Eichmann, N 1497, DAT 1747 / DAT A + B, 16:09ff.

408 Eichmann, »*Götzen«*, Aufzeichnungen im Gefängnis, ISA Jerusalem, S. 172f.

409 Ebd., S. 173.

410 Ebd., S. 173ff.

411 Longerich, *Politik der Vernichtung*, S. 455 schreibt von einer Besichtigung im Winter, Browning, »Jenseits von ›Intentionalismus‹ und ›Funktionalismus‹«, S. 99, übernimmt Eichmanns Angabe vom Oktober 1941. Burrin, *Hitler und die Juden*, S. 146f., geht von einem Besuch im November oder Dezember aus.

412 Tregenza, »Bełzec«, S. 248.

413 Ebd., S. 249.

414 State of Israel, Ministry of Justice, *The Trial of Adolf Eichmann. Statement made by Adolf Eichmann to the Israel Police prior to his Trial in Jerusalem.* Vol. VII, Jerusalem 1995, S. 400.

415 Ebd., Vol. IV (1993), S. 1559f. (Eichmann über den Aufenthalt in Bełzec).

416 Tregenza, »Bełzec«, S. 247.

417 Der Name wurde vermutlich schon von den an der »Aktion« beteiligten Dienststellen auf Reinhard Heydrich umgedeutet. Ursprünglich bezog er sich auf den Staatssekretär im Finanzministerium Fritz Reinhardt; vgl. Wolfgang Benz, Hermann Graml, Hermann Weiß (Hg.), *Enzyklopädie des Nationalsozialismus.* 2. Aufl., München, 1998, S. 354. Die beiden anderen Vernichtungslager, Sobibor und Treblinka, wurden zwischen März und Juli 1942 errichtet.

418 Tregenza, »Bełzec«, S. 242 und 252f.

419 Dazu: Arad, *Bełzec, Sobibor, Treblinka.*

420 Anders als Eichmann meinte Höß im Sommer 1941 (Eichmann erinnerte den Herbst) von Himmler mit der Durchführung der »Endlösung« beauftragt worden zu sein. Allerdings erklärte er, und daran wird der zeitliche Irrtum deutlich, daß zu dieser Zeit bereits die Lager Bełzec und Treblinka bestanden, demnach mußte es sich um den Winter 1941/42 handeln. Vgl. Karin Orth, *Die Konzentrationslager-SS. Sozialstrukturelle Analysen und biographische Studien.* Göttingen 2000, S. 178ff.

421 Broszat (Hg.), *Rudolf Höß*, S. 237f.

422 Eichmann, »*Götzen*«, Aufzeichnungen im Gefängnis, ISA Jerusalem, S. 236–240.

423 Jean-Claude Pressac, *Die Krematorien von Auschwitz. Die Technik des Massenmords.* München, Zürich 1994, S. 41f., hat die erste Vergasung in Auschwitz auf Dezember 1941 datiert, allerdings ohne beweiskräftige Quellenbelege. Danuta Czech und andere Historiker, die bisher nicht widerlegt wurden, gehen von einem Datum zwischen dem 3. und 5. September 1941 aus, vgl. Stanislaw Klodzinski, »Die erste Vergasung von Häftlingen und Kriegsgefangenen im Konzentrationslager Auschwitz-Birkenau«, in: Hamburger Institut für Sozialforschung (Hg.), *Die Auschwitz-Hefte. Bd. 1. Texte der polnischen Zeitschrift »Przeglad Lekarski« über historische, psychische und medizinische Aspekte des Lebens und Sterbens in Auschwitz.* Hamburg 1994, S. 261–275, hier S. 275.

424 Wucher, *Eichmanns gab es viele*, S. 79.

425 Vgl. Aly, »*Endlösung*«, S. 9ff.

426 Ian Kershaw, *Hitler. 1936 – 1945.* Stuttgart 2000, S. 635.

427 Kogon, u. a. (Hg.), *Nationalsozialistische Massentötungen*, S. 165f.
428 Wucher, *Eichmanns gab es viele*, S. 96.
429 Vgl. dazu Eichmann, »*Götze*n«, Aufzeichnungen im Gefängnis, ISA Jerusalem, S. 217f.
430 Léon Poliakov, Joseph Wulf, *Das Dritte Reich und die Juden*. Berlin 1955, S. 126.
431 Wucher, *Eichmanns gab es viel*e, S. 110; vollständig bei Poliakov, Wulf, *Das Dritte Reich und die Juden*, S. 119ff.
432 Eichmann, »*Götze*n«, Aufzeichnungen im Gefängnis, ISA Jerusalem, S. 217f.
433 Wucher, *Eichmanns gab es viele*, S. 55f.
434 Ebd., S. 23.

»Ich war kein normaler Befehlsempfänger, dann wäre ich ein Trottel gewesen, sondern ich habe mitgedacht, ich war ein Idealist gewesen.«
Adolf Eichmann und die Banalität des Bösen (S. 191–207)

1 Vgl. die ins Deutsche übersetzte Anklageschrift mit handschriftlichen Randbemerkungen Eichmanns, die sich auf »nein« oder »nie gehört« beschränkten, im Bundesarchiv (BArch), Unterlagen Servatius, All. Proz. 6/183.
2 Ebd.
3 Juristische Grundlage des Verfahrens bildete das *Gesetz zur Bestrafung der Nazis und ihrer Helfer* (Gesetz 5710), das vom israelischen Parlament am 1. August 1950 verabschiedet wurde. In Bezug auf die deutsche Rechtsprechung vgl. Jürgen Baumann, »Gedanken zum Eichmann-Urteil«, in: *Juristenzeitung*, Jg. 18 (1963), H. 4, S. 110–121.
4 State of Israel, Ministry of Justice, *The Trial of Adolf Eichmann. Record of Proceedings in the District Court of Jerusalem*. Vol. I. Jerusalem 1992, S. 46f. (künftig zitiert: *The Trial of Adolf Eichmann*).
5 Vgl. Hannah Arendt, *Eichmann in Jerusalem. Ein Bericht von der Banalität des Bösen*. München 1964, S. 48.
6 BArch, Nachlaß Eichmann, N 1497, Audiokassette (K) IX/C (Forts.) + D, Nr. 104ff.
7 Götz Aly, »*Endlösung*«. *Völkerverschiebung und der Mord an den Juden Europas*. Frankfurt am Main 1995, S. 103.

8   BArch, Nachlaß Eichmann, N 1497, K IV/B, 32ff.

9   Sassen-Interview, Transkript, BArch, Unterlagen Servatius, All. Proz. 6/
    108, Bd. 58, S. 599.

10 Adolf Eichmann, *»Götzen«*, Aufzeichnungen im Gefängnis, ISA Jerusa-
    lem, S. 197.

11 Yehuda Bauer, *Freikauf von Juden?* Verhandlungen zwischen dem natio-
    nalsozialistischen Deutschland und jüdischen Repräsentanten 1933–
    1945. Frankfurt am Main 1994, S. 248.

12 Ebd., S. 265.

13 Sassen-Interview, Transkript, BArch, Unterlagen Servatius, All. Proz. 6/
    101, Bd. 31, S. 280.

14 Im Gefängnis erinnerte sich Eichmann angeblich nicht mehr an Details
    der Verhandlungen mit den jüdischen Funktionären in Budapest, die
    am Tag seiner Abfahrt nach Auschwitz dazu führten, daß Joel Brand als
    Emissär der *Vaada (Va'adat Ezrah Vehatsalah)*, des zionistischen Unter-
    stützungs- und Rettungskomitees der ungarischen Juden, nach Istanbul
    abfuhr. Er sollte Verhandlungen zwischen jüdischen, amerikanischen und
    britischen Stellen herbeiführen, um Geld und vor allem 10 000 Lastwa-
    gen zu beschaffen: im Austausch für das Leben von einer Million Juden.
    Hinter der Mission stand Himmler als Hauptdrahtzieher, der sich in
    Anbetracht der drohenden Niederlage Illusionen über die Möglichkeit
    eines Separatfriedens mit dem Westen machte. Eichmanns Version die-
    ses Geschäfts, an dem er maßgeblich beteiligt war, hatte nichts mehr mit
    dem tatsächlichen Verlauf zu tun. Ein letztes Mal nutzte er die Gelegen-
    heit und behauptete, auch diese Tauschidee sei seine gewesen – zur Ret-
    tung der Juden. Er behauptete, dabei Konkurrenz durch Kurt A. Be-
    cher, ebenfalls SS-Obersturmbannführer, bekommen zu haben, der sich
    im Auftrag Himmlers um den Raub des Vermögens der deportierten
    Juden kümmern sollte. Becher habe sich in seine Angelegenheiten ein-
    gemischt, indem er »eines Tages damit anfing, Juden gegen Abtretung
    von Vermögenswerten auswandern zu lassen. […] mir, der ich in Aus-
    wanderungserfahrung eine mehrjährige ›Schule‹ zu durchlaufen hatte,
    wurde hier ein Polizeiferner zur Seite gesetzt, ohne daß auch ich solche
    Genehmigungen erteilen konnte. […] Da packte mich der Zorn […].
    Und da begann ich zu überlegen. Ich dachte mir, was die können, daß
    kannst Du auch.« So war laut Eichmann seine Idee entstanden, »Blut
    gegen Ware« zu tauschen. Dem Auswanderungsexperten war sein Ter-
    rain streitig gemacht worden. Fast überflüssig zu sagen, wie gut das Sy-
    stem wirklich funktionierte, Becher und Eichmann bei der Ausplünde-
    rung und Deportation der Juden kooperierten. Im Verhör durch

Hauptmann Avner Less war er noch näher an der Wahrheit gewesen und hatte gesagt, die Anordnung zu dem Tauschgeschäft sei von Himmler gekommen. Er selbst hatte jedoch nur ungern als Kurier Himmlers fungiert und hätte die Vernichtungsaktion viel lieber ungestört fortgesetzt. Vgl. Eichmann, »Götzen«, Aufzeichnungen im Gefängnis, ISA Jerusalem, S. 461ff.

15 Sassen-Interview, Transkript, BArch, Unterlagen Servatius, All. Proz. 6/95, Bd. 5, S. 49.

16 Vgl. die Zitate im *Bulletin des Presse- und Informationsamtes der Bundesregierung*. Bonn (12.4.1961).

17 Harry Mulisch, *Strafsache 40/61. Eine Reportage.* Köln 1962, S. 37.

18 Heinrich Böll, *Aufsätze. Kritiken. Reden.* Köln, Berlin 1967, S. 113–116, hier S. 115.

19 Heinrich Blücher (New York) an Hannah Arendt, 15.7.1946, in: Lotte Köhler (Hg.), *Hannah Arendt. Heinrich Blücher. Briefe 1936–1968.* München, Zürich 1999, S. 146.

20 Karl Jaspers, *Die Schuldfrage. Zur politischen Haftung Deutschlands.* München, Zürich 1987, S. 70.

21 Blücher (New York) an Arendt, 15.7.1946, in: Köhler (Hg.), *Hannah Arendt. Heinrich Blücher*, S. 146f.

22 *The Trial of Adolf Eichmann*, Vol. 1 (1992), S. 63.

23 Vgl. *Die Kontroverse. Hannah Arendt, Eichmann und die Juden.* Redaktion F. A. Krummacher. München 1964. Jüngst publiziert wurde der Tagungsband: Gary Smith (Hg.), *Hannah Arendt Revisited: »Eichmann in Jerusalem« und die Folgen.* Frankfurt am Main 2000.

24 Arendt, *Eichmann in Jerusalem*, S. 78.

25 Ebd., S. 16.

26 Yaacov Lozowick, *Hitlers Bürokraten. Eichmann, seine willigen Vollstrecker und die Banalität des Bösen.* Zürich, München 2000, S. 17 und S. 21.

27 Gideon Hausner, *Die Vernichtung der Juden.* München 1979, S. 10.

28 Arendt, *Eichmann in Jerusalem*, S. 53.

29 BArch, Nachlaß Eichmann, N 1497, K X/A, 166 und 226.

30 Arendt, *Eichmann in Jerusalem*, S. 58ff.; vgl. entsprechende Äußerungen in: Eichmann, »Götzen«. Aufzeichnungen im Gefängnis in Israel, ISA Jerusalem, S. 49–50 und S. 622.

31 Arendt, *Eichmann in Jerusalem*, S. 54.

32 Ebd., S. 83.

33 Ebd., S. 328.

34 Ebd., S. 329.

35 Ebd.

36 Lozowick, *Hitlers Bürokraten*, S. 17, wirft Arendt genau das vor.

37 Arendt, *Eichmann in Jerusalem*, S. 15.

38 Dies., »Persönliche Verantwortung in der Diktatur«, in: Dies., *Israel, Palästina und der Antisemitismus. Aufsätze*. Hg. v. Eike Geisel und Klaus Bittermann. Berlin 1991, S. 7–38, hier S. 8.

39 Arendt, *Eichmann in Jerusalem*, S. 14.

40 Dies., »Persönliche Verantwortung in der Diktatur«, S. 21f.

41 Dies., *Eichmann in Jerusalem*, S. 15.

42 Ebd.

43 Arendt, »Persönliche Verantwortung in der Diktatur«, S. 23.

44 Vgl. H. G. Adler, »Adolf Eichmann oder die Flucht aus der Verantwortung«, in: *Tribüne*, Jg. 1 (1962), H. 2, S. 122–134, hier S. 127.

45 Ebd. S. 132f.

46 Ebd., S. 133.

47 Ebd.

48 Ebd.

49 BArch, Nachlaß Eichmann, N 1497, K X/C (Forts.)+D, 287ff.

50 Ebd., K X/C (Forts.)+B, 79ff.

51 State of Israel, Ministry of Justice (Hg.), *The Trial of Adolf Eichmann. Statement made by Adolf Eichmann to the Israel Police prior to his Trial in Jerusalem*. Vol. VII. Jerusalem 1995, S. 782f.

52 Eichmann, »*Götzen*«. Aufzeichnungen im Gefängnis in Israel, ISA Jerusalem, S. 25.

53 Ebd., S. 547.

54 So Eichmann vor Gericht am 13.7.1961, vgl. *The Trial of Adolf Eichmann*, Vol. IV (1993), S. 1662; dazu Arendt, *Eichmann in Jerusalem*, S. 50. Vgl. auch Eichmann, »*Götzen*«. Aufzeichnungen im Gefängnis in Israel, ISA Jerusalem, S. 552: Dort gab Eichmann eine ähnliche Erklärung auf die Frage seines Verteidigers nach seinem Schuldgefühl ab. Ihm habe er gesagt: »›Ich bedaure und verurteile die von der damaligen deutschen Staatsführung angeordneten Vernichtungstätigkeit gegen die Juden.‹ Ich selbst aber vermochte auch nicht über meinen eigenen Schatten zu springen; ich war lediglich ein Werkzeug, in der Hand stärkerer Kräfte und eines unerfindlichen Schicksals.«

55 Vgl. Joachim Fest, *Speer. Eine Biographie*. Berlin 1999, S. 401: Im Zeugenstand hatte Speer am 19. Juni 1946 sein Bekenntnis zur »Gesamtverantwortung« formuliert und fiel außerdem, so Fest, aufgrund seiner Weigerung auf, sich auf Befehle zu berufen: »Soweit Hitler mir Befehle gab und ich diese durchführte, trage ich hierfür die Verantwortung, allerdings habe ich nicht alle Befehle durchgeführt«, erklärte Speer.

56 Ebd., S. 396f.
57 Eichmann, »*Götzen*«. Aufzeichnungen im Gefängnis in Israel, ISA Jerusalem, S. 15.
58 Adolf Eichmann an Robert Servatius, 5.6.1961, BArch, Unterlagen Servatius, All. Proz. 6/254.
59 Arendt, *Eichmann in Jerusalem*, S. 82.
60 Ebd., S. 81.
61 Arendt, »Persönliche Verantwortung in der Diktatur«, S. 35.
62 Eichmann, »*Götzen*«. Aufzeichnungen im Gefängnis in Israel, S. 599ff., ISA Jerusalem. Eichmann wiederholte diese Formel immer wieder. In den »Götzen«, S. 663, schrieb er beispielsweise, daß er seinem Verteidiger einen »Gefangengruß« geschickt habe: »Ich, der ich aus dem Sein einer allwaltenden Ordnung in die hauchartig vorübergehende Erscheinungsform Mensch herausgestellt wurde, erkannte durch der Umwelt Formung allmählich das ›Reich‹. Denn ich wurde als Deutscher geboren. Ich lernte das ›Reich‹ sowohl als etwas Konkretes, wie auch seinen begrifflichen Sinn zu erfassen; alles, was hier hineinversenkt wurde, und was ich als Nationalist empfand und ersehnte.«
63 Sassen-Interview, Transkript, BArch, Unterlagen Servatius, All. Proz. 6/101, Bd. 32, S. 282.

Quellen- und Literaturverzeichnis

1. Quellen

Archiv der Sozialen Demokratie (AdS), Bonn
Nachlaß Fritz Bauer

Bundesamt für Verfassungsschutz (BfV), Köln
Korrespondenz-Akten

Bundesarchiv (BArch)
R 58   Reichssicherheitshauptamt
N 1497   Nachlaß Eichmann
All. Proz. 6 Eichmann-Prozeß (Unterlagen Servatius)

Bundesarchiv (BArch), Berlin Document Center (BDC)
SSO, 267   »Personal-Bericht« des Adolf Eichmann, (ohne Datum) 1939

Central Zionist Archives (CZA), Jerusalem,
J 109   Council of Jews from Germany, Secretary Jerusalem,
           1950–1984

Deutsches Literaturarchiv/Schiller-Nationalmuseum, Marbach am Neckar
Nachlaß Heinar Kipphardt

Fritz Bauer Archiv (FBA), Frankfurt am Main
Interview mit Haim Cohn, Jerusalem, 7.1.1997
Interview mit Isser Harel, Tel Aviv, 14.1.1997

Israel State Archive (ISA), Jerusalem
Adolf Eichmann, »*Götzen*«, Aufzeichnungen im Gefängnis in Israel, datiert 6.9.1961, Original und Abschrift, 676 Seiten.
Adolf Eichmann, »*Meine Memoiren*«, handschriftl. Mskr., 128 Seiten; EichmannTrial, Box 3038.

Landesarchiv (LA), Berlin
    Nr. 76, B Rep. 057–01

Privatbesitz Anna Maria Bauer Petersen, Kopenhagen
    Korrespondenz mit Fritz Bauer

Yad Vashem Library (YVL), Jerusalem
    Protokoll des Eichmann Prozesses in deutscher Sprache / Strafakt 40/61

2. Literatur

Shlomo Aaronson, *Reinhard Heydrich und die Frühgeschichte von Gestapo und SD*. Stuttgart 1971.

H. G. Adler, »Adolf Eichmann oder die Flucht aus der Verantwortung«, in: *Tribüne*, Jg. 1 (1962), H. 2, S. 122–134.

Ders., *Der verwaltete Mensch. Studien zur Deportation der Juden aus Deutschland*. Tübingen 1974.

Zvi Aharoni, Wilhelm Dietl, *Der Jäger. Operation Eichmann. Was wirklich geschah*. Stuttgart 1996.

Götz Aly, *»Endlösung«. Völkerverschiebung und der Mord an den europäischen Juden*. Frankfurt am Main 1995.

Ders., »›Judenumsiedlung‹. Überlegungen zur politischen Vorgeschichte des Holocaust«, in: Ulrich Herbert (Hg.), *Nationalsozialistische Vernichtungspolitik 1939–1945. Neue Forschungen und Kontroversen*. Frankfurt am Main, S. 67–97.

Götz Aly, Susanne Heim, *Vordenker der Vernichtung. Auschwitz und die deutschen Pläne für eine neue europäische Ordnung*. Frankfurt am Main 1991.

Gabriele Anderl, »Die ›Zentralstellen für jüdische Auswanderung‹ in Wien, Prag und Berlin – ein Vergleich«, in: *Tel Aviver Jahrbuch für deutsche Geschichte,* 23 (1994), S. 275–299.

Hannah Arendt, *Eichmann in Jerusalem. Ein Bericht von der Banalität des Bösen*. München 1964.

Dies., »Persönliche Verantwortung in der Diktatur«, in: Dies., *Israel, Palästina und der Antisemitismus. Aufsätze*. Hg. v. Eike Geisel und Klaus Bittermann. Berlin 1991, S. 7-38.

Rudolf Aschenauer (Hg.), *Ich, Adolf Eichmann. Ein historischer Zeugenbericht*. Leoni am Starnberger See 1980.

Michael Bar-Zohar, *Ben-Gurion*. Tel Aviv 1978.

Fritz Bauer, *Auf der Suche nach dem Recht*. Stuttgart 1966.

Ders., »Im Namen des Volkes«, in: Ders., *Die Humanität der Rechtsordnung: Ausgewählte Schriften.* Hg. v. Joachim Perels und Irmtrud Wojak. Frankfurt am Main, New York 1998, S. 77–90.

Yehuda Bauer, *Freikauf von Juden? Verhandlungen zwischen dem nationalsozialistischen Deutschland und jüdischen Repräsentanten 1933–1945.* Frankfurt am Main 1994.

Jürgen Baumann, »Gedanken zum Eichmann-Urteil«, in: *Juristenzeitung,* Jg. 18 (1963), H. 4, S. 110-121.

Mathias Beer, »Die Entwicklung der Gaswagen beim Mord an den Juden«, in: *Vierteljahrshefte für Zeitgeschichte,* Jg. 35 (1987), H. 3, S. 403–418.

Heinrich Böll, *Aufsätze. Kritiken. Reden.* Köln, Berlin 1967.

Joel Brand, *Adolf Eichmann. Fakten gegen Fabeln.* München, Frankfurt am Main 1961.

Magnus Brechtken, »*Madagaskar für die Juden«. Antisemitische Idee und politische Praxis 1885–1945.* München 1998 (Studien zur Zeitgeschichte. Hg. v. Institut für Zeitgeschichte, Bd. 53).

Ders., »Apologie und Erinnerungskonstruktion – Zum zweifelhaften Quellenwert von Nachkriegsaussagen zur Geschichte des Dritten Reiches. Das Beispiel Madagaskar-Plan«, in: *Jahrbuch für Antisemitismusforschung,* 9 (2000), S. 234–252.

Richard Breitmann, *Der Architekt der »Endlösung«. Himmler und die Vernichtung der europäischen Juden.* Paderborn 1996.

Martin Broszat, *Nationalsozialistische Polenpolitik 1939–1945.* Stuttgart 1961.

Ders. (Hg.), *Rudolf Höß. Kommandant in Auschwitz. Autobiographische Aufzeichnungen.* 16. Aufl., München 1998 (Orig. 1963).

Christopher Browning, *Fateful Months. Essays on the Emergence of the Final Solution.* New York 1985 (2. Aufl. 1991).

Ders., *The Final Solution and the German Foreign Office.* New York 1978.

Ders., »Jenseits von ›Intentionalismus‹ und ›Funktionalismus‹«, in: Ders., *Der Weg zur »Endlösung«,* S. 67–104.

Ders., *Judenmord. NS-Politik, Zwangsarbeit und das Verhalten der Täter.* Frankfurt am Main 2001.

Ders., »Die nationalsozialistische Umsiedlungspolitik und die Suche nach einer ›Lösung der Judenfrage‹ 1939–1941«, in: Ders., *Der Weg zur »Endlösung«. Entscheidungen und Täter.* Bonn 1998, S. 13–36.

Ders., »Nazi Ghettoization Policy in Poland 1939–1941«, in: *Central European History,* Jg. 19 (1986), S. 343–368.

Philippe Burrin, *Hitler und die Juden. Die Entscheidung für den Völkermord.* Frankfurt am Main 1993 (Orig. 1989).

Danuta Czech, *Kalendarium der Ereignisse im Konzentrationslager Auschwitz-Birkenau 1939–1945*. Reinbek bei Hamburg 1989.

»Denkschrift Himmlers über die Behandlung der Fremdvölkischen im Osten (Mai 1940). Mit einer Vorbemerkung von Helmut Krausnick«, in: *Vierteljahrshefte für Zeitgeschichte*, Jg. 5 (1957), S. 194–198.

Max Domarus (Hg.), *Hitler. Reden und Proklamationen 1932–1945*. Bd. 2 (Untergang 1939–1945). Würzburg 1963.

Klaus Drobisch, »Die Judenreferate des Geheimen Staatspolizeiamtes und des Sicherheitsdienstes der SS 1933–1939«, in: *Jahrbuch für Antisemitismusforschung*, 2 (1993), S. 230–254.

»Eichmann's Ghost Writer. A Dutch friend in the Argentine«, in: *Wiener Library Bulletin*, Vol. XV (1961), Nr. 1, S. 2.

»Eichmann tells his own damning story«, in: *Life*, Chicago (28.11.1960 und 5.12.1960);

»Eichmann tells his own damning Story«. Part I: »I transported them to the Butcher«, in: *LIFE International*, No. 1, Vol. 30, January 9th, 1961, S. 9–19 sowie Part II: »To sum it all up, I regret nothing«, in: *LIFE International*, No. 3, Vol. 30, February 13th, 1961, S. 76–82.

Joachim Fest, *Speer. Eine Biographie*. Berlin 1999.

Norbert Frei, *Vergangenheitspolitik. Die Anfänge der Bundesrepublik und die NS-Vergangenheit*. München 1996.

Saul Friedländer, »Die Genese der ›Endlösung‹. Zu Philippe Burrins Thesen«, in: *Jahrbuch für Antisemitismusforschung*, 1 (1992), S. 166–181.

Tuviah Friedmann, *Die »Ergreifung Eichmanns«. Dokumentarische Sammlung*. Haifa 1971.

Ders. (Hg.), *The Hunter*. London 1961.

Ders. (Hg.), *Die Korrespondenz zwischen der Zentralen Stelle in Ludwigsburg und der Dokumentation in Haifa beweist, die erfolgreiche Zusammenarbeit der Verhaftung und vor Gerichtstellung in Deutschland von Tausenden Nazi-Kriegsverbrechern*. Haifa 1993.

Ders., *We shall never forget. An Album of Photographs, Articles and Documents*. Haifa 1965.

Christian Gerlach, »Die Ausweitung der deutschen Massenmorde in den besetzten sowjetischen Gebieten im Herbst 1941. Überlegungen zur Vernichtungspolitik gegen Juden und sowjetische Kriegsgefangene«, in: Ders., *Krieg, Ernährung, Völkermord. Forschungen zur deutschen Vernichtungspolitik im Zweiten Weltkrieg*. Hamburg 1998, S. 10-84.

Ders., »Die Wannsee-Konferenz, das Schicksal der deutschen Juden und Hitlers politische Grundsatzentscheidung, alle Juden Europas zu ermorden«, in: *Werkstatt Geschichte*, 18 (1998), S. 7–44.

Rena Giefer, Thomas Giefer, *Die Rattenlinie. Fluchtwege der Nazis. Eine Dokumentation.* 3. Aufl., Weinheim 1995.

Erich Goldhagen, »Albert Speer, Himmler and the Secrecy of the Final Solution«, in: *Midstream,* Vol. XVII (1971) No. 8, S. 43–50.

Seev Goshem, »Nisko – Ein Ausnahmefall unter den Judenlagern der SS«, in: *Vierteljahrshefte für Zeitgeschichte,* Jg. 40 (1992), H. 1, S. 95–106.

Christina Große, *Der Eichmann-Prozeß. Zwischen Recht und Politik.* Frankfurt am Main 1995.

Lutz Hachmeister, *Der Gegnerforscher. Die Karriere des SS-Führers Franz Alfred Six.* München 1998.

Isser Harel, *Das Haus in der Garibaldistraße.* Tel Aviv 1990 (hebräische Ausgabe).

Ders., *The House on Garibaldi Street. The Capture of Adolf Eichmann.* London 1975.

Gideon Hausner, *Justice in Jerusalem.* London 1955.

Ders., *Die Vernichtung der Juden.* München 1979.

Ulrich Herbert, *Best. Biographische Studien über Radikalismus, Weltanschauung und Vernunft. 1903–1989.* 3. Aufl., Bonn 1996.

Ders., »Die deutsche Militärverwaltung in Paris und die Deportation der französischen Juden«, in: Ders. (Hg.), *Nationalsozialistische Vernichtungspolitik 1939-1945. Neue Forschungen und Kontroversen.* Frankfurt am Main 1998, S. 170–208.

Theodor Herzl, *Der Judenstaat.* Neudr. d. Erstausgabe von 1896, Augsburg 1986.

Raul Hilberg, *Die Vernichtung der europäischen Juden.* 3 Bde., Frankfurt am Main 1991 (Orig. 1961).

Eberhard Jäckel, Peter Longerich, Julius H. Schoeps (Hg.), *Enzyklopädie des Holocaust. Die Verfolgung und Ermordung der europäischen Juden.* München, Zürich 1995.

Hans Jansen, *Der Madagaskar-Plan. Die beabsichtigte Deportation der europäischen Juden nach Madagaskar.* München 1997.

Karl Jaspers, *Die Schuldfrage. Zur politischen Haftung Deutschlands.* München, Zürich 1987.

Werner Jochmann (Hg.), *Adolf Hitler. Monologe im Führerhauptquartier 1941–1944. Die Aufzeichnungen Heinrich Heims.* Hamburg 1980.

Jüdisches Historisches Institut Warschau (Hg.), *Faschismus – Getto – Massenmord. Dokumentation über Ausrottung und Widerstand der Juden in Polen während des Zweiten Weltkrieges.* Berlin 1962.

Ian Kershaw, *Hitler. 1936–1945.* Stuttgart 2000.

Heinar Kipphardt, *Bruder Eichmann. Schauspiel und Materialien.* Reinbek bei Hamburg 1986.

Ders., *Joel Brand und andere Theaterstücke.* Reinbek bei Hamburg 1988.

Serge Klarsfeld, *Vichy-Auschwitz. Die Zusammenarbeit der deutschen und französischen Behörden bei der ›Endlösung der Judenfrage‹ in Frankreich.* Nördlingen 1989 (Schriften der Hamburger Stiftung für Sozialgeschichte des 20. Jahrhunderts, Bd. 9).

Ernst Klee, *Persilscheine und falsche Pässe. Wie die Kirchen den Nazis halfen.* Frankfurt am Main 1991.

Peter Klein, »Die Rolle der Vernichtungslager Kulmhof (Chelmno), Bełzec und Auschwitz-Birkenau in den frühen Deportationsvorbereitungen«, in: Dittmar Dahlmann, Gerhard Hirschfeld (Hg.), *Lager, Zwangsarbeit, Vertreibung und Deportation. Dimensionen der Massenverbrechen in der Sowjetunion und in Deutschland 1933-1945.* Essen 1999, S. 459–481.

Victor Klemperer, *Ich will Zeugnis ablegen bis zum letzten. Tagebücher 1933-1941.* Hg. von Walter Nowojski unter Mitarbeit von Hadwig Klemperer. 2. Aufl., Berlin 1995.

Jochen Klepper, *Unter dem Schatten Deiner Flügel. Aus den Tagebüchern der Jahre 1932-1942.* Stuttgart 1971.

Stanislaw Klodzinski, »Die erste Vergasung von Häftlingen und Kriegsgefangenen im Konzentrationslager Auschwitz-Birkenau«, in: Hamburger Institut für Sozialforschung (Hg.), *Die Auschwitz-Hefte. Bd. 1. Texte der polnischen Zeitschrift »Przeglad Lekarski« über historische, psychische und medizinische Aspekte des Lebens und Sterbens in Auschwitz.* Hamburg 1994, S. 261–275.

Lotte Köhler (Hg.), *Hannah Arendt. Heinrich Blücher. Briefe 1936-1968.* München, Zürich 1999.

Eugen Kogon, u. a. (Hg.), *Nationalsozialistische Massentötungen durch Giftgas. Eine Dokumentation.* Frankfurt am Main 1983.

Helmut Krausnick, »Judenverfolgung«, in: Ders., Hans Buchheim, Martin Broszat, Hans-Adolf Jacobsen (Hg.), *Anatomie des SS-Staates.* Bd. 2, München 1979, S. 235–366.

Helmut Krausnick, Hans-Heinrich Wilhelm, *Die Truppe des Weltanschauungskrieges. Die Einsatzgruppen des Sicherheitspolizei und des SD 1938–1942.* Stuttgart 1981.

Jochen von Lang, *Das Eichmann-Protokoll. Tonbandaufzeichnungen der israelischen Verhöre.* Wien 1991.

Stan Lauryssens, *De fatale vriendschappen van Adolf Eichmann.* Leuven 1998.

Alan Levy, *Die Akte Wiesenthal.* Wien 1995.

Stephan Linck, »»Festung Nord‹ und ›Alpenfestung‹. Das Ende des NS-Sicherheitsapparates«, in: Gerhard Paul, Klaus Michael Mallmann (Hg.), *Die Gestapo im Zweiten Weltkrieg. ›Heimatfront‹ und besetztes Europa.* Darmstadt 2000, S. 569–595.

Bernhard Lösener, »Das Reichsministerium des Innern und die Judengesetzgebung. Aufzeichnungen von Dr. Bernhard Lösener. Hg. von Walter Strauß«, in: *Vierteljahrshefte für Zeitgeschichte*, Jg. 9 (1961), H. 3, S. 262–313.

Peter Longerich, *Die Ermordung der europäischen Juden.* München 1989.

Ders., *Politik der Vernichtung. Eine Gesamtdarstellung der nationalsozialistischen Judenverfolgung.* München, Zürich 1998.

Yaacov Lozowick, *Hitlers Bürokraten. Eichmann, seine willigen Vollstrecker und die Banalität des Bösen.* Zürich, München 2000.

Thomas Mann, »Bruder Hitler«, in: Thomas Koebner (Hg.), *»Bruder Hitler«. Autoren des Exils und des Widerstands sehen den Führer des Dritten Reiches.* München 1989, S. 24–31 (im Original 1939).

Walter Manoschek, *»Serbien ist judenfrei.« Militärische Besatzungspolitik und Judenvernichtung in Serbien 1941/42.* München 1993 (Beiträge zur Militärgeschichte, Bd. 38).

Holger M. Meding, *Flucht vor Nürnberg? Deutsche und österreichische Einwanderung in Argentinien 1945–1955.* Köln, Weimar, Wien 1992.

Ahlrich Meyer, *Die deutsche Besatzung in Frankreich 1940–1944. Widerstandsbekämpfung und Judenverfolgung.* Darmstadt 2000.

Jaroslava Milotová, »Die Zentralstelle für jüdische Auswanderung in Prag. Genesis und Tätigkeit bis zum Anfang des Jahres 1940«, in: *Theresienstädter Studien und Dokumente*, Prag 1997, S. 7–30.

Hans Mommsen, »Barbarei und Genozid«, in: Ders., *Von Weimar nach Auschwitz. Zur Geschichte Deutschlands in der Nachkriegsepoche. Ausgewählte Aufsätze.* Stuttgart 1999, S. 268–282.

Ders., »Die Realisierung des Utopischen: Die ›Endlösung der Judenfrage‹ im Dritten Reich«, in: *Geschichte und Gesellschaft*, Jg. 9 (1983), H. 3, S. 381–420.

Ders., »Umvolkungspläne des Nationalsozialismus und der Holocaust«, in: Ders., *Von Weimar nach Auschwitz. Zur Geschichte Deutschlands in der Weltkriegsepoche. Ausgewählte Aufsätze.* Stuttgart 1999, S. 295–308.

Jonny Moser, »Nisko. The First Experiment in Deportation«, in: *Simon Wiesenthal Center Annual*, 2 (1985), S. 1–30.

Harry Mulisch, *Strafsache 40/61. Eine Reportage.* Köln 1962.

Bogdan Musial, *Deutsche Zivilverwaltung und Judenverfolgung im Generalgouvernement.* Wiesbaden 1999.

Uwe Naumann, »Nachwort«, in: Heinar Kipphardt, *Bruder Eichmann. Schauspiel und Materialien*. Reinbek bei Hamburg 1986.

Ludwig Nestler, Friedel Schulz (Hg.), *Die faschistische Okkupationspolitik in Frankreich (1940–1944). Dokumentenauswahl und Einleitung*. Berlin 1990 (Reihe: Europa unterm Hakenkreuz).

Francis R. Nicosia, *Hitler und der Zionismus*. Leoni am Starnberger See 1989.

Ralf Ogorreck, *Die Einsatzgruppen und die »Genesis der Endlösung«*. Berlin 1996.

Karin Orth, *Die Konzentrationslager-SS. Sozialstrukturelle Analysen und biographische Studien*. Göttingen 2000.

Dies., »SS-Täter vor Gericht. Die strafrechtliche Verfolgung der Konzentrationslager-SS nach Kriegsende«, in: *»Gerichtstag halten über uns selbst…«. Geschichte und Wirkung des ersten Frankfurter Auschwitz-Prozesses*. Hg. im Auftrag des Fritz Bauer Instituts v. Irmtrud Wojak. Frankfurt am Main 2001 (Jahrbuch zur Geschichte und Wirkung des Holocaust), S. 43–60.

Kurt Pätzold (Hg.), *Verfolgung, Vertreibung, Vernichtung. Dokumente des faschistischen Antisemitismus 1933 bis 1942*. Frankfurt am Main 1984.

Gerhard Paul, »›Kämpfende Verwaltung‹. Das Amt IV des Reichssicherheitshauptamtes als Führungsinstanz der Gestapo«, in: Gerhard Paul, Michael Mallmann (Hg.), *Die Gestapo im Zweiten Weltkrieg*. Darmstadt 2000, S. 42–81.

Robert Pendorf, *Mörder und Ermordete. Eichmann und die Judenpolitik des Dritten Reiches*. Hamburg 1961.

Dieter Pohl, »Die Ermordung der Juden im Generalgouvernement«, in: Ulrich Herbert (Hg.), *Nationalsozialistische Vernichtungspolitik 1939–1945. Neue Forschungen und Kontroversen*. Frankfurt am Main, S. 98–121.

Ders., *Nationalsozialistische Judenverfolgung in Ostgalizien 1941–1944. Organisation und Durchführung des Massenverbrechens*. München 1996.

Léon Poliakov, Joseph Wulf, *Das Dritte Reich und die Juden*. Berlin 1955.

Dies., *Das Dritte Reich und seine Diener*. Berlin 1956.

Gerald L. Posner, John Ware, *Mengele. Die Jagd auf den Todesengel*. 1. Aufl., Berlin 1993.

Werner Präg, Wolfgang Jacobmeyer (Hg.), *Das Diensttagebuch des deutschen Generalgouverneurs in Polen. 1939–1945*. Stuttgart 1975, S. 109–111.

Jean-Claude Pressac, *Die Krematorien von Auschwitz. Die Technik des Massenmordes*. 2. Aufl., München 1995.

Das Protokoll des Prozesses gegen die Hauptkriegsverbrecher vor dem Internationalen Militärgerichtshof (IMG) Nürnberg 14. November 1945–1. Oktober 1946. Berlin 1999 (Digitale Bibliothek, Bd. 20), PS-1919.

*Der Prozeß gegen die Hauptkriegsverbrecher vor dem Internationalen Militär-
gerichtshof in Nürnberg. 14. November 1945 bis 1. Oktober 1946* (IMG).
Nürnberg 1947f.

Doron Rabinovici, *Instanzen der Ohnmacht. Wien 1938–1945. Der Weg zum
Judenrat.* Frankfurt am Main 2000.

Rat der jüdischen Gemeinden in den böhmischen Ländern und vom Zentralverband der jüdischen Gemeinden in Prag (Hg.), *Nazidokumente sprechen.* Prag o. J.

Gerald Reitlinger, *Die Endlösung. Hitlers Versuch der Ausrottung der Juden Europas 1939–1945.* 5. Aufl., Berlin 1979 (Orig. London 1953).

Quentin Reynolds, Ephraim Katz, Zwy Aldouby, *Minister of Death. The Adolf
Eichmann Story.* New York 1960.

Karl Heinz Roth, »›Generalplan Ost‹ und der Mord an den Juden. Der ›Fernplan der Umsiedlung in den Ostprovinzen‹ aus dem Reichssicherheitshauptamt vom November 1939«, in: *1999,* Jg. 12 (1997) H. 2, S. 50–
71.

Ders., »›Generalplan Ost‹ – ›Gesamtplan Ost‹: Forschungsstand, Quellen-
probleme, neue Ergebnisse«, in: Mechthild Rössler, Sabine Schleiermacher
(Hg.), *Der »Generalplan Ost«. Hauptlinien der nationalsozialistischen
Planungs- und Vernichtungspolitik.* Berlin 1993, S. 25–95.

Reinhard Rürup (Hg.), *Gestapo, SS und Reichssicherheitshauptamt auf dem
»Prinz-Albrecht-Gelände«. Eine Dokumentation.* 4. Aufl., Berlin 1987.

Hans Safrian, *Eichmann und seine Gehilfen.* Frankfurt am Main 1995 (Orig.
Wien 1993).

Thomas Sandkühler, *»Endlösung« in Galizien. Der Judenmord in Ostpolen und
die Rettungsinitiativen von Berthold Beitz 1941–1944.* Bonn 1996.

Ders., »Judenpolitik und Judenmord im Distrikt Galizien«, in: Ulrich Herbert (Hg.), *Nationalsozialistische Vernichtungspolitik 1939–1945. Neue Forschungen und Kontroversen.* Frankfurt am Main 1998, S. 122–147.

Andres Seeger, »*Gestapo Müller«. Die Karriere eines Schreibtischtäters.* Berlin
1996.

Tom Segev, *The Seventh Million. The Israelis and the Holocaust.* New York
1994 (Orig. Hebräisch 1991).

Hans Günther Seraphim (Hg.), *Das politische Tagebuch Alfred Rosenbergs 1934/
35 und 1939/40.* Göttingen 1956.

Gitta Sereny, *Am Abgrund: Gespräche mit dem Henker. Franz Stangl und die
Morde von Treblinka.* Überarbeitete Neuausgabe, München, Zürich 1995
(Orig. 1974).

Dies., *Das Ringen mit der Wahrheit. Albert Speer und das deutsche Trauma.*
München 1995.

Gary Smith (Hg.), *Hannah Arendt Revisited: »Eichmann in Jerusalem« und die Folgen*. Frankfurt am Main 2000.

Albert Speer, *Erinnerungen*. Berlin 1969.

Ilse Staff, »Fritz Bauer (1903–1968). ›Im Kampf um des Menschen Rechte‹«, in: Kritische Justiz (Hg.), *Streitbare Juristen. Eine andere Tradition*. Baden-Baden 1988, S. 440–450.

State of Israel, Ministry of Justice, *The Trial of Adolf Eichmann. Record of Proceedings in the District Court of Jerusalem*. Vol. I–VI, Jerusalem 1992–1994.

State of Israel, Ministry of Justice, *The Trial of Adolf Eichmann. Statement made by Adolf Eichmann to the Israel Police prior to his Trial in Jerusalem*. Vol. VII–VIII, Jerusalem 1995.

State of Israel, Ministry of Justice, *The Trial of Adolf Eichmann. Microfiche Copies of the Exhibits Submitted by the Prosecution and Defence*. Vol. IX, Jerusalem 1995.

Sybille Steinbacher, *»Musterstadt« Auschwitz. Germanisierungspolitik und Judenmord in Ostoberschlesien*. München 2000.

Claudia Steur, »Eichmanns Emissäre. Die ›Judenberater‹ in Hitlers Europa«, in: Gerhard Paul, Klaus Michael Mallmann (Hg.), *Die Gestapo im Zweiten Weltkrieg. ›Heimatfront‹ und besetztes Europa*. Darmstadt 2000, S. 403–436.

Dies., *Theodor Dannecker. Ein Funktionär der »Endlösung«*. Essen 1997 (Schriften der Bibliothek für Zeitgeschichte – Neue Folge. Hg. v. Gerhard Hirschfeld, Bd. 6.).

Die Tagebücher von Joseph Goebbels. Sämtliche Fragmente. Aufzeichnungen 1924–1941. 4. Bde., München, New York, London, Paris 1987.

Michael Tregenza, »Bełzec – Das vergessene Lager des Holocaust«, in: *»Arisierung« im Nationalsozialismus. Volksgemeinschaft, Raub und Gedächtnis*. Hg. im Auftrag des Fritz Bauer Instituts von Irmtrud Wojak und Peter Hayes. Frankfurt am Main 2000 (Jahrbuch 2000 zur Geschichte und Wirkung des Holocaust), S. 242–268.

Rolf Vogel, *Ein Stempel hat gefehlt. Dokumente zur Emigration deutscher Juden*. München 1977.

Bernd C. Wagner, *IG Auschwitz. Zwangsarbeit und Vernichtung von Häftlingen des Lagers Monowitz 1941–1945*. München 2000.

Alex Weissberg, *Die Geschichte von Joel Brand*. Köln, Berlin 1956.

DIE WELT Auszüge aus Adolf Eichmann, *»Meine Memoiren«* (Fortsetzungsserie August/September 1999).

Simon Wiesenthal, *Doch die Mörder leben*. München, Zürich 1967.

Ders., *Recht, nicht Rache*. Frankfurt am Main, Berlin 1988.

Michael Wildt, »»Götzendämmerung«. Das Reichssicherheitshauptamt im letzten Kriegsjahr«, in: *Sozialwissenschaftliche Informationen,* Jg. 24 (1995), H. 2, S. 101–108.

Ders., *Die Judenpolitik des SD 1935–1938. Eine Dokumentation.* München 1995 (Schriftenreihe der Vierteljahrshefte für Zeitgeschichte, Bd. 71).

Ders., »Radikalisierung und Selbstradikalisierung 1939. Die Geburt des Reichssicherheitshauptamtes aus dem Geist des völkischen Massenmords«, in: Gerhard Paul, Michael Mallmann (Hg.), *Die Gestapo im Zweiten Weltkrieg.* Darmstadt 2000, S. 11–41.

Peter Witte, »Zwei Entscheidungen in der ›Endlösung der Judenfrage‹: Deportationen nach Lodz und Vernichtung in Chelmno«, in: *Theresienstädter Studien und Dokumente* (1995), S. 38–68.

Peter Witte, u. a. (Hg.) *Der Dienstkalender Heinrich Himmlers 1941/42.* Hamburg 1999 (Hamburger Beiträge zur Sozial- und Zeitgeschichte. Hg. v. der Forschungsstelle für Zeitgeschichte in Hamburg. Quellen, Bd. 3)

Albert Wucher, *Eichmanns gab es viele. Ein Dokumentarbericht über die Endlösung der Judenfrage.* München, Zürich 1961.

Hanna Yablonka, »Nazi-Prozesse und Holocaust-Überlebende. Israel 1950–1967«, in: *»Gerichtstag halten über uns selbst‹« Geschichte und Wirkungsgeschichte des ersten Frankfurter Auschwitz-Prozesses.* Hg. im Auftrag des Fritz Bauer Instituts v. Irmtrud Wojak. Frankfurt am Main 2001, (Jahrbuch 2001 zur Geschichte und Wirkung des Holocaust), S. 277–292.

Leni Yahil, *Die Shoa. Überlebenskampf und Vernichtung der europäischen Juden.* München 1998.

Idith Zertal, »From the People's Hall to the Wailing Wall: A Study in Memory, Fear, and War«, in: *Representations* 69 (Winter 2000), S. 96–126.

Personenregister

Ortsregister

Das geteilte Polen 1939–1945

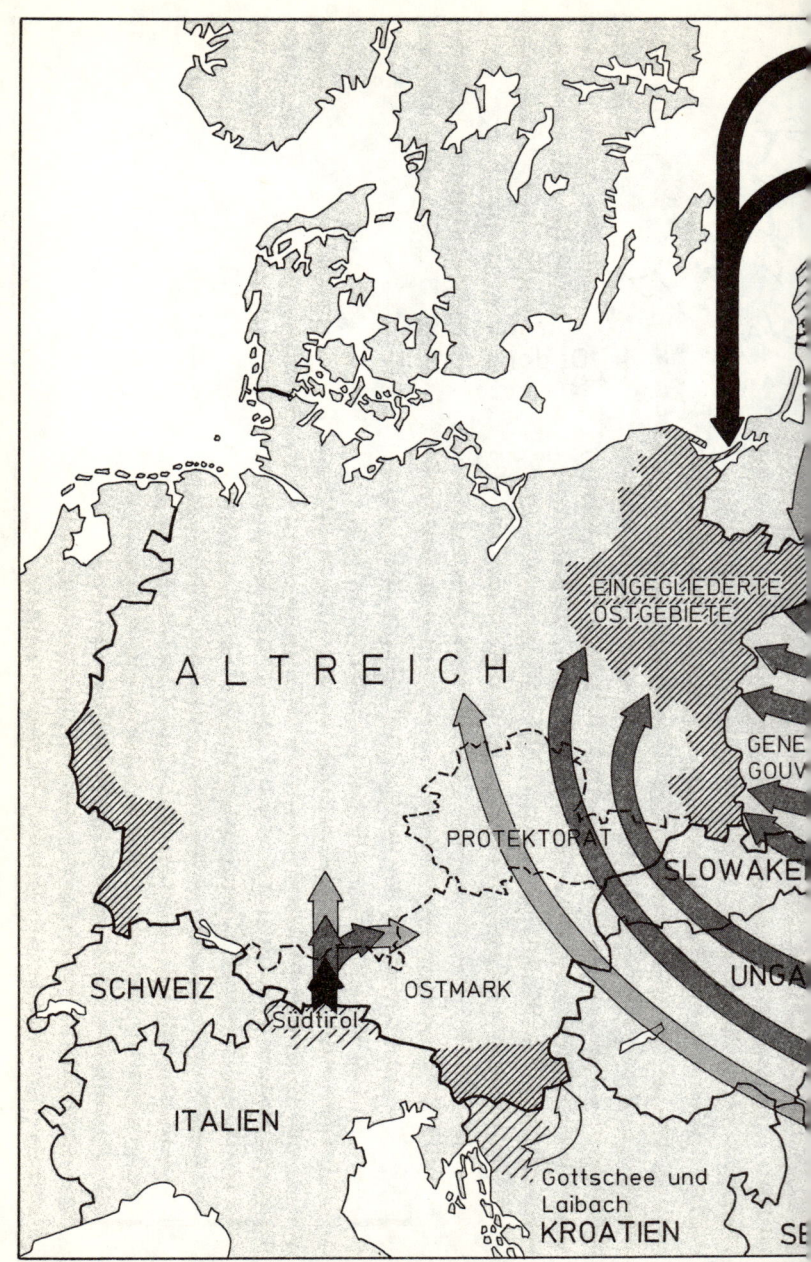

Die Umsiedlung der »Volksdeutschen« bis zum Herbst 1941

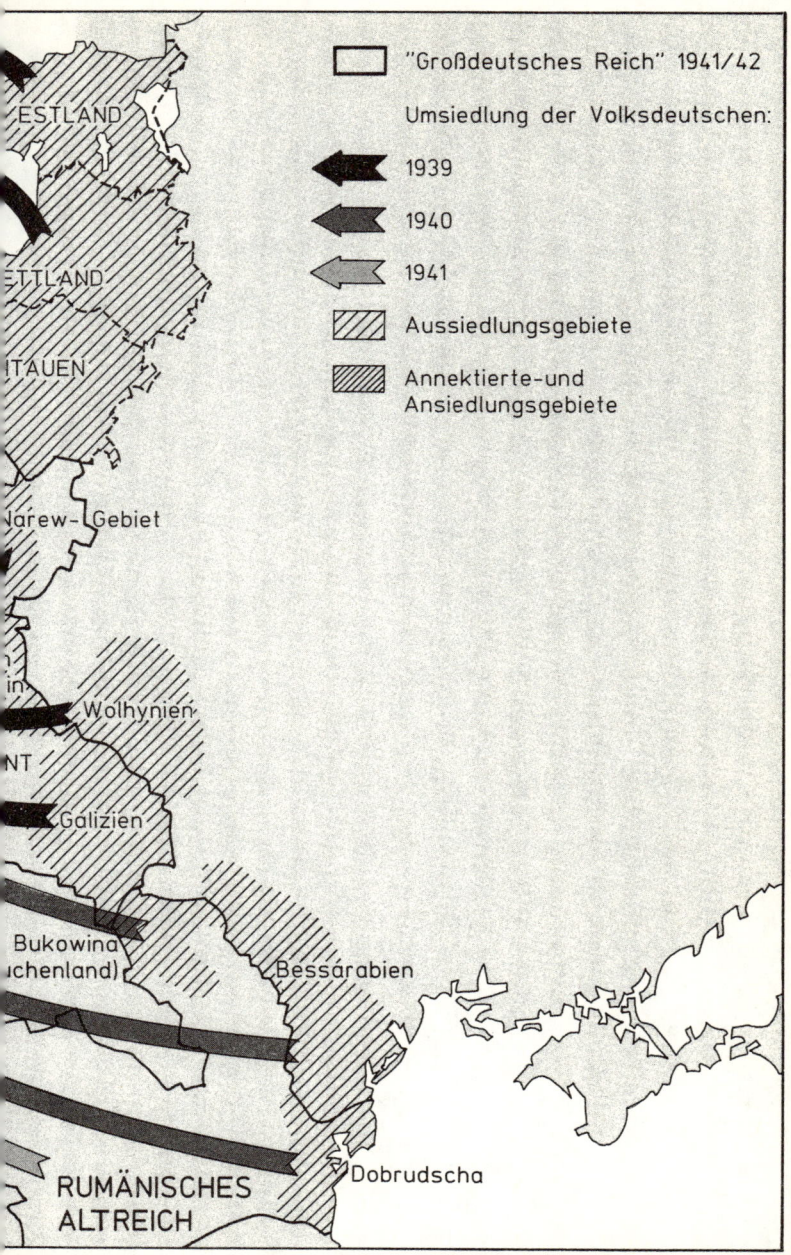

"Großdeutsches Reich" 1941/42

Umsiedlung der Volksdeutschen:

1939

1940

1941

Aussiedlungsgebiete

Annektierte-und
Ansiedlungsgebiete

ESTLAND

ETTLAND

ITAUEN

Narew-Gebiet

in

Wolhynien

NT

Galizien

Bukowina
chenland)

Bessarabien

Dobrudscha

RUMÄNISCHES
ALTREICH

(nach: Grafik des Deutschen Auslandsinstituts, Stuttgart 1942)

Ernst Klee
Auschwitz, die NS-Medizin und ihre Opfer
Band 14906

»Die Machthaber des Dritten Reiches boten
Medizinern etwas unerhört Verlockendes,
in der Welt bis dahin Einmaliges:
Statt Meerschweinchen, Laborratten
und Versuchskaninchen konnten sie Menschen
massenhaft zu Versuchszwecken benutzen.«
Ernst Klee

Für dieses Buch,
das auf Platz 1 der Sachbuch-Bestenliste
stand, erhielt Ernst Klee den
Geschwister-Scholl-Preis.

Fischer Taschenbuch Verlag

fi 14906 / 1

Ernest Koenig
Im Vorhof der Vernichtung
Als Zwangsarbeiter in den Außenlagern von Auschwitz
Herausgegeben und mit einem Nachwort versehen
von Gioia-Olivia Karnagel
Band 14771

Wer sich dem Unrecht des NS-Systems nicht allein durch
wissenschaftliche Analyse annähern will, sondern nach
authentischen biographischen Zeugnissen sucht, dem sei
dieser Bericht eines jüdischen Zwangsarbeiters empfohlen.
Als Student in Paris meldete er sich 1939 als Freiwilliger,
um mit der französischen Armee gegen Hitler zu kämpfen.
Er wurde jedoch bald interniert und 1942 in den Osten
deportiert. Es folgen Jahre als Zwangsarbeiter bei namhaf-
ten deutschen Firmen, die in Auschwitz billige Arbeitskräfte rekrutierten. Über die beiden hier beschriebenen
Außenlager »Laurahütte« und »Blechhammer« ist nur wenig bekannt. In Blechhammer wurde die größte Anlage zur
Gewinnung von Treibstoff aus Kohle gebaut, die zu den
damals kriegswichtigen »Oberschlesischen Hydrierwer-
ken« gehörte.

Nur durch Zufall konnte der Autor seiner physischen Vernichtung entgehen und wurde schließlich 1945 befreit.

Fischer Taschenbuch Verlag

Robert Antelme
Das Menschengeschlecht
Aus dem Französischen von Eugen Helmlé
Band 14875

Ein einzigartiges Zeugnis, das in der französischen Literatur
als Standardwerk über die Lager, die Deportation und die
systematische Menschenvernichtung gilt. Robert Antelme,
ein Gefährte von Maguerite Duras, berichtet über Leben
und Sterben im deutschen Konzentrationslager. Sein Retter
war der junge François Mitterand, der spätere französische
Staatspräsident.

»Der Text verweigert jene Betroffenheit, die
beim Leser die Illusion des Mitleidens und damit
ein gutes Gewissen zu erzeugen vermag,
letztlich aber bloß eine Form der Abwehr ist.«
Jochen Hieber, Frankfurter Allgemeine Zeitung

»Eine Pflichtlektüre.«
Rainer Stephan, Süddeutsche Zeitung

Fischer Taschenbuch Verlag

Jahrbücher zur Geschichte und Wirkung des Holocaust

Fritz Bauer Institut, Irmtrud Wojak, Susanne Meinl (Hg.)
IM LABYRINTH DER SCHULD
Täter – Opfer – Ankläger
2003 · 362 Seiten
ISBN 3-593-37373-4

Das Jahrbuch 2003 befasst sich mit der juristischen und literarischen Aufarbeitung der NS-Gewaltverbrechen in den ersten Jahrzehnten nach dem 2. Weltkrieg. Thematisiert werden einzelne Strafverfahren wie der Nürnberger »Wilhelmstraßen-Prozess«, das Tribunal gegen Eichmann in Jerusalem und der erste Frankfurter Auschwitz-Prozess. Im Mittelpunkt stehen dabei Täter wie die SS-Ärzte, aber auch ihre Ankläger und einzelne Profiteure des Massenmords. Der zweite Focus des Bandes liegt auf den Reflexionen einzelner am ersten Frankfurter Auschwitz-Prozess beteiligter Juristen (insbesondere der Staatsanwälte) und Augenzeugen.

|campus
Frankfurt / New York

Gerne schicken wir Ihnen aktuelle Prospekte:
Campus Verlag · Kurfürstenstr. 49 · 60486 Frankfurt / M.
Tel. 069/97 65 16 -0 · Fax - 78 · www.campus.de